U0525540

說服

辩护词写作实务

杨大民　陈枝辉　主编

法律出版社
LAW PRESS·CHINA
——北京——

图书在版编目（CIP）数据

说服:辩护词写作实务 / 杨大民,陈枝辉主编.
北京: 法律出版社, 2025. -- ISBN 978 - 7 - 5244 - 0514 - 6
Ⅰ. D926.5
中国国家版本馆 CIP 数据核字第 20255CZ298 号

说服:辩护词写作实务				策划编辑 孙 慧 余群化
SHUOFU:BIANHUCI XIEZUO SHIWU	杨大民 陈枝辉 主编			责任编辑 孙 慧 余群化
				装帧设计 黄少清 李 瞻

出版发行 法律出版社	开本 710 毫米×1000 毫米 1/16
编辑统筹 司法实务出版分社	印张 27.25 字数 413 千
责任校对 王语童	版本 2025 年 7 月第 1 版
责任印制 胡晓雅	印次 2025 年 7 月第 1 次印刷
经　　销 新华书店	印刷 三河市兴达印务有限公司

地址:北京市丰台区莲花池西里 7 号(100073)
网址:www.lawpress.com.cn 　　　　　　　销售电话:010 - 83938349
投稿邮箱:info@ lawpress.com.cn 　　　　　客服电话:010 - 83938350
举报盗版邮箱:jbwq@ lawpress.com.cn 　　　咨询电话:010 - 63939796
版权所有·侵权必究

书　号:ISBN 978 - 7 - 5244 - 0514 - 6 　　　　　定价:108.00 元
凡购买本社图书,如有印装错误,我社负责退换。电话:010 - 83938349

序 一

辩护词没有最好 只有更好

《说服：辩护词写作实务》一书即将问世，这是一本专论辩护词写作的图书，也是一本契合时代需求的书。因为如何迅速提升辩护词的整体写作水平，正是刑辩律师密切关注和高度重视的问题，同时是一个亟待解决的课题。

辩护词是对辩护思路的整体梳理，是辩护观点的集中表达。同时，辩护词是辩护水平的综合展现。所以，辩护词是辩护活动中最精彩的华章。

一篇好的辩护词胜似一篇好的论文，因为它不仅要具备论文的说理性，而且要有很强的说服力；此外，辩护词则要反驳对方并说服法庭，如果只有深刻的说理和精彩的表达而没有反驳力和说服力，辩护词就失去了价值。

所以，本书命名为《说服：辩护词写作实务》，是名副其实的。

辩护词既然如此重要，自然会成为律师界乃至社会大众的关注点。但是，我们在关注辩护词写作水平的同时，应该关注辩护律师基本功的积淀和辩护词形成过程的艰辛。法学理论功底、实务操作经验、逻辑思辨能力和语言表达艺术，是撰写辩护词的基础；而对案情的全面了解、对证据的精准把握，以及对控方观点和理由的透彻剖析，则是构建辩护思路的前提。

简言之，作为能力储备的基本功底和对前期工作的倾力投入，是形成优秀辩护词的基础和前提。所以，构思和撰写辩护词，一定要在这两个方面做好功课，下足功夫。绝不能满足于表面上文采飞扬、实际上却无的放矢的虚假招式。那种自欺欺人的花言巧语，害人害己、毫无价值。

值得关注的是，现实中花拳绣腿式的辩护词时常可见，这种现象反映出辩护水平参差不齐的现状和律师技能亟待提升的重要性。中国律师制度自1979年恢复重建以来，至今已经走过了40余年，从初创时的成长期走向了发展期，而发展期的中国律师应该尽快完成规范化、专业化的整合与提升。辩护词质量的整体提升，正是亟待解决的重要课题之一。

辩护词没有最好、只有更好。现实中，精彩有力的辩护词不乏其例，而完美无瑕的辩护词并不存在。这一点我个人深有体会，因为每当我回顾或阅读自己辩护词的时候，总是会发现不足或者遗憾。只有勇于正视不足、善于博采众长、不断精益求精，才能不断提升自己。所以，辩护词的提升是没有止境的。

本书作者收集、精选了30多篇辩护词写作实务的文章，可谓用心良苦。说明作者充分关注到了辩护词写作的重要性以及辩护词写作水平亟待提高的紧迫性。同时，力图为攻克这一课题奉献出一己之力。

作者的这种精神和努力值得赞扬！同时，希望有更多的辩护律师能够关注和重视这本书，并能够从各位撰稿者的见解中博采众长。更希望通过此书唤起辩护律师对辩护词写作的热切关注，并促使更多、更精彩的辩护词公之于世，与同行分享、共同进步。

是为序。

2025年4月16日

序 二

"盖文王拘而演《周易》，仲尼厄而作《春秋》"。在法律实践中，辩护词同样是律师在法治困境中的一种智慧表达，是对正义的不懈追求。它不仅是一纸文书，更是公平正义天平上不可或缺的砝码。辩护词是全面、系统地阐述辩护人对指控被告人犯罪及所提处理意见进行对抗性反驳的表达，更是代表被告人发出的最强音，具有"集大成"的性质。

从价值角度来看，辩护词具有多重层次的深远意义。首先，在法律实务层面，辩护词是辩护人行使辩护权的核心载体，是实现"有效辩护"的重要工具。它不仅是辩护人阐述法律主张、提出证据、进行论证的重要方式，更是维护被告人合法权益、实现公正审判的关键保障。其次，在法治文明层面，辩护词承载着法治精神。它展现了法律的平等原则，反映出法治文明对人权保护的重视，确保了每一个公民在面对犯罪指控时都能获得公平的对待。

辩护词是刑事辩护律师综合素质的评分表。一份出色的辩护词不仅需要律师对案件事实有敏锐的洞察力和全局性的把握，还需要在法律分析上精准而深刻，能够从复杂的案件中提炼出关键问题，并以独特的视角进行剖析。辩护词的撰写过程，实际上是对律师专业素养、逻辑思维能力和语言表达能力的一次全方位检验。此外，丰富的实践经验和对人性的深刻洞察也能为辩护词写作添砖加瓦。可以说，辩护词是刑事辩护律师综合素质的集中体现。通过一篇优秀的辩护词，我们能够清晰地看到一位刑事辩护律师的专业水准和精神境界。

一份结构合理的辩护词，犹如一座设计精巧的建筑，各个部分各司其职，共同支撑起辩护的大厦。通常而言，辩护词由序言、正文、结论三个部分组成。序言部分不仅是整个辩护词的引言，更是律师在法庭上与法官、检察官以及被告人等各方沟通的重要契机。一个精心设计的序言，能够在法庭上迅速抓住听众的注意力，奠定整个辩护的基调。因此要精心设计，防止其单调、呆板，令人听起来乏味。正文部分是辩护词的核心，要做到层次分明、把握细节、重点突出、论点明确，既要对己方有利的事实和证据进行充分挖掘和论证，又要对控方可能提出的观点进行有力反驳，同时要深入解释相关的法律条文，确保辩护论点在法律框架内具有充分的依据。结尾部分力求语言简练、力度十足，给裁判者留下深刻印象，同时与开头相呼应。这种结构不是简单的形式主义，而是确保辩护论点最大化表达的必要选择。通过清晰的开头、严密的主文和有力的结尾，律师可以在法庭上有效地表达自己的观点，最大限度地维护当事人的合法权益。

《说服：辩护词写作实务》犹如一座宝库，为广大法律从业者提供了系统且实用的辩护词写作指南。

《说服：辩护词写作实务》最大的亮点在于律师亲述。该书精选了包括张思之、田文昌在内的30余位业界知名辩护律师关于辩护词写作的心得文章，并将其精心归类于理念、要点、结构、技巧、优化五大板块，从不同角度全面展示辩护词的理论基础与实务技巧，内容翔实、角度新颖。书中律师代理过诸多疑难案件，积累了丰富的刑辩经验，在刑辩界颇具影响，这也使他们的文章具有极高的参考价值。尤其是列举的辩护结果较为成功的案件，其中辩护词的行文结构、论证方式、重点选取与法律适用等，都将为日后处理类似案件提供宝贵的经验。

《说服：辩护词写作实务》的另一大亮点在于传授的技巧新颖。具体而言，该书提出了一系列创新的技巧，旨在帮助律师在辩护词的写作中突破传统的表达方式。其中，特别提出了一种全新的表达方式，即引入可视化工具。律师通过在辩护词中适当运用图表、流程图、时间轴等视觉元素，可以更直观地展示案件的关键事实、证据关系和法律逻辑关系。例如，在涉及复杂的时间线、空间位置关系或多个证据交叉的案件中，通过绘制清晰的时间轴、实验场景图或关系图，律师可以帮助法庭快速理解案件的核心问题，从而更有效地传达辩方的观点，进而实现说服裁判者、开展有效辩护的诉讼目标。这种创新性表达技巧的提出，既是对传统辩护词写作的突破，也是对现代司法实践的积极回应，具有重要的理论价值和实务意义，值得学习与推广。

本书对于初入法律行业的新人来说，无疑是一本不可多得的启蒙读物。它能够帮助新人快速了解辩护词写作的基本规范和流程，掌握必备的写作技巧，少走许多弯路，为今后的职业发展打下坚实的基础。对于有一定执业经验的律师而言，本书同样具有极高的参考价值。它能够帮助律师梳理和总结过往的实践经验，从理论层面进行反思和提升，拓宽辩护思路，进一步提高辩护词写作水平。此外，对于法学研究人员和在校法学学生来说，本书也为他们研究辩护词写作提供了丰富的一手资料和实践视角，有助于深化对刑事辩护制度的理解和认识。

"文武之道，一张一弛"。辩护词的写作同样需要理论与实务的结合，需要逻辑与语言的完美统一。《说服：辩护词写作实务》一书立足于当今法学理论与法律实践深度融合的背景，凝聚多名律师在实务中积累的丰富经验，通过他们的专业视角为辩护词写作提供了全新的思考与指导，律师们能够更好地理解辩护词的价值与意义，提升辩护词写作的水平，为法治的进步贡献自己的力量，是一部兼具权威性与实用性的优秀作品，值得推荐。

是为序。

刘仁琦

2025 年 4 月 14 日

序 三

走路想、吃饭想、愣个神儿的当口也会想，时时刻刻打着腹稿……正当我为一份辩护词如何架构而举笔不定之时，大民兄传来一本书稿《说服：辩护词写作实务》，嘱我作序。

看到书名中"说服"二字，蓦地如一剑破苍穹，悄然在我心里刺出了一朵花，划出一条红线："说服！"果然，关心则乱！虽然我作为一名老师，经常在课堂和培训班与同学们或者同仁们分享如何说服法官，辩护就是说服的艺术！辩护词的灵魂就是其说服力！但是，一方面，纸上得来终觉浅；另一方面，刑辩实战中当一名辩护律师亲历一个案子从侦查到起诉，再到审判，在长达一年的时间里（甚至有更长的办案周期），四处奔波的劳累，为当事人争取权利的艰辛，这些不自觉的投入会让律师与被告人深深共情，在司法实践中苦战久了，"对抗"冲淡了"说服"，的确会忘却那个应然世界里的辩护的本质——说服！辩护词就应该从本案法官认为公诉意见中最难以下判的地方入手展开"说服"！而且，受不同的个案、不同的办案人员等因素的影响，一个案件中哪一个辩点是产生最大"说服力"的辩点也不一样。我的大脑自觉回忆搜索了一下手头这个案子的法官在每次沟通对话中关注的问题有哪些；在办案过程中，辩护对法官产生影响时，对其产生说服力的理由是什么。摸清法官对公诉意见中最难以下判的地方并以此为重，把最有可能打动法官的事实问题和法律问题的辩点放在最首部并以此为轴，很快就能架构出一篇自己较为满意的辩护词。

一篇辩护词是对整个辩护工作的总结。一个案件从程序到实体、从事实到法律，会有很多辩点。那么，辩护词的叙写从哪里开始，各部分之间如何结构，都要仔细斟酌。甚至，在此罪辩护中某一颇为有力的不构成此罪的辩点，潜在地有触发被告人构成另一个罪名之虞。这种情况下，还要不要在辩护词中提及？是将最为突出的辩点放在最前面，还是按照构成犯罪的逻辑一步一步反驳推演？除了晓之以理，要不要再浓墨重彩动之以情？如何遣词造句？凡此种种，是每一个刑事辩护律师在撰写辩护词时都会面临的问题。

翻开这本《说服：辩护词写作实务》，从内容上看，本书针对司法实践中辩护词存在的常见问题作出了详尽的阐释，也给出了各家的高招。具体有前辈张思之老师的真知灼见；有虽也是我们的前辈，经历过并参与律师制度现代化进程，但依然战斗在刑辩一线的田文昌老师的崇论闳议；有办案经验丰富，刑辩业务卓著的一线律师的富有操作指引性的业务分享。各位著者将辩护词写作方式的多样性，辩护词写作对逻辑要求的严谨性，辩护词写作对事理分析和法理论证的专业性等方面都给予了全面地展现。从写作方法上看，本书集采众家之长，根据不同的案件及辩点，由不同的著者从不同的维度诠释了什么的叙述方法能够满足辩护词说理的要求，能够体现说服的力量。本书对于问题的分析不是停留在抽象的表达，而是举出大量例证，展示著者认为的辩护词最适宜的方法。

同时，本书提出了一些富有研究价值的学术命题。诸如辩护词结构有恒定的内容吗？辩护词可以突破规范做天理和情理的演绎吗？等等。其实这些都是一直伴随辩护实务存在的常谈常新的讨论，这是辩护的魅力。命题开放、留有余韵，也是一本好书的魅力。

法学是一门经世致用之学，它融合着人类的法律经历与法律经验，技术性是其突出的内容。一本好的刑辩教科书，往往需要有对现存问题的总结、对理念的诠释以及解决问题的方法，还要为学术研究提出问题、留下思考。《说服：辩护词写作实务》一书是多位刑辩一线大咖的分享，希望越来越多的战斗在刑辩一线的律师们将自己的宝贵经验提炼总结、著书立说，这无疑会成为推进辩护技术发展的最鲜活的力量。

门金玲
于北京市京都律师事务所
2024 年 12 月 16 日

目 录
CONTENTS

• **第一章 理 念** •

第1讲　行云流水，朴实无华
　　　——辩护词漫话 ·· 张思之 / 3
第2讲　辩护词的基本要素 ·· 田文昌 / 11
第3讲　好的辩护词究竟长什么样 ···································· 邓学平 / 32
第4讲　最好的辩词
　　　——关于辩护意见的意见 ······································ 胡　育 / 35
第5讲　如何撰写一篇优秀的辩护词 ································· 刘迎久 / 39
第6讲　辩护词写作的"意念"与"心法" ························· 张旭涛 / 43
第7讲　明确的辩护观点是辩护词的灵魂所在 ···················· 臧德胜 / 53

• **第二章 要 点** •

第8讲　辩护词写作应当注意的两个要点 ··········· 罗秋林　郜　鑫 / 61
第9讲　辩护词写作要点
　　　——从谋篇布局到语言艺术 ·················· 董玉琴 / 64
第10讲　辩护词的格式要点与内容要点 ··························· 陈　亮 / 70
第11讲　撰写辩护词的基本要点 ··································· 李耀辉 / 79
第12讲　辩护词写作的逻辑与要点 ································ 王馨仝 / 84
第13讲　辩护词形成与表达需要解决的三个问题 ················ 奚　玮 / 91

第三章 结 构

第14讲　辩护词的功能、章法与写作 ……………………………… 李永红 / 117

第15讲　辩护词写作的一个中心、两个基础、三个要素
　　　　和四种思维 ………………………………………………… 尚　华 / 147

第16讲　提纲挈领统筹辩护词的展开 ……………………………… 田永伟 / 153

第17讲　辩护意见的五个基本构成要素 …………………………… 刘　玲 / 166

第18讲　辩护词的结构问题 ………………………………………… 谭　淼 / 171

第19讲　辩护词的结构路径 ………………………………… 赵承霞　宋加秘 / 217

第20讲　质疑与重构
　　　　——以四例无罪辩护案件为视角 ……………………… 薛火根 / 222

第四章 技 巧

第21讲　如何撰写辩护词 …………………………………… 许兰亭　李仁婕 / 231

第22讲　谈谈辩护词的特点与写作技巧 …………………………… 曹春风 / 237

第23讲　律师撰写辩护词的方法与技巧 …………………………… 汪少鹏 / 246

第24讲　辩护词写作的经验、技巧和建议 ………………………… 孙广智 / 263

第25讲　辩护词与其他法律意见书的写作 ………………………… 徐　莹 / 286

第26讲　辩护词写作：十条文字与表达经验 ……………… 陈枝辉　杨大民 / 324

第五章 优 化

第27讲　辩护词写作的误区
　　　　——谈辩护词写作的定位与构思 ……………………… 王九川 / 367

第28讲　辩护词的特点、与向优秀辩护词靠拢的六大要素 …… 杨矿生 / 378

第29讲　如何提升辩护词的可接纳度：策略与实践思考 …… 蔡　华 / 385

第30讲 如何拓展"辩点"有效提升辩护意见的
       "杀伤力" ………………………………………… 吕良彪 / 393

第31讲 "信息增益"视角下的辩护词写作…………………… 刘立杰 / 399

第32讲 辩护词写作心得 ……………………………………… 刘占柱 / 408

后记 辩护词是说服法官的论文 …………………………………… / 419

第一章

理　念

第 1 讲

行云流水，朴实无华
——辩护词漫话

◇ 张思之[*]

1. 我们律师的辩词，除佳作精品外，往往单调、刻板，给人以枯燥干瘪的感觉。有的又是故弄玄虚，夸夸其谈，令人有言未及意的遗憾。两者都有损于律师的形象，影响律师制度的发展。

2. 一个不能忽略的无情现实：每份辩词都是律师的素质、水平、风格、风度的集中体现，反映着我们的世界观。因此，如果我们的辩词一时难能成为超群的不朽精品，也应是耐人寻味的拔俗佳作。

3. 辩词作为实现辩护职能的一种手段，其功能和作用说到底无非是这两条：明辨事理；提高情操。

欲使事理得以明辨，就需要有说服力；欲使情操得以美化，故应有感染力。

辩词也是宣传品。唯其如此，更应写得深刻、生动，使之常留人心，难以泯灭。

4. 请问衡量优秀辩词的尺度是什么？

回答这个问题颇有难度。人们可以从不同的角度去立其标尺；在我看来，以下几条可为量度：

（1）辩词中能体现出它应当表现出的最高使命，并不就事论事。

（2）内容具有科学的真；而在形式上又能反映艺术的美。

---

[*] 张思之，中国政法大学教授，北京吴栾赵闫律师事务所律师，《北京律师》《中国律师》杂志创办人兼首任主编。

（3）有好的社会和客观效果，能反映出人民群众的愿望、感情和需求。

5. 产生好的辩词，有一个重要的前提条件：用你的大脑进行独立的思维，以利于写出你自己的话，准确地反映客观真实。

6. 辩词是个人创造的精神产品。

既是创造，就应铸出特色，显示个性，培育出个人独特的气质和自己独具的风格，总之应是"这一个"。

如果每个律师都是"这一个"，我们这支由众多"这一个"构成的队伍才会多姿多彩，才能产生出非凡的力量。

7. 既是创造，就应表现为对于理想境界永不停步的追求，从而要求在有限的语言（文字）中，反映出、创造出一个纯真、宽广、和谐的意境，令人觉得美，感到有力量。

8. 凡是创造，就含有风险，中外古今，概莫能外。可是，唯创造能推动事物的不断发展，使我们为之奋斗的事业永葆其青春。所以，即使风险常随，也足使人欣慰。

9. 辩词，要以"事"为骨，以"理"为肉，以"情"为筋，以语言为"血液"流贯其中。

倘无优美语言作为新鲜血液流贯，纵有伟岸"躯干"，也不免显得干巴巴的，活似陈年核桃的外壳。

语言丰富了，辩词就活了，立住了，年轻了，常青了。不提高驾驭语言的能力，难有好的辩词。

10. 语言之所以能成为血液，是造血者对语言加以选择、洗练、并精心组合的结果。

秋空残月，岸边柳色，晓风送寒，征人远去；离情别绪，万般惆怅。此情此景，在大词家柳永笔下，只将"杨柳岸，晓风残月"织成一体，仅七字，就绘出一个无比动人的绝妙境界，交融情景，拨动着古今多少人的离情愁怀，千古传诵！这不正是对语言的选择、洗练与组合之功吗？

11. 辩词的语言：行云流水，明白晓畅；表现为文字则应朴实无华，准确精练。两者都要条分缕析，亲切含情；不用妆点，无须雕琢，但又必须修改、涂抹，达到无一语不可信，无一句不可靠的境地。"好文章不是写出来的,而是改出来的。"鲁迅先生的这条经验之谈,于辩词同样适用。

12. 辩词的语言,应达到忘我之境。忘我非无我,是心在跳动,与大众共振;是思想在长空飞翔,与时代同步。

13. 要善用"情语"。辩词之作,情可不露,但应内蕴。韩愈说,"言有穷而情不可终"。作不含情,难成精品。情语,大多来自推敲、锤炼,不经刻苦实践不可得。所谓含情,也绝非感情的宣泄,应是深沉思考的结晶,不加强各方面的修养不易得。

14. 还得讲究语法、修辞,连标点符号都不可轻易放过,要用得鲁巧,并符合规范化的法定要求。

郭沫若说:"标点之于言文同等重要,甚至还在其上。"布拉果夫说:"标点符号好比音符,它们牢固地缚住文章,不让它撒落。"中外学者的这一共识,应对我们有所启示。

15. 辩词,主要是面对法官而发,尤其上诉审的辩词更是这样,但往往也有必要考虑到公诉人或一般听众。为此应有针对性,同时要消除冗长,力避杂乱。

16. 应精心设计"开场白"。

目前盛行的辩词开头的"格式",是导致它单调、呆板的一个重要原因,读来乏味,听来疲惫。该改改了。

建议如此设计:(1)联系案件实际;(2)表明基本观点;(3)符合辩词主旨;(4)结合法庭的情势;(5)形式新颖独创——给听者(书面审则是读者)以有力的心理影响,使他自然地、热切地想了解"下文"。

案件互不相同,"开头"自应互异,万万不可一律,尤其是不能"十年一贯"!

17. 写好辩词的首要关键是突出重点。如其不然,必定出现败笔,导致无力,达不到辩护的基本目标。

重点的确立,也得因案而异。为了便于把握、利于研究,可以分为以下三类:

(1)关于事实,凡重要、重大的,均属;

(2)关于理由,无论是否涉及事实、法律或者情理,凡主要的,就是;

(3) 关于词语，凡属关键的都是。

试看下例：

> 一审认定被告人对签署无效合同造成的重大损失，负有直接的领导责任，构成玩忽职守罪。律师抓住关键辩道："领导责任，词义模糊，在这里无具体的含义，显然没有法律上的效力；至于作出'直接'或间接的区分，更无实际意义。莫非断为'直接'就有罪责，凡属间接则应无罪？如此界定，于法无据，不能成立。"

我认为驳得有力，从根本上动摇了一审上述认定的合理性与合法性。

18. 讲真情，写真实，是写好辩词的另一个关键所在。其实律师的价值主要也在这里。

19. 抓住关键，突出重点，与把握住"细节"并不矛盾，往往一致。应当树立这样的观点：律师实务是研究细节的学科。唐代诗人有"心细如发"的美誉，我们当代中国律师有何不能？

透过案中细节，会发现问题，从而能提出问题——这正是辩词的极其重要的内容。请看：

> 在某工厂的强奸案现场，经多方寻觅，得毛发26根，经化验，其中25根为女发，另一根竟是狗毛。但此处无犬。据此细节，终于发现是某女托人找来狗皮贴于下巴，冒充男须，趁夜黑在被害人脸上乱蹭一阵逃出，妄图嫁祸于仇人。

案情大白。毛发之细，也能提出大问题，故不能等闲视之。

20. 辩词就其主旨来说，并不一定在于给予答案，但一定要提出问题，多问它几个"为什么"？

辩词提出的问题，应有针对性，要有批判精神，须是案中的关键性环节，总之要是活生生的，让人不能回避。例如，在某杀人案中，一审判决认为两被告人同时实施了杀人行为，跟着断为"先后猛击"（被害人）。律师在二审辩词中问道："既是同时，何来先后？既有先后，谁人在'先'，何人在'后'？作为判决，无法回避！为何回避？"问得有力，提得在理，除了认错实已无处可退了。

21. 但是，类似下例一类的提问应予防止。何某伤害案，律师在辩词中问道："对被告人没采取强制措施，程序是否合法？"就程序的合法性提出质疑，本来极为重要，无可非议，但细察其内容，不能不说是有点不知所云，这究竟是在"辩"什么呢？

22. 讲"实"话，不空言主张，要求善于运用"事实"。

合理地、严谨地组织"事实"，使之无懈可击，这本身就是最为有力的辩护。

23. 用"事实"说话也忌面面俱到。因为面面俱到既不等同于准确，也不等同于充分。

24. 肯定于被告方有利的事实时，要依据证据加以分析，而后得出结论。这种分析，也不宜就事论事，应能表达出正确的思想、科学的信仰，或是去诉说一个善良的愿望。

对应"立"的事实的肯定性陈述，要有节制，做到适度。"我不是在和你争论，我是在告诉你。"西方律师的这个经验概括很值得借鉴。

25. 在辩词中叙述事实，按照事件发生的时间顺序，顺叙其事。这样做，可以使案件眉目清晰，逻辑严密，能有一目了然的功效。有时也无妨按问题的主次，先叙主要，以利于抓住焦点，突出重点。

26. 涉及专门性问题，务必讲出科学的根据。信口开河，想当然，都将贻笑于人，达不到辩护的目标。

27. 否定指控的事实中的不实诸点，一要对不实各点加以概括，二要能够从中抓住要点。试举例说明：

在大兴安岭火案中，起诉书在肯定被告人庄某某于育英林场部署工作后，指出他"两次向党委通报火情并提出了应采取的防火措施，然后驱车去综合厂，途中曾停车观察火情，于8：40左右匆匆离开育英"。

针对这段指控的辩词是：

> 这段指控，包括被告人当时的三个行为，即通报了火情、提出了措施、驱车继续查看火情。请问：在当时那种大火天降的危急时刻，他的这三个行为有什么可以指责的呢？这三个行为与所谓犯罪又有什么联系

呢?看来问题在于"匆匆"离开育英。可是,有以下两点值得注意:第一,"离开育英"这个概念是含混而不精确的,因为在庄某某一路疏散灾民、疏通要道的许多地方,统属育英辖区,他在辖区之内奋力做了那么多组织工作,使许多人脱险离开火海,业经庭审调查核实,这怎么能说是"离开育英"?第二,在大火肆虐、烈火扑人的极端危急时刻,所谓"匆匆",正是机智聪敏的指挥员形象,难道大火压顶还非得"慢吞吞"地才算坚守岗位、才称得上指挥若定吗?遇事"慢慢来"是恶习,会贻误事业,这个指控不能成立。

28. 如主张无罪,辩词中最好先下结论,再叙理由,眉清目楚,印象鲜明深刻。

29. 论点必须明确。

如有分论点,不可与主论点并列,而应使之从属于、服从于主论点,并应分别论证。

30. 分论点之间不可互相矛盾。如有矛盾,必然不堪一击,注定要失掉"辩"中的主动权。

论点如无可信的论据支持,既立不起来,又经不住驳。两者之间应水乳交融,万不可互相游离。

31. 分析、论证问题,要求周密透辟,无懈可击,有很强的逻辑性。

有份写得很有特色的辩词,因推敲不够,夹了这样一段:"被告人跟被害人确有扭推的举动……扭推是使被害人坠下车的条件,而非根本原因……(被害人)自己先推别人,结果因惯性作用跌下,这怎能归罪于被告呢?"其中,重点在于"先推别人,结果因惯性作用跌下"。对此试作辨析:

第一,先推,如是事实,只能说明事件发生的缘由和责任的大小,还不能证明"跌下"之果是由此而起。第二,如果这"先推"的第一下就使推人者"因惯性作用跌下"而坠地,那么,一开始就明确的"互相扭推"便不会发生。第三,由此可知在"先推"与"结果"之间,漏掉了、略去了"而后"这段关系重大的重要情节,使这"结果"来得突兀,缺乏可信性;以此为理由加罪或否罪,没有说服力。凡此三点,正说明这段辩词的漏洞在于不能达到周密透辟的要求，逻辑性差了些。

32. 要讲究层次。基本要求是：有条有理，合乎逻辑。

在辩词中，哪些先论，哪点后说，应围绕主论点作出合乎事理、明白清晰的安排，增强其说服力。

33. 论证与引证不能混淆。

凡有引证，意思应完整，出处要具体。不能摘我所要，不可断章取义。援引法条，尤应准确。

34. 论述"理由"时要注意不苛求被害人，坚决清除似是而非的歪理。

辩词以"被告人曾任党委书记，其间为党做了大量工作，此番对女工施暴，属一时失足"为理由，请予轻判。公诉人立即作答："正因为被告人是党委书记，更应严格要求，必须从重判处。"如此轻轻一点，辩词中的从轻条件竟又转化为从重的根据。歪理难立，于此可见。

35. 最忌强词夺理。广西某强奸案的辩词有这样一段："被告人……施行的暴力是很严重的，手段是凶残的……但这是犯罪初实施的，后来已收敛。"经查，本案被害人在一个多小时之中被强奸四次，奸后衣服扒光，手足紧捆。如此这般，"收敛"之辩就应视为"开脱"，与律师的辩护职责毫不相干。本案被告人依法被处极刑，执行枪决。

36. 辩词中不能掺杂冷嘲热讽。

在法庭上尊重公诉人与审判员，是职业道德的要求。一位律师在辩词中说："听了公诉词，仿佛看到了一个当代的'过于执'！"这种嘲讽式的无端指责，只是显示着律师的风格不高，于公诉人无损，于实际无补。

37. 合法的、正当的、适度的"请求"，乃辩词中的应有之义，或者说重要部分。有位学者说："对于有罪判决的建议，不应提出对刑期的具体意见。"这个说法有片面性。例如，对于符合《刑法》第72条的规定的案件，就理应具体地请求对被告人宣告缓刑。

38. 应当明确：辩护词是律师参与刑事诉讼各阶段工作的基本总结。

这里应注意两个要点：一是"各阶段工作"，二是"基本总结"。

有的辩词中的"时间紧迫，本律师未能充分准备"云云，该清除了。

39. 发表辩护词，就是发表演说。

演说，是人的素质修养、精神风貌的艺术性体现。古希腊、罗马的演说大师，把演说看作"一种道德完美的艺术"，说得多么精辟，有着多么丰富的内涵，多么值得反复体会！多么令人神往！

40. 写好辩词并善于表述，要求有较高的水平，丰富的知识，执着的精神，谨严的作风，哲人的胸怀，诗人的激情，语言大师的文采，演说大家的风度；长期锤炼，"万物皆备"，或能有成。然而既然有志于此，就理当倾尽全力，进发峰顶！加把劲呵，朋友们！

第 2 讲

辩护词的基本要素

◇ 田文昌[*]

辩护词的风格，因人而异，见仁见智。辩护词的内容，也会因案而异，各有不同。而不同的受众，对辩护词的评价也各有不同。所以，辩护词不会有一个统一的模式和标准。

尽管如此，辩护词所应当具备的一些基本要素，还是具有共性并且值得研究的。当然，这些要素包括哪些内容，同样是见仁见智，没有标准答案。本文只是以经验之谈，一己之见，与大家分享。希望作为引玉之砖，能唤起大家对辩护词质量的关注。

辩护词的内容、风格、表达方式等诸多要素体现了辩护词的整体水平。归纳起来，主要有以下几个方面。

一、内容全面，重点突出

辩护词的写作目的是反驳控方的指控理由，以求被法庭的采纳。内容全面，重点突出是实现这一目的的基本前提。

内容全面，是指辩护词的论点全面，论据充实，不能遗漏需要坚持和强调的主要观点，更不能留给对方突破口。在一个案件中，会涉及定罪与量刑的一系列问题，凡是存有争议需要反驳的内容，都必须在辩护词中充分体现而不可有任何疏漏。因为在控辩博弈的过程中，攻其一点不及其余的做法时有发生，一旦在观点上有所疏漏，就会陷于被动。所以，在构思辩护词的时候，首先要搭建好辩护观点的整体框架，之后再去充实需要论证的具体内容，

---

[*] 田文昌，北京市京都律师事务所创始人，中华全国律师协会刑事专业委员会顾问，西北政法大学刑事辩护高级研究院名誉院长。

不要任意发挥，以防止思维失控，顾此失彼，遗漏了重要的辩护观点。

论点与论据的关系，犹如骨骼与肌肉一般，两者相互依存而作用不同。如果肌肉不发达则会软弱无力，若是骨骼有缺陷就变成了残疾。论点全面，又如同考试答卷中的要点覆盖。在一份答卷中如果覆盖了全部要点，即使论述不够充分，至少也可以获得基本分数，而如果遗漏了一个要点，就会丢掉几分之一的分数。所以，论据不充实的辩护词只是会缺乏力度，而论点缺失的辩护词就成了残缺不全的辩护词，就失去了辩护理由的根基，甚至会全盘皆输。简言之，一篇合格的辩护词首先要做到论点全面，论据充实，两者缺一不可，而论点全面，更是重中之重。

重点突出，是在全面系统表述辩护观点的基础上对关键问题要有所侧重，不能平铺直叙、面面俱到地论述所有问题。如果辩护词过于烦琐而没有侧重点，就会使一些重要的观点和理由淹没在无关紧要的内容之中被淡化，甚至会喧宾夺主，误导法庭。

20 世纪 90 年代初曾经轰动全国的东北某地朱某某案件在此问题上就很典型，这是一件因承包经营被指控贪污犯罪欲判死刑而最终判决无罪的案件。朱某某被羁押长达五年，证据材料十分混乱和庞杂。这个案件在法庭辩论中，辩护人牢牢抓住了一个重点，就是承包合同的性质和方式。在辩护词中，辩护人强调："首先，朱某某与林产公司之间，是一种合法的合同关系。其次，在起诉书指控被告人朱某某贪污两笔木材款的事实中，决定被告人是否构成贪污罪的关键并不在于合同是属于集体承包还是个人承包，而是在于合同所约定的内容。'定销承包合同书'约定的是按固定数额返利的'死包'方式，并不涉及承包方实际获利的多少。在这种方式的承包合同中，只存在是否履约的问题，不可能发生贪污犯罪的问题。"仅此两点，便足以否定对贪污罪的指控。

法庭上常见一种盲目应对的被动防御式辩护，辩方出于慎重的考虑，对于控方每一个观点都不放过，有来必往，甚至对那些逻辑混乱、啰唆重复的理由也要逐一应对。这种辩护看似严防死守，滴水不漏，实际上，却因失去重点而苍白无力。而且，由于盲目地跟随控方去被动防控，而被带进了控方的思维中。这种辩护思路走入了控方的思维，是一种自我迷失。

重点突出的目的在于将辩护的锋芒直指主题，击中要害，同时不跟着控方的思路走。所以，必须心有定力而不能盲目应对。对于控方的各种观点和理由，都不宜简单回应，而要将其归纳总结和提炼之后，形成自己的论证体系，理性而有序地加以反驳。而且，反驳的理由和依据一定要和辩护总体思路保持一致，不能在点对点的应对中顾此失彼、自相矛盾。重点突出，既可防守也可进攻。可以坚守对本方有利的理由和证据据理力争，一辩到底，致使对方没有反驳的余地。对于关键问题，要不吝笔墨，必须说深说透。

内容全面，重点突出，两者缺一不可，相辅相成。但是，在个案当中如何把握适度，运用得当，则是一个没有最好、只有更好的永久话题。

二、立论明确，针锋相对

辩护词的生命力在于它的说服力，而鲜明的立论则是说服力的前提。模棱两可、不知所云是辩护词最大的忌讳。

法庭辩论是控辩博弈的最后阶段，也是全面、完整论述辩护观点的阶段。发表辩护词的目的在于说服法庭，所以辩护词决不能闪烁其词，顾左右而言他，而应当开门见山，直奔主题，开宗明义地亮明观点。而且，表达辩护观点时应当有的放矢，直接反驳控方的观点，没有必要也不应该含糊其词。发表辩护词不同于宣讲学术论文，不能自说自话，也不必面面俱到，侧重点和针对性才是第一要义。立论不明确，辩点就不突出，听者就难得要领。针对性不强，就难以与控方观点形成明显对照，从而降低反驳的力度。

立论明确，简言之，就是首先要亮明观点，如无罪辩护，罪轻辩护，还是量刑辩护。例如，在律师李某某被控包庇罪一案的辩护词中，辩护人开宗明义："我们认为，起诉书对李某某犯有包庇罪的指控是不能成立的。李某某的行为仅是违反律师执业纪律的行为，不构成犯罪，不应受到刑事追诉。"接下来的辩护均围绕着无罪的理由展开。

实践中，有的律师发表辩护词的时候口若悬河，洋洋洒洒，可听者却不知其所云，连法庭都听不出他究竟想表达什么意思。甚至会当场打断，要求他首先表明自己的观点，场面非常尴尬。这种情况就属于典型的立论不清。

针锋相对，就是辩护意见必须是针对控方的指控内容展开，不能无的放矢地自说自话。如果不能驳倒控方观点，即使辩方观点看似有理，充其量也只能达到一种见仁见智的效果，并不能真正实现法庭辩论的目的。因为，既然是辩论，就是以驳倒对方为目标。而最有力的反驳，就是一语中的，直击要害。

仍以李某某被控包庇罪一案为例。李某某作为高某某的二审辩护人，受高某某兄长之托在会见时向高某某传递了他人知悉的一个犯罪线索。高某某借此犯罪线索向司法机关举报，经办案机关查证属实后认定其构成立功，二审法院为此将高某某由死刑改判为死缓。在法庭辩论中，公诉人义正词严地强调，李某某向高某某传递他人知悉的犯罪线索，是以"移花接木"的手段为高某某提供假证明，帮助其逃避惩罚，显然构成包庇罪。

为了更有针对性地回应公诉人的观点，辩护人直接对应地借用"借花献佛"的比喻来反驳"移花接木"之说。指出：公诉人的"移花接木"一说混淆了事实，偷换了概念。因为，本案中成就高某某构成立功的原因行为并不是李某某"移花接木"，而是高某某"借花献佛"。本案中律师李某某将他人知悉的犯罪线索传递给高某某的行为，并没有也不可能成就高某某构成立功的条件，只有当高某某亲自将该犯罪线索向司法机关举报并经办案机关查证属实后，才能构成立功。而对于高某某的这种行为，借用公诉人的比喻倒可以说成是"借花献佛"。本案中的"花"即是他人知悉的犯罪线索，而"佛"即是指司法机关。正是高某某借用他人知悉的犯罪线索向司法机关举报的这种"借花献佛"行为才成就了其立功的条件，而李某某向高某某传递犯罪线索的"移花接木"行为与包庇罪并无关联。包庇罪以提供虚假证明为要件，但在本案中律师李某某既没有提供高某某构成立功的虚假证明，也不可能提供这样的虚假证明。因为，对于立功线索查证属实的证明只能由办案机关提供。

运用"借花献佛"之喻直接对应地反驳"移花接木"之说，法庭效果立竿见影，得到了法庭上下的一致赞同。

实践中，在中国的法庭上有一种常见的现象：控辩双方各执一词，自说自话。控方按照预先准备好的公诉词照本宣科，无论辩方提出什么样的理由和论据，都会听而不闻，无动于衷。什么"抽丝剥茧""由表及里""透过现象看本质""程序合法，证据确实充分"等，成为不变的套路。而辩方也不去深入分析控方观点的具体指向、证据基础和法律依据，局限在自己思维逻辑的框架之内论证自己的观点。如此一场辩论下来，双方慷慨陈词，理直气壮，甚至有些人还会情不自禁地沉浸在自己雄辩成功的感受之中。但是，在外人看来，双方的观点却好似处在一对永不交汇的平行线上，互不交锋。这种缺乏对抗性的辩论，无法实现辩论的效果，也不能称为辩论。

值得注意的是，由于辩方处于被动反击的地位，有针对性的辩护就更加重要。如果辩方在辩论中不能做到与控方针锋相对，直击要害，无异于空喊口号，无的放矢，就失去了辩护的意义。

三、主题清晰，贯彻始终

在立论明确之后，清晰的主题就成为辩护词的重中之重。所谓主题，就是为了支持立论观点而展开论证的内容主线。在论证过程中，无论是旁征博引还是临场发挥，都不能偏离这条主线。有时候，出于反驳对方观点的需要，可能会超越主题而引申出一些新的论点或涉及一些相关联的其他内容。但是，最后还是要回到主题上来，不能出现"下笔千言，离题万里"的"跑偏"现象。这就是所谓的万变不离其宗。

主题清晰的辩护词才能使人听得清楚，看得明白，并且留下深刻的印象，领会到其中的价值。这种效果就如同文学作品和音乐作品一样。一篇好的文章，读起来轻松易懂而不烦不累，既容易理解又印象深刻。一首成功的乐曲，主旋律会贯穿始终而使人难以忘怀。比如歌剧"白毛女"的乐曲，无论如何变奏，一首"北风吹"都会贯穿始终，看过"白毛女"的人，无人不记得"北风吹"的曲调。而"梁祝"中，"化蝶"更是贯穿始终、百听不厌的主旋律。人们说起"梁祝"时，没有人会记起历时三十多分钟的全部曲调，却人人都会哼几句"化蝶"的乐句。但有些乐曲，虽然听起来也很美，却很快会被遗忘，就是因为它缺乏一个清晰而贯穿始终的主旋律。

每个人都有过听课的感受，有的教师讲课照本宣科，少有发挥，听起来信息量少且很乏味，所以学生们都喜欢旁征博引、即兴发挥的授课方式。但是，这种发挥和扩展应当有限度并且不能跑题。有些教师随性发挥，引出一个话题就无限延伸以至于离题万里"跑偏了",俗称为"沾边儿就跑",而忘记了归途。结果导致主题被冲淡甚至忘记了。这种现象在课堂上时有发生,结果是一堂课下来,学生们只是听了个热闹,对于主题内容却模糊不清,印象不深。导致这种效果的原因并不是对于授课内容的发挥和扩展,而是没有把握好发挥的限度和没有及时地回归主题,就如同不能回归主题的变奏会冲淡主旋律效果的道理一样。

法庭上也时常会有一些语出惊人却不得要领的辩护发言,发言者义愤填膺、慷慨陈词、旁征博引、滔滔不绝。听起来振奋人心,甚至会博得喝彩,但事后回味起来却无法归纳出其中的要点,不知道他想说明的究竟是什么问题。尤其是将这篇发言整理成文字的时候,甚至连基本的逻辑层次都找不到。这即是典型的"内行看门道,外行看热闹"的渲染式演讲,或者叫"忽悠式"演讲。这种辩护词不仅对于法庭分析判断案情没有参考价值,甚至会适得其反。

在主题清晰的前提下,为了加强辩护词的说服力,在内容上可以有所发挥和适当延展,但不能不着边际,并且一定注意要适时拉回主题,做到万"辩"不离其宗。

四、分析证据,辨析法理

辩护词的根基是证据和法律,其他内容都只能起到辅助和补强的作用。

分析证据,主要是指反驳控方证据,辩护词以反驳控方证据为己任。在现代诉讼理念中,证据真实已经被视为认定事实的法定标准。所谓"以事实为依据",在法律层面上也就是以证据为依据。控辩双方的博弈始终都是围绕证据展开,都是一场关于证据的论争。所以,用尽可能充分的理由反驳控方证据是辩护词的第一要务。在构思和撰写辩护词时,首先要全面梳理控方证据,根据法律对证据三性的规定和对八类证据的具体分类,以及认定证据的基本原则,有主有次,有繁有简,对控方证据进行深入具体的分析和论证。对于无效证据和瑕疵证据等逐一进行反驳,指出其中不具备证据资格和缺乏证明力的理由和依据,打破其证明体系。例如,在一起受贿案件中,涉及8个行贿人,65笔受贿事实,仅从案卷笔录的字面上看,行受贿双方的供述十分一致，且描述具体，相互印证。但被告人却坚称自己无罪，并陈述了非法取证的详细情节和供述内容的不实之处。在无法排除非法证据的情况下，为了论证被告人供述的不真实性，律师花了大量的功夫，将全部案卷内容重新拆分组合，对每一份笔录形成的时间、地点、内容逐一比对分析，发现矛盾，研究变化，从不同维度制作了多份比对表格。通过对比分析，终于冲破谜团，找出了控方证据中自相矛盾、时空错位等一系列无法破解的疑点和无法弥补的漏洞。以彼之矛攻彼之盾，打破了指控的证据体系。

在刑事辩护中，以反驳控方证据打破其证据体系为目标的辩护方式，被称为消极防控的辩护方式，这是辩方首选的也是常见的辩护方式。但是，在有条件的情况下，利用有利于被告的证据去对抗和破解控方证据会更有说服力，这就是以攻为守式的积极辩护。由于在刑事诉讼中辩方没有举证义务，这种辩护方式并非必要方式，而且这种机会也不是很多。但是，辩方虽然没有举证的义务却有举证的权利，为了辩护成功律师应当重视这种积极辩护的方式，并且不应该放过这样的机会。尤其在中国现阶段有罪推定理念尚难消退的诉讼环境下，这种积极辩护的方式绝非自作多情，更需要高度重视，充分运用。

需要注意的是，辩方举证的内容包括两种情况：

一种是辩方自行调取的证据，这些证据辩护人已经提交给法庭，在质证环节不会被忽略。

另一种则是虽已入卷但控方没有向法庭出示或者被忽视的有利于被告的证据，这些证据由于散见于案卷之中，是常常会遭到忽视的重要内容。在法庭调查中，公诉人选择性举证，不足为怪，但辩护人忽略了其中有利被告的证据则实属不该。尤其是在公诉人选择性宣读言词证据的内容时，辩护人应当及时、敏锐地发现其中有利于被告的内容，或作为质证的理由从质证角度即时向法庭出示，或作为辩方证据适时向法庭出示。因为，依照法律规定，经过当庭质证的证据才能作为定案的依据。严格意义上说，有些案卷里的证据没有经过法庭质证，也是不能作为定案依据的。所以，作为辩护律师一定不能忽略对这些证据的质证。一是在庭审中应当向法庭申请出示这些证据并进行质证，如果法庭表示无须出示则应当提请法庭记录在案，表明辩方已经当庭提出了这些证据。二是应当将这些证据体现在辩护词的内容之中。

有一个因故意杀人被判处死刑立即执行的案件，案件事实清楚，证据确凿，被告人供认不讳。在最高人民法院死刑复核程序中辩护律师阅卷时发现，弹道检验报告中显示：一枪致命的子弹是由被害人的腰间射入后从锁骨穿出的。带着这个疑问，辩护人在会见被告时了解到，被告人是在与被害人夫妇二人抢夺枪支的厮打过程中摔倒在地后，枪支走火射出子弹的。当问及被告为何不向法庭说明这个过程时，被告人说："反正人已经杀了，怎么杀都一样，说什么都没有用"。辩护人根据这一情节向最高人民法院提出了不宜核准死刑的辩护意见。

如此重要的情节，在案卷中已有明确记载，只是由于被告本人没有说起，居然在两审程序中都没有引起重视。尤其对律师而言，竟然忽略了如此重要的有利证据，实属重大失误。

辨析法理，是指对于证据认定和案件定性的法理分析。具体包括以下两个方面的内容。

一方面，充分阐述法律依据，即有针对性地找出相关的立法和法律解释的具体规定，依照这些规定提出对控方证据和案件定罪量刑观点的反驳意见。另一方面，深入阐述法理依据，即从立法原意，学理解释的角度，正确解读法律条文。

寻找法律依据的功夫在于熟知法律规定和工作细致入微，只要努力、认真即不难做到，但现实中却仍有很多人连这一点都做不到。在许多庭审中，控辩双方或其中一方只顾一厢情愿地坚持本方观点，却提不出可以支持本方观点的法律依据，或者提出了一些针对性不强、甚至毫不相干的法律依据，而这种依据并不能支持自己的主张，甚至反会为对方所用，这是对法律规范不熟悉和理解肤浅的具体表现。而在司法审判活动中，离开法律依据的单纯说理，显然是苍白无力的，这样的辩护只能给人一种强词夺理的感觉。

寻找法理依据的功夫则在于深厚的理论功底和对法治理念的融会贯通。目前，许多案件中的认识分歧是源于对立法原意的误读和法治理念的误区。例如，连对举证责任、证据能力等一些最基本的原则和概念的理解都常常会发生偏离，更不要说无罪推定、疑罪从无、排除合理怀疑等一些与入罪出罪密切相关的理念问题。尤其需要重视的是，关于对案件定性问题的分析和论证，在我国的刑事辩护中占有很重的分量。诸如在经济犯罪、职务犯罪、金融犯罪等许多领域的案件中，控辩双方会在同一事实的基础上对案件的定性和罪名争执不休，甚至会坚持罪与非罪的相反观点。产生这种争议主要是因为双方对适用法律的认识分歧和理念的差异。所以，更需要在法理层面上进行深入的分析论证。

在某钢铁公司被控虚开增值税专用发票罪一案中，该公司需要大量废钢，因供货方没有发票，只好找其他废品公司代开增值税发票，数额达8亿元之多。但其所开发票与购买废钢的吨数是对应的，即发票项下确有真实交易，且票与货数量相符，并未骗取税款。直白地说，就是张三供货，李四开票。对于此类问题，因过去曾有司法解释认为有无真实交易并不影响入罪，所以实践中有大量没有骗税目的和结果的虚开增值税发票行为被定罪重罚。在该罪有死刑的时候，甚至对于同一种事实在不同的判决中会出现无罪与死罪的反差。更有甚者，理论界还有人将该罪论证为行为犯，认识十分混乱。针对这种认识误区，律师在法庭辩论时对虚开增值税专用发票的特征进行了深入的法理分析，指出该罪的本质特征是以虚开增值税专用发票的手段骗取国家税款，而并非仅是虚开增值税专用发票的行为本身。其侵害的客体是国家税务征收管理制度，其犯罪形态是结果犯。在深入分析论证的基础上，再结合本案只有"虚开"行为而没有骗税的目的和结果的具体事实，得出不构成犯罪的结论。

案件过后，辩护人又针对此类问题，在《民主与法制》杂志发表了《对虚开增值税发票罪构成要件的表述亟待修改》的文章，并在《刑法修正案（八）》草案讨论期间，向全国人大常委会法工委提交了修法建议稿。2014年，又发表了《再论对虚开增值税发票罪构成要件的表述亟待修改》的论文。通过个案的法理分析推动立法和修法，也是对个案进行法理分析的重要作用。

在法庭辩论中对案件定性问题进行深层次法理分析的情况在国外的刑事辩护中并不多见，而在我国却经常发生。究其原因，既包括因立法表述不够明确而形成了较大的争议空间，也包括司法理念和认识水平。这种中国刑事辩护中所特有的现象，加大了刑事辩护的难度，同时保留了更多的辩护空间。

而且，事实证明，在很多情况下这种法理分析的效果明显，是很有必要的。

但需要注意，这种分析和论证的目的只是从法理和理念上澄清对这些问题的认识误区，为辩方的观点提出更深层的理论依据。所以，这种分析和论证应当有的放矢，简明扼要，具有针对性。切不可长篇大论，泛泛而谈。否则，不仅于事无补，而且会画蛇添足，甚至事与愿违。

五、逻辑严谨，层次分明

诗歌的魅力在于意境，散文的魅力在于辞藻，小说的魅力在于情节，音乐的魅力在于旋律，而辩护词的魅力在于严谨而强劲的逻辑。逻辑是辩护词的灵魂，没有逻辑，辩护词就没有生命力，更不可能有说服力。鼓动人心，文采飞扬，固然可以为辩护词添彩，却不能形成辩护词特有的内在动力。实践中，有的辩护词文采很好，读起来也很顺畅，但就是缺乏雄辩的力量，既看不出反驳对方的充分理由，也缺乏坚守己见的力度。究其原因，就是由于缺少逻辑的力量。

在辩护词中，逻辑的作用无处不在，贯穿始终。以下几点尤为重要。

（一）观点要贯穿一致，不能相互冲突

一个复杂的案件，争议的焦点不只一处，如果是数罪的案件，争议会更多。所以，在构思整理辩护思路时，要形成贯彻始终、统一不变的辩护观点。在争辩任何问题时都必须遵循同一种理念和同一个原则，要对自己的观点能够自圆其说。不能在针对不同问题的争辩时，仅为了驳倒对方而顾此失彼地仓促应对，使自己的观点自相矛盾。值得注意的是，这种现象在实践中并不鲜见。法庭辩论中，控辩双方时常会有人为了反驳对方而随时变换观点，失去了固守的底线，以至于陷入自相矛盾。这种只顾眼前不顾全局、只逞一时之快的狡辩式应对，也许会一时占据上风，却无法赢得全局。辩护词一旦陷入这种混乱的逻辑，无异于设置了一个自毁机制，辩护理由会不攻自破。但现实中有些人对这种逻辑混乱的危害却不以为然；有的人事后察觉到了而悔之莫及；而有的人则自始至终都不知不觉；可更可悲的是，有些人面对批评却执迷不悟。

（二）内容要层次分明，不能模糊不清

辩护词的目的是反驳对方，所以内容必须要层次分明，不能逻辑混乱、含糊不清。辩护词的内容就好比一批配置好的基础材料，若组合得当，就会搭建成宏伟的建筑；若组合失当，就会大大降低其利用价值；而如果将其杂乱无章地随意堆放，就只能是一堆等待加工的材料而已。所以，辩护词逻辑层次的合理安排非常重要。有的辩护词观点正确，内容也全面，只因逻辑关系缺乏条理，各种观点和理由零乱分散，使人读起来如览天书，不知其所云。这样的表述会使人越听越糊涂，越看越困惑，很容易被带入误区。

在轰动一时的某市某甲被控组织领导黑社会性质犯罪一案中，起诉书指控的犯罪事实多达53起，从1989年9月至2000年8月跨度长达十多年，且其中多起事实与黑社会性质犯罪无关。该案当时社会影响巨大，关注度极高且争议激烈。在法庭辩论的有限时间里，如何将起诉书指控的53起事实逐一论述清楚确实难度很大。针对这种情况，律师辩护时并没有简单地按照起诉书指控的顺序逐一加以反驳，而是根据指控内容所涉及的行为性质，对涉案的53起事实进行全面梳理，在合理分类和归纳后指出：起诉书指控的53起犯罪事实中，涉及黑社会性质犯罪的只有24起，其余29起或与黑社会性质犯罪无关，或并不构成犯罪。而在涉黑的24起中，又具体分为三类：指控某甲直接参与犯罪的；指控某甲指使但并未直接参与犯罪的；还有并未涉及某甲的。此外，在53起指控事实中，只有一桩命案，而这桩命案某甲既未参与，也不知情。接下来辩护人以此分类为基础，根据不同层次对53起事实分别论述。

在指控的犯罪事实数量繁多且类别混杂的情况下，通过这样的分类与归纳，再针对各种不同情况分别发表辩护意见，可以避免辩护词逻辑混乱，又可以破解被误导的谜团，使辩护思路更加明确，逻辑层次更加清晰。如果对公诉意见不加以分类归纳，而只是顺应其指控的逻辑关系被动应对，势必会陷入连自己都难以厘清的混乱之中，越说越乱。

辩护词的逻辑混乱往往有两种情况，一种是自身表达的混乱，另一种是被对方带入了混乱，后者更值得警惕。

（三）说理要环环相扣，不能相互脱节

说理是针对观点的论证，有力的说理应当使各种理由形成一个闭环，环环相扣、相互印证，不能相互脱节、支离破碎。

例如，在陈某某被控利用经营管理某血站的职务便利贪污、挪用等犯罪一案中，争议的核心问题是对血站经济性质的认定。如果血站属于私人所有而非国有，则指控的基础就不复存在。

对此，辩护律师首先对该血站的出资情况进行了环环相扣的分析、论证。一是建设血站所用资金至少100万元；二是政府无投资；三是陈某某个人有出资；四是陈某某个人出资与建设血站的资金相对应；五是除陈某某之外并无任何其他人出资。接下来，再结合当时全国上下"名为国有、实为私有"的"红帽子"企业现象盛行的特定社会环境，根据"谁投资、谁拥有产权"的民法原则，指出该血站名为国有实为私有的真实经济性质。在此基础上，又通过该血站改制的原因、过程及合法性等各方面的证据相互印证，进一步否定其国有性质。这样的论证方式，逻辑清晰，环环相扣，说服力可想而知。

一系列环环相扣的理由，会形成一种由简到繁、由浅入深、由远及近、由弱到强的层层递进的增量效应，从而产生出难以反驳的力量。这正是逻辑的力量所蕴含的内在动力。反之，如果对于辩护理由缺乏合理的逻辑安排，只是就事论事地分散运用，针对不同争点东一榔头、西一棒子地单打独斗、被动招架，就如同组合拳被拆了招数，很容易被各个击破。

实践中，有的辩护词观点虽然有理有据，但是看起来却似一盘散沙，软弱无力，原因就在于此。

（四）论据要扎实可靠，做到无懈可击

论据是观点的基础，论据失守，观点自破。论据与观点不同，观点可以争论，可以各执己见而互不相让。而论据是一种客观实在，只有真伪之分，不能两者并存。所以，论据必须扎实可靠，无懈可击。在前文所举的陈某某贪污、挪用一案中，为了支持血站是陈某某个人投资的观点，律师提出了大量论据，包括：《组建血站的可行性报告》，证明经测算成立血站需要资金至少100万元；调取了多名证人证言和书证，证明陈某某个人投资财物累计至

少在 100 万元以上；调取了多名证人证言和银行票据，证明陈某某花钱购买了土地；等等。通过大量扎实的论据，证明血站确属陈某某个人投资。

只有以扎实的论据为支撑，论点才能底气充足、无可辩驳，仅有高谈阔论而缺乏证据支持的辩护词是没有说服力的。而且，必须谨记，论据是为整体的辩护观点服务的，使用论据不能随心所欲，顾此失彼。在构思辩护观点和撰写辩护词时，有人为了支持自己的观点而随意寻找论据，甚至针对不同问题使用相互冲突的论据。这种有失严谨、自欺欺人的思维方式，是逻辑运用中的大忌。

合乎逻辑的思维方式是分析和判断问题的方法论基础，而运用逻辑的论证方式是赢得辩论的有力武器。学习逻辑，运用逻辑，是辩护律师的基本功和必修课。

六、以法为据，动之以情

在辩护词中能否加入情理的因素，人们会有不同的理解和认识。也许有人会不假思索地认为，法律无情，所以司法与情理无关。但如果深入思考，就会发现，法律并不排斥情理，法律无情亦有情。所谓的无情，指的是个别人的感情，因为任何时候法律都不能迁就个别人的情理，更不应为个别人的感情所左右。而所谓的有情，指的是社会公众普遍认同的情理，因为法律是人民整体意志的体现，应当服从于整体的民意。所谓天理、国法、人情三者的统一，正是体现了法律无情亦有情的辩证关系。

所以，在辩护词中加入情理的因素，不仅是可以的，而且是必要的。问题是应当如何处理好情理与法律的关系？

以法为据，动之以情，就是要以法律规范为依据，在法律规范的框架之内来论证天理与人情。坚持法律规定不可动摇的原则，这正是法律无情的体现，而在此前提下对情理的深刻剖析，则正是法律有情的体现。

实践中，这样的案例时有发生。比如 2016 年山东发生的轰动全国的于欢正当防卫案。于欢母子被讨债者非法拘禁且遭受侮辱，为逃离险境，于欢情急之下持刀反抗，致侵害者一死三伤。一审以故意伤害罪判处于欢无期徒刑，二审认定防卫过当改判为有期徒刑五年。在于欢案之前的司法实践中，我国关于正当防卫的认定标准一直过于严苛，这种司法裁判的价值观限制了被侵害者防卫权的行使，也在一定程度上放任了不法侵害行为的肆意横行。而于欢案在各界舆论的呼吁下，不仅纠正了法庭的不当判决，而且从整体上转变了对正当防卫标准认定的价值取向，促进了司法水平的提升，以至于于欢案以后陆续发生的几起正当防卫案件都得到了法律与情理相得益彰的判决结果。因此，于欢案件成为2018年推动法治进程的十大案件之一。

于欢案具有情理之辩空间的典型意义在于：法律与情理之间虽有差别却没有根本冲突，而如何正确处理两者关系，则是律师进行情理之辩的合理空间。

在于欢案中，从形式上看，是否认定正当防卫，都没有突破法律的规定，但由于司法价值观的不同，对于正当防卫的标准却会因人而异。

司法实践中，类似于欢案的案件其实并不鲜见，尤其在我国法治社会的初级阶段更会如此。所以，在司法实践中，情理之辩的必要性与重要性是应该被看到的。而且，这种辩护的成功也具有以个案推动法治的重要意义。

但需要注意的是，情理之辩的底线是不能超越法律，这也是处理民意与法律关系的基本原则。法律应当体现民意，但这种民意应当是整体的民意而不是个别人或部分人的意志。整体的民意已经体现在立法之中，所以，如果突破法律的底线就违背了整体民意。而于欢案，既有情理之辩的合理空间，又不突破法律的底线。在此类案件的辩护中加入情理的因素，不仅无可厚非，而且很有必要。所以，以法为据，动之以情，不失为辩护的一种必要方式。关键是要运用适度、恰到好处。

但是，情理之辩不同于某些煽情式辩护。实践中有的辩护词形似一种文学作品，感人肺腑，扣人心弦，甚至于催人泪下。这种辩护词如果建立在证据和法律的基础之上而且运用得当，就会是一种锦上添花。而如果缺少了证据和法律这两项最基本的要素，就只能是哗众取宠了。有些听起来振振有词，甚至博得了掌声的辩护词，认真分析起来竟然逻辑混乱，不知所云。这种辩护词起不到辩护的作用，甚至会引起法庭反感。

情理之辩与游离于法律之外的纯粹的煽情式辩护并不能同日而语。简言之，以法为据是情理之辩的前提和基础。

七、态度诚恳，语气平和

辩护词的说服力，源自理由的充分而不是语态的强势。平和理性的表达方式更容易使人接受，而措辞严厉的强势表达并非最佳方式。在有些文学作品中，对辩护词的渲染会把人们带入一种误区，如口若悬河、唇枪舌剑、气势如虹、无地自容等。有些时候，法庭上确实也会有此类场面，但那都是在一些特殊的案件中和特殊的氛围之下才发生的情景，并不是法庭辩论的常态。

辩护词的表达风格，与辩护词的目的密切相关。

首先，辩护的目的是说理而不仅是为了输赢。所以，法庭辩论的风格不同于辩论比赛。在辩论赛中，正反两方抽签选题，论题的结论没有对错之分。辩论比赛中可以强词夺理、狡辩巧胜，胜负之分主要看点是思辨和口才的能力，无理狡辩者也可以获胜。而法庭辩论则不同，法庭辩论中控辩双方的立场分明而不可互换，双方争执的目的只在于观点的对错而不在于能力的表演。法庭辩论与辩论比赛的最大区别在于：在辩论比赛中，只要思辨和口才占上风即可获胜，观点对错并不重要；法庭辩论却相反，与口才相比，观点正确更重要。即使庭上的辩论咄咄逼人，如果观点不能成立，同样起不到辩护的作用。实践中此类例子并不少见，有些律师的辩护发言态度强势、语言尖刻、气场强大，或有一种替当事人出气的感觉，一时会博得当事人的认同和旁听者的喝彩，甚至会以与控方形成非理性的冲突而自诩。但反思下来，却发现这种逞一时之快的辩护风格所带来的却是更多的负面效应：因加剧了控辩双方的对抗情绪而使双方都进入了超乎理性的激辩境界之中，法庭辩论成了一场闹剧，以至于使法庭失去了可以辨别是非的环境基础。这样的辩护甚至会帮倒忙。

其次，法庭辩论的对象是控方，但辩护效果的实现却取决于法庭而并非控方本身。击败控方并不必然取胜，只有被法庭采纳才能发挥作用。所以，诚恳的态度与平和的语气，主要为了有利于说服法庭。当控辩双方截然对立的意见呈现至法庭时，法庭更容易接受的显然是诚恳和理性的意见。在法庭辩论中时常会发生两种不同的场景：有时候，当控辩双方或其中的一方态度失控、言辞过激时，不仅会遭到法庭的一再制止，而且法庭会由于反感而对于其发言的内容不屑一顾；当控辩双方或其中的一方以诚恳的态度、平和的语言娓娓道来地陈述观点时，法庭上下都会全神贯注，认真倾听，生怕漏掉其中内容。有时候，整个法庭竟然如空气被凝固般寂静，真是静到了银针落地而有声的程度，甚至直到发言结束后还不能立刻打破沉静，似乎人们还想继续倾听。这种效果的辩论发言除了说理充分外，都会伴随着诚恳、平和的语言风格。而正是这种打动人心的辩护词，才更能引起法官的重视和思考。

态度诚恳、语气平和与坚持原则、不卑不亢并无冲突。前者是律师辩护的风格，后者是律师辩护的底线。在立场问题、原则问题、涉及被告人权益的问题上，律师必须坚守底线，不能提出任何不利于当事人的辩护意见。

态度诚恳，语言平和并不意味着忍让与迁就。有些情况下，犀利的语言和必要的反击当然很有必要，但必须保持用语文明不失风度，而柔中有刚的策略表述，往往会更有杀伤力。发表辩护词与宣讲学术论文的不同之处在于，辩护词需要在与对方激辩的状态下去把握语态和坚持理性，这种分寸把握起来并非易事，这也正是成功辩护词的魅力所在。

八、语言简练，惜字如金

语言简练，是任何文章都应该遵循的行文风格，辩护词也应遵循。文章是写给别人看的，应该以简明易懂为原则，而辩护词是为了说服法庭的，具有很强的目的性，更需要用最简明的语言把辩护的理由表达清楚。现实中，无论是学术论文还是辩护词，表达的方式虽然各有特点，但简练与烦琐的效果却是明显不同的。

简言之，呈现给法庭的语言和文字，每句话都应当是有价值的，都应当与案件的定罪量刑具有紧密的关联性。多余的表达不仅没有必要，而且会冲淡主题。法庭在听取或者阅读辩护词的时候，既无兴致去品味写作的技巧和文字的美妙，也无精力去接受那些与案件无关的内容，更没有耐心去研究那些画蛇添足的解释和铺垫。

目前的学术文章有一种常见的通病：晦涩加烦琐，或者叫造词加堆砌。有些文章常常会充满一些晦涩难懂或者自己创造出来的词汇，使人难以琢磨，似乎会令他人越读越感到自己的知识太浅而对作者心生敬畏。然而，这种文章读起来却很累。这样难为读者的文章即或真有深度，也会因门槛过高而贬值。因为很多人会望而却步，失去了阅读的兴趣。还有些文章常常会旁征博引，漫无边际，使人似乎越读越感到作者的知识渊博而自己的积累不足。然而，这种文章读起来却很烦。这种堆砌知识的文章即便信息量再大，也会因水分过多而失色，因为很多人并不想去关注那些与主题无关的内容。这种弊端应当与信息的发达有关，因为在信息高度发达的当下，获取信息太容易，太便捷。但是这种以粘贴信息来充数的文章，只会自欺欺人，害人害己，因为这种文章在浪费别人时间的同时，也贬低了自身的价值。

可叹的是，这两种弊端如果同时出现在一篇文章中，后果就可想而知了。而如果同时出现在一篇辩护词中，后果就不堪设想了。

从说理的角度而言，一篇好的论文，不一定会成为一篇好的辩护词，但一篇好的辩护词，也应当是一篇好的论文。因为，论文不必兼顾辩护词的论证方式，而辩护词则应当兼具论文的理论水平。重要的是，学术论文的这些弊端如果出现在辩护词当中，后果就会非常严重。试想，如果一篇辩护词让法庭感到又累又烦，又如何能够被接受并采纳其中的观点呢？

实践中，有人为了充分表达辩护观点，不吝笔墨、不厌其烦地将辩护词写得很长，不仅语言烦琐，而且旁征博引，以为越是全面细致就越能说清楚问题。有的辩护词长达数万字，有的甚至成了一本书。这种认识值得商榷。

辩护词究竟是越长越好，还是越短越好？当然是越短越好。准确地说，应当是在能够说清观点的前提下，越短越好，这个道理很简单。但是，难点在于对能够说清楚问题这个标准的理解是因人而异的。正是由于有人认为只有长篇大论才能说清楚问题，所以才会写出长篇大论的辩护词。但是，这种认识忽略了两个重要的问题：一是精炼的文字才更有分量。一篇水分很大的辩护词，不仅洋洋洒洒却不得要领，而且会由于废话过多而稀释了主要观点。只有榨干了水分的辩护词才会重点突出，更有分量。二是观点明确，表达清晰的辩护词才能吸引读者。一篇枯燥无味的辩护词，会使法官由听觉疲劳进而转向情绪抵触，这种抵触在屏蔽了那些无价值信息的同时，可能会屏蔽掉其中有价值的内容。

曾有律师在法庭上喋喋不休、不厌其烦地长时间宣读空洞无物的辩护词，任凭法庭上下都被他带进了瞌睡状态,仍然无动于衷,继续振振有词。这种辩护如同梦呓,毫无价值。

辩护词不是只为了表达自己的观点,更不是为了自我欣赏,而是为了反驳对方并期待法庭认可。所以,辩护词必须超越自我,换位思考,以期望能够最大限度获得认同为原则。语言简练,惜字如金,则是实现这一原则的要素之一。简言之,在一篇辩护词构思完成之后,要反复阅读、字斟句酌,不惜删除每一句多余的话和每一个多余的字。当精炼到无可挑剔的时候,才是最有分量的辩护词。

九、通俗易懂,深入浅出

辩护词是法律人说给法律人的专业之作,必须善用法言法语而不失水准。但是,辩护词毕竟不是切磋观点的学术论文。辩护词应当以更直观、更明确、更无可争议的方式表达自己的观点,这种观点应当使人易于接受且不易产生歧义,应当一语中的、一针见血而不留回旋余地。所以,辩护词的语言应当通俗易懂、深入浅出,而不能晦涩难懂、高深莫测,更不能去炫耀知识、故弄玄虚。

在法庭上有时候会看到两种极端的场景:一种是置法律原则和法言法语于不顾,白话连篇,高调不断,仿佛是在演讲,在宣传,而且津津乐道。另一种则是动辄犯罪构成理论,动辄学者观点,将实务问题学术化,将简单问题复杂化,到头来对于真正的辩护观点却说得不清不楚。

辩护词的语言之所以应该通俗易懂,深入浅出,这是由法庭审判的环境所决定的。

法庭辩论的环境是对抗,是控辩双方在对抗的状态中当庭博弈,力图用本方的观点驳倒对方。在这种环境下,双方都面临着以下三个需要应对的因素:

一是对方。在法庭辩论的对抗气氛中,控辩双方都处于精神高度紧张、思维高速运转的亢奋状态中,无暇去思考深层次的学理问题,都希望以最直接的方式表达自己的观点和反驳对方的观点。这时候若只是无的放矢地去论证学理,而不直指对方要害,无异于在实战中纸上谈兵。而且,有时双方思维不在同一个频道上，常常会形成鸡同鸭讲、答非所问的错位式对抗。这种对抗中的辩护只能是白费口舌。而如果能将复杂而深刻的法学原理和法律原则简化成通俗易懂的语言，深入浅出地表达出来，关键时恰到好处地引出一个典故，巧用一个比喻，则会收到意想不到的效果。对于击败对手而言，通俗的语言远胜于枯燥的说教。

二是法庭。法官是凭借法庭辩论来判断案情的，法官需要倾听的是最有价值的内容，是控辩双方关于案件定罪量刑问题的明确理由和充分依据。而在双方激辩的状态下，哪一方的表达更恰当、更中肯、更生动，就会更有说服力，更容易被接受。辩护词是经过深思熟虑才形成的，而别人却是第一次聆听你的观点，需要有一个接受和消化的时间差。所以，当你滔滔不绝地论证自己观点的时候，不要期望别人会与你同步思维。在法庭辩论的有限时间和特殊语境中，人们无暇对那些高深的概念追根溯源、细嚼慢咽，而更注重的是生动形象、一语中的的直观感受。要善于将复杂的问题简单化，将深刻的问题浅显化，用生动、易懂的语言和最短的时间直击问题要害，将复杂而深刻的问题说清楚。

三是旁听公众。发表辩护词的目标主要是法庭，辩护成功的标志是辩护理由被法庭采纳。但同时，旁听公众的感受不可忽视。既然是公开审理，旁听公众的感受就有独立的价值，而在现场直播的情况下，这种价值就更加重要。相比于法庭和控方而言，旁听公众有两个明显区别：一是不懂法律，二是不了解案情。所以，旁听公众对辩护词语言的接受度就更加苛刻。

在针对法庭兼顾旁听公众的情况下，如何做到将深刻的法理与大众的认知完美融合，既能博得法庭对辩护观点的采纳，又能让既不懂法也不知情的旁听公众听明白，这才是辩护词应当达到的最佳效果。在前面提到的朱某某被控贪污、诈骗、行贿罪一案中，起诉书指控被告人以私自制造两份假文件的手段实施诈骗，这个问题的辩论难度很大。因为该两份文件确系经朱某某之手起草并打印下发的，虽然文件内容合法有效，且朱某某坚称是奉总经理之命行事，但案发时总经理已经离世，又无其他旁证，朱某某有口难辩。为此，辩护人先是从理论上一再说明：既然已经查明文件的内容完全属实并且合法，那么，是真是假关键在于文件的内容，不能因为发文的程序查不清楚就认定是假文件。但是，公诉人却一直抓住这个问题紧追不放。法官也一再追问，似乎只要说不清楚就一定有鬼而难脱诈骗之嫌。可以理解的是，在法庭辩论的特殊气氛下，纯学术化的理性论证往往会受到抵触而难以被接受。情急之下，辩护人提出了一个通俗而浅显的设问："私生子是不是假孩子？"继而指出："私生子虽然出生的程序不合法，但不能据此认定他是假孩子，程序不合法不等于内容不合法，更不等于内容也一定是虚假的。"这个浅显易懂的比喻不仅驳倒了公诉人，而且说服了合议庭。事后，合议庭成员和高级、中级两级法院的负责人都对这个比喻深表赞同，认为确有说服力。也可以说，是这个比喻赢得了最终的无罪判决。

所以，语言艺术也是辩护律师的基本功。

十、首尾呼应，画龙点睛

画龙点睛，是辩护词的收官之笔。这一点做起来并不难，但却常被忽视，因为很多人并没有意识到首尾呼应的重要性。许多辩护词内容全面，论证有力，只是由于缺少收官之笔而失去了根基，淡化了辩护观点和主题。犹如一首乐曲加入了多次华彩的变奏之后却迷失了方向，没有回到主旋律。这样的乐曲虽然美妙却由于主题分散而难以打动人心，更不容易留下深刻的记忆。

在控辩式审判方式下，辩护活动贯穿于庭审的全部过程，法庭质证阶段，辩论就已经开始了，法庭辩论阶段的辩护内容应该是对庭审全过程辩护理由的总结陈词。而画龙点睛的收官之笔，则是对总结陈词的总结陈词。与包括学术论文在内的其他文章相比，辩护词的收官之笔更加重要，因为辩护词以驳倒控方和说服法庭为目的，必须在论证的最后明确和重申自己的诉求，用简明的语言提炼出辩护理由的核心内容。这种收尾的内容很简单，其实就是把辩护词的主要观点用最简明的语言归纳一下，使之与辩护词的主题相呼应，强调观点，加深印象。这种收尾的文字尽可以能要言简意赅，切忌烦琐。而对一些影响重大、背景特殊的案件，也不妨有所针对地适当加以高屋建瓴的分析论证。如在朱某某案中，在辩护词的最后，律师就跳出案件本身，站在更宏观的层面对案件的处理提出建议。辩护人指出："纵观全案，辩护人认为本案具有十分突出的典型性。因为，在当前形势下，司法机关如何正确理解立法精神，准确运用法律，充分发挥为改革开放保驾护航的作用，是评价司法机关工作的一项重要标准，也是对每一个司法工作者的重大考验。对于承包经营中所发生的有关问题如何正确处理，更是涉及国家经济腾飞和改革开放的基本政策和方向问题，尤其应当持以格外慎重的态度。本案被告人朱某某在几年前就能够在公司亏损、木材滞销的形势下，勇于探索，担起了个人承包的重担，虽然在工作中难免出现一些错误和失误，但不可否认为改革开放的深化作出了一定的贡献。对于这样的人，究竟是捕风捉影地兴师问罪，还是在客观、公正地评价是非的前提下，促使其扬长避短，为改革开放发挥出更大的作用，无疑是个十分重大的原则问题。为此，辩护人希望法庭对本案予以高度重视，辩护人也诚恳地愿意为司法机关提供尽可能的协助，尽到一个法律工作者应尽的职责。最后，希望本案能够得到公正的裁判。"

同样内容的辩护词，有或没有画龙点睛的收官之笔，效果会大相径庭。究其原因还是要换位思考：主讲者与听众的思维进度是有时间差的，听众的思维进度不可能与深思熟虑的主讲者保持同步。所以，即使你辩护的理由头头是道，雄辩有力，也不要指望他人就能轻而易举地理解清楚。而辩护词最后点回主题的归纳总结，则是将他人的思维拉回主题和加深印象的重要方式。这也正是点睛之笔的意义所在。

结语

辩护词的风格千姿百态，辩护词的水平各领风骚，成功的辩护词不乏其例，但辩护词却没有最好只有更好。辩护词的学问高深莫测，是摆在辩护律师面前的一个学无止境的永久课题。没有人可以单独做好这个题目，只有经过律师群体的共同努力，不断探索，才能把这个题目越做越好。

第3讲

好的辩护词究竟长什么样

◇ 邓学平[*]

很多人一提到律师，就想到能言善辩这个词。好的口才之于律师固然十分重要，但好的文字写作能力其实更加重要。无论是诉讼业务还是非诉讼业务，良好的文字写作能力都能让人迅速脱颖而出。某种程度上甚至可以说，文字写作能力直接决定了一个律师的职业上限。作为一个刑辩律师，写出高质量的辩护词更是工作必需。

笔者时常看到有些律师，一个几十本卷宗的案件，辩护词却只有区区几页纸。观其内容，则几乎是万金油式的，都是些在每个案件中都可以使用的套话。有些辩护词看起来洋洋洒洒几千言，但行文东拉西扯，观点含混不清，读完让人不知所云。还有些辩护词看似在说理，但并没有抓住案件的关键，也没有回应司法人员的关切，完全是在自说自话。律师说理的依据可以包括：在案证据、生效法条、类似判例、法学理论、逻辑规则、经验法则、自然法则和天理人情等。一旦偏离上述范畴，说理就成了无效的诡辩，对于案件就变得毫无意义。显然，前述所列的辩护词都应当归入不合格之列。

辩护词的核心功能是说服。因此，一份优秀的辩护词必然是紧扣辩护目标，并具备足够的说服能力。笔者常常要求助理，辩护词的核心功能是能让法官看懂并要能说服法官。一份辩护词是否具有说服力，一个简单的检验标准是，看看能否说服自己或周围不了解案情的同事。如果连自己或周围不了解案情的同事都说服不了，那又如何去说服法官？说服不了自己的辩护，不是真辩护，那是演给别人看的。因此，真正的辩护必须要直面控方证据和控

---

[*] 邓学平，上海权典律师事务所主任，中国法学会案例法学研究会理事，上海财经大学兼职硕士生导师。

方观点，必须要能找到在法律上站得住脚的反驳理由。如果只是论述对自己有利的内容，而对于对自己不利的内容视而不见，这就相当于在回避问题。这样的辩护不仅起不到实际效果，甚至可能会引发司法办案人员的反感。

优秀的辩护词没有适当的篇幅是难以想象的。笔者有时看到只会写几页辩护词的律师，嘲讽写出几万字辩护词的律师是在作秀。理由是，他们认为法官根本没有时间看。笔者觉得这种观点有待商榷。分析得越深入、思考得越周全，辩护词的内容就必定会越丰满，篇幅就必定会越长。很多疑难复杂的案件，要把道理讲通绝非三言两语可以做到。当然，笔者并非单纯以篇幅论英雄，重复啰唆、堆砌辞藻或者偏离目标的辩护词，篇幅越长反而越糟。

为了尽可能地节省法官时间，辩护词需要能够把自己的观点快速、有效、准确地传递出去。为此，这些年笔者做了很多探索，如在标题中直接阐明辩护观点，采取图表化、符号化的表达，对重点内容加粗加色，将核心证据直接剪切粘贴到辩护词之中，在前言中总结提炼核心观点，制作目录索引方便查阅等。这些经验总结下来，只要能做到格式精美、结构清晰、语言流畅、重点突出、说理充分，篇幅绝不会成为法官阅读的阻碍。笔者经常将数万字的辩护词装订成册并进行封装，得到的反馈都是积极正面的。

优秀的辩护词应当紧紧抓住与定罪量刑有关的内容，紧紧抓住法官关心的焦点问题，有针对性地给出论述和回应。对定罪量刑没有影响的内容，没必要写进辩护词。我遇到过一个律师同行，办案倒也算认真负责，在一起受贿案中，他将相关履职的书证交给当事人，要求当事人一条一条地查找其中的错误。开庭时，当事人果然滔滔不绝地找出了数十条错误，但其实站在专业的角度，只要无法否认其具有法律上的职务便利，那么挑出再多的表述错误对案件都没有影响。因此，这部分质证内容就没必要写进辩护词。

没有争议的内容或者显而易见的内容，都不应当成为辩护词的论述重点。就好比自首情节，如果检方在起诉书上已经认定且合议庭也没有表示任何异议，那么辩护词对此点到为止即可，无须再论述成立自首的原因。又如，在论述犯罪构成要件时没必要对四个要件逐个去分析，在引用牵连犯的概念时没必要详细阐述何谓牵连犯，在论述罪刑法定或分析具体罪名的时候没必要把法律条文全写上。

优秀之上，还可以有打破常规的突破。有些特殊的辩护词可遇而不可求。它需要特殊的案件，特殊的辩护者。超常规的辩护词并非艺术品，拒绝任何束缚，随心所欲而从不逾矩。它可以是雄辩滔滔的檄文，也可以是细语喃喃的散文，它可以是一篇意识流小说，也可以是一首朦胧诗。案件有多特殊，辩护词就可以有多特别。这样的辩护词除了要面对法庭，更重要的是要面对历史。这样的辩护词力求打破法学和哲学、法学和文学的藩篱，自成一体，自己给自己赋予生命。

为生命和自由辩护，有时需要突破语言的极限，因为正义既在语言之中，又在语言之外。前文所述的条条框框对常规的辩护词意味着专业，但对于超常规的辩护词却意味着局限。正义如诗，真正卓越的辩护从来不是靠循规蹈矩所能实现。在正义的峭壁，在理性的尽头，常规的文字和惯常的套路已经无法奏效，正义只能等待天分和灵性去打捞和拯救。

第 4 讲

最好的辩词
—— 关于辩护意见的意见

◇ 胡 育[*]

用最好的辩词作为本文的题目，实在是出于对两位律师前辈的致敬。其中之一为当代美国著名的律师艾伦·德肖维茨先生，他的著作之一名为《最好的辩护》。另一位是《我的辩词与梦想》的作者，已故中国著名律师张思之先生。

辩词，或者说辩护词是刑事辩护的重要内容。由于刑事辩护太复杂，刑事辩护的变量也实在是太多，即便是完全相同罪名下的两个案件，我们几乎不可能采取近乎相同的辩护策略、行动思路和推进方法，因此，辩护词也几乎不可能套用某种现成的模板。

当我们离开具体的案件，离开活生生的案情，离开有血有肉的当事人，离开办案机关，抽象地谈论如何写作辩护词之时，笔者常常陷入彷徨而不知所措。尽管笔者从不担心面对任何一个案件会不知所为，尽管笔者动辄挑灯熬夜，为一起看似并不复杂的案件写就万言辩护意见，但是如果要笔者制作一份辩护词的模板或指引，诚惶诚恐是映射进笔者脑子里的第一个关键词。

刑事辩护词的内容，因刑事案件的特殊性与个性化，首先就无法复制既有的任何模板。无论将那些所谓成熟模板描绘得多么天花乱坠，哪怕再辅以科学的外壳与技术手段，也改变不了其也只能停留在模板的地位之上。笔者无法想象有一套成熟的工艺和标准化的模式用以制作辩护词，笔者甚至认为人工智能技术在法律领域的应用，最无所作为的恰恰就是刑事辩护方面，包

---

[*] 胡育，北京市汉鼎联合律师事务所律师，仲裁员，主要执业方向为刑事辩护及商事争议解决。

括辩护词的制作或写作。

即使是辩护词的格式本身，笔者也认为没有标准和模板可言。主要是因为迄今为止，笔者并不知晓官方、民间以及律师协会颁布过什么辩护词的写作模板以及格式，即便有，也没有约束力或被广大刑辩律师沿用遵守。实践中，基本上一家律所一种风格，甚至一个律师一种习惯。也就是说，辩护词这种存在，坊间连通常意义上最基本的格式标准尚且没有，更何况辩护词之内容？

笔者不仅对辩护词模板持怀疑态度，甚至连辩护词这个概念本身也不太喜欢。与最高人民法院刘树德法官谈话说起"辩护词"这个概念时，刘树德法官基本同意笔者的观点。辩护词的概念首先容易让公众与戏剧台词联系到一起。律师的辩护词是严肃的，不应该让从业者尤其是公众将辩护词与剧本进行联想与对比。众所周知，非诉讼律师对外出具的书面材料一般称作法律意见，诉讼律师对外的书面文件则应称作代理意见、辩护意见，如此才更为准确与恰当。笔者出具给法院的书面文件就从未使用过"辩护词"与"代理词"这两个概念，取而代之的是"辩护意见"与"代理意见"，没有任何法院对此拒绝，哪怕是提出过异议都没有。是故，本文以下凡辩护词一律改称辩护意见。

如前所述，既然辩护意见从内容到形式并无一定之规，那么，个人对辩护意见就当然有自己一家之言。正如笔者所批评的模板式辩护意见一样，笔者当然不愿成为自己批评的样子，使自己的意见成为另一种模板。然而，刑辩如足球，一位优秀的球员永远不可能通过图解而踢好足球，但观摩前辈踢球却是不可或缺。学习前辈的优秀辩词同样如此。

张思之先生的辩护意见可谓同行标杆，其逻辑严密的推理、专业缜密的论证、简洁明快的风格，是所有刑辩律师孜孜以求的执业境界。孙国栋先生为张思之先生《我的辩词与梦想》作序时，从真、善、美三个方面总结了张思之先生辩词的特点，如此总结当然没错。笔者读张思之先生的辩词，有专业上的启发、文学上的享受以及自由理念的荡涤，还有先生高尚人格与职业勇气的熏染。而这些是可以融入笔者的辩护之中的。

张思之先生的辩护意见，尽管已为业界标杆，但非完美。先生在《我的辩词与梦想》列举了先生半生心血写就的全部精彩辩护意见，除了一律沿用前述笔者所批评的辩护词概念外，先生全部辩护意见均为"辩护词"三个字，几乎没有任何标题。

笔者认为，简单以"辩护词"作为所有案件书面辩护的题目，如前所述，因为没有标准，所以没错，但用"辩护词"这样简单的词汇作为刑事辩护意见文件的标题，却很不合适。笔者认为，辩护意见的标题应当包括出具意见的单位、案件当事人、所涉罪名以及审级等几个基本要素。

之所以笔者强调辩护意见文件的标题应当包括出具意见的单位、案件当事人、所涉罪名以及审级等几个基本要素，原因如下：

首先，没有涵盖内容基本信息或特点的标题都不是完整合格的文件名称。无论是国家机关的行政文件，还是任何专业文章，概括内容的基本信息的标题是所有文件不可或缺的部分。从来没见影视剧本题目一律就叫"剧本"的，为什么刑辩律师对于每一个活生生有血有肉有名称的案件文件就千篇一律地称为"辩护词"呢？

其次，不便于法律职业共同体的整理与归档。当我们拿着特定案件的书面辩护意见参与该案件的审理，大概率不会发生混乱。但是，当我们自己特别是法官事后研判某一具体案件之时，对于众多都叫"辩护词"的文件，就难免不发生错乱，或者至少需要查看内容以分辨此案意见和彼案意见。

最后，当我们将自己关于某案的辩护意见送交给记者、非法律人士时，这样的题目也并不符合人们约定俗成的习惯，他们无法通过题目判断文件的大致内容。

上述是笔者就辩护意见之题目的一点意见。其实，当我们讨论如何辩护、怎样制作辩护意见之时，有一个问题我们却从来没有讨论过。

这是我们回避另一个更为严重的现实问题，即有和无的问题。在相当比例的刑事案件中，辩护人并没有准备并提交书面的辩护意见，这在笔者看来是无法接受的。

我们都知道刑事审判开庭时，受限于时间，书记员只能对辩护人发表的辩护意见简单记录。如果当庭或庭后辩护人又没提交书面的辩护意见，等到法官判决时他所能依据的就只有开庭笔录了，实际的辩护效果可想而知。此外，即便是经验丰富的刑辩律师，是不是在开前庭认真准备了书面的辩护意见，对于法庭辩论阶段表现的正面影响，也是不可同日而语。律师是一个需要永远适当紧张的职业，刑事辩护更是如此。

中国刑辩律师首先要解决书面辩护意见的有和无的问题，其次才是如何写出一份合格的好的辩护意见。这个问题必须被强调出来，让每一个从事刑事辩护的律师必须明确一个观念，即刑事辩护书面意见是标配。这个问题没被当作问题，长期以来被有意无意地忽略了。至于专业问题，笔者从来不认为专业问题是中国刑辩律师最主要的问题。实践中当然存在疑难案件，但是真实的情况是，绝大多数的刑事案件并不需要特殊的高深的专业上的造诣与能力，稀缺的是敬业与勇气。这并不是对专业上精进与修为的否定，也不是无视律师同行水平的参差不齐，而是理性地面对现实。

司法实践中大部分案件是低水平重复，但每一次重复都事关权利与自由。

笔者之所以将敬业与勇气提到专业之前，是因为我们都从法学院走来，哪怕是没有经历过法学专业的训练而仅通过司法考试并取得律师执业证的同行，只要本着高度负责任的态度，认认真真、兢兢业业对待自己承接的案件，及时会见当事人，认真听取当事人的陈述，勤奋且积极地阅卷并做好阅卷笔录，与承办人保持必要的沟通，不遗漏每一个疑点，勇于为那些正确的事情再坚持一下，就能够办好绝大多数的案件，就是一名合格的刑辩律师。每一个案件都一定会有我们应当坚持和争取的那份关键"辩点"，我们应该在所有我们能够选择的表达路径之中，将那些该坚持的和该表达的用心并敢于写入辩词，这就是我们心中的最好的辩词。

这是我的意见。

第5讲

如何撰写一篇优秀的辩护词

◇ 刘迎久[*]

一篇优秀的辩护词是每一位刑辩律师的追求。谈到优秀的辩护词，经常联想到的是逻辑清晰、主题明确、焦点突出、内容全面等，以上的确是一篇优秀辩护词应具备的要素。但是，一篇真正优秀的辩护词更应具备的是有更多的让法官采纳的可能性，这样的辩护词，有共性，也应该有个性。

一篇优秀的辩护词肯定会有很多共性，如果列举会有很多，笔者认为关键的应该有以下几点。

一、有理更应该有据

一篇辩护词在陈述观点时应该有充分的理由，因为只有理由充分才有可能说服法官作出有利于当事人的判决。但是，这种说理一定不是没有任何依据的空中楼阁，否则理由再充分也不会有任何效果。所以，在表达每个观点时需要考虑有无法律依据和事实依据，无论是长篇大论还是简单陈述，法律依据和事实依据充分是被采纳的基础。

二、内容全面更应该主题突出

内容全面的辩护词是律师认真尽责的体现，同时可以最大限度避免内容不全面导致法官应该采纳而没有采纳对自己当事人有利的观点。但是，有过刑事辩护经验的律师也一定清楚，一件刑事案件尤其是律师认为无罪的刑事

---

[*] 刘迎久，北京盈科（沈阳）律师事务所管理委员会副主任，商事犯罪辩护和刑事合规法律事务部主任，中华全国律师协会刑事专业委员会委员。

案件，最有可能被法官采纳的观点一定不会很多，而这个观点一旦被法官采纳，辩护目的即可达到。因此，主要辩护观点一定要突出，要做透，尽量避免因面面俱到而导致主题模糊。

三、关注法律真实更应该关注客观真实

法学教育告诉我们，法律人应该关注的是法律真实，客观真实在具体案件中应该让位于法律真实，这个观点没有任何错误。但换位思考，如果我们是法官，会只考虑法律真实而不顾及客观真实吗？经验告诉我们，法官在考虑法律真实的同时，更关心客观真实，甚至有很多法官会根据自己内心确信的客观真实来寻找法律依据和证据作出判决。所以，一篇优秀的辩护词在构建事实的时候，首先的选择应该是自己确信的客观事实，当然如果因此会导致对自己当事人不利的结果的话则另当别论，律师毕竟首先要考虑自己当事人的利益，这是律师职业伦理的要求。

四、讲法理更要有人情

我们很难想象一篇优秀的辩护词可以不顾及事实和法律，通篇都是自己的当事人应该如何值得同情，但一篇优秀的辩护词如果可以引起人性的共鸣，肯定会起到画龙点睛的效果，因为民众对判决的评价法官也非常重视。这里需要注意的是，讲人情并不等于哗众取宠，以哗众取宠为目的的讲人情一定会引起法官的反感，所谓的人情应该是法律底线之上的人情，是可以体现民意的人情。

以上是我所理解的一篇优秀辩护词需要具备的关键共性，一篇优秀的辩护词还会有其他共性，限于篇幅无法一一展开。

如开篇所言，笔者认为一篇真正优秀的辩护词一定要有个性，因为辩护词是针对个案产生的，是以说服办理案件的法官为目的的，每个法官的思维方式、对法律证据的理解都会不同，案件本身的特点也不相同，只有考虑到这些因素的辩护词才会具备更大的可采性。所以，一篇真正优秀的辩护词还需要有如下个性。

（一）需要针对不同层级法院法官思维方式和对法律证据的理解来调整辩护词的表达内容和方式

有诉讼经验并和不同层级法院法官打过交道的律师会感觉到不同层级法院的法官在思维方式、对法律和证据的理解上往往会有很大的不同，甚至他们互相理解的程度有时也不是很高，如果在撰写辩护词时考虑到这个因素，显然辩护观点被采纳的可能性会更高。我国法院有四级，即基层人民法院、中级人民法院、高级人民法院和最高人民法院，不同层级人民法院的法官在思维方式、对法律证据的理解上往往会有以下不同：

1. 在事实认定上，越基层法院的法官越关注客观真实，越高级法院的法官越容易关注法律真实。

2. 在证据使用上，越高级法院的法官关注证据的效力、证明力等特性的可能性越会增加。

3. 在对法律的适用上，越基层法院的法官对法律的理解越限于法律本身的表述，越高级法院的法官越容易考虑立法本意。

（二）需要针对案件主审法官的思维方式和对法律证据的理解来调整辩护词的内容和表达方式

律师执业过程中遇到不同的法官是常态，而在具体案件中能够和主审法官深入交流的机会并不多，所以，如何判断案件主审法官的思维方式和对法律证据的理解是一件比较难的事情。但毫无疑问，如果能够了解，撰写的辩护词会更有针对性，辩护观点被采纳的机会也会大大增加。实践中，可以考虑的方式如下：

1. 查判例。如果可以查到该法官有类似的判例，何种辩护观点容易被采纳就比较容易判断。

2. 勤沟通。具体案件办理过程中，和主审法官沟通的机会的确不会很多，但还是有一定的沟通机会，实践中程序性问题沟通较多，但如果每次沟通中有意加入一些辩护观点并得到法官的回应，积少成多，就会为以后撰写辩护词创造条件。

3. 庭审中，主审法官对焦点的总结，对被告人的讯问，甚至控辩双方对被告人讯问时主审法官的关注度都是其思维方式、对法律和证据的理解方式的体现。

（三）不同类型案件辩护词的表达形式应该不同

刑事案件由于被告人数量和犯罪次数不同，案件证据数量也不相同，表现形式就是卷宗数量不同，实践中上百本卷宗的案件屡见不鲜。针对不同类型的案件，如果辩护词不考虑形式仅考虑内容，那么复杂案件的辩护词轻易就会上万字，当庭宣读最少数十分钟，这样长的时间里，想要持续吸引合议庭的注意力几乎是不可能完成的任务，辩护效果当然也会大打折扣。所以辩护词的表现形式在个案中就应该不同，实践中可以考虑以下方式：

1. 图表式。把辩护观点用图表方式表达出来，使听者一目了然。

2. 简要版和复杂版相结合。简要版表达主要观点和主要依据，用于法庭审理，复杂版深入阐述所有观点和依据，庭后提交。

一份优秀辩护词表达形式的个性不但要考虑由繁入简，还要考虑核心辩护观点的表达方式如何更加透彻，有时还需要由简入繁。例如，在一起虚假诉讼案件中，检察机关指控行为人通过制造虚假资金流水来作为起诉依据，案件事实并不复杂，但客观来讲，仅就流水按照生活常识来判断的确有伪造的嫌疑，在这种情况下就需要详尽地对照说明，所以对于双方的交易过程，不但要制成图表，还要把每笔交易的背景、理由、依据一一说明，最后才能达到无罪结果。

结语

最后，笔者要强调的是，一篇优秀的辩护词除了要具备基本的关键要素外，其实并没有固定的格式，一篇好的辩护词一定是有一定文化基础的人都可以看得懂、法官具有更多可采性的辩护词。

第6讲

辩护词写作的"意念"与"心法"

◇ 张旭涛[*]

关于如何写作辩护词，可谓仁者见仁，智者见智，不同的律师同行都会有各自的感悟。有的同行愿意慷慨解囊，甚至是倾囊相授，通过专著、论文等形式将自己的辩护词写作心得娓娓道来，而有的同行则喜欢将之视为独门暗器，藏之于卷宗，隐身于档案室的钢架铁锁之间。笔者认为，那种标准的、程式化的写作规范，应当是在大学本科阶段司法文书写作课程教学阶段就应当解决的问题，而且已经有了明确的定论，不需要复述。笔者的这篇文章，重点围绕着教科书不讲而又行之有效的写作技巧来展开。

一、从无到"无"

笔者认为，辩护词写作的最高境界，就是"没有"技巧。笔者有一个"从无到'无'"的理论，可谓屡试不爽。一个从未有过公开演讲经历的新手练习演讲，他最初处于无的境界，没有观众、没有演讲技巧，甚至也没有演讲稿。作为一个"三无产品"，为了摆脱这种尴尬的境地，他开始勤学苦练，从对着镜子讲给自己听，到一两个亲友作为观众，再到十几人、几十人乃至成百上千人的大规模演讲，演讲稿也是写了改，改了写，无数次的打磨和演练，终于有一天，他可以在数万人的大型集会上口若悬河、滔滔不绝了。但是，这并不是演讲的最高境界，为什么？有了数量庞大的观众，有了高超的演讲技巧，有了完善的演讲稿，实现了从无到有，这难道还不是最高境界？是的，因为此时他只是经历了演讲的第二境界，要想达到最高的境界，他还

---

[*] 张旭涛，国浩律师（北京）事务所合伙人，国浩刑事委员会暨法律研究中心主任。

要经历从有到"无"的蜕变。难道我们辛辛苦苦,好不容易实现了从无到有,还要再打回原形,再舍弃自己费尽千辛万苦所获得的一切,一切推倒重来吗?没错,一个自认为有着丰富演讲技巧与丰富演讲经验的人,有一天会突然发现,当离开了那些可以和热情洋溢的观众互动的激情澎湃的大场面,而面对着无论你怎样口吐莲花对方都毫无反应的摄像头,没有鲜花、没有掌声、没有互动,你熟悉的所有的演讲技巧全部作废,连能够自说自话的镜子都没有了,更可怕的是,现在需要你在没有演讲稿的情况下立即发表演说。一个身经百战的演说家,突然发现一切全部归零了,自己作为一个全新的"三无产品"一下子回到了重新出发的原点。所有的演讲者,只有经历这种终极考验,能够在这种全"无"的情境下,依旧口若悬河滔滔不绝,作出激情澎湃、震撼人心的演讲,才能最终走向演讲的巅峰,从此他可以应对各种场面,从而达到了演讲的最高境界。

从没有技巧,到"没有"技巧,这个核心,就是把此前习得的所有的技巧融会贯通并使用得炉火纯青,看似与既有的任何技巧都不相同,让外人看来没有任何的技巧,实则开创了新的技巧,并且达到了"忘我"的境界,不去关心受众的表面反应,而是把自己发自内心的真诚传递给受众,让受众与你的内心同频共振,进而发自内心地感受到了演讲者的真诚,并引发心灵深处的强烈震撼从而自觉地认可并接受演讲者的观点。这就是"从无到'无'"的妙处之所在。

《孙子兵法》云:"兵无常势,水无常形。"《孙子兵法》的这个观点,特别值得辩护词和古体诗词的写作者高度重视,诗词格律是外在形式的规范要求,它让一首诗词看上去更像一首古体诗词,但是形式毕竟是形式,它只是内容的承载,就像一瓶美酒,再漂亮的酒瓶,也只是包装而已,最重要的是瓶中美酒。表达的方式和表达的技巧是灵活多变的,它们都是为表达的内容而服务的,选择合适的方式来进行表达,才会让内容给受众留下最为深刻的印象。

演讲与写作都是语言的表达。辩护词的写作者,和笔者上面讲的演讲者一样,也需要经历"从无到'无'"的蜕变,从没有写过辩护词、没有读者、没有写作技巧、没有人相信你所说的一切开始,到有了丰富的写作经验和高超的写作技巧，在学习、模仿、借鉴他人写作技巧的基础上，逐渐形成了自己独特的写作技巧，再到最高境界，抛却外界所认可的各种类型的既有写作技巧，而创造出前所未有而专属于你自己的写作技巧，因为这种全新的技巧用既有的技巧无法概括，使辩护词看上去没有技巧，而这种写作技巧的运用在辩护词中，在根本上不是用技巧写出来的，而是用心写出来的，它是作者对案件进行了深入细致的钻研，对案件有了全面深刻的认知之后而形成的作品，这样的辩护词观点鲜明、论证有力、逻辑严谨，又浅显易懂、引人入胜，读罢令读者拍案叫绝，字里行间中可以感受到写作者的呼吸与心跳，进而对写作者的真诚、努力与不放弃产生共情并发自内心地愿意接受辩护词的观点。这就是"大巧若拙""大象无形""大音希声"，看似无形却有形，此时无声胜有声。

二、说服力

刑事辩护与军队作战还有竞技体育是一样的，必须分出输赢。军队作战，赢得战争的方法是打服对手，而刑事辩护赢得诉讼的方法则是说服法官，也就是说，在刑事辩护中，刑辩律师是通过说服法官的方式来"打服"对手的，而不是通过直接打服对手的方式来赢得诉讼。

再晦涩难懂的法律条文，我们拿出半年的时间认真钻研，也能熟练掌握，而说服力的培养，与我们研习的法律不同，是需要付出毕生的努力的。

中国有句成语，叫作人微言轻，现代传媒也讲究一个话语权和影响力。其实，这两者是一样的，同样的话，从你的嘴里说出来和从别人的嘴里说出来，最终是否被信服还是采纳，是完全不一样的。在这种情况下，我们要清楚，哪怕是每个字每个标点符号都完全一模一样的辩护词，出自张三之手和出自李四之手，其说服力是完全不一样的。现实当中，同样的案件，不同的律师和法官、检察官合作，会产生不同的结果。从这个角度说，这就是"要想学写诗，功夫在诗外"。

说服力既然如此重要，那么，一名刑事辩护律师的说服力是如何建立起来的？这就像一个企业的产品一样需要品牌建设一样，刑事辩护律师是有个人品牌的。说服力的建立，或者说一名刑事辩护律师个人品牌的建立，需要靠谱，需要长时间的靠谱，需要至少十年如一日的靠谱，在这个漫长的过程中，他所提交的辩护词中陈述的事实都是有确实充分的证据予以证实的案件重要事实；他所引用的法律都是现行有效并且切中要害法律条文；他所发表的观点，都是建立在事实和法律基础之上，经得起最为严苛的考核与验证的观点。这种说服力的建立，是有巨大的成本的，在这个过程中，刑事辩护律师一定要舍得投入。一方面，他要投入资金的成本完成自我塑造，他要终身学习以获得知识与能力的精进，他要结交良师益友以打造属于自己的优质师友圈，同时他需要进行知行合一的旅行，从而使自己在现实与历史的反复关照中获得认知能力的飞跃，使自己超越地域、国别乃至历史与时空局限；另一方面，他要心甘情愿地付出时间的成本，说服力的建立，刑辩律师个人品牌的塑造，不是一朝一夕可以实现的，也不是三年五年的时间可以完成的，而是需要至少十年的时间来加以沉淀。在如此漫长的过程中，他需要办理大量的刑事案件，白天办案检验昨天晚上的学习心得，晚上看书和写作来总结白天办案获得的经验和教训，"夙兴夜寐，靡有朝矣"，遍览古今中外的案例，才能最终"究天人之际，通古今之变，成一家之言"。

说服，按照被说服一方自愿接受与否，可以分为两类：一类是强迫对方被动地接受自己的观点，另一类则是让对方心悦诚服地自愿接受自己的观点。刑事辩护律师在刑事辩护中只有请求权，而没有强制力，所以一般很难强迫对方被动地接受自己的观点。现实当中，也确实有同行通过媒体、舆论等方式施压，迫使法官、法庭、法院接受自己的观点，但是，从整个司法领域长远发展的角度考虑，从包括刑事辩护律师在内的全体法律人未来职业前途的角度考虑，最好不要采取强迫式的说服方法，这种做法确实会在一时一地有效，却令被说服者咬牙切齿、深恶痛绝，这种"猛药"会在根本上损害整个司法"机体"的健康，我们还是应该理智地选择让法官、法庭、法院心悦诚服地接受自己的观点的说服方式。春风化雨，润物无声，选择被说服对象最容易接受的方式来进行说服，不计较一城一地之得失，最终赢得被说服对象的理解、信任和尊重，这种"中药"会在根本上有利于法律职业共同体形成共识。

三、多还是少

一篇辩护词，字写得多好，还是写得少好？对于这个问题的答案，莫衷一是。笔者曾经听过不少法官建议辩护词言简意赅，所谓言多必失，沉默是金，之所以如此是因为法官们工作繁忙。我们很多的律师同行也笃信不疑，这种观念盛行之下，我到目前为止见到过的最短的一篇辩护词，正文部分只有三行：（1）本案事实不清；（2）本案证据不足；（3）被告人无罪。

真的是所有的法官都认为辩护词越短越好吗？笔者参加过一次论坛，一位曾经在最高人民法院挂职的学者在这个论坛上谈及一起死刑案件的复核，承办法官在汇报案件时反复提及检察机关的意见、下级法院的意见，唯独不提辩护律师的意见，这位学者很奇怪，就问为什么不提辩护律师的意见？承办法官笑了。学者说，坏了，看来我这个挂职的领导又说外行话了。承办法官说，你看看辩护词就会知道，根本没法看。这位学者很好奇，这个辩护词到底烂到什么程度以至于承办法官根本没法看？待到他看到这篇辩护词，他也很震惊，一篇事关一条生命生死的重要文书，居然只用 A4 纸写了不足三页，而表达的内容空洞无物，完全无法作为法官办理死刑复核案件的参考依据，只能弃之不用，由法官自己详细去阅读卷宗去了。各位同行，当大家看到这里的时候，还敢相信我们的辩护词越短越好吗？

显然，辩护词不是写得越短越好，当然也不是写得越长越好，而是要根据案件本身的情况，当长则长，当短则短，不能为了凑字数而拼命注水，也不能为了凝练语言而词不达意。当然，辩护词的写作必须炼字，能用一字表述的，不用两个字，凝练程度达到什么程度才是最佳呢？像古代评价美人那样的标准：增一分则肥，减一分则瘦。这就是止于至善的最佳标准。重大疑难复杂案件，写一篇洋洋洒洒数万言的辩护词很正常，事实清楚法律关系简单的案件，能用两页 A4 纸就讲明白的案件，也无须过多地浪费笔墨。

要是遇到了不喜欢长篇大论的法官，又是必须下笔万言否则就说不清楚的重大疑难复杂案件，怎么办？很简单，写两份辩护意见。一份三页 A4 纸的简明版辩护意见，一份完整具体的万言以上的详细版辩护意见。简明版的辩护意见最见功力，要求在有限的时间空间内要把对一个重大疑难复杂案件的观点完整地表达清楚，需要作者高超的表达能力，同时要把它当作鱼饵，激发法官阅读那篇详细版辩护意见的欲望。这样做的好处，在于对辩护词长短无论有怎样偏好的法官，都能获得自己想要的辩护词，而不至于因辩护律师提交的辩护词不合心意而心生反感。

辩护律师需要切记的是，辩护词的质量决不能因为法官的个人喜好而打折扣。笔者在写作辩护词时，由于有些案件比较复杂，写出超过五万字甚至十万字的辩护词是家常便饭，有同行就会善意提醒，你写这么多，法官会看吗？因为法官有可能不看辩护词，我们就放弃认真写作，这种做法是万万要不得的。从业多年，笔者清楚地知道，一篇严肃认真的长篇辩护词，法官不仅会看，而且会在法院内部甚至是不同的法院之间传看并进行评论。更何况，我们提交的辩护词，会被订进刑事案件的卷宗，妥善放置在设施设备良好的档案室永久保存，我们的辩护词是需要经得起历史的检验和评判的。所以，我们为了方便法官阅读辩护词，分别设置简明版和复杂版，目的是实现有效的辩护。

四、织布鸟的鸟巢

刑事案件卷宗经常卷帙浩繁，一个案件有几十本几百本卷宗的情况比比皆是。在辩护律师看到刑事侦查卷宗的时候，侦查机关已经构建起自己的证据体系，并以此为"砖瓦"建成了指控犯罪事实的"大厦"了，他们提交给检察机关的起诉意见书，就是请检察机关按照他们的思路走进这座"大厦"的"导航图"。

无罪辩护，就是要瓦解控方的证据体系。而在当下，我们要获得无罪判决的结果，仅瓦解控方的证据体系是不够的，我们还需要构建起属于辩方的证据体系并建立起有利于辩方的事实"大厦"。很多时候，辩护人需要跳出控方划定的思维轨道，反其道而行之，去追寻控方没有发现或者是忽视甚至是被故意隐藏起来的证据，从而构建出自己的完全不同于控方的故事体系。

此时的刑事辩护律师，就是一只"织布鸟"，辩护词，就是刑事辩护律师这只"织布鸟"运用颠覆性思维精心编制的"鸟巢"，是一个足够精美的艺术品。魔鬼往往存在于细节当中，很多貌似不起眼的细小却关键的证据往往隐藏在"鸿篇巨制"中不为人知的角落里,等待着织布鸟去发现,至于怎么发现,这个话题属于另外一篇文章《证据分析》。总之,作为一只"织布鸟",称职的刑事辩护律师必须有能力把这些有利于当事人的证据找到,并把它们作为编制自己"鸟巢"的材料,如果控方证据体系中的筑巢材料不足以支撑编织完成一个"鸟巢",那么"织布鸟"就需要另行调取证据了。

一个完美的"鸟巢"应该是这样的:

首先,外观看上去要漂亮。这意味着辩护词要符合辩护词写作和公文写作的基本规范,要有完整的题目、称谓并交代辩护权的来源和辩护工作的开展情况,要提出明确的辩护观点,对案件的事实与证据进行全面细致的分析,对案件适用的法律进行充分的论证,进而得出相应的结论,从而形成完整的辩护意见,载明致送单位,写明落款、日期及署名等。在标点符号的使用和遣词用句上,要遵循公文写作的标准和规范,注意不要出现错别字、标点符号错误、语序错误、语法错误、逻辑错误等。遵循基本的写作体例,是一名刑事辩护律师受过良好的教育与培训的体现,是评判一名刑辩律师辩护水平的基本水准。

其次,既然是"鸟巢",就要有"入口"和"出口"。辩护词的"入口",就是对辩方有利的事实、证据与法律。这些对己方有利的情形,要写充分、写具体、写完整,论证要严谨而周密。有了"入口",就容易帮助法官清楚地知道案件本身无论是在事实上还是在法律上,都是有利于辩方的。辩护词的"出口",则是对辩方不利的事实、证据与法律。这些对己方不利的情形,在辩护词中是不能回避的。极少有一个刑事案件,辩方处在百分之百有利的境地,更多的时候,辩方面对的都是对己方极为不利的境地。因此,在辩护词中,对辩方不利的情形是必须要写的,作为辩护人是有义务就对己方不利的情形向法官作出合情合理的解释的。尽管辩护律师是当事人及其家属聘请来为当事人辩护的,但是辩护律师要尽可能客观,这样才能增强自身的说服力。让法官在阅读辩护词的过程中,既"进得去",又"出得来"。

再次,要方便使用。好的辩护词,一定是读者友好型的,是从方便阅读者的角度出发进行写作的,这样的辩护词在阅读过程中,才会发生写作者与阅读者之间的良性互动,才会使得阅读者在阅读的过程中产生阅读的愉悦感。

辩护律师通过论文式的写作方式，把辩护词写成一份瓦解控方证据体系和构建辩方事实"大厦"的说明书，成为法官进入辩方事实"大厦"的"寻宝图"。法官在阅读这样的辩护词时，不会感觉自己被别人灌输了观点，也不会认为自己在被别人强迫接受某种事实，相反，法官在阅读这种辩护词的过程中，会有一种秘境寻宝的感觉，手持着一份寻宝地图，按照其中存在的各种线索，自己追寻到了应有的答案，这种发现的成就感自然是不言而喻的。

这样的辩护词当然必须要有"寻宝"的目标，要立场鲜明地阐明无罪的观点。接下来就是"寻宝"的路径，给出充分的论证，并得出可信的结论就是"寻宝"的路径。在具体的表述过程中，要先说结论，再进行论证，最后总结，实现前后呼应。在这个表述过程中，要做到"瞻前顾后"，前后表述要一致，要在一个标题之下把所有内容说完，除非必要，不再重复，避免给人以啰唆和絮叨的感觉，更不能前后矛盾，给人以思维混乱的感觉。否则，寻宝者必然会迷路，犯"路线错误"。

大方向确定了，路径也确定了，为了不迷路，导航和路标是必不可少的，此时的辩护词就要妙用脚注和附录，注明引用事实和证据的出处并标注出这些事实和证据具体在案卷第几卷第几页，引用的法律也要注明是哪部法律的哪个条款并将该条款完整予以引注，这样就可以方便法官对关键的事实和证据以及法律条文进行随时核对。通过脚注和附录的运用，既可以避免文章本身过于冗长，又可以帮助法官随时可以找到需要核对与印证的信息。对于正文中需要引起特别关注的部分，采用黑体加粗、下划线加着重号，或者通过不同段落字体变化等方式，让整体的辩护词重点突出、富于变化，使法官对你需要其特别关注的地方产生真正的关注，而不会产生厌倦感。

为了实现胜诉的目标，对于这份"寻宝图"可以运用各种方法丰富与完善，只要必要，表格、图形、公式、时间轴等都可以纳入其中并起到辅助说明作用，与案件相关的行业专业背景、相关案例、司法政策、大的社会环境等都可以写入辩护词中。总之，为了赢得案件的胜诉，辩护人可以在这幅"寻宝图"中"无所不用其极"。

最后，要结实。"鸟巢"当然要经得起风吹雨打的考验，所以，好的辩护词当然要在各个方面经得起各种严苛的挑剔，特别是在关键数据的计算、关键事实的表述、关键证据的引用、关键法律条文的叙述上，不能出现半点错误。

在给法官树立了基础数据绝对靠谱的印象的同时，在论证过程中，要注意尊重常识、常理和常情，论证要缜密、科学并符合人性，得出的结论要合乎情理，不能骇人听闻。

好的辩护词，要在相关的案件领域，对国家立法的本意和法益保护体现出极高的认知水准，对于案件的事实、证据和法律体现出极高的论证水平，做到"不管风吹浪打，胜似闲庭信步"，从而实现对控方指控的降维打击。这样的"鸟巢"才会有一副钢筋铁骨，经得起真正的考验。

五、人剑合一

不光是初学者，许多从业多年的老律师，都会有同样的困惑：为什么我脑海中的辩护观点想得很好，但是一下笔，却总是离题万里？抑或总想千言万语，却不知从何说起？这种笔不听脑子使唤，"拔剑四顾心茫然"的状态，在武侠电影中被称为"手中有剑，心中无剑"。这种人和剑分离的状态，纵然杀敌心切，奈何技不如人。

武林高手当然都是"人剑合一"的大侠，而只有拥有更高的境界的"意念"与"心法"，才能真正做到人剑合一。刑事辩护，有没有"意念"和"心法"呢？答案是有的。一个好的辩护词的写作，只有在"意念"和"心法"的作用下，才会妙笔生花。怎样获得"意念"和"心法"呢？这需要对案件本身全身心的投入，对案件整体情况了如指掌，对相关案件领域的国家大政方针有准确的认知，对事实和法律有完整的掌握，有不惜走遍千山万水追寻真理的精神，下废寝忘食不达目的誓不罢休的苦功，平时又在不断地打磨自己的辩护词，一遍又一遍地推倒重来。十年磨一剑，当思想的锋芒闪露出理性的光辉之时，就是"人剑合一"实现之刻，"意念"和"心法"的加持，会让你排除各种困扰，心之所想，笔之所至，直抒胸臆，一气呵成。

六、剧本和表演

我们历经千辛万苦，写完了辩护词，终于等到了在法庭上发表的那一刻，是照着稿子直接读吗？

确实有很多辩护律师是这么干的。不过如果你真的想让你自己的庭审给法官留下深刻的印象，笔者建议在发表辩护词的时候，把你写好的书面辩护词扔掉。由此，辩护律师就进入一个更高的境界了。

就像剧本和表演的关系一样，书面的辩护词就是剧本，我们必须根据剧本来表演，所以不能没有剧本，而我们的表演毕竟不是照本宣科，表演本身就是艺术，所以表演时我们必须扔掉剧本。从无到有，从有到"无"，境界就是这么提升的。

发表辩护词，就是一个刑事辩护律师职业生涯的精彩华章。发表辩护词，不是单向的输出，而是与法庭的互动，不是枯燥乏味的照本宣科，而是给法庭留下深刻印象的精彩演出。好的刑事辩护律师，有能力调动整个法庭的情绪，需要哭的时候，可以催人泪下；需要笑的时候，可以令全场哄堂；需要庄严的时候，可以让满堂肃然；需要紧张的时候，现场可以听到一根针落地的声音。发表辩护词，是在有限的时间和空间内，通过脱稿演讲传递最为有效的信息，使用最通俗易懂的语言来阐述最深奥的法理，用高度理智的表达和有节制的情感宣泄，实现以理服人、以情动人的目标，最终必将赢得法官的青睐与信服，从而取得良好的庭审效果。

七、警惕辩护效果的衰减

有的刑事案件的不当庭宣判，有的刑事案件久拖不决，这些都会使当庭辩护效果衰减。因此，辩护词的提交时间，修改辩护意见的提交，以及补充辩护意见的不断提交，就有着现实的意义。辩护律师可以通过这种方式，不断地与案件承办法官保持良性互动，让良好的庭审效果持续下去，不会因为时间的流逝而衰减。

曹丕在《典论·论文》中说过："盖文章，经国之大业，不朽之盛事。年寿有时而尽，荣乐止乎其身，二者必至之常期，未若文章之无穷。是以古之作者，寄身于翰墨，见意于篇籍，不假良史之辞，不托飞驰之势。而声名自传于后。"这句话，放在今天，依旧是至理名言。辩护词，作为我们的文章，往小里说，关乎我们辩护的当事人的生死存亡，关乎他们家庭的荣辱兴衰；往大里说，关系到国家法律的正确实施，关系到人民群众对于国家法治的信任，关系到国家的长治久安。

第7讲

明确的辩护观点是辩护词的灵魂所在

◇ 臧德胜[*]

律师在刑事辩护过程中，需要开展阅卷、会见、调查等一系列工作，而其中最能被外界所感知并要广泛接受评判的，当属庭审辩护和撰写辩护词。律师参与庭审是一个动态的过程，是人与人的交流，需要敏捷的思维反应和流畅的口头表达。律师撰写的辩护词，则是一个静态的产品，将长期存放于卷宗内，接受历史的检验。律师写好辩护词，既是对庭审辩护的有益补充，也是律师对案件把握能力的体现。从法官的角度来说，庭后可能不再回看庭审视频或者庭审笔录，但看律师的辩护词却是必不可少的，这可能是为了参考律师意见，也可能是为了回应律师意见。尤其是疑难复杂案件，无论是否采纳律师意见，法官都需要对律师辩护意见认真阅读，从而形成处理意见。所以，律师写好辩护词是非常重要的。

怎样才算一篇好的辩护词，不同的人从不同的角度看会有不同的标准。辩护词的重要读者是法官，也主要是以说服法官为目的，所以写作辩护词要关注法官的思维方式，要便于法官阅读和理解，并争取得到采纳。

在笔者看来，一篇优秀的辩护词，要做到观点明确、论证有力、条理清晰。其中，有力的论证和清晰的条理，都服务于辩护观点。如同一篇论文要有核心论点，一篇辩护词也需要有一个明确的辩护观点，辩护观点是全文的统领，决定了谋篇布局，也是整个作品的灵魂，决定了思想高度。本文将重点谈如何形成和表达辩护观点，如果做到观点明确。

---

[*] 臧德胜，法学博士，北京市京都律师事务所高级合伙人，中国法学会案例法学研究会理事，中国政法大学等高校硕士研究生实务导师。

律师接手刑事案件后，在阅卷、会见、庭审的基础上，会形成一个辩护思路。辩护思路的核心要点也就是主要观点到底是什么，这是在辩护词的开篇需要明确的问题。核心观点明确，有两个方面的作用。从律师自己的角度来说，中心论点明确，后续的写作就有了原点和归属，整篇能够形成一个有机的体系，写作也更为顺畅，更有条理。从法官听取辩护意见或者阅读辩护词的角度来说，中心论点明确便于法官把握辩护意见的核心要点，采纳或者反驳都有针对性。优秀的辩护词，要让法官打开之后第一时间对辩护意见就能做到心中有数，有个整体的把握，并产生阅读下去的兴趣。

辩护观点产生于对案件的全面把握，只有全面掌握案情，再辅之以相关专业知识，才能形成有益的辩护观点。《刑事诉讼法》第37条规定："辩护人的责任是根据事实和法律，提出犯罪嫌疑人、被告人无罪、罪轻或者减轻、免除其刑事责任的材料和意见，维护犯罪嫌疑人、被告人的诉讼权利和其他合法权益。"据此，一般案件中辩护观点包括两大类，分别是无罪辩护和罪轻辩护，而对于特殊案件尤其是二审案件来说又存在独立的程序辩护。下文将从无罪辩护、罪轻辩护和程序辩护三个方面分别阐述。

一、无罪辩护

对于刑事被告人来说，无罪是最好的结果，无罪辩护也是辩护律师的首要选择。辩护律师基于职责所在，始终要秉持质疑的态度，对于接手的案件首先要考虑是不是无罪，能不能作无罪辩护。无罪辩护根据理由不同又区分为事实不成立的无罪和法律适用上的无罪。

按照认定案件的逻辑，辩护律师首先要考虑的是公诉机关指控的事实是否成立。如果事实不成立，则会得出无罪的结论，辩护律师就要明确地提出无罪的辩护意见。从辩护词写作角度看，要便于法官把握律师无罪辩护的思路和理由。做事实不成立的无罪辩护，需要论述事实不成立的理由。在具体案件中，根据证据的情况，事实不成立的理由可以分为以下两种类型：一是通过证据分析排除被告人作案嫌疑，即被告人没有实施指控的犯罪事实。这种情况下，辩护词要明确指出控方指控的事实是错误的，是与事实不符的，对此不可含糊。为了达到这样的效果，往往需要有新的证据，尤其是相反证据。二是通过分析控方证据得出证据不足的结论。根据规定，认定有罪需要达到证据确实、充分的程度，要能够排除合理怀疑，否则不能认定被告人有罪。有些案件，既有证明被告人实施犯罪行为的证据，也有有利于被告人的证据，既不能明确被告人实施犯罪，也不能排除犯罪嫌疑，对此，按照疑罪从无的原则应当认定被告人无罪。实践中，事实不成立的案件更多的是因证据不足认定无罪，而不是明确地得出没有犯罪事实的结论。在这种情况下，辩护词中要明确指出控方的证据没有达到证明标准，指控的犯罪事实不能成立，从而提出被告人无罪的辩护意见。

在案件事实存在的基础上，就需要考虑对该行为如何进行刑法评价，即是否构成犯罪，这属于对案件的定性分析。如果根据法律和法理，虽然指控的事实成立，但被告人的行为不构成犯罪，则律师可以提出无罪的辩护观点。法律适用的过程，是一个逻辑三段论推理的过程，案件事实是小前提，法律规范是大前提，小前提符合大前提则得出有罪的结论。控方之所以指控有罪，就是因为其认为案件中小前提符合大前提。而辩护人之所以提出无罪辩护意见，则是因为其认为小前提与大前提并不吻合，从论证的思路上讲，就是要切断小前提与大前提之间的联系。控辩双方的分歧包括以下两种情形：一是对大前提的理解不一致，即对于法律规范含义的理解存在分歧；二是对小前提和大前提之间关联性，即事实和规范之间是否契合存在分歧。为了方便法官理解，辩护词中要明确指出案件事实与法律规范之间的偏差是什么，从而提出被告人无罪的辩护意见。

无论是哪一种类型的无罪辩护，律师都要开门见山地提出无罪的观点，并简要阐明理由，即基于什么原因无罪，做到观点明确，一针见血，详细的理由在后文中阐释。

二、罪轻辩护

对于多数案件来说，被告人并非无罪，对于有罪的案件，辩护律师就需要提出罪轻的辩护意见，为被告人争取相对有利的结果。根据对事实和定性是完全无异议，还是部分有异议，可以把罪轻辩护分为两种类型。

一是对事实和定性无异议的罪轻辩护，属于纯粹的罪轻辩护。由于对事实认定和案件定性没有争议，辩护观点主要集中于量刑上，这种辩护思路目标比较明确。辩护词的开篇可以明确指出，对控方指控的事实和罪名没有异议，但被告人具有若干从宽处罚的情节，法庭应当对其从宽处理。从辩护效果上看，律师不能仅提出从轻或者减轻处罚的意见，而应当具体化，如免予刑事处罚，或者提出具体的刑期建议，使法官明确知道辩方的诉求。

二是对事实和（或）定性有异议的罪轻辩护，属于组合型的罪轻辩护。在一些案件中，辩护人对控方指控的事实和罪名有异议，但又不是根本性的否定，如认为事实部分成立，或者定性上虽然不构成指控罪名但构成其他轻罪。这种罪轻辩护包括以下两个方面的内容：其一，被告人的行为构成轻罪（包括同一罪名下的较轻量刑幅度），而不是控方指控的重罪；其二，提出从宽处刑的意见，争取最好的处理结果。

因为罪轻辩护的落脚点在于轻缓的量刑，所以辩护词中就应当明确具体的诉求。基于辩方的诉讼立场和控辩博弈的需要，辩护意见对于从宽的诉求不可过低，如此就能求取乎其上，得乎其中。

三、程序辩护

无罪辩护和罪轻辩护主要是从实体角度提出辩护观点，而有些案件中，律师需要针对程序性问题提出辩护意见。一审案件中针对程序问题的辩护意见只能是辩护意见中的部分内容或者部分环节，而难以成为全案的辩护观点。因为，围绕着回避、管辖等程序性事项提出的辩护意见一旦没有被采纳，辩护的重心就需要转移到实体辩护中，即无罪辩护或者罪轻辩护。关于取证合法性等程序性的辩护，是属于事实是否成立的实体辩护，属于事实认定辩护的一种路径，也不是独立的程序性辩护。

在二审程序中，二审法院可以单独作出程序性处理以审结案件，所以存在独立的程序性辩护。《刑事诉讼法》第238条规定："第二审人民法院发现第一审人民法院的审理有下列违反法律规定的诉讼程序的情形之一的，应当裁定撤销原判，发回原审人民法院重新审判：（一）违反本法有关公开审判的规定的；（二）违反回避制度的；（三）剥夺或者限制了当事人的法定诉讼权利，可能影响公正审判的；（四）审判组织的组成不合法的；（五）其他违反法律规定的诉讼程序,可能影响公正审判的。"在二审不太可能改判的情况下,如果一审存在程序性违法,可以单独提出程序性辩护意见,由二审发回重审,从而获得转机。但是,在司法实践中,重实体轻程序的情况仍然存在,单纯的程序性问题如果没有影响到裁判结果,二审发回重审不太可能,所以在提出程序性辩护意见的时候,仍然需要提出实体性辩护意见,即案件因为程序违法,导致裁判错误,这样去辩护才能得到想要的辩护结果。

对于二审案件的程序辩护,辩护词中需要开宗明义地指出一审具体有哪些程序违法,影响到公正审判,导致实体裁判结果错误。对于程序违法的具体事项,要有凭有据,要指出关键性的程序问题,这就需要对一审的诉讼程序认真审查,在事实基础上结合程序法的规定展开论述。

结语

以上是为了论述的便利,做了无罪辩护、罪轻辩护、程序辩护的区分,但具体案件中,情况并非都如此简单,有的案件涉及多个罪名,每一个罪名需要有不同的辩护观点。有的案件需要多种辩护观点的组合,而不是单一的辩护观点。但无论具体情况如何,辩护词需要有一个核心辩护意见,而且核心辩护意见要明确清晰、便于理解。

如果说辩护观点是一篇辩护词的灵魂,那么有理有据的论证则是支撑灵魂的骨架。辩护观点要得到裁判者的采纳,就需要进行有力的论证,通过论证来说服裁判者。论证的力量来源于两点:一是事实根据,二是法律依据。总之要做到言之有据。在论述事实问题时,要用证据说话,少些主观猜测、判断,做到言之有物。在阐述法律适用问题时,要以法律规范、法学观点、司法判例为依据,做到言之有理。

为了精准论证辩护观点,不仅要言之有据,还要有恰当以得体的表达方式,做到条理清晰、层次分明。在中心论点形成后,围绕中心论点确定一级标题展开论证,具体可以有以下两种方式:一种是递进式,即各个标题之间层层递进,进而得出结论。另一种是并列式,各个标题从不同角度指向中心论点,具有各自的独立性。不论何种形式,辩护词的一级标题不宜过多,三个为宜,五个为限,否则论点过多,会导致主题不明确,重点不突出。

如果论点确实有多个，可以进行归纳，在二级标题中体现，增强辩护词的层次性。

为了突出辩护观点，在辩护词的尾部要进行归纳总结，做到首尾呼应。结尾不是对辩护观点的重复，而是对辩护词核心内容的提炼，从而引发读者的共鸣与思考。

第二章

要 点

第8讲

辩护词写作应当注意的两个要点

◇ 罗秋林[*]　郜　鑫[**]

辩护词，作为承载辩护观点和理由的法律文书，可以说是辩护律师在办理刑事案件过程中的主要工作成果。那么，如何撰写辩护词？写作辩护词的过程中应当注意什么问题？什么样的辩护词堪称优质辩护词？可能每一位从事刑事辩护工作的律师都有自己不同的认知。笔者从办理案件的经验出发，探讨辩护词写作过程中应当注意的两个要点。

一、立意先行，提笔在后

无论哪种表述，无论何种文体，也无论什么样的写作场景，立意始终是写作的开端，也是逻辑起点。这也就要求我们在提笔之前先搞清楚：写作的目的是什么？构思是怎样的？中心论点是什么？基本观点有哪些？

首先，就写作目的而言，"文以言志，诗以传情"，而写作辩护词的目的就是说服裁判者，进而获得有利于被告人的判决或裁定。能够清晰认识到这一写作目的，是辩护词写作具备立意鲜明的特点的前提，也是辩护词起到应有作用的前提。看起来这是个不言而喻的问题，也是每一名专业律师都能够认识到并且注意到的问题，但是，在看到大量的辩护词"不知所云"的样态后，笔者认识到：辩护意见的发表过程中包含着太多论证，尤其是包含着很多长线条逻辑的论证，容易使人陷入写作或发表的过程中忘记了立意的怪圈。小李本来要植树，因为没有工具而开始制作一把铁锹，为了制作把手而需要削直一根木棍，此时他不得不先制作一把刀……把这个故事往后推演几个情

---

[*] 罗秋林，湖南金凯华律师事务所律师。
[**] 郜鑫，湖南金凯华律师事务所资深刑辩律师。

节,小李发现已经忘记了一开始要做什么。我们很容易将这个问题归咎于表述方式的不恰当或者是文章结构的混乱,其实,究其原因是立意不到位,写着写着,说着说着,忘记了辩护律师的千言万语抑或只言片语都只为了说服法官。

其次,就立意层面的构思而言,先行对内容和结构进行构思是保障辩护词内容完整、层次鲜明、重点得以突出的前提。一份合格的辩护词起码需要具备内容完整的特征,将全部辩点包含其中且每一个观点都得以被论证。与此同时,辩点和论据的排布也要有章法,核心的、重点的观点和理由无疑要放在前面,放在显眼的位置,要用更加容易引起重视的方式来表述。有人将辩护词模板化,大致分为事实证据部分、法律适用部分、程序部分等,然后当作"武功宝典",面对不同案件,将具体内容进行修改后直接套用。诚然,律师工作成果的标准化是一件好事,辩护词基本思路也是有章法可循的,但是,面对不同的案件、不同的案卷、不同的当事人、不同的公诉人、不同的裁判者,想要归结出一种万应之法,无论是在道理上还是在现实上都是行不通的。有的案件只需要把一个程序事项说清楚就可以得到预期的辩护效果,而有的案件则需要将每一份证据进行详细分析后才能得出结论;有的当事人表达能力很强,律师应该更加侧重法律层面的论证,有的当事人则有赖于律师帮助叙述才能把事实向法庭言明;有的法官接受律师偏文学性语言的法庭辩论,有的法官要求律师简明扼要……个案皆是林中叶,本无万应辩护法。

二、未曾辩论,何来辩护词

此处讨论的既是一个制作辩护词的时间节点问题,也是一个制作辩护词的方法问题。

从"言词审理"的原则出发的话,辩护律师应该是没什么机会通过文字语言来说服裁判者的。在审理的过程中,裁判者听取控、辩双方通过有声语言表述的观点和依据后就要当庭作出裁判,即使需要讨论也应当阅看庭审过程中形成的视听资料或文字记录。但实际情况是,检察机关会制作书面公诉词,宣读后也会提交法庭,那么辩护律师就十分有必要同样制作书面辩护词并提交法庭,兼听也要兼阅。与此同时,司法实践中大量的案件并非当庭会作出裁判，而是会经过合议庭讨论，这样一来，书面辩护词就可能会被作为辩护观点和依据纳入讨论范围。由此可见，辩护律师不仅要通过有声语言方式进行辩护、辩论，也十分有必要提交书面辩护词。什么时候写辩护词？什么时候交辩护词？又成了两个问题。

有不少的律师在法庭开庭前就已经完成了辩护词的制作，有人还区分了质证阶段的质证意见和法庭辩论阶段的辩护词，在法庭辩论终结后将书面意见提交给法庭。据笔者观察，这部分同仁中也有两种做法：一种是庭前已经写完全部辩护词内容，法庭辩论按照既定内容宣读；另一种是完成大部分内容，结合法庭辩论情况进行部分修改或填补，然后提交法庭。

笔者认为，在法庭还没有组织进行法庭调查、法庭辩论的情况下根本就不可能写出完整的、系统的、有针对性的辩护词。换句话说，辩护词本身就是辩护律师在庭审过程中有声语言的文字整理结果，未经辩论，何来辩护词？

一般来说，辩护律师的论点均是从控方的论点中派生出来的，控方指控有罪，辩方的核心观点可以表述为无罪，但回归逻辑层面应当是指控不成立；控方举出一份证据，意味着其认为该份证据具备"三性"，而辩方质证提出的相反观点应当是主张某一属性的不具备性。这样一来，即使辩护律师的观点中有一些表述是"立论"性质的观点，但究其根本，辩护人都是基于控方的立论进行驳论。那么试问，控方立论的基本逻辑、基本观点均载于还未发表的公诉词，真正具备针对性的驳论是如何作出的？

这不免就导致法庭上会出现"关公战秦琼""自说自话"的荒唐场面。公诉人、辩护人各自旁征博引、洋洋洒洒，细听发现，二人无任何交锋。而辩论原则起码的要求就是辩论双方"针尖对麦芒"般进行辩论，无限接近真理，然后供裁判者参考。

故此，唯有经过真正意义上的辩论，辩护律师才有可能依据辩论情况整理出辩护词。这样来看，辩护词客观上应该是形成于庭审过程中，而辩护词也不是写出来的，而是辩护律师从自己的辩护过程中捕捉到的，如周国平先生所言"风中的纸屑"。

第9讲

辩护词写作要点
——从谋篇布局到语言艺术

◇ 董玉琴*

发表辩护词是审判阶段最后一次说服法官的机会，其重要性不言而喻。而现实中，往往很多律师认为其仅是庭后审判者摘抄辩护人法律意见的文书或是需要入卷的一份材料，这种认知大错特错。近年来，法官对书面辩护词越来越重视，一篇有质量的辩护词可以弥补庭审中表达的不足，对案件的审判起到至关重要的作用。笔者结合自身多年的执业经验和习惯，总结出写辩护词时需注意的以下问题。

一、辩护词的结构

辩护词没有法定的写作格式，在实践中也并未形成统一的固定格式，每个律师都有自己的写作习惯和喜好的格式。但是宏观来看，还是有一定的规律的，其无论形式怎么变幻，通常都由开头、正文、尾部、附件四部分组成。

（一）开头

开头具体包括：（1）标题；（2）呼告语，称呼审判组织人员的法律职务等；（3）前言，包括申明辩护人的合法地位、辩护人对案件的基本看法等。

笔者写辩护词习惯开门见山，在文首直接写是无罪辩护还是罪轻辩护；辩护词由几部分组成，如定性辩护、量刑辩护、程序辩护等，让法官一开始就知道律师的辩护方向。例如，在死刑复核辩护意见中，则更习惯于把辩护

---

* 董玉琴，北京大成（深圳）律师事务所高级合伙人，刑事专业组联合负责人，深圳市律协商事犯罪辩护专业委员会副主任。

意见的提纲作为摘要写在文首,让法官一眼就看到律师的主要观点,看到整体、看到重点。

有时也会在题目上加一个副标题作为辩护词的点睛之笔。笔者曾代理过一宗故意伤害的二审案件,上诉人碰到在当地较有势力的老乡向某,向某当时纠集多人拿着凶器疑似去打架,而当时打架的地方就在上诉人自己所处位置的楼上,为了所谓的"撑一下场面"的想法以讨好向某,上诉人"自行单方"(未被向某纠集,系其自身一厢情愿)尾随上楼到被害人受到殴打的房间门外,目睹了打架的整个过程,多人殴打被害人完毕后,其才进屋看了一眼伤者,随后离开。这个案件的辩护意见标题为"无辜躺枪的'吃瓜群众'"。再如,一宗无罪毒品案件的辩护意见题目为"含有咖啡因的物质都是毒品吗""是药品还是毒品",可以让法官一目了然地理解到辩护意见的中心思想,也能对法官的心理判断施加一定的影响。在司法论证阶段,这样的标题会提供和开创新的思路,使法官的自由心证向法律效果和社会效果的结合方面更多地倾斜。

(二) 正文

正文包括辩护意见、犯罪构成方面的司法论证、说理,以及推导出的结论。辩护意见是辩护词的核心,是辩护人为维护被告人的合法权益所要阐明的主要内容,应该结合事实与证据并对比法律依据,论证被告人的行为系无罪、罪轻、此罪或彼罪、如何量刑等核心问题。辩护词是与起诉书相对的文书,应紧密围绕起诉书的指控来展开辩驳和论证。

结论部分十分重要,在长篇大论之后,应当对上述论证内容做一个归纳总结,一是再次坚定地表明辩护人的观点,二是就被告人应该如何定罪量刑、适用法律条文向法庭提出建议。

笔者写辩护词的正文部分一般按照先实体后程序、先重点后次要的顺序。内容较多时,可以分成几个大的部分来写,每部分下面的层次不要多过三级,否则看着有累赘感。比如,第一部分事实之辩,把最重要的观点最大问题放在前面论述,用加黑字体。重要内容可以多形式体现,可以使用不同字体、字号或者用下划线标注,但下划线部分注意不要过多。有些内容也可以辅之以图表分析对比,如时间或事件图、思维导图,让表述的内容可视化。案卷证据内容截图，可以在截图中加上标注、出处、页码等，让个别重要的证据得以显现，法官不用再频繁地去查阅就能看到证据原件的内容。如果没有原卷截图仅是引用原句，法官可能还不敢贸然确定，效果大打折扣。

书写的时候要有事实、证据，要逻辑缜密；要有论据、论证过程、结论；要有法律规范，引导法官采纳的依据。总之，事实、证据、法规，数者相结合得出结论。

尽管律师的意见从法律角度基本能够成立，可能是个无罪的案件，但实践中无罪率不高，律师不得不退而求其次向法官提出比较容易达到、容易接受的观点或建议，如一审程序违法，关键事实未查清、证据不足而建议二审发回重审。有时要"先破后立"，破掉重罪，立起轻罪，让法官及之前的承办机关更容易接受律师的辩护观点，如贩卖毒品罪不成立，仅有非法持有毒品的行为；并非诈骗罪，而是非法经营行为；或者建议检察院撤回起诉。如此，法官也会顺水推舟地接受律师的意见，这在现实操作中更容易成功。同时，在有些案件中尽管作了无罪辩护，但也别忘了作量刑辩护，要尽力地争取当事人利益最大化。

辩护意见的结论部分观点要鲜明，整体的辩护理由或观点要再次释明，还可以用名言警句、谚语等作辩护词的点睛之笔。

（三）尾部

尾部包括两部分，署名和日期。

（四）附件

附件是可有可无的一个部分，主要看个案的需求。首先，笔者一般习惯将正文中提及的法律法规汇总为附件提交，类似于判决书的"相关法律条文"，这样法官看起来一目了然，具体的法律条文摆在眼前也更具有说服力。其次，有些案件中需要将关键证据以附件的形式提交，以便法官翻阅，如相关的审判参考案例、走私案件中被告人涉及金额的计算表格、争取缓刑的案件中准备的社区证明及其他品格证据等，该部分在某些案件中亦十分重要。

笔者制作的附件部分经常有以下内容：（1）法规（节选）；（2）指导案例（刑事审判参考案例、最高人民法院和最高人民检察院发布的指导案例、

《人民司法》中的案例）；（3）最高人民法院法官撰写的文章、名家法学家观点；（4）司法政策；（5）对当事人有利的证据、使用到的重要证据材料等。让律师真正成为法官的助手，帮法官找法、找依据，提供轻判、保命的理由。

二、辩护立场要明确

在撰写辩护词时，无论是开头还是结尾，抑或贯穿全文的表达中，都需要表明辩护立场，是作有罪辩护还是无罪辩护，是事实上的无罪还是法律上的无罪，必须要表达清楚。不能够通篇看下来，表达了很多观点，但法官看不出来你究竟是作无罪辩护还是罪轻辩护，既然写了那么多，就要做到有效表达。

三、注重证据分析

"证据确实、充分"是《刑事诉讼法》对证据的基本要求，只有达到这个标准才能得出确定的结论。若能够将公诉机关指控所依据的证据链条打断，运用逻辑推理等使之无法形成有罪证据链闭环，依据存疑时有利于行为人原则，即能完成有效辩护。无论作何种辩护，都需要运用法律对案件中的证据进行分析和论述，尤其在无罪辩护中，必须对刑事证据的审查认定及综合判定进行分析，严格证据标准，如果认定被告人有罪的证据不能达到确实、充分的标准，则理论上法院应依法作出无罪判决。但事实上，我们知道法院作出无罪判决的概率不高，可当我们将证据上的瑕疵全部提出来时，无论最终结果如何在量刑上法官也会综合考虑，有可能减轻量刑，最终达到辩护目的。

四、注重内容的说理性

庭后提交的书面辩护意见不再需要当庭发表，所以就不用担心辩护词太长的问题，可尽情表达。辩护词围绕着辩护立场要有说理性，要有深度和理论性。辩护词应结合事实和证据，适用法律依据进行说理，言之有据。说理性是辩护词的本质特征，这应该是共识也是常识。我们在书写辩护词时，对于法理的分析甚至应深入立法层面，深挖法律条文背后的立法精神，尤其是对新型案件和较为罕见的案件的法理性分析更要鞭辟入里。除了法理的论述，还应从情理、常理、哲理多角度对案件进行全面分析，充分说理，作出有利于被告人的辩护。

五、突出有利情节

在作罪轻辩护时，往往需要论证被告人从轻、减轻处罚的情节。有些从轻、减轻处罚的情节是明显的，如被告人为未成年人、盲人或者又聋又哑的残疾人等，但还有很多量刑情节是隐藏在案卷中的，如自首、从犯等情节。这些量刑情节都需要辩护律师在辩护词中进行论述和分析，争取将有利于被告人的情节全部发掘、突出显现。

六、结合刑事政策

律师在执业过程中，永远要保持对信息的敏感和对新政策的深刻认知，立法政策、司法政策、执法政策都与我们的工作息息相关。这些政策实践中甚至直接影响、指导司法机关的办案，尤其是很多政策已经成为法官判案的理论依据，虽然其不是法律法规，不会被直接引用到判决书内，但在某些说理部分，会体现其精神。同样地，辩护人在撰写辩护词时，也可以结合这些政策，运用这些政策的精神，对自己论证的观点加以强化。

七、准确适用法律

律师提交的每一份法律文书都要严谨、规范，不能出现知识性或低级的错误，辩护词也不例外。辩护词在引用法律的时候，一定要注意不要误用已经作废的法律法规，或是与本案无关的法律法规，抑或一些地方性的、偏门的并不适用于本案情形的法律法规。这样不仅达不到任何支持自己辩点的效果，反而让法官觉得辩护人不专业，贻笑大方。

八、注意语言的使用

辩护词的写作，应当简繁得当、层次分明，让阅读者读了之后能在脑海中浮现出一个很清晰的框架，快速获取到核心观点和理论，因此除了有谋篇布局的条理性之外，还需要注意写作语言的艺术。辩护词是法庭辩护的延续，要以说服法官为目的，通过文字与其沟通。因此，要考虑阅读者的感受，把握书面沟通技巧，切忌自说自话甚至言辞过激。

辩护律师是被告人法律专业上的"代言人"，可以在一定程度上与被告人共情，感之所感，却不能替被告人将所有情绪以过激的文字体现在辩护词里，这样不仅起不到什么正面效果，反而会适得其反引起法官不适。大多数时候，克制的口吻和平和的文字更能表现出观点的坚定。

第10讲

辩护词的格式要点与内容要点

◇ 陈 亮[*]

笔者认为,辩护词于辩护律师而言,其重要性体现在两方面。

一方面,辩护词是辩护律师全面、系统地为被告人提出辩解、反驳控诉,以期实现辩护目的的重要法律文书。

辩护律师需要通过辩护词对刑事案件进行全面、深入、细致的分析,它承载着辩护律师对刑事案件的所有思考、研究。

案件事实、争议焦点、程序瑕疵、证据疑点、法律适用等案件中存在的问题,都将最终在辩护词中进行系统的体现与论述。

司法机关尽管可以通过口头交流、庭审等形式,听取辩护律师的辩护意见,但是,能够进行反复研读、上下传阅、集体讨论的,主要还是辩护词这一书面文件。

特别是在当前,在有大量刑事案件二审不开庭审理的情况下,辩护词成了辩护律师向法官、合议庭、审判委员会详细、充分论证辩护观点的重要形式。

笔者办理的多起二审程序的刑事案件,都是通过提交辩护词来阐述辩护意见,最终也是通过辩护词说服二审法院,对案件进行了改判。

另一方面,辩护词也是体现辩护律师对案件研究的深度、广度以及业务能力的一个窗口。

辩护律师对案件核心事实、争议焦点,是否有着全面、精准的把握,对案件所适用的法律法规、司法解释、规范性文件是否进行了全面检索,对案

---

[*] 陈亮,泰和泰(武汉)律师事务所高级合伙人,第八届湖北省律协刑事法律专业委员会秘书长,第七届武汉市律协企业合规法律专业委员会主任。

件程序、证据、法律适用方面的问题，是否进行了深入的研究，辩护律师的法律功底、逻辑思维、文字表达等专业能力，甚至包括辩护律师是否勤勉负责，都能从辩护词中反映出来。

笔者在办理刑事案件的过程中，就多次遇到法官、检察官对辩护词表示肯定的情况。这也进一步说明，辩护词是体现律师责任心、专业度的良好载体，一份用心、专业的辩护词，完全可以赢得法官、检察官、当事人对律师的尊重。

那么，我们应当如何撰写辩护词？笔者结合自己的经验，谈谈感受，以期抛砖引玉。

一、辩护词的格式要点

虽然没有权威标准对律师辩护词的文书格式提出硬性要求，但作为刑事诉讼程序中的重要法律文书，笔者认为辩护词仍然具有一定的基本格式。在格式方面，笔者认为我们主要应当注意封面、目录、辩护词标题、辩护词正文、辩护词附件这几个方面。

（一）封面

笔者提交的辩护词，通常会有封面。在封面上，会印制辩护词的标题"关于某某一案某审程序的辩护词"，并注明律师事务所名称、辩护律师姓名、通讯方式、联系地址。

这样做的目的有以下几点。

1. 保密

辩护词中会有大量案件信息，加以封面会起到一定的遮蔽作用。虽然这一作用极其有限，但也可以避免在放置、传阅过程中，被无关人员注意到案件的相关信息（虽然通常是无意的）。

2. 规范专业

一个格式规范、装帧考究的封面，会对严肃的法律文书起到一定的装饰作用，也会体现出律所、律师对所作文书的严格要求，更会在当事人心目中树立起律所专业、正规的形象。

（二）目录

特别是复杂的辩护词，有时多达数十页。在辩护词首页印制目录，既可以方便法官、检察官查阅辩护词特定内容、具体观点，也是对辩护词的集中归纳，便于阅读者把握辩护词的核心内容。

（三）辩护词标题

对于辩护词一级标题，笔者通常与封面标题保持一致，以"关于某某涉嫌某某一案某审程序的辩护词"作为标题内容。

这样书写的目的，是为与其他案件的辩护意见、同一案件不同程序的辩护意见相区别。

同时，笔者通常会根据辩护词内容的需要，书写若干层级的标题，以对辩护词的不同层级、不同内容进行区分，以方便阅读。

需要注意这些不同层级标题的书写方法，笔者认为要注意以下几点：

1. 要简洁明了，不能将一个标题写成一段文字，与正文没有区别，使人看起来无非一段加粗的正文。

2. 应对该标题下正文内容进行适当概括，便于阅读者快速了解标题所对应的正文内容，节约阅读者时间。

3. 应对标题的字体、字号，与正文作一定区分。例如，笔者在书写辩护词时，一般会对一级标题采用黑体小三字体，对二级标题、三级标题会采用加粗的宋体四号字体。重点并非何种字体、字号（能与法院判决书格式要求相一致当然更好），而在于通过标题与正文的形式区别，进一步方便阅读和美化辩护词样式。

（四）辩护词正文

辩护词通常分三部分。

1. 第一部分

第一段，表明辩护人的身份、授权委托关系，及辩护律师已经进行的工作。例如，某某律师事务所接受某某的委托，指派某某律师担任某某案件被告人某某的辩护人。辩护人在接受委托后，实施了会见、阅卷等工作，现依据本案证据和相关法律规定，对本案发表如下辩护意见。

第二段，表明辩护律师对本案的基本观点。例如，辩护人认为，本案事实不清、证据不足，被告人不构成犯罪。

2. 第二部分

这一部分，则是辩护词的主要内容——具体辩护意见。该部分需详细就辩护律师关于案件事实、法律适用、被告人量刑情节等方面的辩护观点，进行充分阐述。

3. 第三部分

辩护词的第三部分，一般是对全篇辩护词的总结和提升，以达到再次强调辩护观点，进一步引起法官、合议庭重视之目的。

最后是辩护人的落款。

(五) 辩护词附件

有许多案件，我们在研究时会进行法律法规和案例的检索，对于一些极具有参考性和指导意义的法律法规、案例，我们一般会作为辩护词的附件，与辩护词一起装订，一并提交给法官。

这样做的目的是方便法官一并查阅我们提交的附件，避免提交给法官的材料过于零散，不便于查看和保存。

除了以上所归纳的内容外，辩护词还可以通过表格、图表等多种形式，与文字相配合，以更好地实现说明辩护观点、便于法官理解的目的。

以上是依据笔者的经验和做法，对辩护词的外在形式进行的归纳和总结，不一定正确。但是，无论形式如何设计，目的只能是使辩护词更加规范、专业、便于阅读和理解。

二、辩护词的内容要点

辩护词要实现其"终极武器"的功能，最关键的还在于内容——辩护观点本身。笔者认为，辩护观点本身要做到以下几点。

(一) 深入研究、内容为王

网络媒体经常说"内容是平台的核心竞争力"，即所谓的"内容为王"，辩护词与此相似，其内容直接决定着是否能够实现其功能。

因为辩护词是法律文书，具有明显的功能性特点，其目的是表达辩护律师观点，说服裁判者。而要达到这一目的，最核心的就在于将辩护意见本身打造好。

要形成强有力的辩护观点，则需要辩护律师对案件进行充分、细致、全面的研究，唯有如此才可能提出有说服力的辩护观点。

有意思的是，律师提交辩护词的时间，一般是庭审时或庭审后，但辩护词的形成过程却是从第一次会见，甚至是第一次接待委托人开始的。

自接手案件时始，辩护律师的工作无不围绕着形成辩护意见进行。辩护律师通过会见、调查、阅卷、研究证据、检索法律法规等工作，不断了解案情，掌握事实全貌，发现案件中存在的矛盾、疑点、法律适用错误，或者是案件中存在的量刑情节。

如果把辩护词比作一座房屋，辩护律师在对案件不断进行调查、研究、分析的过程中所形成的辩护观点，正是这座房屋的构件。房屋能否立得住、站得稳，就在于这些构件是否可靠，这些构件就是辩护词的"内容"。

因此，辩护律师写好辩护词的核心和基础，在于对案件本身的研究。这就需要辩护律师从接受委托时起，就必须高度关注、全力以赴，认真对待案件办理的每一个过程，慎重对待当事人及其家属提供的每一项信息，仔细分析案件中的每一个证据，深入研究案件相关的每一条法律规定。

只有把案件研究清楚，把核心事实把握准确，才可能写出好的辩护词。

请记住，辩护词不是文学创作，没法靠想象、假设、虚构来分析，也不能脱离案件的事实、证据、法律去空谈。仅依靠精美的文字、华丽的辞藻，是无法说服法官的。

（二）简明扼要、条理清晰

辩护词作为法律文书，应当简洁。

一方面，辩护词务必简明扼要。

简洁的关键，就在于是能扼住案件的"要"，而这还是与对案件的研究程度相关。

这有点类似于禅宗的三重境界：参禅之初，看山是山，看水是水；禅有悟时，看山不是山，看水不是水；禅中彻悟，看山仍然山，看水仍然是水。

等到把案件研究清楚，案件的核心也就一目了然，与案件无关的枝节，自然就不会出现在辩护词中。

另一方面，辩护词内容务必简洁。

记得大律师张思之先生在一篇文章中提到宋代词人柳永的词作"杨柳岸，晓风残月"，他认为简单七个字包括了时间、地点、环境、心情，可谓是文字简练、意境深远。

辩护词的写作也应当这样。

笔者认为，辩护词的简洁应当表现在以下几方面：

一是辩护词观点应当鲜明。

开门见山，正文首段即明确提出辩护观点。举例如下：

辩护人认为本案被告人不构成犯罪，或是辩护人对起诉书指控没有异议，但认为被告人存在如下量刑情节……

开篇即明确提出辩护观点，有利于法官迅速了解辩护律师意见，明确案件争议焦点。

二是辩护词文字表达应当简洁。

辩护词具有应用文的属性，文字表达应当简洁明了。

观点论述清楚即可，无须多言。能用一句话讲清楚的，坚决不多用一个字。

同时，不能像文学作品那样，采用铺垫、倒叙、抒情、渲染等手法进行书写，也不宜像学术论文那样，引用大量学术观点，进行大量理论分析。

辩护词的阅读者主要是法官、检察官等专业法律人员，律师的观点基本一看就明白，大量的分析、论述，反而使辩护词重复、啰唆，不仅浪费时间，也使人生厌。

从笔者自身感受而言，把辩护词写长容易，而要把辩护词写短反倒难。而从司法实务的角度来看，检察官、法官工作繁忙，每天处理大量案件、阅读大量法律文书，一份简明扼要的辩护词，不仅方便他们阅读，也更容易使他们记住你的观点。

三是除了文字表达精练以外，撰写辩护词还应注意文章结构要明晰。

复杂的刑事案件，往往时间跨度长、涉案主体多、法律关系复杂。辩护意见往往涉及案件事实、证据、程序、法律适用等许多方面。

有些案件仅在事实分析上，可能就会涉及不同类型、不同时间、不同主体的多项事实，特别是涉黑类犯罪、经济犯罪、金融犯罪等案件。

比如，在笔者办理的一起合同诈骗案中，公司法定代表人作为被告人的同时，其名下的2家公司也都是被告单位。案件的受害人又包括2家公司和9家银行。在这14个主体之间，有买卖合同关系、担保合同关系、票据承兑关系、保理关系等多种不同的法律关系和经营行为。这些法律关系和经营行为的认定，又直接关系被告人是否构成合同诈骗罪的问题。

为这么复杂的案件作无罪辩护，辩护词必然复杂。在撰写辩护词时，就一定要注意内容的结构、层次的设计与安排。

辩护意见先谈哪起案件，再谈哪起案件；每个观点、观点中的相关内容，应当按照什么样的顺序或线索安排；整篇文章结构是否层次分明，有无重复、混乱、跳跃。这些都是撰写辩护词时需要反复思考、推敲之处。

办理上述诈骗案件时，我们就按照先讲公司整体经营情况、资产情况、案件背景，再分别针对每家银行的贷款行为是否构成诈骗罪的思路进行论述；在论述每家银行的贷款行为时，我们先分析该银行贷款合同的法律性质，再分析公司的贷款行为过程，最后分析该笔贷款的抵押担保情况。辩护词最后，对公司整个贷款行为的特点、是否符合诈骗罪的构成要件、是否具有非法占有目的进行归纳。

通过这样的体系结构，力求使人看得懂、看得明白，切忌让法官如坠云雾、不明所以、不知所云。

（三）逻辑严密、论证有力

辩护词从文体上来说相当于议论文，是一种提出主张、论述观点、剖析事理的文章，其目的是反驳起诉书指控，说服裁判者。

如果说，庭审发问的重点是引导被告人说出事情的全貌，庭审质证的重点是提出案件证据存在的问题，辩护意见则是对全案的事实认定、证据采信、法律适用的归纳与总结。

因此，辩护词的重点，应当在于对这些问题进行分析并得出结论。而不是简单地对案情进行描述，或是抒发个人情感。

既然是分析论证，那么整篇文章的论述，首先要做到思维严谨、观点一致、概念统一，所有的观点都要有扎实的论据支持，所有的推理都要符合逻辑规律，此正所谓"摆事实、讲道理"。

辩护词是法律文书，首先应当让所提出的每个观点、每项事实，都是有法律规定或在案证据支持的。作为辩护律师，必须保证你的任何一个辩护观点做到掷地有声，经得起推敲。

对此，辩护律师在撰写辩护词时，一定要严格核实证据和法律规定，要保证所陈述的事实都与证据相对应；所提的观点，都有相应的依据，万不能自己造法或是自说自话。

比如，在为一起案件辩护时，我们在辩护词中提出"某公司提交的某项数据明显夸大，不合常理"。"数据"的高低，是一个主观的概念，在没有依据对比的情况下，很容易受到控方的质疑和攻击。

于是，针对这一观点，我们进行调查、了解，并提出了依据——根据当地政府的年度公报，当地年度该类数据为多少，某公司提交的数据是多少，占当地该类数据总额的百分比是多少。

通过上述政府部门公布数据的对比，使得"数据过高"这样一个主观概念，变得具体、明确，更具有说服力。

除了观点要有依据外，还需要注意辩护词各个观点之间、观点与依据之间相互一致、相互呼应，不能出现矛盾，不能辩护观点是"被告人不知情"，引用的证据却反映"被告人知情"。

特别是在引用证据时，不能只看这个证据是否能证实当前观点，还要仔细分析这个证据中，有没有不利于其他辩护观点之处。如果有，则应该如何分析或使用这样的证据，以确保整篇辩护词论证的严密性。

撰写辩护词还须注意论证的逻辑性。从整篇辩护词的论证来讲，辩护意见的总观点由各分论点组成，各分论点又有各自的依据支撑，要用观点统率材料。各分论点围绕着一条逻辑主线，逐次展开，既自成体系、又相互衔接，不能自相矛盾，也不会有所遗漏。通篇辩护词，呈现出严谨的逻辑结构，环环相扣、步步推演、层层递进，使人读完有一气呵成之感。

（四）有情有理、有血有肉

辩护词虽然是法律文书，但不代表辩护词只能是冰冷的法条和证据。辩护词同样可以感人肺腑、饱含深情。

有许多案件有其特殊的社会背景、历史原因。即便是作罪轻辩护的案件，被告人也不一定全是十恶不赦的坏人。特别在这样的案件中，除了引用证据和法律对案件中的量刑情节进行论证说明外，辩护人完全可以通过辩护词，提出案件背后的深层次原因，以引起法官、检察官的关注。

比如，在我们办理的一起故意杀人案中，被告人砍死一人、砍伤一人。对于这一案件，我们在辩护词中除了提出被告人具有自首这一量刑情节的辩护观点外，也对案发原因进行了详细分析与说明，使法官注意到这起案件中受害人有着重大的过错，受害人通过各种方法不断给被告人施压，最终导致矛盾激化引发血案。

在这样的辩护意见写作过程中，就需要充分进行情与理的描述，充分体现出案件中感性的一面，以引起法官的同情，争取给被告人有利的判决。

再如，有一些经济犯罪案件，可能与案发当时的经济、社会环境相关。此时，也需要辩护律师善于运用这些有利的背景情况、宏观政策为被告人进行辩护。

笔者曾经办理过一起非法经营罪的案件，在辩护词中笔者引用了国家宏观经济政策，并通过1997年取消投机倒把罪的例证，来说明某些经济行为可能会随着改革的深入、社会的发展，而被重新评判，甚至会成为先行先试的创举。

这正是在对案件事实、证据充分分析的基础上，从案件的社会影响、法律正确实施的效果等方面，从政策、情理等角度，对辩护词进行升华和提高，从感性认识方面进一步引起法官对案件审理的重视与关注，从而更好地实现辩护目的。

结语

总的来说，没有最好的辩护词，只有更好的辩护词，辩护词的写作是一个长期积累的过程，需要刑辩律师的不断研究、反复打磨。

第 *11* 讲

撰写辩护词的基本要点

◇ 李耀辉*

古话说文以载道,辩护词是一种载体,是表达辩护观点和辩护意见的工具。一份专业的辩护词,能够体现出律师的综合素质、价值取向、辩护水平、法律素养等,同时能够代表着律师的辩护水平高低,是辩护成果的结晶,是律师执业水平、职业操守的最好标尺。

辩护词在刑事辩护中的地位和作用不言而喻。简单来说,辩护词是辩护人根据案件事实、证据和法律说明被告人无罪、罪轻或者免除刑事责任的书面意见,是辩护律师对案件的辩护思路和辩护观点的系统梳理和集中展示。

著名大律师田文昌老师称,辩护词的作用不仅关系某一件个案的成败,也是一种理论和能力的提升。同时,可能会起到推动立法与司法改革的作用。一份优秀的辩护词,广为流传,就可以成为相关案例辩护的参考,堪称教科书级别的辩护词。

在我国案卷笔录中心主义的诉讼模式之下,在庭前辩护越来越重要、庭审实质化还不充分的时候,在二审程序开庭审理尚不普遍、靠书面审理完成审理的情况下,当法官需要借助律师意见汇报案件的时候,当案件提交审判委员会讨论的时候,决定案件命运的法官没有参与庭审,只能借助承办法官和书面材料作出分析判断的情况下,律师的书面辩护意见要比口头辩论意见更为重要。

诚如斯伟江律师在其撰写的《律师的文笔与口才》一文中提道:"今日专利法的教授请来了两位联邦上诉巡回法院的资深法官。两位法官对在座的

---

* 李耀辉,河北世纪方舟律师事务所律师,河北经贸大学社会导师,河北地质大学法政学院客座教授,河北政法职业学院客座专家,河北省省直优秀律师。

年轻法律人提了几个建议,其中一个重要的建议是,学会写文章。首席法官说,80%~90%他们处理的案件,取决于律师写的书面材料,而大概只有10%才会取决于口头辩论。我想可能在中国也是一样的……由于很多客户只能看到庭审律师的论辩,比较难以欣赏律师的文字功夫,故口才好的人在初步印象分上会占便宜。但是,如果法官公正的话,笔头好的律师更多能在法庭上赢得官司,因此,最终是扯平的。"

撰写辩护词还有一点好处,就是为了更好地思考,汲汲地获取辩点。比如,面对一个复杂的毫无头绪的案子,无法确定辩点和辩护思路时,可以尝试先撰写书面辩护意见,因为在你没有付诸笔端的时候,辩护思路往往是模糊的,甚至辩护思路是原地打转的,当你开始撰写书面辩护意见时,文字会不由自主地与你交流,促使你查找法条和案例,会有新的思想和辩点源源不断地冒出,当你完成一篇书面辩护意见后,你会惊讶地发现思路更加清晰,整个辩护体系更加完善了。

世上没有完美的辩护词,因人而异、因案而异,什么是优秀的辩护词,并没有统一标准。但是,一篇优秀规范的辩护词,起码需要具备可理解性和说服性,既要充分表达辩护观点,又容易让裁判者接受采纳,这两种特性又是相辅相成的。

撰写辩护词是有步骤的,讲究程序,这里的步骤和程序是经验性的,没有统一的要求,有的步骤可以省略或者合并,顺序也可以颠倒,这是方法论的重要体现。以下是笔者总结的自己在实务中常用的撰写辩护词的基本要点,供读者参考。

一、确定辩护方向,寻找辩点

首先,确定辩护方向。辩护方向必须明确,按照传统的辩护分类,刑事辩护可以分为无罪辩护和罪轻辩护。还有一种两段式辩护的辩护模式,即无罪/定性辩护+量刑辩护。其次,寻找辩点。这就像辩护之路的路标,没有路标做指引,很容易迷路。最后,形成辩护思路。一旦辩护思路形成,即可动手写作。在确定辩护方向后,当辩护思路仍是一团糟的时候,可以先尝试动手写起来,或许有意外的惊喜。

二、依据辩护思路拟定辩护提纲

写作辩护词需要谋篇布局，辩护方向和思路确定后，在动笔之前要对辩护词的主要内容、篇章结构进行宏观规划和统一安排，这样才可以做到结构严谨、逻辑严密、条理清晰。

辩护提纲就是辩护词写作的设计蓝图，主要起梳理辩点、形成结构的作用。辩护提纲不一定要书写出来，但心中一定要有提纲，提纲犹如施工蓝图，可以帮助辩护人勾画全篇辩护词的架构，同时制定辩护提纲可以提高构思能力和思维能力，才能纲举目张。当你已经具备一定文字功底和素养，辩护提纲或思路一旦形成，就预示着辩护词的内容很快就会叩门而至，纷沓而来。

三、辩护词的结构

辩护词通常包含序言、正文、结论三个部分，但也不必墨守成规，具体案件中在形式上也可以创新，可以借助论文的结构要求。比如，添加标题和副标题，呼应辩护主题；插入目录，如果辩护词篇幅较长，页数较多，可以插入目录便于法官快速查找目标辩点；辩护词开端可以加入辩护要点提示，结尾处加入结语，等等。

四、辩护词开端和结尾

一般常以尊称裁判者开始，如尊敬的审判长、审判员，尊敬的合议庭各位法官，等等。然后是介绍律师，介绍律师开庭前做了哪些工作。可以亮明辩护人的主要观点，如认为某某被告人的行为不构成犯罪，坚持作无罪辩护。在辩护词的结尾处，将辩护观点进行归纳总结，强调辩护的结论，最后恳请法庭关注、采纳，表示谢意。

五、辩护词的格式

辩护词没有固定的格式要求，没有统一的模式，但应当格式整齐，页面整洁，字体大小、行间距、缩进、序号、段落等格式要恰到好处，具体可以按照个人喜好、习惯设置具体的数值。

六、辩护词的表达

辩护词是一种诉讼法律文书，特别强调逻辑思维，特别强调辩护观点周至和严谨。辩护词一定要有内在的逻辑性，不能对事实、证据、法条进行堆积。用词要专业，减少口语化的表达，不能泛泛而谈，不能讲大道理，文字表达要简明、准确。

七、辩点明确，论证充分

辩护观点可以在标题中写明，重点突出，最好与辩护方向呼应。论证要充分，结合案件事实与证据、庭审辩护情况等进行充分论证。可以充分运用逻辑论证手法加强说理，如演绎法、归纳法、比较论证法和假言论证法。在法律辩护中，可以对法条和程序精细分析，引用专家、学者的观点，增强说理分量。

八、具体的辩护方法

北京大学陈瑞华教授总结了诸如无罪辩护、量刑辩护、证据辩护、程序辩护等多种辩护形态。辩护人可以根据案件特点，运用这些辩护形态开展辩护。

九、三位一体

辩护观点需要与发问、质证意见互相呼应，不可脱节，做到发问、质证、辩论三位一体，是为有效辩护的方法。我们要善于做到质证意见与辩护意见的融合，尤其在证据辩护中，这一点尤为重要。

辩护词不仅可以包括辩论意见，还可以包括证据的质证意见。庭审的核心应当是质证而不是法庭辩论，一份详细的质证意见可以代替一份辩护词。视案件情况，可以将关键证据的质证意见融入辩护词当中。

十、注意事项

撰写辩护词有以下这些细节上的注意事项：（1）辩护词要使用法言法

语，用语规范、用词贴切；（2）切忌强词夺理、以偏概全；（3）引用法律和案例，一定要准确无误；（4）辩护词行文排版格式要规范。

十一、写作提升

撰写辩护词与写作其他文章一样，都需要经过长时间的写作训练，这个过程有助于思维能力的提升，随之撰写辩护词的能力也提高了。模仿也是一种撰写辩护词的学习方法。初入刑事辩护领域的新手，可以多看一些优秀辩护词，"书读百遍其义自见"。有道是，旁听庭审是学习刑事辩护的最好的方式，阅读上乘的辩护词次之。一份成熟的辩护词需要反复仔细思考、推敲，不断地修改，修改的过程其实是将自己的辩护观点进行"试交流"的过程，也是辩护词写作能力提升的捷径。

十二、公开学习

当前，最高人民法院正在探索从部分典型案件入手，实现律师辩护词、代理词与庭审笔录、裁判文书等进行关联，一并向社会公众公开。辩护词的全面公开，是对律师业务素质、职业操守的监督和检验。辩护律师将辩护词公布出去需要勇气。正如著名大律师田文昌老师所言，当一个律师将自己的辩护词与代理词公之于众的时候，他必须有勇气迎接众多的批评与挑战，进而在批评中检讨和提高自己，以求得不断进步。

第12讲

辩护词写作的逻辑与要点

◇ 王馨仝[*]

一、辩护词概述

辩护词是刑事案件中辩护律师对案件的书面整体辩护意见，它体现的是律师对案件的事实认定、证据采信、法律适用等与定罪量刑有关问题的整体意见。

辩护词是提交给法官的，目的是说服法官采纳辩方观点。因此，无论从行文、篇幅、说理等各个方面都应当以最便于法官采信为原则。

我国刑事审判采取当庭审理加书面审查相结合的模式，法官一般不会当庭宣判。对于重大复杂的案件，通常是在庭审之后数月甚至更长的时间，法官对案件进行深入思考，并经过合议庭合议之后才作出判决。而此时，法官对于庭审过程中的印象必将随着时间的推移而模糊，虽然有庭审笔录，但辩护词才是法官在作决定的时候全面、准确回顾辩方观点的参考。其重要性不言而喻。

对律师的辩护工作而言，辩护词主要起到以下三方面的作用。

（一）辩护思路指引法庭调查和法庭辩论

律师在做庭前准备之时，需要准备很多基础文件。这些文件主要有发问提纲、质证意见、举证目录、法庭辩论提纲等，它们是法庭调查和法庭辩论的基础。而这些文件如何准备，发问问什么、质证的侧重点是什么、辩方举

---

[*] 王馨仝，北京市京都律师事务所高级合伙人律师，最高人民检察院"控告申诉检察专家咨询库"特聘专家律师、听证员，北京市律师协会涉外委员会副主任、公益法委员会副主任。

证的证明目的、法庭辩论的重点和逻辑顺序等都要遵循辩护思路的指引。

所以，在准备这些文件的时候，顺序其实是倒过来的：一是确定辩护思路、明确辩护观点；二是考虑为了证明辩方观点，需要依靠的证据是什么，需要从被告人和证人那里问出什么答案，在质证的时候要突出什么，要反驳什么；三是辩论的时候应该如何确定逻辑顺序，层层推进辩方观点。

也就是说，辩护思路指引法庭调查和法庭辩论，而辩护思路应在辩护词草稿中体现出来，文字会帮你厘清思路。

在这里分享笔者的一条经验：80%庭前准备+20%补强原则。一份准备充分的辩护词应当已经涵盖了法庭审理过程中所出现的80%的情况，但很难做到100%。剩余20%的变量可能是被告人认罪态度的突然变化，可能是突然被准许出庭作证的关键证人，可能是起诉书中指控不明而庭审时才予以明确的一个关乎定罪量刑的要素，等等。

而诉讼的魅力也正在于此。我们需要永远保持谨慎和适度的紧张感，以应对突发情况，恰到好处的临场应变最能体现律师的能力。与此同时，我们可以在庭审之后进一步完善辩护词时对这20%进一步补强，系统梳理相关的证据并结合法律规定阐明观点和理由。如此，便可得到最终提交给法庭的最终版的完整辩护词。

（二）辩护词总结庭审情况并强化辩方观点

辩护词是对庭审情况的总结。辩护律师在辩护词中将法庭调查过程中在发问和举证质证环节中展现的一个个事实片段、繁杂无序的证据、控辩双方对证据的零散意见串在一起，从而形成辩方观点，并进行具有综合性、体系性的论述。

辩护词是总结但又不仅是总结，更是论述，是说理，是说服。说服的对象是法官，既专业敬业又理性客观。这要求我们在说服法官的时候，要做到同样的专业客观，理性平和，以法官的视角看待全案证据，选取最有利的角度切入，避免选词用词和情绪表达上的过激行为。

庭前庭后与承办人的当面沟通、法庭辩论和辩护词是相辅相成的。某些尚不能达到法定证据排除标准的取证瑕疵问题，或案件的特殊背景等情况，可能更适合以非书面的方式与承办人直接沟通，以便于法官全面了解情况，从而形成心证。法庭辩论是当场说服,是与控方的激烈辩论,针对性更强,语言表达更偏口语化。而辩护词则是专业法言法语的书面表达,简洁有力,是对证据、事实和法律的全面论证,具有体系化和全局化的特点。

(三) 辩护词是对证据体系、事实认定与法律适用的说明与论证

辩护词写作既要遵循事实认定和证据分析判断的法则,也要遵循逻辑推理的法则,遵循法律适用的基本法则,辩护观点的提出要有法律依据和充分的理由,符合法律解释的一般方法。

辩护观点一般从事实、证据和法律适用三个方面提出。

事实方面主要是指起诉书指控的事实是否成立,律师可与被告人核对事实问题,被告人是全面认可基本事实,还是全面否定称完全没有实施所指控的犯罪行为,或否定部分指控事实,抑或起诉书仅截取了部分事实进行指控从而忽视了会影响案件定性的全部事实。

事实靠证据来证明。起诉书所指控的所有涉罪行为是否有充分的证据支持是辩方审查的重点,如职务犯罪中的证明国家工作人员的主体身份的证据。不同证据之间可能有相互矛盾的地方,那么,这些证据对于所证实的犯罪构成要素是否达到了相互印证的关系?矛盾证据应当如何采信?由此,辩方应当根据证据法则去分析判断在案证据从而寻找辩点。

律师从法律角度评论事实,主要是指律师分析罪与非罪和量刑问题。即使指控事实成立,律师也要关注罪名是否成立,有无出罪事由,如是否超过追诉期限、新法新增罪名的适用问题、正当防卫、紧急避险、刑事责任年龄等。量刑情节是否成立也是法律评价的一部分,自首、立功、从犯、认罪认罚、犯罪未遂、中止等量刑情节一旦成立,将起到从轻减轻刑罚的辩护目的。

总之,辩护词是对上面几方面的综合性论述,系统、全面且重点突出地阐明辩方观点,以达到说服法庭的辩护目的。

二、辩护词写作时间

辩护词一般在开庭后提交,但什么时候开始写?是先列个提纲,庭审之后再详细写?还是在庭前准备时先作质证意见,做好之后再写辩护词?

笔者认为,辩护词应在完成阅卷、会见、调查取证、法律检索等工作之后立即开始写作。这里的阅卷是指阅卷三次以上，详细了解起诉书指控的事实与控方证据体系之间的关系。律师会见时已与当事人核对案件事实和证据材料，并获得调查取证线索，听取当事人的意见。根据相关线索，律师尽可能地调取了对被告人有利的证据，针对案件涉及的法律问题做了充分的法律检索。至此，律师已经有了自己的判断，形成了初步的辩护思路。这时，就可以开始起草辩护词了。

起草辩护词的过程也是深入思考的过程。写作的过程中，我们的辩护思路会更加清晰，我们会进一步明确支持辩方观点的关键证据是什么，需要通过发问获得什么样的答案，矛盾证据如何采信，辩方调取的证据能起到什么作用。由此一来，法庭发问提纲、质证意见、举证目录也就都在梳理辩护思路的过程中自然而然地得出了，而这些工作文件也都是为辩方观点服务的。

辩护词和与之相呼应的其他庭审准备文件应根据案件的进展和庭审的情况进行临场应变、调整修改、不断完善。

不到最后一刻不放松思考，不到最后一刻不放弃努力，才能得到最适宜该案、最具说服力的辩护词。

三、辩护词写作要点

辩护词因人而异，不同律师之间的风格可能各不相同，但因为所说服的对象都是法官，所以辩护词应如法官写判决书一样遵循一定的规律。

因为辩护词需要尽量为法官节省时间，所以应尽量简洁；因为要说服专业法官，所以辩护词必须专业客观、采用法言法语，逻辑清晰。以下单独列出了六个写作要点，供大家参考。

（一）加副标题

可不可以用一句话来概括辩方核心观点？

法官一看就知道辩方的观点是什么，又印象深刻，符合常理。

也就是给辩护词加个副标题。

比如，在一起强奸案中，辩护词副标题为"酒后乱性，事后后悔"。

这不一定适用于所有的案件，但在有的案件中可能有事半功倍的效果。

（二）开门见山

辩护词首页开门见山，亮明辩护观点，说明是无罪辩护还是罪轻辩护，为法官提供方便。说明无罪辩护的核心理由是什么，罪轻辩护所主张的量刑情节是什么，言简意赅。

好比论文前面的"论文摘要"部分，也可以参考《刑事审判参考》里面对个案"裁判规则"的总结。

（三）直击痛点

把最核心最有力的辩点放在前面。一般来讲，案件真正有价值的争点并不是很多，一个案件辩护能不能成功，关键在于辩护律师能不能把握住案件的核心问题，找到辩点。辩方的辩点就是控方指控最薄弱的地方，是辩方的痛点。辩护词中这部分内容应尽量放在前面，让法官最先看到，形成深刻印象。

在一起拍卖藏品诈骗案中，控方证据中对涉案藏品所做的鉴定意见——价格认定结论书即为该案的核心证据，辩方从鉴定人员资格、检材来源、鉴定结论超出鉴定范围、鉴定人经申请不出庭等方面对该证据的合法性进行质疑。法院最终判决该案61名被告人中42人无罪。

（四）正视其短

案件中除了有控方的痛点外，一般也有辩方的痛点。有的时候，起诉书并未明确将其列为指控事实的一部分，但是案卷材料中有所显现。辩方律师在阅卷时应引起高度重视，这可能成为法庭辩论时控方用于支持其指控的支点。对于这种问题，应充分准备，做好证据分析并进行合理解释的准备。这些辩方的痛点在辩护词中也应有所体现，辩护律师应当梳理相应证据并进行论证，以回应法官心中的疑惑。避而不谈，会形成有意回避、自知其短的印象。

在一起涉及国企改制的贪污案中，2002年被告人依据主管单位出具的转制文件取得原负债经营企业的所有资产（包括一座矿产），而起诉书指控的是2006年被告人在变更采矿权证时的涉嫌贪污行为。那么，虽然起诉书没有提及，但是被告人取得转制文件是否与主管单位有关人员相勾结、是否有恶意就是案件中对辩方不利的点，对此应将与双方经济往来的相关言辞进行摘录、比对，再查看有无客观证据相佐证，以论述是否可以以此来质疑转制文件的正当性。开庭中，在第二轮法庭辩论时公诉人才抛出这一观点，辩护人因提前做好了准备，所以才能够以细致的证据分析来反驳缺乏证据支持的猜测和推论。

（五）揉入质证

辩护词中的辩护观点需要证据和法律法规的支持，要分析证据、辨析法理。这必然涉及质证意见，但又不完全是质证意见，也不需要囊括全部证据的质证意见，因为篇幅过长法官可能没时间看。选取最关键最核心的证据（组），以最便于法官理解和采信的方式呈现出来，可以是思维导图、言辞对比表、时间轴等。选择标准是以最小篇幅客观地展示关键证据（组）和辩方意见，有利于辩护观点的成立，有利于辩护目的的实现。

对于与定罪量刑有关的专业性证据，如鉴定意见，如果相关质证意见和辩护意见篇幅很长，建议以独立文本单独提交，在辩护词中简要提及就好。

辩护词也是对整体控方证据体系表达意见的一个渠道。

比如，某互联网交友软件公司涉嫌诈骗案中，控方指控软件设计存在欺骗诱导设计，但却没有做技术鉴定，仅靠言辞证据做支撑，案件中的鉴定意见仅鉴定了人数和金额。对此，辩护词中将控方证据整体评价为"定性靠言辞，定量靠鉴定"，而后再揭示言辞之间的重重矛盾，说明言辞证据缺乏客观性，不应以此对该案定性。

（六）结尾升华

案子审的都是被告人涉案的事，法官可能很少有机会深入了解涉嫌犯罪的这个人本身，但案件的结果却很可能改变这个人和他（她）的家庭。有的时候，案件的处理也和特殊的社会背景有关，这些不是定罪量刑的因素，但却与案件有密切的关系。

如果可以，用简短的两三句话，让法官越过犯罪构成看到这个人本身，请他考虑案件相关的特殊因素，使他可以理解这个人为什么做（或不做）这个事，激发他们人性的本能和最基本的公平正义的感知，从而影响法官的心证。

比如，在一起集资诈骗案的辩护词这样结尾："作为辩护人，我们并不是要跟司法机关讨价还价，这是因为我们的内心，还有对法律的一点小小的坚守，我们不希望《刑法》第192条、第176条仅是为了追缴、退赔、维稳，法律作为国家对于公民的庄严的承诺，能够切实保护无罪的人不受追究。还因为，我们基于朴素的正义观，希望被告人能够得到公平的对待。被告人是一个摸爬滚打的小商人，我们要理解他的认知局限，不能仅因为他参加了一个他并不清楚的赌局，他赚钱了，就对他判处重罪。"

除了以上六点，还有一些大家所熟知的注意事项，如行文要规范，引用明确，字体字号以判决书为蓝本，重要的参考文献可单独复印书皮、目录，关联文章全文附后，此处就不一一单独列出了。

辩护词是辩护律师对其所代理案件的最深入细致的研究和思考，能够在一定程度上体现律师的专业水平。然而，就像辩护词需要不断打磨改善一样，辩护词的写作方法也是需要不断探索提高的。田文昌老师说过："当一个律师将自己的辩护词与代理词公之于众的时候，他必须有勇气迎接众多的批评与挑战，进而在批评中检讨和提高自己，以求得不断进步。"也是秉持着这种学习的态度，与大家分享上述笔者对辩护词写作方法的心得体会，也期待在大家的批评中提高自己。

第 13 讲

辩护词形成与表达需要解决的三个问题

◇奚 玮[*]

就如同世上没有完全相同的两片树叶，世上也没有完全相同的两个案件。于刑事辩护而言，因案件不同，犯罪嫌疑人、被告人不同，每个案件的辩护词都会迥然相异。即便相同的案件、相同的犯罪嫌疑人或被告人，也会因刑辩律师的风格差异，而产生不同的辩护词。正因如此，撰写辩护词始终都是一项有新鲜感的工作，一项无法复制的工作，一项充满了挑战的工作。一份具有说服力的辩护词，应当建立在对案情的全面研判和辩点的准确预判上，如何做到这一点，笔者以为可通过辩护词形成的背后逻辑，寻找一些不变的踪迹，在下笔之前，不妨问自己在以下三个问题上有没有想明白：一是研究控方，解决辩什么的问题。这个案件要辩什么，哪些是核心和重点，必须要充分论述，哪些是共识，可以点到即止，哪些枝节，可以一带而过，甚至忽略不计。二是厘清思路，解决怎么辩的问题。对于核心辩点、重要观点如何条理清晰地展开，如何谋篇布局、层层递进、全面严谨地说理分析，除指控意见外，犯罪嫌疑人、被告人是否还有其他潜在的不利因素，若案件审理中，控方调整指控策略，或法庭释明有新的争议焦点，有无相应的辩护预案跟进。三是注意形式，解决辩的效果问题。在说服方式、表达形式、诉讼策略等方面，要留意哪些细节，使辩护意见能引起法官或检察官的重视。就这些问题，笔者将自己的一些感悟和体会，与大家分享交流并期指正。

一、研究控方，解决辩什么的问题

《刑事诉讼法》第 37 条规定，辩护人的责任是根据事实和法律，提出犯

---

[*] 奚玮，安徽师范大学法学院教授、博士生导师；安徽省法学会律师法学研究会会长，安徽省律协刑事法律专业委员会副主任。

罪嫌疑人、被告人无罪、罪轻或者减轻、免除其刑事责任的材料和意见，维护犯罪嫌疑人、被告人的诉讼权利和其他合法权益。

提出犯罪嫌疑人、被告人无罪、罪轻或者减轻、免除其刑事责任的材料和意见，其前提是控方已经有指控的可能（根据侦查或调查机关起诉意见书可能作出起诉决定）或形成明确的指控意见（已送达起诉书及量刑建议），从这个意义上说，无指控即无辩护。随着认罪认罚从宽制度全面、有力推行，当下刑事辩护的重心已经前移，审查起诉阶段的辩护意见与审判阶段的辩护意见具有同等重要性。在此情形下，为了搞清楚要辩什么，就先要对控方（包括侦查机关、调查机关）的指控进行全方位研判，以控方的视角审视案件全貌，从而深度地揣摩和理解控方意见的形成过程，这将有助于找到最佳的辩点。

就控方而言，其遵循的思维过程如下：首先，认定案件事实，即建立证明案件事实的证据体系；其次，判断该事实的法律适用；最后，对犯罪嫌疑人、被告人的量刑情节作出认定。如果控方审查认定较为客观公正、严谨周密，那么留给辩方的空间将非常有限，反之则会有较大的辩护空间。沿着控方的思维过程，排查其存在的疏漏，方可发现辩的重点是什么，无关大局的枝节是什么，从而突出重点，避免平均用力。为了搞清楚控方的指控，我们需要做好以下六件事。

（一）研判控方的证据体系，排查有无漏洞

对犯罪事实的证明是由单个证据组成的证据体系，不同的罪名，证据构成也不相同。如受贿罪的证据，包括证明被告人是特殊主体以及拥有相应职权的证据，为他人谋取利益的证据，收受他人财物的证据等；故意伤害罪的证据，包括证明被告人达到刑事责任年龄并具有刑事责任能力的证据，实施加害行为的证据，造成轻伤以上后果的证据，行为与结果存在因果关系的证据，排除违法阻却事由的证据等。凡此种种，不一而足。

研判控方证据体系的目的，在于总体把握与犯罪构成要件相关的事实是否都有证据证明，即从宏观上看证据体系有无漏洞，从而判明证据方面的辩护重点。如仅在个别非关键证据上用力，即便异议成立，也难以撼动控方的证据体系。如笔者办理的一起开设赌场案，被告人被控为他人开设赌场提供大量的赌客信息，控方的证据体系是：赌博网站推广的客服证实，老板提供了大量电话号码让他们拨打；老板证实事先与被告人有过商量，被告人同意向其出售赌客数据；黑客证实，他从某公司获取了赌客数据并提供给被告人，被告人给他支付过报酬；资金流水证明，赌博网站老板向被告人指定的账户有多次转账，接受资金方证实是帮助被告人代收的；被告人表示认罪认罚。此案的证据体系看似已形成且被告人表示认罪认罚，但笔者仔细分析后却发现，本案核心证据——赌客数据却自始至终没有出现，它从何处来，如何在相关人员中流转，推广网站最终使用的数据与被告人提供的数据是否相同，证明处于空白状态。据此，笔者根据认罪认罚不降低证明标准的规定，对本案证据体系提出疑问，认为存在严重缺失。

对证据体系的研判，既要识别单个证据的证据能力和证明力，更要侧重于考察单个证据对证据体系的影响，以及现有单个证据的组合能否形成完整的证据体系，从宏观的视角进行评估，从而找出有价值的辩点。

（二）研判控方的指控逻辑，排查能否自洽

控方对案件事实予以认定、法律适用的背后，都隐藏着一条逻辑脉络，解析背后的逻辑线索，可以帮助辩护人更好地确定辩护重点。对案件事实的认定，离不开证据，而从证据到案件事实，既有证据规则的运用，也有经验法则、逻辑法则贯穿其中，控方的推理演绎过程是否严谨，对犯罪嫌疑人、被告人的辩解不予采信的理由是否充分，指控逻辑有无漏洞和不能自洽之处，都应当细加斟酌。如一起涉恶案件，被告人被控犯强迫交易罪，该事实在20年前已被立案侦查，其中有两名被强迫交易的对象提供过证言，20年后重新侦查又向该2名证人取证，新近的询问笔录反映，这两名证人称自己不认字，笔录校对是通过侦查人员宣读方式完成的，但20年前的询问笔录却显示是该2人阅读后签名确认，这一矛盾表明，要么当年的询问笔录可能不真实，要么20年后的回忆可能不准确，因此，控方所认定的具体事实真实性存疑。

法律适用遵循三段论推理，但是，实务中也有可能出错，法律大前提的选择、法律概念的界定、将案件事实涵摄于法律概念之下的过程，都有可能出错。① 辩护人需要对该过程进行全方位的思考分析，既要揣摩控方思维过程，更要善于发现推理过程中的问题或硬伤，由此可提出有力的质疑观点，如笔者办理的一起寻衅滋事案，控方指控被告人为泄私愤，在幕后指使他人围堵某公司营业场所大门，造成公共场所秩序严重混乱，故构成寻衅滋事罪，然而该案并未追诉实施堵门的一众人员，包括邀集者、组织者。辩护人按控方的思路，推导出被告人是教唆犯，具体堵门的人员应为实行犯，继而提出在实行犯无一追诉的情形下，追究教唆犯的刑事责任无法律依据。利用控方法律适用上的逻辑漏洞进行质疑，既可令控方难以自圆其说，也可收到事半功倍之效。

（三）研判控方对从宽情节的认定，排查有无遗漏

在构成犯罪的前提下，如何判处刑罚是每个被告人的关切所在。根据《人民检察院刑事诉讼规则》第364条的规定，人民检察院提起公诉的案件，可以向人民法院提出量刑建议。第275条规定，犯罪嫌疑人认罪认罚的，人民检察院应当就主刑、附加刑、是否适用缓刑等提出量刑建议。因此，研判控方量刑建议的依据，也是确定辩什么的重要内容。根据最高人民法院、最高人民检察院《关于常见犯罪的量刑指导意见（试行）》，量刑分为三个步骤，即根据基本犯罪构成事实确定起点刑，根据其他影响犯罪构成的事实确定基准刑，根据量刑情节再调节基准刑，最终得出宣告刑。因此，辩护人既要根据犯罪事实、性质、情节、危害后果等因素去判断起点刑以及增加刑罚量的基准刑确定是否依据充分，也要判断影响基准刑调节的从宽情节有无遗漏，是否存在争议等，对于控辩双方已有共识的从宽情节，点到即止，对于控方未认定且有争议的部分，应作为辩护重点。如笔者辩护的一起虚开增值税发票案，一审阶段检察机关只认定被告人具有自首情节，而没有认定其从犯情节，被告人虽表示自愿认罪认罚，但对未认定从犯的量刑建议难以接受，故没有签署具结书。进入审判阶段后，一审法院采纳辩护意见认定了被告人的从犯情节，但因其未签署具结书而不适用认罪认罚从宽，所以没有给予更大的量刑优惠。这里涉及量刑上一个重要的辩点和一个可能有争议的辩点。

---

① 参见虞伟华：《裁判如何形成》，中国法制出版社2017年版，第50页。

重要辩点是，如果被告人有两个以上减轻处罚情节，可以突破在法定量刑幅度的下一个量刑幅度内判处刑罚的限制；可能有争议的辩点是，控辩双方对量刑情节如出现认识分歧，而法院审理中采纳辩方意见，此时还能不能因为没有签署具结书而不适用认罪认罚从宽。一审判决未能解决这些问题，辩护人的上诉建议得到被告人的认可。

（四）研判程序事实，排查有无违法

凡是以刑事诉讼程序为依据所提出的主张和申请，都可以归入程序性辩护的范畴，根据所追求的辩护目标不同，程序性辩护又有广义和狭义之分。广义的程序性辩护，是指通过提出程序性申请来维护委托人诉讼利益的辩护活动，如申请回避；狭义的程序性辩护，是指通过指控侦查机关、检察机关或者法院存在违反法律程序的行为，要求法院将某一诉讼行为或者诉讼决定宣告无效的辩护活动。[1] 狭义的程序性辩护由于进攻性极强，辩护效果往往两极分化，但不可否认，该程序性辩护对维护犯罪嫌疑人、被告人的合法权益，监督办案机关依法办案，保障诉讼程序的正当性有着积极意义。因此，研判程序事实，排查是否存在违法情形，并根据违法性质与程度，提出相应的辩护意见，也是辩护人的职责。

（五）研判涉案财物的处理建议，排查有无不当

最高人民法院《关于适用〈中华人民共和国刑事诉讼法〉的解释》第279条规定，法庭审理过程中，应当对查封、扣押、冻结的财物及其孳息的权属、来源，是否属于违法所得或者依法应当追缴的其他涉案财物等情况进行调查，由公诉人说明情况、出示证据、提出处理建议，并听取被告人、辩护人等诉讼参与人的意见。因此，辩护人对控方就涉案财物提出的处理建议发表意见，也可归入新的辩护内容，即依法维护被告人合法的财产权利。由于该项诉讼制度建立时间不长，所以关注程度还有待提升。笔者以为，在涉案财物的辩护准备上，应当向委托人全面核对涉案财物的查封、扣押、冻结措施情况，了解法律手续之外有无财物被限制，特别是到案后随身物品的处置情况；预测控方对涉案财物可能提出的处理建议，并对与此相关的证据和

---

[1] 参见陈瑞华：《刑事诉讼法》，北京大学出版社2021年版，第265~266页。

法律依据进行梳理，以分析控方建议是否准确恰当。对于控方没有提出或有所遗漏的，辩护人可申请法庭要求公诉人释明，在公诉机关提出建议前，不宜主动表达辩护观点。

（六）研判辩解意见，排查对辩护的影响

刑事辩护的目的是维护犯罪嫌疑人、被告人的合法权益，犯罪嫌疑人、被告人本人对指控意见的态度，也影响和决定着律师的辩护方向。"被告人是最好的律师助手"①。中华全国律师协会《律师办理刑事案件规范》提出，律师担任辩护人，应当依法独立履行辩护职责。笔者以为，独立的辩护职责并非不考虑犯罪嫌疑人、被告人的真实意愿，尤其是他们在律师的辅导下，已经知晓法律规定以及可能面临的处罚结果后，所表达的意愿应当得到尊重。因此，在确定辩什么的问题上，要注意以下几点：首先，要避免辩护方向与犯罪嫌疑人、被告人诉求在诉讼利益指向上有根本冲突，如被告人坚持作无罪辩护，辩护人即便认为该无罪辩解难以成立，也应当尽可能地提供帮助，同时释明为最大限度地维护其利益，可采取从无罪到有罪的梯度辩护，以保持辩护方向的一致；对于利益权衡后选择认罪认罚的犯罪嫌疑人、被告人，如果辩护人从专业角度判断，认为证据未达到确实充分的证明标准，或者在罪与非罪上还存在争议，可在与犯罪嫌疑人、被告人充分沟通后，发表对其更有利的辩护意见。其次，在事实认定上，辩护人虽然不可能替代犯罪嫌疑人、被告人对案件事实问题作出回答，但并不意味着没有工作可做。实务中，事实证据之辩往往是辩护的重点，在此方面，听取意见、充分沟通，尤为必要。若犯罪嫌疑人、被告人对指控事实持有异议的，应当充分听取其理由陈述，如笔者辩护的一起非法拘禁案，被告人始终辩解自己没有实施拘禁他人的行为，并提出控方指控与他共同实施的另一人当时正在服刑。根据这一线索，辩护人仔细核对在案证据后认为辩解属实，据此提出了有力的反驳意见。实务中，也不排除犯罪嫌疑人、被告人对事实有异议，但却提不出理由、证据的情形，辩护人可告知控方指控的证据，这样对确有问题的案件，可帮助当事人回忆并辨别这些证据有无疑问，进而为辩护人进一步核实证据提供线

---

① 陈瑞华：《被告人是最好的律师助手》，载《中国律师》2018 年第 7 期。

索指向；对于试图抵赖的，也可以打消侥幸心理，从而回到有效辩护的轨道上。犯罪嫌疑人、被告人即便对指控事实不持异议的，若辩护人通过阅卷发现疑点，也应当询问核对。如笔者辩护的一起开设赌场案（被控实施网络赌球），被告人对指控的事实并无异议，但辩护人通过阅卷发现，被告人的赌球盘口并无设置下级账号的功能，且后期并没有真正在赌博网站上下注，而是利用赌球网站发布的赔率，与其所邀集的赌球人员进行对赌。对于这些可能影响案件定性的事实问题，辩护人反复与被告人进行了核实，据此对指控事实提出异议。通过与犯罪嫌疑人、被告人反复核实，可以帮助辩护人更好地发现事实疑点，并提出有效的质疑。最后，对于常见影响量刑情节的事实，也应与犯罪嫌疑人、被告人核实确认，如到案经过、有无检举揭发等；对于一些酌定情节，如家庭情况、品格证据以及经济类犯罪中退赃退赔、经营活动等案卷材料可能不反映或不全面反映的事实，也应了解，以研判有无提出从宽处理的事实依据。

只有通过充分听取犯罪嫌疑人、被告人的意见，并与阅卷核实证据的情况相结合，方可清晰地识别案件需要辩护的重点，同时可保证辩护人的辩护与被告人的自行辩护不出现根本性的冲突。

二、厘清思路，解决怎么辩的问题

明确了辩什么之后，就要解决怎么辩的问题。因为案件不同、辩护对象不同、控方工作的细致程度不同，辩护的内容、辩护的展开、辩护的空间也不相同。虽然辩护意见因案而异、因人而异、因时而异，但其基础的思维仍有共通之处，笔者以为，良好的有效辩护，应具备以下思维元素。

（一）全面辩护思维

刑事辩护的全面思维，体现在三个方面，即辩护阶段的全面性、辩护内容的全面性、辩护观点的全面性。

就辩护阶段而言，刑事辩护已实现侦查、起诉、审判的全覆盖，认罪认罚从宽制度的确立以及人民检察院量刑建议工作的不断拓展，已使审查起诉阶段的辩护与审判阶段的辩护具有同等重要性，辩护意见的表达并非走过场，也非向控方泄露底牌，审前辩护意见如观点成立、说理充分，会影响诉讼进度或为当事人争取到有利的处理结果。如笔者办理的一起敲诈勒索案，在侦查阶段接受委托后，虽无法查阅案卷材料，无法知悉侦查机关收集的证据，但通过会见犯罪嫌疑人，仔细向其了解案发经过和基本案情，可以对能否认定其具有非法占有目的产生怀疑，在此基础上，进行了法律适用的专业分析意见，审查逮捕期间提交检察院并受到重视，最终作出不批捕决定。案件移送起诉后，又及时复制案卷材料，进一步研究全案的证据情况，感到委托人的辩解与在案证据相印证。本起敲诈勒索案实际是普通公民因介绍工程给好处费引起，由于被害人反悔，犯罪嫌疑人采取了过激的索要行为，基于此，在审查起诉阶段笔者提出犯罪嫌疑人无非法占有目的，其行为不构成敲诈勒索罪的辩护意见，此案最终作存疑不起诉处理，在审查起诉阶段终结。该案获评"2021年度十大无罪辩护案例"。

就辩护内容而言，当下的刑事辩护已涵盖了证据之辩、事实之辩、法律之辩、量刑之辩、程序之辩和财产之辩，虽然不是每个案件都会全面涉及，但在辩护思维上不能有所遗漏。实务中，对传统的辩护内容基本都不会忽视，而对程序和涉案财物或多或少存在关注不足。程序和涉案财物之辩，同样有不可或缺的作用。如一起单位合同诈骗案，笔者在二审阶段接受委托，通过查阅案卷，发现是检察机关追加认定单位犯罪的，根据《人民检察院刑事诉讼规则》第356条的规定，人民检察院在办理公安机关移送审查起诉的案件中，发现遗漏罪行或者有依法应当移送审查起诉的同案犯罪嫌疑人未移送起诉的，应当要求公安机关补充侦查或者补充移送起诉。对于犯罪事实清楚，证据确实、充分的，也可以直接提起公诉。由于该案二次退回补充侦查，故可推断不属案件事实清楚，证据确实、充分，故追诉单位犯罪的程序不明，同时辩护人了解到该单位已进入破产程序，而破产管理人并不清楚该单位刑事涉诉。这一程序问题提出后，二审法院将案件发回重审，为辩护人对合同诈骗罪的辩护赢得了时间，同时破产管理人作为单位的诉讼代理人参加诉讼，也促进了辩护合力的形成。又如笔者辩护的一起非法采矿案，控方指控非法采矿数额达8000余万元，涉及被告人的重大财产利益，为此，辩护人从在案证据入手，从合法采矿与非法采矿数额未作区分、其他合法收入未作扣减等方面对证据提出疑问，经重新鉴定后，法院判决认定数额降至2243万元。

就辩护观点而言，笔者基本遵循四步判断法：一是判断证据是否确实、充分，对被告人有利的在案证据有无遗漏；二是判断证据体系是否形成，依在案证据能否建构与控方不同的案件事实；三是案件定性是否准确，在罪与非罪、重罪与轻罪之间有无争议；四是从宽处罚情节有无遗漏，是否还有争议，程序问题、财产问题有无需要关注的内容。由此完整列明辩护观点，可确保不遗漏，也可确保有利于被告人的观点可以梯度排列，形成可以退而求其次的不同观点的排列。如笔者辩护的一起套路贷诈骗、敲诈勒索案，被告人是某集团公司财务部下设车贷部负责人，而集团公司旗下又有车贷总公司，该总公司在各地设有40多家分公司，实施套路贷犯罪的只是其中一家地方分公司。起诉书指控被告人是车贷总公司财务负责人，其明知这家地方分公司从事套路贷犯罪，但仍为其提供资金结算等方面的帮助，故构成共同犯罪。在全面研究案情和证据后，笔者即遵循前述判断步骤，将辩护观点逐项呈现：首先，对起诉书指控的被告人任职单位提出疑问，认为被告人的实际劳动关系证明其并非车贷总公司员工；其次，就控方的证据体系提出疑问，认为在案证据没有显示被告人的岗位职责，没有显示被告人的履职内容，无法建立其从事的财务工作与分公司套路贷犯罪的联系，也无法认定其有何具体的帮助行为；再次，就其主观故意的认定提出疑问，认为车贷总公司在各地设有40多家分公司，现只有一地因套路贷犯罪被查处，即便被告人财务工作与地方分公司有联系，也无法知道该分公司从事犯罪活动；最后，即便认定被告人有帮助行为、主观有所知情，但被告人也是履行职责，属于中立的帮助行为，从刑法理论看，中立的帮助行为不具有可罚性。这种逐层推进的论证方法，基本可以保证辩护观点不会遗漏，一些退而求其次的辩护技巧，也可梯度展示。

（二）重点辩护思维

全面辩护思维旨在提示不要遗漏辩护内容，而重点辩护思维则在于强调辩护要有针对性。要针对控方的指控，防止自说自话；要针对案件争议焦点，既要防止自己偏离主题，也要防止受控方的影响。

辩护要针对指控。前文提到确定辩什么的时候，要研判控方的证据体系和指控逻辑，寻找其中的疏漏和矛盾，进而提出有效的反驳意见。对于控方的指控，并非无一例外地全部都要反驳，事实上案件经过侦查（调查）终结、审查起诉，已经有了两个机关的把握，全部错的概率并不大，因此，对于控方已经作出较为客观、公正的认定部分，可作为共识，这既展示了辩方理性的态度，也铺垫了双方对抗的平台。辩护人要精心准备的，就是控方立论的差误之处。如笔者辩护的一起受贿案，控方指控被告人是某国有参股单位副经理，其利用职务便利为请托人谋取利益并非法收受财物，行为已构成受贿罪。然而，辩护人在仔细研究案卷证据后发现，被告人所在单位虽有国有股成分，但并非纯正的国有公司，被告人也非受国家机关和国有公司委派，而是由该单位总经理聘任，在主体身份上并不能认定为国家工作人员。再考察其为请托人谋取利益的职务行为，发现被告人只是告知单位领导有一个交易信息，最终是单位领导集体研究后决定实施，被告人是该次会议的列席人员，并无发表意见和表决的权力。据此，辩护人围绕主体身份、职务便利以及其他问题进行了充分的论证，构成对指控的有效反驳。此外，控方遗漏或未认定的从宽情节，往往也是辩护的重点。如笔者办理的一起破坏公用电信设施案，一审法院没有对"到案经过"记载内容的客观性、全面性认真审查，没有认定被告人具有自首情节。二审阶段接受委托后，辩护人通过仔细与被告人核实到案情况，发现卷内"到案经过"部分记载内容不全面，导致法院理解错误，故申请相关证人出庭以查明该事实，最终认定自首，改判被告人缓刑。

辩护要针对焦点。始终要明确逻辑主线在哪里，并对可能干扰和影响这一判断的因素加以排除，使法庭围绕焦点推进审理。如笔者辩护的一起非法吸收公众存款案，检察机关指控，被告人以其经营的信息咨询服务公司提供投资理财、民间借贷咨询等服务为由，从事民间放贷业务，在有闲散资金的人员与需要用款者之间牵线搭桥，促使双方签订借款担保合同，约定借款利息及还款期限。合同签订后，出借人将钱款经被告人账户转给用款人，被告人按借款金额的1%～3%收取服务费，控方据此认为被告人的行为系变相非法吸收公众存款的行为。研判控方的指控逻辑后，辩护人发现，之所以认定被告人行为是变相吸收公众存款而非典型的非法吸收公众存款，是因为被告人并没有将存款汇集并自己管理，然后对外放贷，所以不是典型的非法吸收公众存款行为。之所以认定为非法吸收公众存款性质，是因为其面向社会不特定多数人推介并从中谋取利差，故也是扰乱金融秩序的行为。笔者并没有沿着控方的思路去反驳，而是从非法吸收公众存款罪的核心，即有无"资金池"入手展开论述，提出被告人为借款人和出借人牵线搭桥，提供中介服务，其本人不是借款合同的签订主体，也没有向出借人出具借条，整个借款和还款流程中没有形成"资金池"，没有收取利息或赚取利差，只收取中介费（服务费），被告人作为中介不具有向出借人还本付息的义务，因此其行为不构成非法吸收公众存款罪。这种论述，表面看似乎是控辩双方各自表达，但实质上却是紧紧抓住案件的争议焦点，也就是抓住非法吸收公众罪存在的核心，即有无"资金池"进行观点阐述。该案一审开庭审理后公诉机关撤回起诉，最终作出不起诉决定。

（三）客观辩护思维

从诉讼结构设计来看，辩护人的角色并不中立，其天然地要偏向犯罪嫌疑人、被告人，在诉讼中维护他们的合法权益。但是，角色不中立不意味着视角不客观，辩护是根据法律和事实而展开的，脱离了这个基础，辩护便没有了根基，更不可能有说服力。客观辩护思维，在实践中主要体现在事理论证要客观和提出疑问要客观两方面。

1. 事理论证要客观

辩护人既要重视对犯罪嫌疑人、被告人有利的事实，也不能忽视乃至忽略对其不利的事实，只有客观看待、理性评析，辩护意见才具有说服力，才能引起说服对象的重视。如笔者辩护的一起拒不执行判决、裁定案，被告人因从事房产开发、资金困难而大量举债，后不能归还被多名债权人诉至法院并被判令偿还债务，在民事诉讼期间，被告人开发的一栋房产（尚未取得预售许可）被法院查封，而该栋房产中有部分门面房已在法院查封前已抵债给其他债权人。法院查封房产后，因抵债受让房产的债权人提出要将房产转让，被告人于是提供协助，以其公司名义将已经抵债的房产售卖给他人，所得价款均直接支付给债权人，同时将售房时间提前到法院查封房产前。控方认定，被告人伪造售房时间，转移被执行财产，严重妨害人民法院的执行活动，其行为构成拒不执行判决、裁定罪。在事理分析过程中，辩护人没有回避被告人伪造售房时间的不利事实，而是客观看待，全面评析，提出该事实有几个重要的细节：第一，案涉房产在法院查封前已经抵债给他人；第二，是接受抵债的债权人将房产转让，本案被告人只是提供协助，这一过程没有转移公司财产，也没有虚构公司债务，实际后果只是将公司债权人由原来的甲变成了后来的乙；第三，案涉房产未取得预售许可，客观上不可能产生物权变动的后果。基于以上三点，我们指出即便被告人有伪造、倒签售房日期的行为，也不会严重妨害人民法院的执行活动。通过对事理客观评析，更容易令说服对象重视和接受。

2. 提出疑问要客观

刑事辩护中，对控方主张的事实，辩方提出疑问是常见现象，但质疑要有依据，或基于在案证据，或基于对证据的综合审查判断，或基于常理常情，而不能基于主观臆断和凭空猜测。质疑的依据越充分，说服力越强，否则就毫无意义。例如笔者辩护的一起多罪名多事实涉恶案件，案卷材料中有上百份辨认笔录，经仔细核查发现，辨认笔录的见证人有两个姓名频繁出现，此时辩护人高度怀疑该两人与办案机关可能有某种密切的关系，基于此现象，辩护人已可以对该部分辨认笔录的证据能力提出疑问，但辩护人仍往前做了一步工作，即以该两人姓名和办案机关名称为关键词，在网上进行检索，果不其然，某办案单位辅警录用名单出现了相同姓名者，据此，辩护人提出了疑问，并申请将该部分不具有证据能力的证据予以排除。同样，该案证据中发现有两名证人在2021年接受询问时称自己不识字，是侦查人员宣读笔录内容的，但该两名证人却在多年前的询问笔录里留有校对笔录的签名，该依据可构成对证人证言真实性、合法性的有效质疑。

（四）严谨辩护思维

在笔者看来，凡是不能说服自己的观点，就不要去试图用之去说服别人。为实现论证效果，笔者采取的方式是先研判控方的观点，尝试以控方的角度分析论证，看看能不能严谨地推导出结果并说服自己，如果可以，那么就不作为辩点。如果感到论证过程存在障碍，或者有无法透彻说理的地方，那么将会成为辩护的重点，也是后续过程中需要严谨论证的问题，这样既可形成对控方的有力反驳，也使法庭能准确地判断审理的重点。

如笔者辩护的一起挪用资金案，被告人从事建设施工业务，挂靠某建筑公司并被该公司聘为某地分公司副总经理。被告人因施工中资金周转困难以及个人需要偿还其他债务，于是向他人借款，出借人表示借给个人不放心，如果以单位名义则可以出借。被告人遂以单位名义借款400余万元，款项进入分公司账户后即被其转走。因被告人未到期偿还该笔借款，债权人以某建筑公司和分公司为被告提出民事诉讼，法院判令某建筑公司归还该借款。某建筑公司报案，案发。笔者接受委托后认真研究了控方的指控逻辑，推演控方的思路是：被告人虽与某建筑公司没有劳动合同关系，但挂靠于该建筑公司并被聘为某地分公司副总经理，其能够使用单位名义对外借款表明有相应的职权，故不能从形式上判断，而应当从实质上判断。该借款是以单位名义借取，故应归单位使用；法院最终判令某建筑公司偿还该笔借款也说明单位资金使用受到实际侵害。鉴于被告人有职务便利、有挪用行为，且将个人债务转嫁给公司，故侵害了公司资金使用权，构成挪用公款罪。这一论证过程有三个障碍没有解决：第一，挪用资金罪主体中的"本单位工作人员"究竟能不能扩大解释，从实质上判断究竟有无依据；第二，挪用资金罪的犯罪对象是本单位资金，某建筑公司并没有借款的意思，在名为单位、实为个人借款的情况下，还能不能认定单位资金使用权受到侵害；第三，民事诉讼判令某建筑公司承担还款责任，是否必然就要动用刑法惩戒被告人的借款行为。围绕这三个控方难以充分论证的问题，辩护人提出以下辩护意见：首先，从形式判断和实质判断两个层面论证被告人不是该单位工作人员，其中在实质判断方面提出，被告人与某建筑公司是挂靠关系，被告人与某建筑公司之间是平等的民事主体关系，而不具有管理上的隶属关系，以此对控方可能提出的实质判断基础提出反驳。其次，论证被告人所借资金不是单位资金，该资金虽然在分公司账户上有过走账，但有证据证明借贷双方都知道是被告人个人的借款，被告人除转出该笔资金外，并没有转出分公司的其他资金，在其认知范围内，该资金是其个人借款，而不是公司借款，其主观上不具有挪用资金的故意。最后，论证民事判决由某建筑公司承担归还责任不能影响被告人的刑事责任，挪用资金罪主要考察挪用时有无侵害单位资金使用权的主观故意及客观行为，事后的民事判决不能倒推承担刑事责任的依据，同时刑法的谦抑性原则表明，能够通过民事途径有效解决的争议不能轻易升格为刑事犯罪。该辩护意见最终被法院采纳，并对被告人涉该部分事实作出无罪判决。

三、注意形式，解决辩的效果问题

详尽的辩护内容和清晰的辩护思路虽然是辩护工作中极其重要的组成部分，但要想真正实现有效辩护，还必须重视辩的形式问题，即要关注何种形式才能使辩护意见更能被司法办案人员接受，如何最大化辩护效果，这具体要从辩护内容的展现形态、辩护行动的呈现样态、辩护工作的实施模态以及认罪认罚案件的特殊辩护模式等方面对辩护形式进行立体化建构。

（一）辩护内容的展现形态

为了将辩护内容恰当地展示出来，我们要关注以下三点。

1. 辩护材料形式的规范性

喜欢"漂亮"的东西是人类的天性，这一点在司法实践中也不例外。同样的辩护工作，如果其辩护材料内容是以随意堆砌的方式、格式或者是以难以舒适阅读的方式展现，那会给司法办案人员带来较为负面甚至不可信的第一印象，进而使辩护效果大打折扣。为此，应当从格式美观合理、用语规范简练等方面对所提交的辩护材料进行严格规范。

在格式美观合理方面，对于所提交的辩护材料，应为其装订单独的封面，并在封面上写明材料的标题、犯罪嫌疑人（被告人）姓名和所涉罪名、辩护人姓名、联系方式、联系地址和律所名称，同时注明提交的时间，并在全部页面的右上角附上律所的标识。对于字体的大小和格式而言，可参照法学核心期刊的模式进行设置。对文中引用的证据内容，如犯罪嫌疑人、被告人的供述与辩解等，则需要以区别于正文中其他字体格式的方式呈现，并注明出处。对于需要强调的观点和语句，可用局部加粗或加下划线的方式进行提示。这样，可以大大提高司法办案人员提炼辩护重点的效率和阅读的便利度，并会给其营造一种较为正规和可信的观感。在用语规范方面，要注意以下两点：首先，标题的主旨要明确，即不能仅注明"法律意见书"等字样，而是要根据目的写明系何种法律意见书，如明确为"不予批准逮捕申请书"等。其次，行文中避免出现推断性说辞，如"据悉""据说"等，也不能使用过于口语化的表述，要尽量用规范的语言和法言法语来表述观点。最后，要言简意赅、避免重复，减少修饰性词语以及与辩护主旨关联较弱的内容，避免冲淡欲表达的核心辩护观点，以呈现"骨感"和"质地"。

2. 辩护材料结构的合理性

合理的论述结构不仅便于司法办案人员阅读，而且可以使辩护观点得到充分、明晰地展现，还能提升自身的可信度，最大限度地影响司法办案人员的判断。整体来讲，辩护材料结构的建构应遵循以下几点要求：第一，结论先行。即在文章正文开头和每个论述点段落的标题处，均开门见山地表明要述及问题的结论，使司法办案人员能够迅速了解论述内容的要领并带着释疑的兴趣阅读，避免其忽略辩护的重点甚至失去阅读的耐心。第二，要分类论述，层次清晰。即辩护意见中相同的问题要放在同一个段落（群）内进行集中分析论证，不能前后重复阐释，对具体的辩护理由也要归纳提炼成一系列小观点，然后再展开论述，让阅读者一目了然。具体结构编排上，可根据指控罪名的不同进行分别辩护，同时区分定罪之辩、自由刑之辩以及财产刑之辩等不同的辩护类型，并根据每种类型的特点区别阐释，避免出现眉毛胡子一把抓的乱象。第三，要依据一定的逻辑进行论证。即说理时应使各理由形成闭环、环环相扣、相互印证，不能相互脱节、支离破碎，以此形成层层递进的增量效应。具体而言，根据案件自身的情况，可先对指控的罪名及罪行的严重程度从法律规定、法理要求以及政策需求上是否成立进行剖析，如认为满足其他罪名或量刑幅度的，再按照上述逻辑阐述相应的理由。随后，列举能够证明自身观点以及指控的罪名不能成立的证据，以从证据和事实角度支撑自身的观点。之后结合犯罪嫌疑人、被告人自身、家庭以及其他方面的实际情况和困难，动之以情地对相关的量刑情节进行说明。此外，要广泛收集有利的司法判例，并将之作为辩护材料的附件提交。

此外，对于多罪名、多事实的案件和疑难复杂的案件，由于分析论证需要较长的篇幅，为让司法办案人员能够快速了解核心辩护观点，应当制作辩护意见的目录，让每个罪名、每起事实的主要观点在目录中扼要呈现，且在必要时借鉴诉讼可视化的思路，以图表的形式对案情发展的脉络和证据体系进行呈现。对于部分作无罪辩护的案件，在论述不构成犯罪的理由之后，可同时作退一步的量刑辩护，使辩护材料的涵盖面更加全面。

3. 辩护材料内容的明晰性

具体来看，辩护材料需要从以下几个方面增强内容的明晰度：第一，言辞表达，平和理性。在没有证据支撑、法律规定或案例佐证的情况下，辩护材料中不要发表主观性过强的观点，作为专业法律人员的检察官和法官，不仅不会采纳这些观点，反而会对辩护材料整体产生怀疑和不信任感，导致适得其反。对于有支撑依据的观点，也不宜措辞过激，因辩护的生命在于说服，而说服力源于理由的充分而非语态的强烈。事实上，平和理性的表达方式反而更容易让人接受。当然，因侦查阶段辩护人无法阅卷，故所提辩护意见基本均建立在缺少确凿证据的基础之上，这时需注明辩护信息的具体来源，并尽量避免对事实性问题做过于绝对的表述。第二，观点明确，论据充分。要旗帜鲜明地表明辩护观点，不能闪烁其词，不要让检察官、法官从辩护材料中总结辩护观点，同时，每一个辩护观点都要有充分的依据支撑，既要有事实方面的依据，也要有法律或法理方面的依据，给司法办案人员留下讲事实、讲证据的客观印象。第三，适时总结，突出重点。注重对庭审调查、举证质证等各方面的内容和发表的意见进行归纳总结，并抓住能够影响定性和量刑的关键性问题，集中力量进行分析，说深说透，力求重点突出，无须面面俱到。第四，情感表达，自然适度。辩护人在发表辩护意见时可以有情感表达，以此增加辩护意见的感染力。但情感表达不能泛滥，其出发点和归宿仍要落在事实和法律之上，不能用情感辩护取代事实辩护和法律辩护，即在紧紧围绕事实、证据和法律进行分析论证时，辅以适度的情感表达即可，这样才能起到画龙点睛的效果。

（二）辩护行动的呈现样态

为犯罪嫌疑人、被告人争取从轻、减轻或者免予刑事处罚是辩护工作的核心内容，辩护人也要以此为绝对的重心，但这仅是犯罪嫌疑人、被告人视角下辩护工作的功能，要想真正实现辩护的有效性，辩护人还必须学会从司法办案人员的角度实施辩护，即以追求司法公正为共同目标，以配合、协助的方式向司法办案人员提供翔实、有据的辩护材料，便利其全面了解案件情况，作出正确法律决定。这既能赢得司法办案人员的好感和尊重，也会使可信可靠的意见更容易被接受。

为了将辩护行动恰当地展示出来，我们要着力做好以下几件事。

1. 提供全面的参考依据

辩护工作中，辩护人除了向司法办案人员提供法律依据外，还应多方查找其他不属于法律渊源的文件和观点来支撑辩护观点。具体而言，首先是政策性规定和官方会议文件等，在我国的实际情况下，其往往也能在一定程度上对司法实践活动产生影响，对于这些重要文件，辩护人在辩护工作中均应积极地收集利用。此外，对于最高立法机关和最高司法机关中权威人士的观点和学界认同度较高的学理观点，如相关的文章、会议讲话和答记者问等，在缺乏明确法律规定或者规定存在冲突争议的情况下，辩护人也须积极查找并用之佐证自身观点。同时，对于新类型的案件、在法律适用上难以确定的案件以及有重大社会影响的案件，辩护人还可申请专家论证，即根据案件所涉及的法律场域，选择专业契合度高且影响力大的专家，请其在全面、客观了解案情和证据材料之后，出具有针对性、客观性的第三方论证意见，辩护人可将该专家论证意见与其他辩护材料一起递交给司法办案人员，借以通过该行动提高辩护意见被采纳的可能性。

2. 收集翔实的有利情节

司法实践中，犯罪嫌疑人、被告人或多或少都会存在一些从轻或减轻处罚的情节，但这类情节有时并未出现在控方提供的证据材料当中，甚至有时需要辩护人主动去"创造"，这就要求辩护人不能局限于在案的证据材料，还要积极开展多种形式的证据收集和"创造"活动。

此处所谓的"创造"活动，主要分为以下几种。

第一，要争取获得被害人的谅解。最高人民法院、最高人民检察院《关于常见犯罪的量刑指导意见》①对积极赔偿被害人经济损失并取得谅解的和与被害人达成刑事和解协议的情况，分别作了最高减少基准刑40%以及减少基准刑50%以上甚至是免除处罚的规定。而《刑事诉讼法》和对应的司法解释也均规定与被害人和解时可获得从宽处罚。事实上，法官在定罪量刑时非常关注被害人的态度和意见，如果被害方情绪激动，为了避免引发信访上访等事件，法官往往不敢对被告人从宽处罚，更不敢对其判处缓刑、免刑或者无罪。这时，律师需要积极充当调和的使者，协助被告人及其家属多方了解被害人的核心需求，通过退赔和道歉等方式做通被害方的工作并取得其谅解，以此为被告人"创造"有利的量刑情节。

第二，全面收集既存的从宽量刑情节。在部分案件中，被告人会存在一些酌定量刑情节，如系生活不能自理人的唯一扶养人、未成年人的唯一抚养人、自身存在严重疾病、现实表现一贯良好以及在重大活动中表现突出等，这些情节均需要辩护人通过深入问询被告人及其家属等来主动收集。

3. 检索充分的参考案例

虽然我国不是判例法国家，但为了提升司法的公信力，最高人民法院曾多次重申类案同判的精神，以此显示法律的稳定性，增强公民对法律结果的预期性。近年来，判例在我国刑事司法实践中的指导价值越发得到重视，2020年最高人民法院《关于统一法律适用加强类案检索的指导意见（试行）》的颁布，更是代表着参考案例制度在我国的正式建立，而这也为辩护行为开辟了一条重要的路径。当然，参考案例的选择不是盲目的，在检索筛选中应当将最高人民法院或最高人民检察院的指导性案例、人民法院案例库收录的指导性案例和参考案例作为首选，其次是《刑事审判参考》中的案例，再次是具体审理法院或该法院上级法院的相似案例，最后是其他法院已经生效的案例。对上述案例的运用，应从两个方面来展开：其一，正向利用。即直接利用裁判结果或裁判要旨为辩护结论作正向佐证。其二，反向利用。即利用参考案例的分析结论反向推理控方指控的不当。对于提交的参考案例的具体形式，笔者认为可采用表格罗列和文字说明相结合的方式，在表格中

---

① 该司法解释现已废止。

对各案例的出处或案号、罪名、从重和从宽情节、涉案数额以及退赃退赔等情况进行分门别类的梳理，同时在表格下方，再对上述案例的重点情节逐一归纳和描述，并说明所辩案件与参考案件的异同情况以及为何能够被作为参考，以此方便司法办案人员对参考案例进行全方位、多角度的了解，增加其采纳的可能性。

（三）辩护工作的实施模态

辩护工作的实施过程，既包含辩护文书的提交，还包含辩护人与司法办案人员的其他沟通。如果能充分把控辩护文书提交的方式和时机，掌握与司法办案人员沟通的模式和方法，辩护人就能更为灵活地采取有针对性的辩护策略，使辩护内容以一种被人们接受的方式呈现，以此赢得司法工作人员的理解、同情和尊重，并取得事半功倍的辩护效果。

为了恰当地实施辩护工作，我们主要应当做好以下几点。

1. 辩护工作的实施方式

辩护工作的实施，不仅指辩护人在法庭之上的口若悬河，还包含各个阶段内细节的操作。通常情况下，辩护意见由辩护人向办案人员传达，但在有些情形中，则最好由被告人的家属直接向办案人员陈述，如关于其家庭存在的困境和对犯罪嫌疑人的依赖程度等信息，其最终能否对被告人的量刑产生影响存在不确定性，如果让其家属亲自向办案人员声情并茂地予以说明，办案人员更可能会产生恻隐之心而基于情理作出较轻的处罚。此外，根据案件阶段和司法办案人员喜好的不同，辩护意见也不能仅以一种方式呈现，而应根据实际需要和有利于辩护效果的原则，适时采用书面提交、电话沟通和现场交流等各种方式，更加妥当地将观点呈现给司法办案人员。当然，无论采用何种方式，辩护人在开庭前都必须向法官提交一份翔实的书面辩护材料，防止法官对检察机关的意见先入为主，进而影响辩护的实际效果。

对于庭审之中的辩护形式，如果辩护人既能驳倒公诉人又能说服法官，且能让当事人及其亲友满意，使辩护兼顾形式外观和实质结果，这自然是我们所追求的，但现实总不会那么完美，庭审辩护时通常难以做到三者兼顾。此时辩护人需要明确，辩护的最终目的是说服法官接纳自己的观点，虽然辩赢公诉人或者让当事人及其亲友满意的外在感官很好，但因法官才是案件最终的裁判者，法官认同与否才是最核心的要素，故应将主要的精力聚焦在如何以有利于法官接受的形式展开辩护，这是一个负责任的辩护人应该持有的立场和态度。总体来说，辩护人在法庭上要客观，即尊重案件现有事实和证据，尊重审查证据和认定事实的基本方法和原则，正确、恰当地理解和解释法律，这样才更能获得法官和其他人的信任。此外，专业素养与临场应变相结合也尤为必要，较高的专业素养可使法官更加尊重辩护人的意见，而专业上出错或者不能敏锐地意识到问题所在，会让法官认为其缺乏水准，进而影响对辩护意见的接受。同时，庭审中不宜仅按事先准备的书面辩护意见照本宣科，而要随机应变，以庭前准备为基础，并随时根据庭审的变化作出调整和修正。需要注意的是，在辩护过程中要注意观察法官的表情，判断哪些内容法官尚未形成决断意见、哪些内容已有自己的看法，并据此不断调整表达方式，特别是辩护意见与法官看法相左的部分，可通过假设对方观点成立的方式进行推导分析，使法官既有兴趣听下去，又能动摇其已有看法。最后，辩护人在发言时要尽量沉稳缓慢、吐字精准、表情严肃，这既方便书记员记录与庭审各方听清和理解，也有助于为自身留出组织语言的时间，还能够展现辩护人的冷静和理性，进而能得到法官的信任和尊重。开庭结束后，许多人认为辩护工作也随之结束，但实则不然，因司法实践中当庭宣判的案件少之又少，多数案件在开庭后还存在漫长的等待宣判的时间，而在该期间内辩护工作仍大有可为。其一，庭审后辩护人要结合庭审中出现的新情况和提出的新观点，撰写详细的书面补充辩护意见，以确保自身观点得到全面的阐述。其二，对于一些争议较大的案件，仅凭书面辩护意见可能无法完成全面、有效的辩护，此时需要辩护人电话或者当面沟通，因为每多一次表达就会使辩护意见多一分被理解接受的可能。

2. 辩护材料呈现的时机

刑事诉讼中，绝大多数诉讼行为都有独立的特点和处理期限，如果辩护人未能及时跟踪案件进展并第一时间掌握案件的动态信息，以及不熟悉各机关办案的特点和各诉讼行为期限的要求，就会导致其在关键的诉讼节点不能把握辩护的节奏和方式，并因辩护材料的呈现时机欠妥而减弱辩护效果。例如，对于刑事拘留后是否应予逮捕的辩护，在侦查阶段，辩护人不能贸然递交取保候审申请书，而应在形成取保候审的辩护意见之后，先通过电话或在现场与办案人员进行沟通，在充分讲明辩护理由的情况下，咨询办案人员是否有可能采取取保候审措施，如被否定则无必要递交书面申请，因为此时递交不仅难以改变办案人员的意见，且根据规定其必须出具不同意取保候审的意见书，并在提请批准逮捕时将该意见书随卷递交给检察机关，导致检察机关的决定受到一定程度的影响。而面对除此之外的情况，辩护人则可在电话或现场沟通后，再向办案人员提交更加翔实的申请材料。在审查批捕阶段，辩护人应结合及时有效的会见，将书面的不予批准逮捕申请及时递交给检察机关，同时可以根据情况，通过电话或现场汇报的方式重申自身的意见，加深检察办案人员对无须逮捕的印象。总体而言，对于审查批捕阶段的辩护意见，要秉持及时书面递交的原则，并最好在检察人员提审犯罪嫌疑人之前向其递呈辩护材料。对于审查起诉和审判阶段的辩护意见，应遵循尽早提交的原则，防止办案人员对有罪意见的先入为主，避免因案件已经机关内部领导的审批决定而丧失改变的可能。

四、认罪认罚案件的特殊辩护模式

认罪认罚案件是较为特殊的一类案件，接下来笔者将专门探讨这类案件的辩护模式。我们先探讨认罪认罚前的辩护形态，再探讨认罪认罚后的辩护式样。

（一）认罪认罚前的辩护形态

在犯罪嫌疑人认罪认罚之前，辩护意见的表达存在部分特殊之处，需要在此单独加以分析，辩护律师需要做好以下几点工作。

1. 协助犯罪嫌疑人决定是否认罪认罚。认罪认罚须由犯罪嫌疑人自愿作出，辩护人不能代替其决定，但在此过程中，辩护人需要在与其充分讨论案情之后，向其介绍认罪认罚的性质及可能带来的诉讼利益和风险，帮助其判断案件的可能走向并权衡各种利弊得失，以此协助其作出决定。当然，在出现案件客观上应判无罪或更轻的刑罚，以及指控的事实超过犯罪嫌疑人实际实施的范围，但检察机关不改变指控的事实和建议量刑的情形，如果辩护人经慎重研究，笃定自身的判断确实无误，那么为了维护司法的公正和尊严，辩护人不得轻易建议犯罪嫌疑人认罪认罚。如在笔者办理的李某涉嫌非法吸收公众存款罪一案中，在全面分析证据、查阅相关资料、收集司法判例并研读专家意见之后，笔者提出李某的行为模式与吸收公众存款的金融犯罪相比，在借款合同签订主体、是否形成资金池、利息支付主体以及收取费用性质上均存在巨大差异，其行为并非吸收存款，而是民间融资中介服务，该行为不应成为刑法的规制对象，李某应当被判处无罪。虽然该案在历经了一次延长侦查羁押期限，两次退回补充侦查，三次延长审查起诉期限和一次改变审判管辖后，控方仍然坚持李某的行为构成犯罪，但笔者始终秉持上述辩护观点，同时建议李某不要认罪认罚，以此为其争取公正、合法的结果。最终，在辩护人的力争下，控方认定李某没有犯罪事实，不构成犯罪，并作出法定不起诉决定。但我们也要注意，如果辩护人充分剖析说明后，犯罪嫌疑人为了追求较为确定的结果执意认罪认罚，则辩护人也不得擅自加以拒绝。

2. 在与办案机关的衔接上，如犯罪嫌疑人已向辩护人表示愿意认罪认罚，则辩护人应在传递其观点表明其认罪悔罪态度较好之外，充分利用上文所述的辩护形式，以自身而非犯罪嫌疑人存在疑问和不同意见的名义，就事实认定和量刑与办案人员进行谈判，以此实现对犯罪嫌疑人权利保护和辩护意见充分阐释的双向兼顾。需要注意的是，辩护人不得轻易建议犯罪嫌疑人认罪认罚并作有罪辩护，因所有案件都需依据事实、证据和法律来最终判定，而证据不仅存在合法性、关联性和真实性的问题，还存在证明力大小的问题，且法律规定在司法实践中也有冲突之处，因此只要案件在证据和法律上存在无罪的可能性，那么辩护人就应果断进行无罪辩护。如在笔者办理的潘某某涉嫌参加黑社会性质组织罪一案中，检察机关指控潘某某构成强迫交易罪和参加黑社会性质组织罪，笔者通过深入分析相关法律规定，检索大量有关判例，果断提出从潘某某的主观认知和客观表现上看，公诉机关关于其构成参加黑社会性质组织罪的指控证据不足，依法不能认定。对于强迫交易罪，笔者亦强调指控的部分内容证据不足，并递次提出潘某某犯罪情节显著轻微不足以认定为犯罪，以及即便作构罪评价也不属于情节特别严重情形的辩护意见。虽然潘某某后续对两罪均表示认罪认罚，但笔者仍旧坚持了上述辩护观点。最终，法院基本全部采纳了笔者的观点，潘某某参加黑社会性质组织罪的指控未得到支持。

（二）认罪认罚后的辩护式样

如被告人和辩护人均认可认罪认罚具结书的内容，则在审判阶段，辩护人尽量不要再对定罪和量刑明确表示异议，否则将可能导致诉讼程序的变更和司法资源的浪费并不当拖延诉讼进程，但此时辩护人仍旧可以继续提交判决较轻的参考案例，以此就案件的量刑或法律适用进行辩护。如被告人或辩护人对具结书的内容仍存在较多不满，此时就存在能否在认罪认罚具结书不被撤销的情况下，辩护人直接进行实质性辩护的问题。

笔者认为，此时辩护人可以作实质性辩护，原因如下。

1. 认罪认罚具结书体现的应是犯罪嫌疑人对定罪量刑的态度，虽然辩护律师或值班律师也对具结书签字确认，但这一手续发挥的应是对犯罪嫌疑人签署认罪认罚具结书自愿性的见证作用，而非对其内容的肯定，且辩护人对案件的意见并不是认罪认罚成立的构成要件，故其基于独立辩护权和对被告人的忠诚义务，在不违背事实的情况下对检察机关的指控作实质性辩护，不应影响被告人认罪认罚的认定，否则就属于被告人因他人行为而承受不利后果，违背追责原则和刑罚个别化主义。

2. 因检察机关长期处于指控犯罪的地位，故其容易忽略对犯罪嫌疑人有利的事实和依据。而在目前的司法实践中，有时候又会出现对认罪认罚案件的审查又存在忽视案件质量且仅进行形式化审查的现象，这与最高人民法院关于要扎实做好认罪认罚案件的实质审查以及坚持以审判为中心的要求不符。因此，辩护人对认罪认罚案件在审判阶段开展实质性辩护具有合理性。

3. 《人民检察院办理认罪认罚案件开展量刑建议工作的指导意见》规定，法院经审理认为被告人、辩护人对量刑建议的异议合理，建议检察院调整量刑建议的，检察院应当认真审查并决定是否调整量刑建议。同时，规定被告人认罪认罚而庭审中辩护人作无罪辩护的，检察院应当核实被告人认罪认罚的真实性、自愿性，被告人仍然认罪认罚的，可以继续适用认罪认罚从宽制度。由此可知，法律允许辩护人对认罪认罚的案件作实质性辩护，且此时只要被告人仍然表示认罪认罚，就不得撤销对其继续适用该制度。此外，在最高人民检察院 2022 年发布的申某某等人生产、销售伪劣桶装水的典型案例中，也出现被告人认罪认罚之后，辩护人依然展开独立的实质性辩护且其意见最终获得采纳的情况，这再次佐证了上述辩护形式的可行性和有效性。

具体到实践操作中，在审判阶段对认罪认罚案件进行实质性辩护要遵照以下式样：第一，取得被告人的支持，与其进行分工配合。即辩护人要积极与被告人沟通，先行取得其支持，然后让被告人在审判阶段坚持认罪认罚，而辩护人则就案件进行实质性辩护。第二，庭审前预先告知法官和检察官会进行实质性辩护，并提前递交辩护意见。通过该种方式，辩护人可以提前获知法官对实质性辩护意见的态度，并可根据法官的态度及时调整辩护策略和辩护内容，从而降低辩护的风险并提高辩护意见被采纳的可能性。当然，虽然辩护人在认罪认罚案件中采取上述辩护形式具有法律和法理上的依据，但因认罪认罚制度的主要功能在于解决"案多人少"的司法困局，实现案件繁简分流、提高诉讼效率和节约司法资源，如果被告人认罪认罚之后辩护人均采取实质性的辩护思路，将导致案件因仍旧存在争议而无法适用速裁或简易程序进行审理，这无疑背离了该制度设置的初衷，也可能会引起司法办案人员的反感和负面评价。故辩护人在决定是否采用该种辩护方式之前，必须先考虑相应观点是否有获得支持的现实可能，只有案件在事实和法律上确实存在无罪或罪轻可能的情况下，才能选择该种辩护式样。

第三章

结　构

第14讲

辩护词的功能、章法与写作

◇ 李永红[*]

前言

对刑辩律师来说，辩护词既是刑事诉讼中辩护意见的载体，又是律师执业过程中所做工作的反映，它不仅影响着刑事司法人员对案件的判断，也直接体现了律师的敬业程度和执业水平，热点案件和疑难案件的司法诉讼文书还有助于公众和业界认识个案真相、认知法律真理、认同司法文明。写好辩护词的意义不可小觑。而要写好辩护词，除了做好会见、阅卷、调查、沟通、研究等基础工作外，还必须正确认识辩护词的性质和功能，准确把握辩护意见的逻辑和方法，熟练掌握辩护词写作的架构和步骤，这样才能写就一篇既不辜负委托人信任、避免执业风险又能获得法官、检察官尊重和公众赞誉的辩护词。

本文将先行探讨辩护词的性质和功能，再探讨辩护词的章法与篇幅，最后探讨辩护词的写作与使用。

一、辩护词的性质和功能

辩护词是刑事诉讼中辩护人向司法机关提交的辩护意见书的简称，是辩护律师在刑事诉讼中履行辩护职能时最重要的法律文书。接下来，我们先探讨辩护词的性质，再探讨辩护词的功能。

---

[*] 李永红，上海精诚申衡律师事务所全国管委会主任，华东政法大学律师学院、北京师范大学刑科院特约研究员，浙江省优秀（刑事类）专业律师。

（一）辩护词的性质

按照《刑事诉讼法》和《律师法》的规定，辩护人的责任是根据事实和法律提出被追诉人①无罪、罪轻或者减轻、免除其刑事责任的材料和意见，维护被追诉人的诉讼权利和其他合法权益。辩护职能是与追诉职能相对抗的诉讼职能，辩护人的立场和辩护的内容都是由法律预先设定的：辩护人发表的辩护意见必须有利于被追诉人，辩护意见的内容只能是无罪或者罪轻。这意味着，辩护词中不得存在不利于被追诉人权益的内容；同时，辩护意见必须根据事实和法律提出，辩护人不得脱离事实和法律发表与当事人有罪无罪、罪重罪轻无关的内容，也不能发表与诉讼权利无关的内容；辩护的效果取决于司法机关的决定或裁判，辩护词的法定读者是侦查人员、检察人员和审判人员等刑事司法人员，其逻辑与章法以有利于司法人员理解并采纳辩护意见、作出有利于被追诉人的司法决定、裁判结果为标准。

在公诉案件中，与辩护词对应的法律文书，在审前程序中主要是侦查机关或监察机关的起诉意见书，在一审阶段是检察院的起诉书和公诉人的公诉词，在二审阶段则是一审法院的判决书和原公诉机关的抗诉书、出庭检察官的意见书。按照司法权消极被动原理，起诉指控启动司法审判并限制审判的范围，裁判者无追诉权力，辩护词应针对控方意见写作。辩护词中的辩护意见一旦被司法机关采纳，就成为司法机关撤销案件决定书、不起诉决定书、无罪或罪轻判决书等有利于被追诉人的司法文书的内容；无论是否采纳，判决书都应载明辩护词的主要内容，并随判决书一起依法公开。

（二）辩护词的功能

辩护词作为最重要的刑事律师法律文书，它具有履行辩护职能、防范执业风险和传播法律文明等多重功能。

1. 积极功能：履行辩护职能

辩护词的首要功能是履行辩护职能。辩护人以积极的作为争取司法机关采纳辩护意见，辩护词的这一功能可以称为积极功能。根据有关规定，侦查

---

① 为表述方便，本文将侦查程序和审查起诉程序中的犯罪嫌疑人、一审程序中的被告人、二审程序中的上诉人（或抗诉案件中的被告人）统称为"被追诉人"。

人员、检察人员办理刑事案件应当听取律师的辩护意见，法院对刑事案件的审理也要听取控辩双方的意见。既然法律规定司法人员要听取意见，那律师的辩护意见当然就是以口头方式表达，尤其是随着数字技术在法庭的应用逐渐普及，法院的庭审越来越多地采用全程录音录像的音视频方式记录庭审过程，书面的表达似乎不再像以前那样不可替代了。但是，作为辩护意见书面载体的辩护词仍然不可或缺。

在审前程序中，除非召开听证会，否则侦查、检察人员听取意见不会像开庭那样正式，尤其是辩点较多的疑难复杂案件，辩护意见很难以口头方式表达清楚，即使表达清楚，侦查检察人员也未必能够完全理解并准确记忆。为有效履行辩护职能，律师在口头表达之前，应当撰写好书面的辩护词，以口头方式表达的同时提交书面的辩护词，这样既有助于律师说清楚，也有助于司法人员听清楚、看明白并记准确。

在一审程序中，虽然庭审实行直接言词原则，但是在案情疑难复杂、被告人数众多的情况下，法庭往往基于效率的考虑，不可能让每一个辩护人长时间发表辩护意见，实务中通常的做法是由控辩双方当庭发表主要的观点，详细的论证意见以书面方式提交。开庭后，主审法官在合议前撰写案件审理报告时需要摘录控辩双方的意见，在合议庭评议和审判委员会讨论案件时，合议庭成员和审判委员会委员也不大可能通过查阅庭审录像了解控辩双方的意见，必要时，他们往往通过阅读控辩双方的公诉词和辩护词来把握案件争点并形成裁判观点。

在二审程序中，对事实清楚、没有新证据的案件，往往以不开庭方式审理，虽然辩护律师可以约见主审法官口头表达意见，但是要约见全体合议庭成员几乎是一件不可能的事情。从实际功效看，在向主审法官口头表达意见的同时，以辩护词向合议庭书面表达意见更加重要。

因此，辩护词对辩护职能的履行具有积极的功能。

2. 消极功能：防范执业风险

辩护词的第二个功能是防范执业风险。受人之托，解人之危。辩护律师在执业活动中最不愿意发生的事情就是委托人、当事人或司法人员投诉带来的执业风险，所以辩护词除了实现辩护职能这一积极功能外还具有避免风险发生的消极功能。

律师受委托或指派担任被追诉人的辩护人，是以专业的法律服务帮助被追诉人实现无罪或罪轻的诉求，虽然绝大多数刑事案件的被追诉人对律师的履职行为没有意见，但是对律师履职表现不满意的投诉仍然屡有发生，甚至还发生了二审法院以律师辩护流于形式、被追诉人辩护权没有得到充分保障、可能影响案件的公正审判为由撤销原判发回重审的情况。非但如此，二审法院会发出司法建议书，建议律师事务所、法律援助中心、律师协会和司法行政机关要对律师的刑事辩护反思不足、加强培训、依规奖惩和加强监督，存在无效辩护问题的辩护律师也被停发补贴、责令退出法律援助队伍并不再向其指派法律援助案件。①

为有效防范执业风险，除按照法律程序认真履行辩护职能、发表辩护意见外，律师还需要高度重视辩护词的写作、提升辩护词的写作质量。一旦发生投诉或者被司法机关提出检察建议、司法建议，对于律师协会和司法行政机关而言，律师的辩护词将成为他们判断律师辩护是否存在问题的书证，认真撰写辩护词有助于防范、化解执业风险。

3. 文化功能：传播法律文明

辩护词还具有传播法律文明的功能。优秀的辩护词及其他司法诉讼文书，有利于法治宣传教育、法律学术积累和司法文明传播。对律师本人而言，一篇优秀的辩护词也是对辩护律师执业水准和职业形象的最好展示。尤其是在自媒体时代，人们对热点案件的关注途径，无非媒体或自媒体传播、庭审直播和法律文书三种，相较于媒体传播和庭审直播，无论是法院与检察院的司法文书还是律师的辩护词，无疑都是更受欢迎的途径，尤其是对业界同行而言，阅读辩护词等法律文书比观看媒体传播、庭审直播更有利于准确了解案件争点和各方观点。司法诉讼文书不仅能让社会大众了解案情的全貌和真相，而且能使专业界得以了解律师和司法人员经由法律正义实现社会正义的智慧与情怀，也体现了在变动不居的时代和纷繁多样的社会生活中法律的作用和法学的价值。虽然律师和司法人员在办理案件、撰写文书时以履行自身职能、

---

① 参见陈瑞华：《有效辩护问题的再思考》，载《当代法学》2017年第6期。

解决个案纠纷这一功利目标为动机，但是客观上却带来了创造和传播法律文化的效果。

杜甫在《偶题》一诗中说："文章千古事，得失寸心知。"表达情感、传递美感的文学艺术作品如此，事涉权利救济、关乎公平正义的法律文书更是如此。只有正确认识辩护词的性质和功能，才有可能投入足够的精力认真撰写辩护词。在司法实践中，让人耳目一新的辩护词并不常见，而敷衍潦草、浅尝辄止、不讲章法、错误百出的辩护词却屡见不鲜。无效的辩护、质量低劣的辩护词，不仅辜负了委托人的信任、违背了职业伦理、埋下了执业风险隐患，而且损害了律师的职业形象。

二、辩护词的章法和篇幅

章法是中国书法或诗词美学的概念，书法诗词之美有赖于作品的章法。董其昌在《画禅室随笔》中说"古人论书以章法为一大事"，可见古人在书法创作和赏析中对章法的重视程度；王羲之在《笔势论》中说"分间布白，远近宜均，上下得所，自然平稳。当须递相掩盖，不可孤露形影"，其中的"布白"就是章法。[①] 书法诗词作品在字与字、行与行之间有呼应、照顾等章法布白关系，以定主宾之序，掌均变之衡，征节奏之美，懂疏密聚散，知大小曲直，驭圆缺参差，见开合呼应，求从顺自然，识空白之义。法律文书同样存在谋篇布局的章法问题，如果不讲章法，辩护意见就难以做到逻辑清晰；即使辩护人内心的思考很有逻辑，也因辩护词体系混乱、词不达意而使人难以捉摸进而使辩护效果大打折扣。因此，辩护词的谋篇布局、遣词造句值得高度重视。接下来，我们将从宏观结构、微观布局、撰写策略和文书篇幅四点出发来探讨这个问题。

（一）宏观结构：起承转合

按照系统论的观点，系统的结构服务并影响系统的功能，辩护词的篇章结构既服务又影响辩护意见的诉讼功能。辩护思维是对抗指控的、目标导向

[①] 参见史洪存：《书法章法的对比美学研究》，载《艺术研究》2021年第3期。

的逆三段论复杂推理，① 所以，辩护词在宏观上就必然是一个"起承转合"的章法结构。从立场先定、结果导向的角度看，先预设无罪或者罪轻的辩护目标，再通过证据材料寻求小前提事实的支持、通过法理论证寻求大前提法律的支持，在论证过程中必须反驳起诉指控，目的是说服裁判者接受辩护意见。既然立场先定、结果导向，那么辩护意见就应当开宗明义地提出明确的无罪或罪轻主张（起），再阐述支持该主张的事实和法律依据（承），并反驳控方的有罪或罪重的指控（转），最后提出明确的有利于被追诉人的诉讼请求（合）。

1. 起：引言

辩护词引言部分的主要内容是包括无罪或罪轻辩护的基本立场和主要观点在内的相关内容，主要是：（1）辩护人身份（某某律师事务所专职或兼职律师）；（2）辩护权来源（受某法律援助中心指派或当事人委托担任被追诉人辩护人）；（3）辩护诉讼行为（会见当事人、阅卷、调查取证、检索案例并研究相关法律和司法解释及政策规范性文件）；（4）辩护对象（对××人民检察院××号起诉书关于被追诉人××犯×罪的指控和量刑的建议或一审判决的结果）；（5）基本立场（对起诉指控或一审判决结果不能认同/或对被追诉人认罪认罚的决定表示尊重）；（6）主要观点（无罪辩护：被追诉人的行为因与某某犯罪要件不符、未侵害或威胁任何法益而不具有实质违法性等不构成起诉指控的犯罪，不应定罪判刑；罪轻辩护：对犯罪事实认定部分缺乏证据证明、遗漏从轻或减轻处罚的情节、被追诉人有某某从宽处罚的

---

① 法律推理中的三段论演绎推理过程是"大前提法律规范——小前提个案事实——结论裁判结果"：用大前提中的法律要件涵摄小前提中的个案事实，将个案事实归结于法律要件，实现法律要件与个案事实等置，得出行为符合法律要件规定的行为模式、法律效果归属于行为人的司法裁判结论。而逆三段论推理是先根据职能预设某个结论或目标，再寻求可以支持或否定这一结论或目标的事实（小前提）、发现可以据以定案的法律规范（大前提），在思维的顺序上就与正三段论呈现完全相反的顺序，故称"逆三段论思维"。其实，逆三段论推理是暗含着正三段论推理在内的，故本文称律师的辩护思维方式为"逆三段论复杂推理"。在法理学研究中，对结果或目标导向的逆三段论思维有"逆向思维""颠倒论法""倒置的三段论""'上升式'或'逆退式'的三段论"等多种不同的说法。参见任彦君：《刑事疑难案件中结果导向思维的运用》，载《法学评论》2012年第2期；陈虎：《实用主义审判：一种结果导向的判决理论——读麦考密克〈法律推理与法律理论〉》，载张海燕主编：《山东大学法律评论》2007年卷，山东大学出版社2007年版。

情节）；（7）辩护目的（为维护被追诉人权益、维护法律正确实施、支持法院公正司法特发表以下辩护意见，恳请合议庭采纳）。

引言通常以一段为宜，但是个别疑难复杂案件也可以根据内容需要写成两段，以免只写一段显得过长之弊：第一段交代前述第1~4项程序性事项，第二段表述第5~7项实体辩护立场、主要观点和辩护目的。

此为通用版的辩护词引言示例，因为案情相对简单，一段话基本将以上7项内容包含在内。

尊敬的主办检察官并呈检察长：

受犯罪嫌疑人刘某某家属委托并经其本人同意，上海某某律师事务所指派本所兼职律师×××、河南昭华律师事务所指派专职律师×××担任刘某某在刑事诉讼中的辩护人。接受委托后，经多次依法会见刘某某，听取其陈述、辩解，依法约见侦查人员了解案件情况，研究相关法律、司法解释、指导意见和学术文献，辩护人对某某市公安局经济技术开发区分局立案侦查并提请贵院审查批捕的刘某某涉嫌非法拘禁案的定性处理有不同意见。辩护人认为，刘某某为追讨合法债权而与对方当事人杨某某交涉的行为不构成非法拘禁罪，在中央保障非公经济健康发展、"六稳""六保"和最高人民检察院开展羁押必要性审查专项活动背景下，对民营企业家刘某某应依法作出不批准逮捕的决定。为维护当事人合法权益，支持贵院公正司法，结合本案实际情况，特发表以下辩护意见，恳请重视并采纳。

此为复杂版的辩护词引言示例，因为案情相对复杂，所以用两段文字表述以上7项内容。

尊敬的主审法官、合议庭成员并呈院长：

上海某某律师事务所接受上诉人潘某某妻子孔某某女士委托，指派本所兼职律师×××担任贵院正在审理的潘某某被一审法院判决贪污罪一案二审程序中的辩护人。虽因特殊原因而尚未会见上诉人（已事先告知委托人和主审法官，解封后将视会见情况完善辩护意见），但经向一审辩护人了解上诉人的意见，在主审法官帮助下通过网络在线阅卷，研究法律法规和案涉集体企业清产核资相关政策，检索有关案例和学术文献，辩护人发现，本案所涉情况太过异乎寻常，某某县人民法院刑事判决书采信的证据、认定的事实、适用的法律和涉及的政策，时间跨度很广，虽然一审法官以75页篇幅的判决书试图尽力展示本案的实物证据和言词证据、控辩双方意见和法院的评析意见，但是，一审判决对起诉书指控的主要事实即第一节900余万元拆迁补偿款事实的认定和以贪污罪判刑10年6个月的法律适用存在错误。

辩护人认为：（1）从程序法上看，一审刑事判决书对主要事实的认定，存在选择性采信证据、回避无罪证据等违反证据裁判规则的情形，因而使本案事实认定没有排除合理怀疑，尚未达到刑事诉讼法规定的证明标准；（2）从实体法上看，一审刑事判决书对法律的适用既未全面准确把握案涉问题的历史脉络和政策精神，更未严格遵守我国刑法规定的犯罪构成要件，当事人在拆迁补偿中虽手段错误但事出有因、有正当诉求，因而以贪污罪判刑十年以上，与慎刑谦抑的刑法精神并不相符；（3）从宪法精神和国家政策角度看，解决历史遗留的企业土地归属和企业产权纷争，依法律法规规章和国家政策的明确规定，是政府的专职专责，监察调查和刑事司法所办理案件涉及政府专属管辖问题时应当谨慎行事；（4）从罪责刑相适应原则看，一审刑事判决书以贪污数额特别巨大为由适用十年以上有期徒刑的法定刑裁量刑罚属于定罪错误、量刑畸重，鉴于当事人对第二节事实有坦白情节且退清涉案款项，建议对本案当事人以第二节事实在法定刑3~10年幅度内从轻处罚。为维护当事人合法权益，支持人民法院公正司法，以便个案办理既彰显法律权威、尊重历史事实又考虑政策精神和宪法原则，特发表以下辩护意见，恳请合议庭、院长并审判委员会予以重视并希望采纳。

在诉讼实践中，发现不少辩护词没有引言或者引言太过简略，不利于辩护职能履行和辩护词功能实现。比如，不介绍辩护人身份和辩护权来源，不仅失去了一次宣传律所和律师的机会，而且不合司法礼仪，不利于辩护词文化功能的发挥。虽然开庭时审判长介绍过辩护人身份和辩护权来源，但是考虑到控辩审三方和被告人大多萍水相逢并且相互并不熟悉，在开始辩论时再次交代自己身份和权利来源还是有必要的，而且辩护词作为律师诉讼文书，独立成文，事后阅读时已脱离法庭语境，在庭后传播过程中为实现积累法学学术这一文化功能就必须介绍作者及其辩护权来源，以示负责。有的辩护词不交代律师诉讼行为，显得不够认真庄重。不交代辩护对象和基本立场，会让听者读者不知所云。不亮明主要观点和辩护目的，不足以引起控审双方注意。

2. 承与转：主文

辩护词主文是对引言中基本立场和主要观点的细化展开，是对辩护意见中无罪或罪轻观点的证成，是对控方意见的反驳。主文根据辩点的多寡可以分为若干一级标题，每个一级标题就是一个主要辩点，用论据对辩点进行论证，论证的方法可以视案件是简单案件还是疑难案件分别采用三段论演绎推理和非三段论的类比、归纳推理甚至辩证推理进行论证。证立辩点的"承"和反驳指控的"转"，可以在每一个一级标题下一并进行或者分别进行。

3. 合：结语

辩护词主文将辩护观点论证完毕后，应在结语部分明确提出给予无罪或宽缓处理司法决定的诉讼请求。如果案件处于侦查阶段，就应提出撤销案件（无罪）、终止侦查（犯罪行为非犯罪嫌疑人所为）或者宽缓处理（减少事实认定、改变强制措施、增加有利于嫌疑人的情节）的明确请求。如果案件处于审查起诉阶段，就应提出不起诉或者宽缓处理的明确请求。如果案件处于审判阶段，则应要求法院依法判决无罪或者给予宽缓判决。

4. 示例

以一件合同诈骗案的无罪辩护为例，看看辩护词是如何证立辩护意见（承）和反驳控方主张（转）并提出诉讼请求（合）的。

基本案情：被告人贺某系一建筑公司老板。经人介绍认识邻省某市领导，通过领导接下其分管的该市一商业综合体建设工程项目的施工业务，但工程甲方资金紧张，虽经政府协调有关银行发放了贷款，但是仍有缺口，甲方要求贺某公司垫资。贺某遂回老家向两个债权人分别借款

8000万元和7000万元，投入项目施工中。在施工过程中，该市领导因受贿犯罪被查处，银行对甲方抽贷断贷导致甲方资金链断裂，贺某公司也无力继续垫资，建设工程项目烂尾，两位债权人借款不能收回，其中一位债权人的股东向公安机关报案，控告贺某诈骗。公安机关对贺某分别以合同诈骗罪、诈骗罪等多个罪名立案侦查，侦查终结后该案报送上级市人民检察院提起公诉，中级人民法院一审以合同诈骗罪和诈骗罪判处了无期徒刑。

检察指控：被告人贺某隐瞒施工项目资金不足的真相，骗取他人财物，数额特别巨大，个人有赌博行为，涉案资金均未归还，给被告人造成特别巨大损失，分别构成合同诈骗罪、诈骗罪，因被告人既不认罪又未退赃，建议从重处罚判处无期徒刑。

辩护观点：① 被告人没有非法占有目的，被告人未实施虚构事实或隐瞒真相的行为，被害人未因受骗而产生任何认识错误，财物交付是基于双方的合同，财产损失系由商业风险造成而非被告人诈骗所致，被告人未实际占有任何被害人财产。

证立辩护观点：② (1) 被告人行为不符合诈骗罪构成要件。被告人辩解借款是双方谈妥后对方自愿出借，自己并无虚构隐瞒，"被害人"未因被告人行为形成任何错误认识而交付资金，亦未提出控告；所有借款均用于项目施工，并未用于赌博等非法活动或者个人挥霍等消费用途，银行流水和项目资料等书证也印证被告人辩解属实。(2) 债务不能履行的后果并非被告人故意行为造成。借款交付后所有资金均沉淀于工程项目中，项目因政府领导案发、银行抽贷断贷等造成资金链断裂而烂尾，不能归还的后果并非被告人非法占有行为造成，财产损失由商业风险所致。

反驳对方指控：③ (1) 指控被告人隐瞒真相骗取资金，与证据证明的事实不符。出借人陈述笔录证实他们事先对被告人垫资工程项目、资

---

① 此段为笔者所说的"起"，即辩护词的引言部分。
② 此段为笔者所说的"承"，即辩护词的主文部分。
③ 此段为笔者所说的"转"，即辩护词的主文部分。

金紧张及借款用途等完全知情而自愿出借资金，事后未提出控告是因为他们认为自己并未被骗。起诉书对被告人隐瞒真相、骗取被害人资金的指控与证据证明的事实不符。(2) 指控被告人诈骗行为给他人造成特别重大损失没有事实根据，认定债权不能实现由被告人造成属于因果关系判断错误。证据证明的事实是，分管甲方工程项目的市领导腐败案发引发银行对甲方项目抽贷断贷，银行抽贷断贷引发工程甲方资金链断裂，甲方资金链断裂导致其不能支付乙方贺某公司的垫资款和施工费用最终导致贺某公司无力归还借款。出借人债权不能实现的后果并非被告人故意造成，涉案资金未被使用于任何可以推定非法占有目的的用途，所有资金均沉淀于烂尾工程中，被告人并未用于非法活动或挥霍消费等用途，赌博输款仅百余万元既与借款 1.5 亿元资金无关也与债务总额明显不成比例，占比不足 1% 的赌博输款不足以推定被告人对 1.5 亿借款有非法占有目的，起诉指控在法益是否被侵害及因果关系判断上失实。

提出诉讼请求：① 综上所述，本案证据证明的事实与法律规定的犯罪要件不符，被告人行为未给对方造成任何法益侵害，其行为不构成合同诈骗罪和诈骗罪，不应追究刑事责任，一审判决无期徒刑缺乏事实和法律根据，请求二审法院纠正一审错误判决，根据有关规定依法改判无罪。

总之，辩护词以引言为起，以主文为承转，以结语为合。即使简单案件，辩护词也至少得有这三大组成部分。而疑难案件的辩护词，可以根据罪名或辩点多少安排主文的篇幅与结构。只有层次分明、结构完整的作品，才能承载相应的功能，进而才能给受众良好的阅读体验和判断的有效说服。

（二）微观布局：层次分明

一个宏观框架结构完善合理的辩护词，要实现预期的功能，还需要微观上的精雕细琢。辩护词的微观布局，主要是指主文的各级标题和段落安排。如果案件只有一个辩点，那可以把支撑辩点的若干个理由、理据分别以一级

---

① 此段为笔者所说的"合"，即辩护词的结语部分。

标题的方式呈现；如果案件有多个辩点，那可以把每一个辩点作为一级标题谋篇布局，支持每个辩点的理由或理据可以作为二级标题；如果案件多罪名且每个罪名的辩点相对集中，那么可以把罪名作为一级标题，围绕该罪名提出的具体辩点作为二级标题；如果多罪名中每个罪名的辩点都比较多，可以考虑分节表达，即每一个罪名的辩护意见为一节，每节相当于该罪名的一篇独立辩护词。

1. 标题简洁凝练

辩护是否有效，需要换位思考。任何文章都是要给人阅读的，让人阅读的目的是作者通过作品向读者传递情感、审美或思想。作品是否合格，不取决于作者本人的偏好，而取决于读者阅读后是否被感染、是否被说服。辩护词的作者是辩护人，第一读者是司法者。司法者通过辩护词引言部分了解了辩护人的基本立场和主要观点以后，通常会心生好奇：为什么辩护人会提出这种观点？他的观点有理由有理据吗？他的论证令人信服吗？合格的辩护词一定会尊重读者的好奇心和求知欲，不但能够给读者以明明白白的辩点、扎扎实实的论据，而且要给读者一条清晰的逻辑线索，以便读者能够识别作者是否自圆其说、逻辑自洽。首当其冲的是各级标题必须用简洁的专业术语表达可以支撑辩护观点的理据。

首先，标题应该是一个语句而不只是一个词汇或者词组。无论一级标题是简单案件中支持辩点的具体理由或论据，还是疑难复杂案件中的主要辩点，都应该是一个完整的能够直接表达辩护人意见的语句，而不应该是一个语焉不详的词汇或词组。辩护人作为辩护词的作者，应该直接向司法官表达清楚意见，而不应该像老师出考卷那样给司法官出材料阅读题。实践中，我们经常看到辩护词中有这样的一级标题："（1）关于犯罪主体；（2）关于犯罪故意；（3）关于犯罪行为。"这样的一级标题让人读了以后不知所云，消费了读者的好奇心，浪费了读者的时间和精力。

其次，标题应该是表达辩护观点的理由或理据而不应该是离题万里的无关陈述或外围陈述。如果辩护人认为起诉指控的事实是单位犯罪而被告人不应对单位犯罪负责，那么就应该直接表述为"被告人既未参与单位决策也不负责单位管理，只在单位从事合法业务工作且只领取固定工资，作为基层员工不是单位犯罪的责任主体",既不能用"关于犯罪主体"这样的词组作为一级标题,也不能简单地表述为"从犯罪主体上看,被告人只是犯罪单位的技术员"这样意思不完整的表述。由于刑法明确规定为单位犯罪承担刑事责任的自然人限于单位直接负责的主管人员和其他直接责任人员而不是单位全部员工,司法解释又明确规定个人为进行违法犯罪活动而设立单位实施犯罪和单位设立后以实施犯罪为主要活动这两种情形不以单位犯罪论处,所以,构成单位犯罪的必须是合法存在且不以实施犯罪为主要活动的单位,为单位犯罪负责的也只是这些单位的直接责任人员。显然,这样的单位除了单位犯罪活动外势必还有大量的合法业务活动,相应也有大量员工只从事合法业务活动而不参与单位犯罪活动,这些员工不属于单位犯罪的直接责任人员,不应为单位犯罪承担刑事责任。一级标题以此为辩点者,应当开门见山、直抒胸臆,不必遮遮掩掩或舍近求远。

最后,多个同级标题既要在风格上保持统一又要在逻辑上相互衔接。通常情况下,疑难复杂案件的辩护词主文至少有3~5个一级标题,这些一级标题的行文风格总体上以保持一致为宜,如文字长短不能过于参差不齐(有的标题只有几个字,有的标题却长达一两行),文白表达相差不能过于悬殊(有的一级标题用口语体白话文,有的一级标题又用书面语文言文),句式结构也不能天马行空风格各异(有的一级标题用"在某某方面"这样的开头提示所表达的辩点归属的要件种类,而另外的一级标题却直接表达而不加提示)。另外,除了按照司法解释规定可以作复合辩护(既作无罪辩护又作量刑辩护的辩护方法)的以外,各级标题所表达的辩点之间要相互支撑而不能自相矛盾。

2. 论证结构完整

在辩护词主文部分,每个一级标题下的论述格式类似一篇独立的辩护词,有引言、有主文、有结语。在一级标题和二级标题之间须有引言,概括说明一级标题表达的辩护观点与整体辩护意见的关系、该观点赖以成立的主要事实与法律根据或事理学理依据。在此之后,通过二级标题依次阐述具体理由,防止各级标题像中药铺那样呈"一、(一)1."这样紧密排列的现象;各部分观点论述完毕后,必须有结语,对该部分论述进行提炼总结,强调观点业经论证是成立的。

首先，每个一级标题下的论述都应该有一个引言。撰写引言是为了说明本级标题中观点的主要事实与法律或事理学理根据，以及本部分打算从哪些方面证成该观点。例如，第一个一级标题阐述的是与单位犯罪主体有关的辩护意见，那么可以表述为："根据我国刑法关于单位犯罪的规定，定罪量刑必须准确区分单位行为和个人行为，本案事实表明，被告人既未参与单位决策亦未获得犯罪收益，只是在单位从事合法业务工作的普通职员，不是对单位犯罪直接负责的主管人员或其他直接责任人员。"在此之后，另起一段开始主文表述，视情况采用二级标题等方式表述被追诉人不是单位犯罪直接责任人员的具体理由。又如，辩点涉及刑事责任年龄、身心健康或主从犯区分的，格式相同，概括表达为："根据我国《刑法》总则关于刑事责任能力（或主犯从犯）负不同刑事责任的规定，证明本案被告人是完全责任能力人（或主犯）的证据不足，按照刑事诉讼法关于控方负举证责任、举证不能应当作有利于被告人推定的规定，辩护人认为应当认定被告人为限制行为能力人（或从犯），依法给予轻缓的处理。"通常一级标题下的引言不宜太长，以三五行为宜。

其次，根据一级标题内容的复杂程度决定是否安排二三级标题。多罪名案件辩护，以罪名为一级标题表述辩护意见，把支持该罪名辩护意见的主要观点作为二级标题，支持主要观点的具体理由理据作为三级标题。所涉事实或法律问题比较复杂的单罪名案件辩护，也可以采用三级标题的段落章法。对辩点单一或集中的案件，再采用三级标题的写法会给人以叠床架屋的累赘印象，建议只用一级标题，具体的论述可以用"首先""其次""再次""最后"这样的排序方式，这样既观点突出又简明扼要，避免了因文害义的弊端。

最后，每个一级标题论述完毕时应当有一个结语。在实践中，常见辩护词把前一个一级标题的具体内容写完后直接撰写下一个一级标题的情况，这是不妥当的写法。因为，从前一个大辩点下的具体理由突然过渡到下一个大辩点，不但结构上显得不均衡，而且不利于读者强化对前一个一级标题中表达的辩护观点的印象。正确的写法是另起一段作出本节小结，可以用"综合前述分析，辩护人认为（得出在一级标题中表达的意见观点）"这样的方式，以示有始有终，也是必要的重复，以强化读者对该部分辩点和意见的印象。

3. 复合辩护的特殊章法

按照形式逻辑思维中同一律、排中律和矛盾律的要求，在同一思维过程中概念和命题要保持确定，不能偷换概念、混淆语境和转移论题，推理不能自相矛盾。在刑事辩护中，形式逻辑要求辩护意见不能在有罪和无罪、罪重和罪轻、此罪和彼罪上游移不定。但是，由于刑事诉讼定性程序和处理程序合一，对于辩护人作无罪辩护的案件，如果不允许发表量刑辩护意见，一旦无罪辩护意见未被采纳，那就意味着对被追诉人的量刑是在未经辩护的情况下作出的，这显然不利于落实被告人有权获得辩护原则的全面落实。因此，司法实践和法学学术对刑事诉讼法关于法庭审理中的定性和量刑是否分开设置程序、"无罪辩护"与"量刑辩护"能否同时存在，一直争议很大。① 依现有法律，复合辩护词的写作可以选择同时发表、分别表达和嵌入式表述三种不同的撰写方式。

首先，复合辩护的法律依据。2010 年 10 月 1 日起，全国法院全面实行刑事案件量刑规范化改革，保障被害人参与量刑活动，保障被追诉人能够获得充分的量刑辩护权，要求审判法官听取控辩双方以及其他当事人提出的量刑建议或意见，明确提出将量刑活动纳入法庭审理程序，探索建立相对独立的量刑程序。2015 年 9 月 16 日，最高人民法院、最高人民检察院、公安部、国家安全部、司法部《关于依法保障律师执业权利的规定》第 35 条规定："辩护律师作无罪辩护的，可以当庭就量刑问题发表辩护意见，也可以庭后提交量刑辩护意见。"最高人民法院《关于适用〈中华人民共和国刑事诉讼法〉的解释》第 283 条规定："对被告人认罪的案件，法庭辩论时，应当指引控辩双方主要围绕量刑和其他有争议的问题进行。对被告人不认罪或者辩护人作无罪辩护的案件，法庭辩论时，可以指引控辩双方先辩论定罪问题，后辩论量刑和其他问题。"中央司法机关另有多个规范性文件规定了相同的内容，不再罗列。这种看似自相矛盾又为制度允许的既作无罪辩护又发表量

---

① 参见李娜：《律师建议定罪量刑宜两步走 避免量刑辩护削弱无罪辩护》，载《法制日报》2011 年 10 月 20 日，第 5 版。

刑辩护意见的辩护，可以称为"复合辩护"，即无罪辩护和罪轻（量刑）辩护这两种原本不可能并存的辩护，因诉讼程序的原因而同案相继进行。

其次，复合辩护案件辩护词写作的常用方法。按照前述司法解释等规范性文件的规定，复合辩护案件辩护词的写作可以有两种方式：一是无罪辩护意见和量刑辩护意见当庭同时发表；二是庭审发表无罪辩护意见，庭后提交量刑辩护意见。由于定罪是量刑的前提，而作无罪辩护的案件既然被追诉人和辩护人认为案件无罪、显然就不存在量刑的前提条件，所以，无论司法解释有无规定，既认为无罪又要求量刑从宽显然自相矛盾。因此，辩护人可以在征求被追诉人意见决定在作无罪辩护的同时是否发表量刑辩护意见。如果被追诉人要求发表量刑辩护意见，那么，采用第一种方式的，须在两种意见之间写明前引有关司法解释的规定，即在坚持无罪辩护立场的同时，根据法庭的指引，就量刑问题一并发表辩护意见；采用第二种方式分别撰写辩护意见的，须在量刑辩护意见的引言部分声明坚持无罪辩护立场，根据法庭指引而发表量刑辩护意见。

最后，复合辩护案件辩护词写作的兜底方法。除前述两种方式外，还可以采用嵌入式表述方式。如果被追诉人或辩护人对同时或分别发表无罪辩护意见和量刑辩护意见感觉别扭而不愿意作复合辩护但又希望在被定罪后能够获得最轻的量刑，那么，除了前述两种复合辩护意见表达方式外，还可以考虑采用将量刑辩护意见的主要观点嵌入无罪辩护意见中的单一辩护方式。在诉讼实践中，常见"退一步讲"这样的表达，本文认为"退一步讲"不是最佳表达方式，因为它给人以无罪辩护立场不坚定的印象。最佳表达方式是既坚定无罪辩护立场又在论证无罪辩护意见时嵌入有利于宽缓量刑的观点和理据，迂回表达量刑意见。比如，在故意杀人和故意伤害案中，正当防卫是常用的无罪辩护理由，被害人重大过错是常用的量刑辩护理由。如果被追诉人只愿意作无罪辩护而反对作量刑辩护，辩护人应当尊重被告人的选择（在会见被追诉人时制作笔录固定被追诉人对辩护方式选择的意愿），这是为了防止一旦定罪、量刑未经辩护而刑罚过重的结果出现，可以在阐述正当防卫无罪辩护理由的时候，写清楚被害人不法侵害事实已有证据证明，该事实对定性和处理都有重要的法律意义：符合正当防卫要件的，就属于定性时无罪判决的理由；不符合正当防卫要件的，被害人的不法侵害事实表明其对犯罪的发生具有严重过错，而被害人过错是对被追诉人酌定从宽处理的重要情节。相当于通过辩护词提示法庭，只要被害人不法侵害事实存在，无论是否认定正当防卫，都应把该事实作为有利于被追诉人的情节对待。又如，在共同犯罪案件中，无论是对被追诉人作无罪辩护还是以从犯为由作量刑辩护，是否参与犯罪决策、有无实施原因行为、是否获得犯罪利益以及参与程度、原因力大小和获益多少，都既可以作为无罪辩护的理由又可以作为量刑辩护的理由。如果被追诉人选择只作无罪辩护、不作量刑辩护，那么辩护人就按照同一律、矛盾律的要求只发表无罪辩护意见，同时为了被追诉人权利的最大化保障，辩护人可以在辩护词中提醒法官注意被追诉人在犯罪决策、实施和获益上均有别于其他被追诉人的事实，即使法庭不采纳无罪辩护意见，也自然会考虑被追诉人在共同犯罪中的地位、作用而将被追诉人认定为从犯给予从轻、减轻或免除处罚，以得到"取法乎上，得乎其中"的辩护效果。

（三）撰写策略：区别对待

刑事诉讼中的辩护，按照具体诉讼阶段可以区分为侦查程序中的辩护、审查起诉程序中的辩护和审判程序中的辩护三种。因为侦查辩护、审查起诉辩护和审判辩护在能否阅卷和调查取证、司法官是否中立等问题上存在差异，所以辩护词的撰写策略应该有所区别，以有效履行法律规定的辩护职能。

1. 侦查盲辩与辩护词撰写策略

因为三段论是法律适用思维的基础，而在三段论演绎推理中，法律规范和个案事实是得出结论的必要前提，所以，一旦欠缺了其中一项，司法诉讼就无异于盲人摸象，逻辑不能自洽，结论难以周全。包括律师在内的法律人都是具有法律专业知识、通过法律职业资格考试的人，不可能不知道法律规范的存在，因而刑事诉讼实务中所说的"盲辩"仅限于指称"欠缺个案事实小前提"情况下的辩护。依目前的法律规定，律师受托担任被追诉人的辩护人，从审查起诉程序开始方可查阅案卷材料、调查取证，在侦查程序中，律师既不能阅卷又缺乏明确的调查取证授权，对侦查机关掌握的证据及证据证明的事实几乎一无所知，但法律又要求其履行辩护职能，辩护律师在对案件证据和事实缺乏认知的情况下所作的辩护，便被称为盲辩。当然，侦查辩护并非全盲辩护，律师可以通过会见当事人、与当事人通信和约见侦查人员等方式了解案件情况以及利用推定的权利和法律不禁止的方法获取证据材料①，尽量弥补不能阅卷的缺陷。在侦查程序中，因不能阅卷，辩护律师往往难以对症下药，辩护意见习惯于用"大水漫灌"的方式写作，唯恐遗漏有利的辩点，这种做法虽情有可原，但是过多的表达不但可能产生不利于被追诉人的后果（在不能阅卷情况下为追求完整而发表的辩护意见很有可能成为侦查取证新的方向），而且盲辩并非侦查程序辩护可以没有重点的理由。在任何程序中，突出重点，证立观点，都是辩护意见被采纳的关键。而侦查程序中辩护的重点应该是通过向侦查机关、检察机关发表辩护意见，请求其不报捕或不批捕，即使已经批捕，也要通过辩护力争取保候审。为此，必须在了解案件事实的基础上，拓展辩护空间，以公理性原则之辩、政策性原则之辩弥补侦查程序中规则之辩的不足。

首先，侦查盲辩应以宽缓强制措施作为主要诉讼目标。只要犯罪嫌疑人涉嫌的犯罪不是法定刑十年以上的重罪等法律明确规定应当羁押的情形，按照法律规定采取非羁押措施都是合法的，侦查程序中的大部分刑事案件都有采取取保候审等宽缓措施的制度空间。正因为如此，辩护律师不可以过于保守，而应该认真分析所了解的案件事实，寻求对被追诉人采取宽缓措施的事实根据和法律依据，如犯罪情节较轻，有从犯、自首、坦白、认罪认罚等法定从轻减轻处罚或从宽处理的情节，案件存在被害人有过错、出具谅解书、被追诉人有悔过表现、积极退赃或赔偿等酌定宽大处理的情节等。

其次，以原则之辩弥补侦查程序中难以作规则之辩的缺陷。原则是法律

---

① 《刑事诉讼法》第42条规定："辩护人收集的有关犯罪嫌疑人不在犯罪现场、未达到刑事责任年龄、属于依法不负刑事责任的精神病人的证据，应当及时告知公安机关、人民检察院。"从文义解释角度看，该法条规定了辩护人"应当"及时告知的"义务"；但从体系解释角度看，该法条通过对辩护人义务的规定确认了辩护人在侦查程序"收集证据"的权利。道理并不复杂，如果辩护人根本没有收集证据的权利，那么他就根本不存在"告知"的义务；既然辩护人有告知的义务，那势必意味着其有收集证据的权利。当然，在理论和实务中辩护律师在侦查程序中的取证权及其范围存在争议，但对于《刑事诉讼法》第42条规定的事项，律师有取证的权利当无疑问。辩护律师从公开信息中获取与案件事实有关联的内容，也是不能禁止的。

规范的价值取向，虽非关于权利义务和法律责任的具体规定，但是原则对司法机关行使规则赋予的自由裁量权具有指引作用。在侦查程序中，因辩护律师对个案事实无法完全掌握，规则之辩受限，但是规则以外的辩点恰恰不受侦查不公开通例的约束，这些辩点大都围绕原则展开，相关事实具有开放性、可查性。法律原则又分为公理性原则和政策性原则两类，公理性原则之辩可以从事理、情理入手进行，政策性原则之辩则要从国家的刑事司法政策切入。公理性原则包括符合社会主流价值观的隐含原则，也包括符合宪法规定的基本权利的隐含原则，更包括刑法本身明确规定的显性原则，即罪刑法定原则、刑法平等适用原则和罪责刑相适应原则。这些原则之辩，有利于强化改变强制措施的理由。有些刑事案件适合作政策性原则之辩。刑法规定的法定刑都是幅度刑，司法时有裁量空间；刑事诉讼法规定的强制措施等司法行为，同样有伸缩余地。国家的刑事司法政策对侦查机关和检察机关决定是否采取羁押性强制措施、是否撤销案件、是否不起诉具有指引作用。比如，中共中央、国务院《关于完善产权保护制度依法保护产权的意见》明确规定了司法机关办理涉及民营企业等非公经济主体的刑事案件应当以发展眼光客观看待和依法妥善处理改革开放以来民营企业经营不规范问题等有利于对相关刑事案件宽缓处理的政策；最高人民检察院对降低审前程序羁押率、少捕慎诉等有多个政策性文件出台。这些政策都可以成为侦查程序辩护观点的依据。

需要注意的是，辩护律师对原则之辩须承担一定程度的"举证"责任。比如，为什么对涉嫌犯罪的民营企业家不宜批捕羁押？辩护律师应该通过走访了解民营企业的经营状况、员工就业、技术创新项目实施、纳税、社会责任承担等情况和企业对被追诉人的依赖程度等原始的数据资料，以论证运用政策宽大处理的必要性和合理性，进而为请求侦查机关变更强制措施、检察机关不批捕提供适当理由。兹以笔者参与辩护成功的案件为例说明之。

  案件基本情况：某民营企业家涉嫌虚开增值税专用发票罪，经综合运用规则之辩和政策性原则之辩，终获宽缓处理。

  案情概要：某市一民营企业家沈某年届六旬，数十年来兢兢业业埋头创业，其经营的汽车零部件制造企业是当地开发区纳税大户，带动数百名员工就业和上下游若干企业生存发展。2017年，沈某经人介绍从邻县一企业虚开税额500余万元的增值税专用发票，法定刑十年以上有期徒刑。在税务执法程序中，沈某公司接受处罚并补缴了税款。后沈某向公安机关投案但未如实供述全部事实，被公安机关刑事拘留后，沈某有检举他人犯罪等立功情节。案发时，公司正在与欧盟某国企业洽谈拟引进一个流水线，拟对生产设备实施技术升级改造。

辩护方案：按照党中央、国务院关于保障非公有制经济健康发展、保护企业家合法权益的政策精神，对民营企业在经营过程中的不规范乃至违法犯罪行为应当客观看待、正确处理，尤其是在采取刑事强制措施、追究刑事责任时应当宽严相济、区别对待。于是，辩护律师在对涉案行为作规则之辩（单位犯罪、单位自首、立功可以减轻处罚）的同时，通过公司和当地政府，收集作政策性原则之辩的相关事实材料。

中央政策：2016年11月27日公布的中共中央、国务院《关于完善产权保护制度依法保护产权的意见》要求，以发展眼光客观看待和依法妥善处理改革开放以来各类企业特别是民营企业经营过程中存在的不规范问题。

司法政策：近年来，最高人民检察院也多次出台政策要求各级检察机关在办案过程中采取措施，切实依法保障和促进非公有制经济的健康发展，保护民营企业的合法权益，对涉非公企业主体要慎用刑事强制措施。在2016年出台的最高人民检察院《关于充分发挥检察职能依法保障和促进非公有制经济健康发展的意见》中，最高人民检察院明确要求检察机关办案时"要优先考虑企业生存发展"，第9条更是明确提出要"注意改进办案方式方法，防止办案对非公有制企业正常生产经营活动造成负面影响"，"对于查办非公有制企业经营管理者和关键岗位工作人员的犯罪案件，主动加强与涉案企业或者当地政府有关部门、行业管理部门的沟通协调，合理掌控办案进度，严格慎用拘留、逮捕措施，帮助涉案非公有制企业做好生产经营衔接工作"。

地方政策：案发地党委政府和司法机关为贯彻中央政策，也出台措施改善民营企业营商环境，保障企业家权益，明确要求完善企业家权益维护机制、强化审慎善意观念、依法审慎对企业家采取强制措施。

辩护意见：根据中央和地方的政策规定，公安司法机关完全可以也应该在当事人具有法定从轻减轻处罚情节且证据业已提取固定的情况下对犯罪嫌疑人采取取保候审，使其经营管理的民营企业能够生存发展。当事人一贯品行良好，不但无犯罪前科劣迹，而且努力创业，合法经营，其经营的企业是纳税大户，对经济发展作出了突出贡献，在本地又有合法的住址，其家属也愿意提供资金或者担任保证人保证其不妨碍诉讼正常进行。若继续羁押，可能导致合同无法继续履行，银行可能抽贷断贷。

诉讼结果：侦查机关经慎重考虑，依法变更强制措施为取保候审，嫌疑人获得释放，回到企业重启经营管理；侦查终结后，人民检察院经依法审查并核实企业经营情况，在提起公诉时建议人民法院减轻处罚宽缓处理，后经两级人民法院一审二审，终审判决对当事人减轻处罚并适用缓刑，诉讼圆满结束。

2. 审查起诉慎辩与辩护词撰写策略

在案件侦查终结移送检察院审查起诉以后，辩护律师可以阅卷并调查取证，虽然信息对称为律师按照规则进行有针对性的事实和法律辩护提供了可能，但是，在检察院审查起诉程序发表辩护意见、提交辩护词，相较于审判阶段而言具有更大的不确定性。因此，审查起诉辩护应当慎辩。

之所以说审查起诉辩护具有更大的不确定性，是因为检察官职能和身份的多样性。如前所述，检察官在受理案件之初，因对案件尚无全面了解，其认知思维和价值取向具有开放性，居中审查的"审前裁判者"角色使检察官更有可能平等听取侦辩双方意见，此时检察官的思维方式类似于法官，以价值无涉的三段论演绎推理为主，辩护律师充分发表无罪或罪轻的辩护意见，有利于检察官履行客观公正义务、确保办案质量，辩护意见被采纳的可能性较大；一旦检察官对案件有了自己的认识并形成了起诉的决定，不但先入之见很难改变，而且检察官因起诉而改变了身份即从中立审查者身份变为积极指控者身份，此时公诉人的思维方式就不再是价值无涉的三段论演绎推理，而是类似于辩护律师的目标导向复杂推理，检察官与律师的关系不再是审查者和辩护人的关系,而是平等对抗的控辩双方;另外,检察官区别于警官、法官的独特之处在于他肩负宪法赋予的侦查监督和审判监督职责,律师的辩护意见有可能引发检察官的监督职能,检察官不但可能会决定把案件退回补充侦查,还可能会自行补充侦查、引导公安侦查或向侦查机关发出纠正违法通知书,如果辩护律师在审查起诉辩护中过于详细分析案件的证据缺陷和侦查程序中的违法情形,除非可以收到毕其功于一役的效果,否则极有可能促使检察和侦查机关补充侦查而做实做足有利于指控的有罪证据,甚至有可能扩大侦查范围使案件"越辩越重"。

因此,既然被法律赋予了只为被追诉人作无罪或罪轻辩护的职能,而审查起诉程序中又有退回补充侦查、自行侦查、引导侦查和检察官身份多重性带来的不确定性,辩护律师就应当既勤勉尽职又谨慎行事,辩护词的写作要防止不讲策略给被追诉人造成不利后果这一现象发生。

(四)文书篇幅:长短适宜

辩护词诉讼功能的实现,取决于司法文书是否采用辩护词中表达的辩护意见。长篇大论,即使有文化价值,若不被采纳,也实现不了在个案中的诉讼价值;短小精悍,只要抓住了控辩争点,瞄准了关键辩点,提出了正确的观点,就能给被追诉人的权利保障带来实益。长短本身不是重点,重点是根据案件情况和办案需要,当长则长,该短即短。辩护词的篇幅大小可以参酌最高人民法院《关于加强和规范裁判文书释法说理的指导意见》进行选择。该指导意见在第8条和第9条分别规定了应当强化释法说理和可以简化释法说理的情形,显然,强化释法说理的案件文书篇幅短不了,简化释法说理的文书篇幅长不了。既然辩护词的价值取决于判决书等司法文书对辩护意见的采纳,那么辩护词的长短与判决书等司法文书的长短取决于相同的情形。笔者认为,在文书篇幅上,有以下几点需要注意。

1. 应当强化释法说理的案件适宜长篇大论

这些案件是:疑难案件,控辩双方争议较大的案件,社会关注度较高、影响较大的案件,作无罪辩护、要求判处法定刑以下刑罚或者适用缓刑、要求免予刑事处罚的案件,控方建议判处死刑的案件,涉案行为涉及法律关系复杂、需要进行民商法、行政法分析判断的案件，新类型或者可能成为指导性案例的案件，公诉机关抗诉的案件，请求改判的案件，发回重审的案件，再审案件。这些案件本身属于人民法院判决书应当强化释法说理的案件，既然最高人民法院要求法官强化释法说理，那么辩护律师当然应该细化深化辩护理由。例如，对事实认定有争议的案件，尤其是依据间接证据或者采用推定方法认定事实的案件，法官应当围绕间接证据之间是否存在印证关系、是否能够形成完整的证明体系、推定启动的原因、反驳的事实和理由，阐释事实认定的理由和裁断的形成过程；对法律适用存有争议或者对法律规范的理解有分歧的，法官应当逐项回应法律争议焦点并说明理由；对于社会关注度高、有舆论压力的案件，要求法官不仅要阐明事理以说明裁判所认定的案件事实及其根据和理由、要释明法理以说明裁判所依据的法律规范以及适用法律规范的理由，还要求讲明情理以体现法理情相协调并符合社会主流价值观。无论是疑难案件和争议案件的事实认定、法律适用，还是社会关注案件的阐明事理、释明法理、讲明情理，都需要辩护律师在辩护词中下足功夫，把事实证据之辩和法律适用之辩、规则之辩和原则之辩、实体之辩和程序之辩等各种辩护方法有机结合，给法官作出有利于被追诉人的裁判一个充分的理由。这样的案件，辩护词的篇幅就短不了。

2. 可以简化释法说理的案件辩护词适合短小精悍

适用刑事速裁程序、简易程序审理的案件，被害人谅解、当事人达成和解协议的轻微刑事案件，被追诉人认罪认罚、辩护人不作无罪辩护的案件，适用普通程序审理但是控方已充分发表了有利于被追诉人的公诉意见和量刑建议的案件，辩护词不适合长篇大论。尤其是被害人谅解、当事人和解的案件，如辩护意见表达过度，有可能刺激被害人、引发其反感甚至可能使其收回谅解、不予和解，反而不利于法庭对被告人从宽处理。

总之，辩护词的谋篇布局、撰写策略和文书篇幅，既有诉讼文书的法律要求，又有诉讼职能与司法职能相互关系的实务考虑。虽然律师诉讼文书不像判决书那样有统一严格的形式要求，但是毕竟辩护词是刑事法律文书而不是文学作品，文风不宜过于别出心裁、汪洋恣肆。

三、辩护词的写作和使用

除了要理解辩护词的功能，掌握辩护词的逻辑和章法，还需要了解辩护词写作的准备工作与写作步骤，如此方能写出一篇合格的辩护词。笔者认为，辩护词的写作主要分为准备工作和文书撰写两个阶段，本部分还将论述辩护词的用途。

（一）准备工作

文学艺术作品的创作需要灵感。数学物理等科学的研究可以诉诸思维实验，[①] 但是，辩护意见的形成和辩护词的撰写除了灵感、思考还需要遵循法定的步骤。无论是委托辩护还是指定辩护，律师担任辩护人办理刑事案件，都会涉及对人的生命、自由、财产和资格的生杀予夺。因此，尽管辩护词的署名作者是辩护律师，但是它的内容却不能由辩护律师按照个人喜好自说自话，辩护律师需要做好以下几件事，以求做好辩护词写作的准备工作。

1. 通过会见确定目标

对于刑事案件作无罪辩护还是有罪辩护，辩护律师必须征求被追诉人的意见，不能违反被追诉人意愿作对其不利的辩护。这既是刑事诉讼法和律师法规定的辩护职责的应有之义，也是中华全国律师协会《律师办理刑事案件规范》的明确要求。据此，辩护词的撰写，如无特别情况，第一步要做的工作就是通过会见被追诉人，由其选择辩护的目标。当然，被追诉人对辩护目标的选择可能是盲目的、不理智的，辩护律师可以通过多次会见，耐心沟通，尽量让被追诉人对案件事实和法律规定有全面的认识和准确的理解，以免其因为无知或任性而作出对自己不利的选择，但是，辩护律师最终必须尊重当事人本人的意愿，不得违背其意愿自说自话地作对被追诉人不利的辩护。实务中的问题是，辩护律师可否违背当事人意愿作对其有利的辩护？要区分不同情况：即使辩护律师认为案件根本不可能作无罪判决，认罪认罚更有利于当事人本人，除非当事人本人自愿认罪认罚，否则律师也不能擅自作有罪辩

[①] 思维实验，是指在头脑中进行的思想实验和理想实验，是与物化实验（借助仪器设备进行的实际实验）相对应的范畴。参见刘瑞直：《论思维实验》，载《科学技术与辩证法》1995 年第 2 期。

护；辩护律师认为案件无罪而被追诉人却自愿认罪认罚，只要被追诉人不明确反对，辩护律师可以作无罪辩护。①

2. 通过阅卷发现辩点

在辩护目标初步确定后，辩护词并非律师要撰写的第一份诉讼文书。在审查起诉程序和审判程序中，辩护律师要撰写的第一份诉讼文书是阅卷笔录。正如在法学教育的论文环节选题开题以后要做的第一项工作是文献检索与综述一样，辩护词撰写的前道工序是制作阅卷笔录。

在阅卷顺序上，辩护律师与检察官有所区别。为确保办案质量，正确履行公诉案件审查职能和法律监督职责，确保客观公正办案，公诉检察官阅卷，宜按照"实物证据（物证、书证、电子证据、视听资料和勘验检查笔录、侦查实验笔录）—科学证据（鉴定意见和专门报告②）—言词证据（证人证言

---

① 这种观点也得到了检察系统领导人的认同。最高人民检察院副检察长陈国庆在接受《法治日报》记者专访时指出，犯罪嫌疑人自愿认罪认罚，同意检察机关量刑建议，但辩护律师并不认可，此时辩护律师在场，更多的是见证犯罪嫌疑人系自愿签署具结书的，当然也包括向犯罪嫌疑人充分释明具结书内容，并监督签署过程合法进行。律师辩护权具有独立性，律师不能违背被告人的意志，而依法应当维护被告人的合法权益，不能提出不利于被告人的辩护意见。这包含两层意思：一是在被告人不认罪的情况下，律师依法不能坚持作罪轻辩护。二是如果被告人认罪，关于事实问题，若符合案件实际，律师不应反驳。如果律师认为法律适用和证据上存在问题，则可以依法提出法律上的辩护意见。对于认罪认罚案件而言，若被告人系自愿认罪认罚并签署具结书，即使律师提出无罪或者罪轻的辩护意见，法庭经过审理认为检察机关指控罪名正确的，仍然应当依法适用认罪认罚从宽制度，按照审查起诉阶段即认罪认罚给予被告人从宽处罚。若被告人坚持认罪认罚，而辩护律师因意见不一而拒绝签字，被告人又未解除辩护的，检察机关应当将此具结书提交法庭，由法庭审理后依法认定处理；法庭经审理认为检察机关指控正确的，对被告人可以按照审查起诉阶段或者侦查阶段的认罪认罚给予从轻处罚。参见蒋安杰：《认罪认罚从宽制度若干争议问题解析（上）——专访最高人民检察院副检察长陈国庆》，载《法制日报》2020年4月29日，第9版；蒋安杰：《认罪认罚从宽制度若干争议问题解析（中）——专访最高人民检察院副检察长陈国庆》，载《法治日报》2020年5月6日，第9版；蒋安杰：《认罪认罚从宽制度若干争议问题解析（下）——专访最高人民检察院副检察长陈国庆》，载《法治日报》2020年5月13日，第9版。

② 最高人民法院《关于适用〈中华人民共和国刑事诉讼法〉的解释》第100条规定："因无鉴定机构，或者根据法律、司法解释的规定，指派、聘请有专门知识的人就案件的专门性问题出具的报告，可以作为证据使用。对前款规定的报告的审查与认定，参照适用本节的有关规定。经人民法院通知，出具报告的人拒不出庭作证的，有关报告不得作为定案的根据。"第101条规定："有关部门对事故进行调查形成的报告，在刑事诉讼中可以作为证据使用；报告中涉及专门性问题的意见，经法庭查证属实，且调查程序符合法律、有关规定的，可以作为定案的根据。"也就是说，司法解释只认可了有专门知识的人就案件的专门性问题出具的"专门报告"和政府有关部门的"事故调查报告"这两种报告具有"准鉴定意见"的证据地位。基于程序法定原则，其他任何不符合法律和司法解释规定的材料和意见，都不能作为刑事证据使用。

笔录—被害人陈述笔录—讯问笔录)"的顺序进行，先审查客观性强的实物证据，后审查主观色彩浓厚的言词证据（最后阅讯问被追诉人笔录），以防止言词证据主观性的影响，确保证据审查和事实认定尽量客观；而基于立场预设、目标导向的辩护职能，为充分有效地提出对被追诉人有利的辩护意见，辩护律师阅卷宜按照"言词证据（讯问被追诉人笔录—询问被害人笔录—询问证人笔录）—科学证据—实物证据"的顺序进行，先审查讯问被追诉人的笔录，后审查实物证据，以免淡忘辩护的立场和方向。

阅卷笔录的制作是带着辩护目标、质疑在卷有罪证据、发现在卷无罪证据的过程。当然，有利于被追诉人的辩护意见仍然需要"根据事实和法律"提出，阅卷也是对被追诉人所提辩护目标的检验。如果阅卷后发现被追诉人隐瞒重要事实导致辩护目标设定不当的，应当会见被追诉人核实证据，以确定被追诉人辩解是否属实、辩护能否继续进行。如果被追诉人或委托人"故意隐瞒与案件有关的重要事实的，律师有权拒绝辩护"，"律师与当事人或者委托人就辩护或代理方案产生严重分歧，不能达成一致的，可以代表律师事务所与委托人协商解除委托关系"。①

阅卷笔录的制作以发现辩点、证成观点为目的，为辩护词撰写打下证据和事实基础。因此，既要全面客观反映案件证据材料的情况（包括不利于被追诉人的指控证据和有利于被追诉人的辩护证据），又要在摘录的同时随时标注发现的辩点和阅卷时灵光一现的辩护灵感。同时，阅卷和会见都是发现证据矛盾和取证线索的重要机会，阅卷笔录制作过程也是管辖异议意见书、非法证据排除申请书、调取证据申请书的起草和自行调查方案的制定过程。因此，高质量的阅卷笔录是包括辩护词在内优质的律师诉讼文书的基础。

3. 通过调查检验观点

通过会见和阅卷发现取证线索、制定调查方案后，律师调查对检验诉讼目标和辩护观点意义重大。律师调查包括申请司法调取证据，申请司法许可询问被害人，申请重新或补充鉴定，自行调取物证书证、电子数据、视听资料等实物证据，询问证人、咨询有专门知识的人等。调取实物证据应当制作

---

① 参见《律师办理刑事案件规范》第12条。

提取笔录，写明提取过程、证据种类和数量等，由提取人、持有人签名。提取言词证据要特别注意依法进行，完整告知作证义务和作伪证的法律责任，要规范提问，防止威胁引诱，要完整如实记录，为预防职业风险，宜由两人共同取证，除制作笔录外，宜录音录像。

在有物证和书证等实物证据的案件中，辩护人应认真审查勘验检查提取笔录，并与实物证据和检验报告、鉴定意见进行比对；在有现场的案件中，辩护人阅卷以后最好能够亲自踏勘现场，形成经验印象，再与侦查机关所作现场勘查笔录进行比对。关于事实认定的辩护，仅靠审查在卷证据是不够的，尤其是被告人坚称无罪的案件，调查取证和踏勘现场，往往能发现侦查取证的纰漏、错误，为检验辩护观点和辩护词撰写中的事实证据辩护提供第一手素材。

4. 通过检索证立意见

在会见确定辩护目标、阅卷和调查发现辩点并夯实三段论小前提事实基础以后，通过检索法律规范、同类案例和学术文献为证立辩护意见提供大前提规范依据，是辩护词撰写的至关重要的环节。

文献检索不仅为办理个案所必需，还能为将来或同事办理同类案件积累知识资料以避免重复劳动。法律检索包括涉案刑事法律规范、刑事法律解释和指导意见等规范性文件，案例检索包括最高司法机关的指导案例和参考案例、最高人民法院和上级人民法院的生效裁判以及办案机关的生效裁判，学术文献检索包括权威机关对法律解释和典型案例的解读文章、法学教育研究人员对相关法律和案例的学术研究论文。在疑难案件辩护中，法律检索还有必要检索涉及"实质违法性判断"的民商法、行政法和社会法规范，学术文献检索还要搜集涉案行为发生领域的背景知识资料。比如，在作者办理的个海上打捞案件辩护工作中，不仅检索了"脱离物"相关的民法规范，还检索了涉及沉船沉物打捞的行政立法。

法律术语和法律概念、法条表述与规范意义经常存在词不达意的现象，而这种立法上的名实背离一旦叠加望文生义，就会导致违反规范意旨、违反罪刑法定原则的情况出现。而要澄清法律规范的真实含义以循名责实，就必须检索相关学术论文。比如，关于《刑法》第 205 条"虚开增值税专用发票罪"和《刑法》第 205 条之一的"虚开发票罪",文字表述上看似天衣无缝,但规范适用时常名不副实。当被追诉人只是为了虚增业绩而不以骗抵税款为目的虚开增值税专用发票、客观上也未造成国家税款损失时,被追诉人虚开的"增值税专用发票"因不再承载增值税法益而无异于"其他普通发票",即使入罪,也只构成《刑法》第 205 条之一的虚开发票罪这一轻罪而不构成最高刑为无期徒刑的《刑法》第 205 条的虚开增值税专用发票罪这一重罪。由于被追诉人的行为在表面上完全符合《刑法》第 205 条虚开增值税专用发票罪的客观要件,所以要通过实质违法性判断排除重罪法条的适用,就必须检索相关的专著和论文。在刑法学犯罪构成理论中,这种名实背离的现象被称为"表面的构成要件要素",相关权威论文有张明楷《论表面的构成要件要素》(《中国法学》2009 年第 2 期);在犯罪社会危害性或实质违法性判断时,这种名实背离的现象又涉及前置法与后位法的关系(法益空洞化)、行为无价值和结果无价值(侵害抽象的秩序法益行政违法还是侵害具体的税收法益实质违法),相关专著有刘艳红、周佑勇著《行政刑法的一般理论》(第 2 版)(北京大学出版社 2020 年版)和张明楷著《行为无价值论与结果无价值论》(北京大学出版社 2012 年版)等文献。

规范、案例和学术文献检索综述有助于使辩护意见更加丰满、论证更加有力。尤其是在法官学历水平日益提高的情况下,如果辩护律师不在阅读的广度和深度上赶上法官,就难以在疑难案件辩护意见的论证上说服法官。

5. 通过会商确定意见

在通过会见确定辩护目标、通过阅卷和调查发现小前提辩点与理据、通过法律和文献检索发现大前提辩点与理据后,辩护词撰写的准备工作进入最后一个环节——会商确定阶段。除案情简单、被追诉人认罪认罚的案件外,刑事司法实践中争议较大的疑难复杂案件,律师的辩护应当借鉴司法办案中的合议制、专业法官会议和审判委员会集体决议机制,重大的疑难复杂案件宜组成 3~5 人的办案组,必要的时候可以在律师事务所内开展专题研究,以集中众人的智慧,形成有力的辩护意见。

(二)文书撰写

辩护意见确定后就可以开始辩护词撰写了。疑难复杂案件的辩护词撰写应由辩护律师亲自执笔，简单案件的辩护词撰写可以由办案组其他成员起草然后由辩护律师修改定稿。辩词的撰写工作需要注意以下几点。

1. 辩护词的起草顺序

辩护词撰写应先拟定提纲，提纲由引言、主文和结语组成，主文由一二级标题组成。也就是说，辩护词的撰写，先写好引言和结语，拟定各主要辩点的一二级标题，然后再撰写具体辩护理由。

2. 辩护词的修改完善

辩护词初稿完成后应根据会见当事人、约见司法人员的情况进行修改完善。在侦查阶段，辩护律师在受理后提交委托手续和律所公函时约见侦查办案人员以了解案件情况，在刑事拘留期满前和侦查终结前分别约见侦查人员，以沟通是否提请逮捕和移送审查起诉的有关事项，适时提交辩护词并根据侦查人员的反馈修改完善。在审查起诉阶段，同样要多次约见检察官，口头或书面表达辩护意见，根据检察官的反馈修改完善辩护词。在一审审判阶段，宜于提交辩护委托手续时同时递交辩护词，以便让法官在阅卷前了解辩护人的辩护意见，有利于使法官关注有利于被追诉人的证据材料和法律规范，开庭审理后，结合庭审质证和辩论情况修改辩护词，开庭后向法官提交。在二审审判阶段，对于不开庭审理的案件，亦应多次约见法官口头发表辩护意见、提交辩护词，根据法官反馈修改完善辩护词。依笔者本人的辩护实践，在整个刑事诉讼过程中，疑难复杂案件的辩护词通常会有5～10次大的修改。

3. 辩护词的定稿打印

虽然律师行业对辩护词等诉讼文书的样式没有强制要求，但是最高人民法院对民事案件与刑事案件的司法文书则有统一格式要求。《法院刑事诉讼文书样式》（样本）中对裁判文书的字体字号、标点符号、数字序号、计量单位和印制标准均有非常详细具体的规定，辩护词可以参照适用。

辩护词应精装胶印，封面封底应使用专用纸张，纸张宜厚实挺括，色泽应庄重大方，封面抬头可彩色印制律师事务所的Logo标志，标志下一般用2号宋体字加粗打印案件名称（×××被控××罪案），用1号宋体字加粗打印文书名称（辩护意见书），下端居中用2号宋体印制成文时间，最下端以4字号宋体印制辩护人姓名、联系电话、律所名称和通信地址等，辩护词内页正文一般用 3 号仿宋体字，篇幅过长时亦可考虑使用 4 号字体。一级标题用方正公文黑体，二级标题用方正公文楷体加粗。

对于辩护词印制标准，文书正本在两页以内的，用国际标准 A4 型（297 毫米×210 毫米）70 克打印纸；文书正本在 2 页以上的，一般应当用国际标准 A3 型（297 毫米×420 毫米）70 克打印纸，折成 A4 幅面，正反两面印刷。版式：每页 22 行，每行 26~28 个汉字位置，文书天头大于地角，左空（装订线一侧）大于右空（翻页一侧），页码单右双左排列。装订：文书正本在 2 页以上的，应当用粘贴方法，不用订书机装订，文书正本在 5 页以上，可采用胶印的方法。

（三）辩护词的用途

辩护词主要用途是提交司法机关供司法决策时考虑辩护意见。可以根据工作需要，向司法机关提交书面和电子文本，可当面递交，亦可邮寄送达。

案件公开审理后辩护词可以给委托人或被追诉人一份留存，可要求委托人或被追诉人不得擅自发表或用于其他不当场合。案件判决后，辩护词可以通过媒体或网络自媒体公开发表，以传播诉讼文化，也可以用于律所、律协的业务交流活动或学术研讨活动以积累法律学术。

结语

文如其人。欲写好辩护词，须先当好辩护人。既然司法权是判断权，辩护是立场先定、目标导向的诉讼职能，那么辩护律师就应该在正当程序内以恰当的司法方法说服司法者依法作出对被追诉人有利的公正判断，而辩护词正是律师说服司法裁判的重要工具，它还是律师辩护工作过程的反映和律师智力成果的记录。一份优秀的辩护词，既能展示辩护律师卓尔不群的职业形象，又能传播公道仁慈的法治文明。

第15讲

辩护词写作的一个中心、两个基础、三个要素和四种思维

◇ 尚 华[*]

一、明确辩护词的一个中心——主旨及辩护思路

辩护词是辩护人对案件事实、证据、定性及处理的综合意见，辩护词的内容和写法没有完全统一的格式，但写作辩护词的出发点是统一的，都是根据案件事实和法律规定，提出被告人无罪、罪轻或者减轻、免除刑事处罚的意见。不同的案件需要结合具体案情、事实证据、法律依据等提炼出主旨。一份好的辩护词应该是主旨观点明确，如究竟是无罪辩护还是罪轻辩护、量刑辩护，在辩护词开始就亮明观点，并在后面内容中围绕主旨观点组织材料展开论证。辩护词的主旨观点应该正确、恰当、明确，不能含糊其词。

提炼主旨和辩护思路需要研究案件，充分研究案件是写好辩护词的前提。做好这一工作，认真有效地阅卷必不可少，需要研究案卷材料特别是起诉意见书、起诉书、各种证据等，梳理清楚控方观点及依据，寻找可能有利于辩方的证据材料，并结合法律依据形成基本辩护思路，主旨明确，辩点突出。主旨与辩点有关，准确的辩点既是对主旨的支撑，也是主旨的延伸。一个案件可能不止一个辩点，控方关键证据是否存在真实性、合法性上的问题，控方证据体系是否达到有罪判决的证明标准，控方对指控罪名的认定是否错误，

---

[*] 尚华，北京市京都律师事务所律师，北方工业大学副教授，中国政法大学语言与证据中心副主任、研究员，中国社科院法学所、最高人民法院中国应用法学研究所博士后，最高人民检察院控告申诉检察咨询专家，最高人民检察院重罪检察证据分析研究基地专家。

是否构成正当防卫,是否具有自首情节等,都有可能成为辩点。准确识别辩点是有效辩护的重要工作,一篇没有准确辩点、主旨不清的辩护词即使语言再生动也无法获得法官的认同。

创作辩护词的目的是说服法官接受律师辩护观点,辩护人对于自己提炼的主旨和辩点应当反复斟酌,并将这一辩护思路贯穿辩护词的全部内容。辩护词的材料、论证可以涉及多个内容,可以旁征博引,但不能偏离主线。写作辩护词时要有法律职业共同体意识,既要从辩护人角度研究辩护思路,又要换位思考,站在法官角度思考辩护词的主旨和辩点是否可以被接受,甚至可以站在检察官角度挑战一下自己的辩护思路。从对手角度挑战自己的辩护思路是为了发现自己辩护词不足和薄弱的地方,从而进一步完善辩护词的内容,如果站在对手角度都对自己的辩护思路充满信心,那么辩护词的主旨观点就很可能得到支持。

二、夯实辩护词的两个基础——证据、法律

证据与法律是辩护词的两个重要基础,也是辩护词说理性的主要来源。随着法官职业化和辩护专业化的进程,脱离证据与法律的空乏评论或煽情演讲越来越无法得到法官支持。法官裁判案件是以证据为基础、以法律为准绳,律师辩护也应如此,法官希望看到观点明确且证据充分、晰法明理的辩护词。

证据之辩是最有效的内容,辩护词最有力的支撑来自事实和证据,这首先体现为对控方证据的有效反驳和质疑,应当重视分析控方的举证提纲,这对于控方关键证据的有效质证往往起到四两拨千斤的效果。为了形成有效辩护词,辩方需要得到有利的辩护证据,对此除了要关注辩方调取的证据,还应该特别关注案卷中的证据材料。案卷证据具有重要价值,案卷中潜在的辩护证据信息可以分为三类:一是某份对辩方有利的证据,二是某份证据中对辩方有利的部分,三是某证据可能存在对辩方有利的解释。为此,需要全面梳理案卷内容,制作阅卷笔录,针对每一项证据独立分析其是否真实、合法及与案件的关联性,如证人询问笔录是否有证人核实签名,鉴定意见是否有鉴定机构盖章和鉴定人签名。此外,还特别需要对案卷中的证据进行组合分

析，分析不同证据之间的矛盾、一份证据不同内容之间的矛盾。

辩护词离不开对法律的准确理解，辩方需要找到有利的法律依据或法律解释。这既需要律师的平时积累，具备扎实的刑法、刑事诉讼法功底，还要针对特定案件潜心研究，找出案件可能涉及的法律条款、司法解释等规定。辩方应关注控方指控所适用的法律依据，分析这些法律适用是否存在错误、是否存在争议。对于理解存在争议的法律规定，可以查阅有关文献，找到有利于辩方的观点和解释，也可以向专门研究该领域的学者咨询。此外，有必要重视指导性案例、最高人民法院公报案例等案例，从中找到可能支持辩护观点的法律理由，将其作为辩护词的重要基础。辩护词需要明确列出引用法条的具体条款以及有关案例来源，从而方便法官查阅和接受，不能简单笼统写："根据法律规定……"

三、优化辩护词的三个要素——选材、结构、表达

如果说主旨和辩护思路是一份辩护词的灵魂，那么选材、结构、表达就是构成辩护词形体的基本要素。

辩护词的选材应当选用足以说明主旨的材料。选材的基本要求是客观性、针对性和充分性。首先，客观性要求选材真实、可靠，反对浮夸、编造和虚构。辩护词应尽可能展现证据的原始内容，如果辩护人在证据内容中融入过多主观评价和总结，就容易使法官觉得这些材料是辩护人带有主观性的判断，从而影响证据材料的说服力。建议标注证据材料的出处，如源自案卷第几卷第几份证据第几页等，既体现出材料来源的客观性，又方便法官查阅，也可给法官留下辩护人重客观证据、理性严谨的印象。对于引用的有关类似案例也应当标注清楚，为了方便法官查阅可以将判例重要部分摘录出来，也可将案例判决书等材料作为辩护词附件。其次，选材的针对性要求结合辩护词的主旨和重要辩点，针对指控内容进行有针对性的选材。在对抗式庭审中，辩护人就是要质疑、削弱检察机关的指控内容，这是辩护词的重要功能，有必要在辩护词的选材内容中体现。最后，选材的充分性要求每一个辩点都要有充分的材料加以支撑，这些材料可以是案件证据和有关法律，也可能涉及案件中的某领域专业知识，如财务知识、化学知识等，如果缺乏充分材料就难

以得到法官支持。

辩护词的结构虽然没有完全统一的形式，需要根据不同案情和不同辩点组织结构，但基本结构都应当具有层次性，符合起承转合的基本章法。通过对事实证据和案件定性的分析，形成对案件的基本观点。辩护词的结构分为若干个大部分和小部分，每一个部分都集中针对某个具体问题，且有清楚明确的标题。标题最好有具体的信息表达，能够直接反映这一部分的核心思想。法官通过查看辩护词的每个标题，就能快速接收到辩护词的主要内容。一般来讲，辩护词的主要观点放在开头部分或结尾部分，如果能够首尾呼应往往会起到更好的效果。至于某一具体部分的层次展开，可有多种方式，如涉及事实部分可以先介绍控方证据和指控事实，再分析证据提出意见，最终形成辩护方认定的案件事实。也可以直接展示辩方认定事实，再分析证据和反驳控方观点。

辩护词的表达应当清楚、逻辑性强。首先，表达清楚是一份辩护词的基本要求，创作辩护词的目的是向法官和其他诉讼参与人传递辩护观点及理由，表达是否清楚直接决定辩护观点传递的效果。辩护词需要选择准确、有效的词、句和语体，语言使用规范、术语恰当、词义褒贬得当、数词精确，一般多使用确切词语，如果使用长句需要注意意思准确，避免歧义。其次，表达逻辑性是辩护词说服力的重要体现。缺少逻辑性的辩护词注定缺乏雄辩的光彩，辩护观点也难以被法官采纳。辩护词的逻辑性要求论证层次分明，层层推进，形成层层递进的辩护理由体系。辩护词内容应当前后一致、环环相扣，避免前后矛盾、内在冲突。

四、强化辩护词的四种思维

辩护词写作中还需要注意四种思维，即"破""立"结合、"质""辩"结合、"点""面"结合、"理""情"结合。

1. "破""立"结合的思维。"破"是对检察机关控诉主张和理由的否定。辩护词不能自说自话，不能回避矛盾，应当围绕控方指控来准备，内容上应与控诉内容有所争辩和交锋。这就要求在写作辩护词之前应认真分析控方证据、定性、情节及案件处理，研究控诉主张的破解之道，如指控的证据是否真实合法，指控的证据是否能够确实充分地认定犯罪事实，控方适用的法律是否准确，定性和指控意见是否正确等。"立"是辩护词需要明确自己的观点并争取得到法官的支持。辩护词的内容不能只有"破"，更需要"立"。无论是边"破"边"立"还是先"破"后"立"，辩护词都需要结合证据说明辩方认定的事实，提出辩方对案件的定性分析和处理建议。"立"有可能以"破"为基础，通过对控方证据和定性等的否定来形成自己的辩护观点，如通过否定控方证据体系从而形成"指控的犯罪事实不清，证据不足"的结论。"立"也可以通过引入其他材料和理由来确立，如辩护人提出正当防卫等违法性阻却事由，辩护人提出独立的从轻、减轻、免除处罚的量刑情节。

2. "质""辩"结合的思维。质证与辩护词应当纳入统一思路，有效的法庭质证是辩护词的事实基础，辩护词是法庭质证的延展。两者紧密结合，会提升整个辩护效果，也可以使法官更容易接受辩护词中的辩护观点。相反，如果质证与辩护词各说各话，就会削弱整体辩护效果，也会让法官感觉辩护词缺少证据基础。从削弱、破解控方指控的角度而言，质证就是一个釜底抽薪的过程。质证过程也是对控方指控下的控诉证据体系"破"的过程，这也是辩护词说理的重要基础之一。

3. "点""面"结合的思维。辩护词既要形成一个完整的辩护面，又要重点突出，紧紧抓住重要的辩护点。辩护词的写作要有系统化视角，对于有利于被告人的各种材料和理由应当进行系统梳理、全面分析，避免遗漏可能有利于被告人的证据和理由，并进行合理布局，进而形成辩护词整体内容。但同时，一个案件的信息量往往很大，其中既有有关定罪量刑的重要信息，也有与案件处理结果无关的其他信息，辩护词写作中需要准确识别重要信息，精准提炼辩点，把材料和论证集中在辩点上，不去纠缠无谓的细枝末节。如果在一些细枝末节花费太多时间和篇幅，反而容易忽略重要的犯罪构成要件和量刑情节，远离了真正的辩点，即使法庭发表辩护词热热闹闹，但并不能带来有效的辩护效果。

4. "理""情"结合的思维。辩护词应当重视说理，辩护词应当散发出逻辑和理性的光彩，但这并不等于完全排斥情感。恰如其分的情感之辩往往会增加辩护词的人文温度，有利于赢得法官和其他参与人的关注和认同。"理"与"情"结合需要注意以下几点：首先，辩护词以"理"为主，以"情"为辅。辩护词是专业化的法律意见，必须坚持证据和法律的底线，理性说理应该是辩护词的主要内容，情感叙述可以是锦上添花，但不能喧宾夺主。其次，情感之辩应当适度。情感之辩并非简单煽情式演讲，应当跳出个人好恶和私人感情。情感之辩需要符合民众的朴素情感和认知，合乎民意、民情，实现以理服之、以情感之，从而使辩护词有力度又有温度。

第 16 讲

提纲挈领统筹辩护词的展开

◇ 田永伟[*]

一、技巧的归纳总结

书面辩护词是刑事辩护律师综合水准的晴雨表和风向标，一份精致完美的辩护词，是刑事辩护律师功力的集中体现，它既是对案件全部客观事实的还原，更是对犯罪构成要件的解析，亦是对法理要义进行论述的精髓。一篇好的辩护词，是一件精雕细琢的艺术品，应当做到逻辑条理结构清晰，证据缺陷论述到位，法条引用精准严谨，类案检索推敲无误，文字标题对仗合辙，行数与行间距整齐划一，以严格的公文写作标准要求自己，是优秀辩护词炉火纯青的不二法门。

此文讨论之辩护词，系广义之辩护词。所谓的刑事辩护，是指刑事案件自司法部门立案后（包括公安机关侦查的案件、检察机关自侦的案件、监察机关立案调查的案件和当事人在法院的自诉案件），犯罪嫌疑人委托律师事务所并指定专人对于案件的定性论理、对于证据的深入分析、与办案人员的书面沟通以及参与庭审发表全部意见的整个过程。在这整个流程中提交的全部法律意见，均系广义的辩护词范畴，本文仅从刑事辩护律师最为常见的罪名入手，即公安机关立案侦查的刑事案件对辩护词如何书写进行分析。笔者认为，写好辩护词需要注意以下几点。

---

[*] 田永伟，内蒙古蒙益律师事务所主任，专职刑事律师，内蒙古自治区律师协会副会长，赤峰市律师协会会长，赤峰市法学会副会长，中国政法大学刑事辩护中心研究员，内蒙古大学法学院法律硕士研究生实践导师。

（一）全面掌握刑事法理，达到对罪名构成深入浅出的分析

刑事法学理论扎实与否，是辩护词切中要害的根基。大学期间到从业之初，对刑事法学理论总是有一种可有可无的感觉，更甚者提出法理无用论。而随着刑法规定不断更迭，刑事法律政策的不断调整，刑事犯罪的罪名增加至400余个，而犯罪构成要件的有关理论也发生了变化，由最初的四要件理论转为三阶层或二阶层理论，违法与有责，抑或该当性、违法性、有责性的递进分析，行为无价值或结果无价值论对案件定性的影响已经不言而喻。行为人的行为是否对法益造成现实的风险，是否有具体损害结果发生，行为与结果是否有因果关系，行为发生时是否有违法阻却事由，对于每一个案件的分析都举足轻重。在初步分析的基础上，对照国内顶级刑法学专家学者的理论著作内容，检查罪名是否符合，立案标准是否具备，有无违法性阻却事由和免责因素，此类内容是辩护词中立论的着眼点，立论正确与否则直接决定了辩护意见的正确与否，因此，立论即法学理论在实践中的运用系辩护词成功与否的根基。此外，根据笔者的多年经验，推荐刑事辩护律师们认真研读国内顶级刑法学者的著作，诸如陈兴良主编、周光权副主编的《刑法总论精释》（第2版）（人民法院出版社2011年版），陈兴良主编，周光权、车浩副主编的《刑法各论精释》（第3版）（上下册）（人民法院出版社2024年版），陈兴良的《刑法研究》（13卷）（中国人民大学出版社2021年版），周光权的《刑法公开课》（第1卷）（北京大学出版社2019年版），周光权的《刑法公开课》（第2卷）（北京大学出版社2020年版），陈兴良主编、周光权副主编的《案例刑法研究（总论）》（上下册）（中国人民大学出版社2022年版），张明楷的《刑法学》（上下册）（第6版）（法律出版社2021年版）等。顶级作品中富含精华的法理知识，几位老师独到的见解，有时候在面对疑难案件时让我们茅塞顿开，是打开疑问的金钥匙，刑事法学理论知识可以视为刑事辩护律师撰写辩护词的大厦之基，以"基础不牢，地动山摇"来形容也不为过。而将上述书籍翻阅几遍后会发现，刑事案件进阶分析原来如此简单，辩护词着眼点找准后，言之有物也就水到渠成。而对于优秀的书籍，光阅读和划线是远远不够的，一定要养成对重点内容记笔记的习惯，并将此习惯保持终生，如此往复将受益终身。在撰写辩护词时，如有需要，直接援引使用即可，不至于落到"书到用时方悔少，词不达意成笑谈"的尴尬境地。

（二）全面熟悉刑事案例，达到对类似案例收发自如的索引

2020年6月1日，最高人民法院审判委员会讨论通过了《关于统一法律适用加强类案检索的指导意见（试行）》，2020年7月31日起实施，此意见确定了类案检索制度，同时，明确案件诉讼过程中律师可以提交类案支持自己的主张，法官应以适当的方式进行回应，以规范裁判权行使，促进裁判尺度的统一，此规定为类案检索提供了法律基础。

另外，随着电子技术的普及，各种类案检索软件如雨后春笋般扑面而来。就笔者而言，就所接案件经常到最高人民法院裁判文书网上检索，检索到的内容多可甄别使用。而作为最具影响力的案例推送，本人观点与陈瑞华教授的观点一致，作为刑事辩护律师，参考案例没有必要全面检索裁判文书网的内容，应当以最高人民法院刑事审判第一、二、三、四、五庭编写的《刑事审判参考》为蓝本，认真研究书籍中的每一个案例解析，想要成为优秀辩护人的律师们，建议每人两套最佳，办公室和家里各一套。就《刑事审判参考》内容而言，刑事辩护律师应着重研读说理部分，查找到与自己办理案件罪名及行为对应的案例直接编写进入辩护词，而在辩护词中提及的内容，作到简洁扼要，只提及《刑事审判参考》第几辑第几号，被指控的罪名和裁判的结果即可，而在撰写完辩护词后附此参考案例，辩护效果将会事半功倍。

如何撰写优秀辩护词，个人总结为24字，即逻辑严谨、重点突出、语句连贯、检索对号、援法适当、定性准确。此24个字可以类推到任何疑难复杂案件的辩护词，厚重且实用。

（三）全面把控案件内容，达到对涉嫌罪名分析的不偏不倚

此阶段的辩护词建议精简得体，简单案件不超过3页为宜，复杂案件不超过8页为妙，过多的内容在进入流程审批时，领导公务繁忙未必有时间翻阅指示，冗杂烦琐的辩护词更多是泥牛入海杳无音信，抑或直接否定辩护内容为常见。

阅卷的切入点，是公安机关移送人民检察院的起诉意见书，在其罗列的罪名和证据中寻找辩点，结合案例制作精细化的辩护方案，在检察机关办案人员阅卷形成意见前，在当面沟通的同时递交完成的辩护词，以完美的辩护内容说服检察官。此处之辩护词，应当包括对卷宗材料的问题剖析、罪名成立与否的法理论述、证据不确实充分的理由、法律法规的列举、类案检索的号码等。

经验而言，辩护词内容中建议加入有关司法解释的解读，这样会让辩护词更具有说服力。近年来，最高人民法院、最高人民检察院等有关部门对于新出现的犯罪类型，持续出台各类司法解释和复函等。司法解释的重要程度不言而喻，会直接指导司法实践操作，但是笔者认为，辩护人除了全面阅读掌握司法解释外，更要关注司法解释出台后最高人民法院、最高人民检察院有关部门对司法解释的解读或者答记者问，辩护词中直接援引起草人对司法解释的解读，会增加辩护意见被采用的可能性。

（四）全面剖析案件证据，达到对指控证据的排除合理怀疑

"以事实为根据，以法律为准绳"的基本法律原则中的"以事实为根据"，系建立在证据体系基础上的事实评价，而案件证据的类型规定于《刑事诉讼法》第50条，该条罗列了八大类证据。在案件移交审查起诉阶段，辩护人调取案卷并详细阅卷，制作笔录和分析证据存在的疑问、形成此阶段的辩护意见，案件存在争议的重要证据部分，建议辩护律师以表格和饼状图方式，连同类案检索一起递交承办检察官，此种方式节约时间，提升效率，令承办检察官一目了然，提交的时间节点当然越早越宜。

程序法理论层面，笔者推荐陈瑞华的《刑事程序的法理》（上下卷）（商务印书馆2021年版）、《刑事审判原理论》（第3版）（法律出版社2020年版）、《刑事诉讼法》（北京大学出版社2021年版）、《刑事证据法》（第4版）（北京大学出版社2021年版）等著作，立足于程序正当性，研究与程序有关的所有法律规定，将理论融入实践，以文字方式体现在辩护意见中。

针对控方的证据体系，辩护方案中需要首先考量研判证据的证据能力和证明力问题，因案而异制定攻防策略。此处推荐李勇的《刑事证据审查三步法则》（第2版）（法律出版社2022年版），此书深入浅出地分析了证据的分解验证、证据的双向对比和证据的综合分析，先从证据能力判断，再从证明

力判断，最后从事实认定角度对定案的维度进行分析。通读此书几遍后，对照检察机关承办案件证据的问题，即从证据的来源、取证的过程和最终的结果分析定案的证据是否具有证明力，即能否对案件产生实质性影响。严格把握《刑事诉讼法》第55条第2款第3项，即综合全案证据，对所认定的事实已排除合理怀疑。疑罪从无的落脚点，是辩护词的应有之义，即接到任何案件辩护人应首先开展无罪之辩，其次是疑罪之辩，最后再开展罪名变更和从轻、减轻之辩护，上述三项内容均十分重要，但顺序不能混乱颠倒。

（五）结论

辩护阶段前移的提法，本文不敢苟同，刑事辩护应覆盖整个刑事诉讼全过程，即辩护意见抑或叫辩护词应从侦查阶段开始，从会见及与办案人员的交流，到审查起诉阶段的复制研读卷宗、形成阅卷笔录及法律意见，到法庭开庭审理的调查与辩护，均应以口头和书面的辩护意见呈现。而笔者在开庭审理前，从来不庭前提交书面辩护词，而是以树状图、饼状图等方式提炼出核心要点，庭审过程中认真听取公诉人举证和公诉意见的焦点，做好充分的准备。辩论期间脱稿和时间控制是必然，案例加司法解读、理论与有力质证高效结合，有理有据、铿锵有力、直击要害的脱口秀完毕后，庭审结束当天必须形成完整的书面辩护词已经成了一种习惯。

经典的、有效的、不易被遗忘的辩护词，为人民法院所采纳并在裁判文书中引用，方为有效之辩护，若想要达到此效果，除了需要寄希望于有担当敢作为的法官拥有悲天悯人的情怀和对人情世故的洞悉，更需要有刑事辩护律师们的坚持和越挫越勇，以及在案件实际内容的基础上，撰写的逻辑严谨、客观真实、合法得体、顺乎情理的辩护词。

二、以案例为模板，解读撰写辩护词之要领

笔者接下来所举的案例，是一个涉嫌违法发放贷款罪的案件。办理涉嫌违法发放贷款罪案件，应从犯罪嫌疑人的主体身份与履职情况、行为是否造成实际重大损失且不可挽回、是否系单位犯罪等方面入手考量，充分遵循罪刑法定原则及刑法系二次法的性质，根据先客观后主观、先违法后有责的司法逻辑判断顺序，对案涉行为与违法发放贷款罪罪状描述的典型事实是否一

致逐步进行分析，厘清刑事犯罪与民事侵权、行政违法的界限，且为避免类推解释，应根据法律规定严格限定"国家规定"的范畴，明确区分"国家规定"与"国家有关规定"，以避免刑法打击力度的过大化。

（一）案情概述

杨某某系某银行某分行的信贷员。检察机关起诉书指控称，杨某某担任信贷员期间，办理李某某、齐某某作为共同借款人，吴某某、王某某作为共同借款人，于某某、代某某作为共同借款人，李某、王某作为共同借款人的四笔贷款时，未对借款人及保证人的条件认真审查，就作出合格决定提交审贷委员会审核，且未履行事后监督职责，给金融机构造成重大损失，其行为违反了中国人民银行制定的《贷款通则》，构成违法发放贷款罪。本案开庭前一日，某银行某分行出具了《关于杨某某四笔贷款情况说明》，该情况说明称案涉前三笔贷款已经结清，而最后一笔贷款有借款人提供的担保物及保证人。

（二）问题的提出

笔者围绕上述内容，整理本案焦点内容及审理案件关键要件所在，罗列如下：

1. 违法发放贷款罪有着怎样的法律规定？
2. 违反国家规定与对借款人、保证人条件审查不严能否等同？
3. 中国人民银行制定的《贷款通则》是否属于"国家规定"？
4. 如何理解违法发放贷款罪中的"造成重大损失"？
5. 信贷员事后监督存在瑕疵是否属于违法发放贷款罪的构成要件？

（三）解析思路及组织辩护词

笔者以以上焦点内容和关键要件为基础，先确定了本案的解析思路。

（1）违法发放贷款罪法律如何规定

《刑法》第186条规定，银行或者其他金融机构的工作人员违反国家规定发放贷款，数额巨大或者造成重大损失的，处5年以下有期徒刑或者拘役，并处1万元以上10万元以下罚金；数额特别巨大或者造成特别重大损失的，处5年以上有期徒刑，并处2万元以上20万元以下罚金。银行或者其他金融机构的工作人员违反国家规定，向关系人发放贷款的，依照前款的规定从重处罚。单位犯前两款罪的，对单位判处罚金，并对其直接负责的主管人员和其他直接责任人员，依照前两款的规定处罚。关系人的范围，依照《商业银行法》和有关金融法规确定。

最高人民检察院、公安部《关于公安机关管辖的刑事案件立案追诉标准的规定（二）》第37条规定，银行或者其他金融机构及其工作人员违反国家规定发放贷款，涉嫌下列情形之一的，应予立案追诉：①违法发放贷款，数额在200万元以上的；②违法发放贷款，造成直接经济损失数额在50万元以上的。

《商业银行法》第40条规定，商业银行不得向关系人发放信用贷款；向关系人发放担保贷款的条件不得优于其他借款人同类贷款的条件。前款所称关系人是指：①商业银行的董事、监事、管理人员、信贷业务人员及其近亲属；②前项所列人员投资或者担任高级管理职务的公司、企业和其他经济组织。

（2）违反国家规定与对借款人、保证人条件审查不严能否等同

检察机关指出，杨某某对借款人、保证人的条件未进行认真的审查就作出合格决定并提交审贷委员会审核，违反国家规定违法发放贷款，但未对借款人、保证人的条件进行认真审核并不能等同于违反国家规定。首先，由于能力有限，杨某某作为信贷员，其无法对借款人、保证人提交的营业执照、工资流水进行实质审查，其并非专业人员故无法辨认他人提供的营业执照、工资流水的真假，其只能对材料能体现的情况进行形式审查。其次，根据卷宗材料，杨某某在审核案涉四笔借款时已经尽到了审慎义务，对保证人也进行过电话回访。最后，审批贷款系流程性工作，需要经过层层审批，信贷员审核仅为其中的环节之一，杨某某审核通过后还需要提交审贷委员会，且据杨某某所述其需对审贷委员会报告，而审贷委员会决议由银行的其他领导负责，故如果本案仅追究杨某某的刑事责任，那么对此事负有更大责任的人便可能免予刑事处罚。

综上所述，即便杨某某的工作存在小的瑕疵，但并不影响工作的完整性，不能以此认定其违反国家规定发放贷款，否则既有违《刑事诉讼法》第55

条规定的证据确实、充分的标准,亦有违刑法系二次法的本质。

(3) 中国人民银行制定的《贷款通则》是否属于"国家规定"

根据《刑法》对违法发放贷款罪的规定,可知构成本罪需行为人违反国家规定发放贷款。检察机关在首轮指控中称杨某某的行为违反了中国人民银行制定的《贷款通则》,辩护人提出此《贷款通则》系部门规章,不属于国家规定,后公诉人称应将《贷款通则》视为国家规定。《贷款通则》能否被视为国家规定?解决该问题需从相关的法律规定入手分析。《刑法》第96条规定,本法所称违反国家规定,是指违反全国人民代表大会及其常务委员会制定的法律和决定,国务院制定的行政法规、规定的行政措施、发布的决定和命令。而最高人民法院《关于准确理解和适用刑法中"国家规定"的有关问题的通知》第1条对"国家规定"进行了进一步的明确,以国务院办公厅名义制发的文件,符合以下3项条件的可以视为国家规定:①有明确的法律依据或者同相关行政法规不相抵触;②经国务院常务会议讨论通过或者经国务院批准;③在国务院公报上公开发布。此通知的第二部分内容则专门强调:各级人民法院在刑事审判工作中,对有关案件涉及"违反国家规定"的认定要审慎进行,对违反地方性法规和部门规章的,不得认定为"违反国家规定",若对是否存在"违反国家规定"有争议的,应当作为法律适用问题逐级向最高人民法院请示。

综上所述,中国人民银行制定的《贷款通则》系部门规章,不能将其视为国家规定,违反该通则所实施的行为更不能视为违反国家规定的行为,故本案依据《贷款通则》将杨某某入罪有违罪刑法定原则,亦有类推解释之嫌。

(4) 如何理解违法发放贷款罪中的"造成重大损失"

违法发放贷款罪系结果犯,主观方面体现为故意,造成重大损失属于客观超过要素,此处的重大损失为实际损失即该损失不可填补、不可追回(从会计学上讲为死账)。也就是说,行为人所实施的违法放贷的行为导致实害结果已经发生,且经过诉讼执行程序仍无法收回。

具体到本案中,根据某银行某分行出具的情况说明可知,案涉四笔贷款中的前三笔贷款截至一审庭审前已经结清;而对于最后一笔未清偿的贷款,已经被法院生效文书所确认由实际借款人承担清偿责任,且金融机构对二人提供的房屋在债权范围内享有优先受偿权，保证人对此也承担连带清偿责任，故对尚未清偿的欠款，案涉金融机构仍可通过法律途径实现债权，因此杨某某的行为并未给金融机构造成损失，故对其应作出罪化处理。

（5）信贷员事后监督存在瑕疵是否属于违法发放贷款罪的构成要件

违法发放贷款针对的是犯罪主体违法发放贷款而造成实害后果的行为，该罪中，违反国家规定发放贷款是前因，数额巨大或造成重大损失是后果，对于贷款后是否监控辩护人认为应属于履职范畴而不应置于本罪中评价。

（四）根据上述分析，撰写严谨辩护词

以下是笔者起草的辩护词，供读者参考：

××律师事务所接受杨某某的委托，指派×××律师担任杨某某涉嫌违法发放贷款罪的辩护人，经过多次与杨某某沟通，深入研判卷宗材料，辩护人认为杨某某的行为不构成违法发放贷款罪，公诉机关将杨某某的行为归类为"违反国家规定""贷后监控不严入罪""违法发放数额巨大""造成重大损失"不能成立，具体理由如下，供合议庭裁决时参考：

违法发放贷款罪规定在《刑法》第二编第三章破坏金融管理秩序罪一节中。第186条明确，银行或者其他金融机构的工作人员违反国家规定发放贷款，数额巨大或者造成重大损失的，科以刑罚。又根据2022年5月15日修订生效的最高人民检察院、公安部《关于公安机关管辖的刑事案件立案追诉标准的规定（二）》第37条规定的立案条件，即违法发放贷款，数额在200万元以上的，或者违法发放贷款造成直接经济损失50万元以上。结合上述符合性规定，辩护人先从杨某某的发放贷款行为是否"违反国家规定"层面论述展开，深入分析杨某某为何不构成违法发放贷款罪。

一、杨某某的发放贷款的行为，未违反国家规定，合法审查的行为不应成为本罪的入罪条件

杨某某是于2012年年底至2014年3月在某银行某支行从事信贷员工作，据杨某某称，其在一年多的工作时间里任劳任怨、无私奉献，完全按照某银行的要求审查所有贷款资料。某旗人民检察院×检刑诉[××××]×××号起诉书中对李某某、齐某某作为共同借款人,吴某某、王某某作为共同借款人,于某某、代某某作为共同借款人,李某、王某作为共同借款人的四笔贷款系违法发放贷款的指控,同时提到了"未对借款人及保证人的条件进行认真审查,就作出合格决定提交审贷委员会审核"的内容,有无"违反国家规定"发放与未严格对保证人条件进行审查是否可以等同将为本案争议的焦点内容。

所谓违规发放即违反国家规定发放贷款,自《刑法修正案(六)》第13条对此进行了修正以来,即由原来的"法律、行政法规"修订为"国家规定"。银行内部员工含糊不明的制度或者说员工根本不清楚的制度是否可以归为"国家规定"的范畴在本案中则显得尤为重要。所以,这里需要界定"国家规定"的概念,《刑法》第96条规定,本法所称违反国家规定,是指违反全国人民代表大会及其常务委员会制定的法律和决定,国务院制定的行政法规、规定的行政措施、发布的决定和命令。最高人民法院《关于准确理解和适用刑法中"国家规定"的有关问题的通知》则对"国家规定"进行了进一步的明确,以国务院办公厅名义制发的文件,符合以下三项条件的可以视为国家规定:(1)有明确的法律依据或者同相关行政法规不相抵触;(2)经国务院常务会议讨论通过或者经国务院批准;(3)在国务院公报上公开发布。此通知的第二部分内容则专门强调:各级人民法院在刑事审判工作中,对有关案件涉及"违反国家规定"的认定要审慎进行,对违反地方性法规和部门规章的,不得认定为"违反国家规定",若对是否存在"违反国家规定"有争议的,应当作为法律适用问题逐级向最高人民法院请示。

检察机关在开庭首轮辩护中提及,杨某某的行为违反了中国人民银行制定的《贷款通则》,辩护人提及此《贷款通则》属于部门规章而不属于国家规定,亦即杨某某的行为未违反国家规定,当然不能作入罪化处理后,公诉人第二轮答辩称应将《贷款通则》视为国家规定,此观点不合常理,亦违背了最高人民法院《关于准确理解和适用刑法中"国家规定"的有关问题的通知》有关精神,也违背了罪刑法定原则。相信合议庭会根据刑法系二次法，在严重违反"国家规定"的一次法基础上或者可能性的基础上，再对杨某某的行为是否入罪进行深层次评价。

另外，结合卷宗材料，杨某某对李某某、齐某某作为共同借款人，吴某某、王某某作为共同借款人，于某某、代某某作为共同借款人，李某、王某作为共同借款人的四笔贷款的审核已经尽到审慎的义务，对保证人也以电话的方式进行了回访，对于借款人及保证人出具的虚假证明文件，包括营业执照和工资流水证明，杨某某作为普通信贷员无法分辨其是否真实，即便是相关的司法机关也需要进行公章字迹鉴定鉴别真伪。

同时，根据某银行内部贷款制度的规定，除了杨某某提交初审的意见外，最为核心的是提交银行内部的审贷委员会通过，而审贷委员会决议则是由银行的其他领导负责，具体追究责任不在本案讨论范围内，但如果此案仅追究杨某某的刑事责任，那么对此同样负有责任的人便可能免予承担刑事责任。同时，杨某某即便在工作存在小瑕疵但不影响整体工作的完整性，此不宜作为入罪的前提。

结论：（1）本案系银行未向员工尽到如实告知内部规章制度的义务，从企业运营规范性角度剖析，企业自损的行为应自负，不应该追究员工责任。因其未如实告知已经切割了企业与员工的混同责任，而未明晰责任的银行应自担风险。（2）银行内部的规定不能上升到"国家规定"的层面，与《刑法》第186条违法发放贷款罪中的"违反国家规定"效力不能同级，对此前文已经详述。

二、起诉书中指控四笔案涉贷款未及时还款为"造成重大损失"系误解，有能力还款而未能及时偿还的不应入罪

起诉书中指控的李某某、齐某某作为共同借款人，吴某某、王某某作为共同借款人，于某某、代某某作为共同借款人，李某、王某作为共同借款人的四笔贷款，均系杨某某为信贷员，在未厘清是否还款以及还款能力有无的情况下，直接确定杨某某的犯罪数额为123.773741万元未归还，未达到《刑事诉讼法》第55条规定的证明标准，即证据确实充分的标准，并未排除一切合理怀疑。

根据杨某某提供的内容，辩护人发现：

1. 李某某、齐某某贷款未偿还的数额为 16.24 万元，而非指控的 30.807339 万元。

2. 吴某某、王某某的贷款已经执行清结，而非起诉书中所称 12.66244 万元未归还。

3. 于某某及其妻子代某某的贷款实际未归还 3.56 万元。

4. 李某和王某的贷款 67.632292 万元未还，此笔贷款已经某市中级人民法院（××××）×民终×××号民事判决书及某高级人民法院（××××）×民申×××号民事裁定书确认，由李某和王某还款，并以其二人提供的房屋（证号：×房权证××镇字第×××乙）在债权范围内优先受偿，且杨某甲对此款项承担连带偿还责任。

通过上述 4 项，辩护人分析发现检察机关除指控的造成重大损失的数额有出入外，还将第 1 项、第 3 项、第 4 项未归还的数额直接计算到造成重大损失的范围内。检察机关指控错误主要是不符合刑事法律上最重要的先形式后实质判断的规则，亦忽略了此罪名为结果犯，认定入罪时要求给银行造成实际损失，即此损失不可填补亦不可追回（从会计学上讲为死账），第 1 项、第 3 项、第 4 项已由人民法院依法裁判自己进入执行程序，尤其第 4 项，在有房产担保和保证人的情况下检察机关仍将其归类为造成重大损失的范畴，与违法发放贷款罪的立法目的和宗旨不符，即此罪名规定在破坏社会主义市场经济秩序罪一章中，侵害的法益当然为市场经济秩序，同时还侵害了金融管理秩序，而在银行仍可通过法律途径实现债权的情况下，对杨某某作入罪化处理违背罪刑法定原则，即便银行自愿放弃自己的权利。

另外，根据杨某某本人提交的由某银行某分行于 2022 年 5 月 12 日出具的《关于杨某某四笔贷款情况说明》，可以证实案涉前三笔贷款即李某某、吴某某、于某某的贷款已经结清；而最后一笔存在担保物，不会给银行造成损失。以上情况，进一步证实杨某某的行为未给金融机构造成任何的损失，即未对法益造成任何形式的损害，此情形下，将其行为评价为违法发放贷款罪与法律规定不符。

而笔录中多次提及的贷后监控，也不宜在本案中评价。违法发贷款指代的是犯罪主体违法发放贷款而造成实害后果的行为，违反国家规定发放贷款是前因，数额巨大或造成重大损失是后果，对于贷款后是否监控辩护人认为属于履职范畴而不应置于本罪中评价。

结论：违法发放贷款罪，主观方面体现为故意，造成巨大损失属于客观超过要素。就本案而言，杨某某事先即便存在审查不严的情形，但已经偿还完毕及有担保物的部分，不能认定为给银行造成重大损失，重大损失一定为结果且实害已经发生，若经过诉讼执行程序仍然未收回的，方能认定为给银行造成重大损失。杨某某贷前审查不严的行为未违反"国家规定"，亦未达到犯罪构成符合性的标准，未对银行造成任何形式和实质意义上的损害，对其出罪化处理为唯一结果。

综上所述，根据入罪"举轻以明重"、出罪"举重以明轻"的评价体系，先客观后主观、先违法后有责的司法逻辑判断顺序，任何行为成立犯罪都应当和刑法分则罪状描述的典型事实相一致，准确定罪要先准确判断犯罪客观要件及其要素，而正是基于客观构成要件绝对重要的概念，司法上才能将犯罪行为区别于民事侵权和行政违法，进而能够进行违法和有责的判断。结合本案看，杨某某的行为不能评价为犯罪行为，因其行为不具备规范上的该当性，因其客观上没有法益侵害（危险）的行为，当然更谈不上违法性和有责性，刑法当然不处罚。

同时，辩护人此处再次重申，刑法为二次法，只有在行为人严重违背民法和行政法的基础上，方能进阶刑法层面讨论。另外，本案中应厘清"国家规定"的内涵，严格把握"国家规定"和"国家有关规定"的区别。综上，恳请贵院对杨某某的行为作出罪化处理为盼，上述辩护意见恳请参考。

第17讲

辩护意见的五个基本构成要素

◇ 刘　玲[*]

辩护意见是辩护律师在法庭上针对控方指控，就案件证据、事实、程序、量刑以及法律适用等公开发表的综合性法律意见。

在法庭上，辩护律师以演讲方式公开表达辩护意见。开庭后，辩护律师将辩护意见以书面形式呈交法庭，这就是平日所说的"辩护词"。辩护词是重要律师文书之一，它能够直接体现制作者的法律素养、专业水准、工作态度、文字表达力等。辩护意见，需要具备五个基本构成要素，下文分别述之。

一、核心词：说服

法庭上公开表达的辩护意见与书面辩护意见，核心内容大体相同，外在形式大大不同。前者是口语表达，后者是书面表达。前者务必简洁、通俗、口语化，后者务必严谨、规范、论证严密。前者可辅以演讲者的气势、语气、语调、手势来说服裁判者，后者则格式规范、有理有据，发挥逻辑力量。

辩护意见的核心功能，是针对控方指控，说服法官接受己方提出的有利于当事人的意见。法庭上，控辩审三方构成等腰三角形，控方是诉讼发起者，审判范围受起诉范围限制，这是不告不理原则的具体要求。辩方是防御方，在法庭审理过程中，只能针对控方指控范围进行反驳，而不能出界、出圈，不能在起诉范围之外另行开辟"战场"表达意见。

---

[*] 刘玲，北京市京都律师事务所律师，中华全国律师协会刑事专业委员会委员。

二、关键词一：抬头称谓

说话说给谁听？受文对象是谁？这很重要，必须直接明示。

法庭上，辩护律师发表辩护意见时，第一句话是"审判长、审判员：受某某委托，我担任其一审辩护人"。这个"审判长、审判员"就是辩护律师发表辩护意见的听者，也是辩护词的受文对象。

辩护意见的受文对象要明确，只包括合议庭成员，没有其他人。但是，现实中，常有律师在"审判长、审判员"之后再加一个"公诉人"，这就错了。还有律师在发表辩护意见时习惯加一句"同时与公诉人商榷"，这也大可不必。

三、关键词二：自我介绍

法庭上，辩护律师的任务有三大板块：发问、质证、法庭辩论。

发问和质证，由辩方和控方交互进行，类似"短兵相接"。法庭辩论时，控方和辩方各自独立发表综合性意见，全面彻底地表明立场、阐述各自意见，双方进行的是"大决战"。

辩护律师发表的辩护意见，是在发问、质证的基础上综合阐述己方观点，向法庭发表的概括性、总结性的演讲。这一段演讲相对独立、完整。因此，在演讲伊始，辩护律师有必要进行自我介绍，用一句话便能概括"受某某委托……（或受……指定）我担任其一审辩护人"，还可以顺便提一下自家律所名字。

自我介绍后，再来一个起承转合，诸如："接受委托后，通过会见、阅卷，我对本案有了一定的了解。通过参加刚才的法庭调查，对本案有了更全面的认识。下面向法庭发表辩护意见。"之后，就可以很自然地提出辩点。

四、关键词三：辩点

法庭上，公诉人代表国家指控犯罪，被告人与辩护律师组成辩方。公诉人先发表公诉意见，辩护律师针对指控要明确表态，说明是否同意控方指控，是作无罪辩护还是罪轻辩护，还是改变定性辩护。

如果是作无罪辩护，那就要从证据、事实、程序、法律等方面出发进行全方面的反驳。如果是作量刑辩护，那就需要和控方求同存异，围绕法定情节、酌定情节提出轻缓的量刑建议，这种辩护又被称为"求情之辩"。

亮明观点，表明态度，接下来就要提出辩点。一个案件的辩点可能不止一个，那就一个一个来。

根据《刑事诉讼法》的规定，侦查、起诉、审判都遵循同一个认定犯罪的标准，即"案件事实清楚，证据确实充分"，这必然导致较高的有罪判决率。因此，在审判阶段辩护空间着实有限，辩护律师很难只凭一个辩点就能达到辩护目的，最好是挖掘出全部辩点，运用"组合拳"，才能达到辩护的目的。

如何找寻辩点？应当先找案件中的问题。例如，控方证据不足，不能达到"排除合理怀疑"的证明标准；控方定性错误，错把职务侵占罪认定为贪污罪；控方对同案犯责任认定不准确，把从犯认定为主犯；自首情节没有认定；盗窃数额错误。这些问题，有可能成为辩点。

每一个案件中，发现辩点无疑最艰难。我们要通过反复阅卷、一次又一次会见、深度研究法条，才能找到突破口，找到辩点。往往是辩点找到了，案子就能迎刃而解了。

需要注意的是，几个辩点之间也要彼此协调，内在逻辑要能够自洽。比如，证据问题和事实认定问题，前者是基础，后者要依托前者的论证。同一个案件的不同辩点，分量有所不同，一般将分量最重的辩点放在前面，分量最轻的辩点放在后面，就像排兵布阵时，让强兵打头阵。此外，不同辩点之间，在排序上也要有层次，一般是先谈事实，后谈法律适用，最后再谈量刑。

有一个问题，律师界一直在讨论，那就是当事人（被告人）和辩护律师的辩护意见能不能不一致？中华全国律师协会2017年公布的《律师办理刑事案件规范》对此作出定论：如果当事人自行辩护作的是无罪辩护，那么辩护律师只能作无罪辩护；如果当事人自己作罪轻辩护，那么辩护律师可以作无罪辩护，也可以作罪轻辩护。

还有一个问题也困惑着律师，就是同一个律师能不能既作无罪辩护，又作罪轻辩护？从形式上看，这是同一个律师在进行左右手互搏，势必整体力量削弱，似乎不应如此。但是，辩护律师是以维护当事人权益为己任，只要有利于当事人利益，就要倾尽全力。现在法庭审理时会区分定罪程序和量刑程序，鉴于此，辩护律师在定罪程序中可以作无罪辩护，在量刑程序中，可以提出从轻减轻的量刑意见。这样，即使在法庭未来作出有罪判决时，辩护律师提出的量刑意见也能发挥作用。

五、关键词四：论证

逻辑的力量很强大。辩护律师在法庭上，围绕辩点，运用逻辑力量展开论证。

如何论证得有力？这考验律师的法律素养、知识储备、逻辑思维和文字表达能力。例如，某强奸案中，辩方提交被告人与被害人同时出现在酒店电梯的视频，控方提出这份证据没有关联性，建议法庭不采纳。辩护律师如何反驳才有力度？笔者认为，可以从关联性的评判标准（指向标准和功能标准）来展开：这份证据是否指向了本案待证事实（强奸事实有无存在），这份证据能否使本案关键问题（强奸是否构成）变得更有可能或更没可能。然后，再从视频内容进行分析——此二人神态自然、举止随意、有言语交流，被害人看上去不是被强迫进入酒店的。分析后得出结论：这份证据使强奸罪成立变得更没有可能。如果这样去论证，有层次，有理论依据，有内容细节分析，力度就出来了。

论证时，一定要结合事实和证据，做到言之有物、有根据。例如，如果提出"证据不足，指控的犯罪不能成立"的辩点，就要详细指出证据中的具体问题。例如，在某贩卖毒品案中，从证据上看，没有上游卖家的证据，也没有拟出售的买家的任何证据，只有一份被告人口供笼统提及上游卖家，但是没有其他证据印证。论证时，要将这些证据分别摘录出来，详细进行证据分析，让证据自己"说话"，这样才有说服力。

论证时，要用好、用准法律，一是要把法律依据找全，二是要准确运用。比如，某出售手机卡银行卡案件，检察院以诈骗罪起诉，辩护律师认为应定帮助信息网络犯罪活动罪。这就要引用两个《刑法》法条和最高人民法院的几个司法解释，结合犯罪构成要件，一手去"破"——否定诈骗罪，另一手来"立"——可能构成帮助信息网络犯罪活动罪。但是，实践中，有律师在引用法条时只笼统写"根据法律规定"，这是偷懒，辩护律师一定要详细列出法条内容，一定要指出是哪一部法律具体是哪一条，内容要完整引用。

综上所述，辩护意见要具备上述五个要素。除此之外，格式也需要注意，要有结束语、辩护律师签名和日期等。

第 *18* 讲

辩护词的结构问题

◇ 谭　淼[*]

辩护词的写作是一门大学问,许多刑辩大咖都发表过自己的高见。本文仅就辩护词的结构问题谈谈自己的浅见。清代桐城派古文学家方苞提倡古文"义法",其中义即"言有物",法即"言有序"。"言有物"即言之有物,"言有序"则强调的是谋篇布局的条理性,即如何组织和运用材料,如何剪裁和架构文章。语言文字的有序性,来源于思维感知的有序性,而思维感知的有序性,又来源于世界本身的有序性。当然,"言有序"最终服务于"言有物"。

引言:辩护词的作用及其结构

(一) 我国刑事庭审活动的书面化传统

发现客观真相,是刑事司法活动的首要任务。大陆法系通过直接言词原则来实现,而英美法系则通过传闻证据规则来实现。直接言词原则与传闻证据规则尽管性质不同,却具有相似的要求和功能,两者均不承认证人在法庭之外就案件事实所作的言词证言具有证据能力,无论这种证言是以书面形式还是以他人陈述的方式在法庭上提出。[①] 无论哪一种证据规则,都要求证人以出庭作证为原则,以提供书面证言为例外。由于所有证据都应当以言词陈述的方式呈现在法庭上,故诉讼的重心在庭审,而庭审的重心在于如何说服陪审团或者法官,这样的诉讼结构就要求刑辩律师具有过硬的口头表达能力。

然而,我国刑事审判活动的工作,并不遵循直接言词原则。无论是检察

---

[*] 谭淼,法学博士,北京市盈科律师事务所高级合伙人,盈科刑辩学院无罪辩护研究中心主任,国际关系学院客座教授。

[①] 参见陈瑞华:《刑事审判原理论》,北京大学出版社1997年版,第185页。

机关的审查起诉工作，还是法院的审判活动，都是围绕着侦查机关的书面笔录而展开的。北京大学陈瑞华教授将此种现象称为"案卷笔录中心主义"，也就是对于证人证言、被害人陈述、被告人供述等言词证据，普遍通过宣读案卷笔录的方式来进行法庭调查，法院在判决书中甚至普遍援引侦查人员制作的案卷笔录，作为有罪判决的基础。① 刑辩律师应该静下心来做好案头工作，将更多的精力放在辩护词的写作上面，这是刑辩律师的重要工作方式。我们还要秉持功成不必在我、功成必定有我的心态，只问耕耘，不问收获，努力写出一份经得起历史考验的辩护词。也许我们的辩护意见一时不被采纳，但至少可以立此存照，留给未来。

（二）《刑事诉讼法》及其司法解释中关于辩护词的规定

没有一个国家心甘情愿接受冤假错案，也没有任何一个法官心甘情愿接受冤假错案。虽然我们无力改变整个刑事司法制度，但是我们至少可以局部改革，来尽可能地避免冤假错案。在这个背景之下，2012年以来我国《刑事诉讼法》及其司法解释的修改，已经在规范层面上越来越重视辩护词了。下文就将与辩护词有关的各项规定，特别是有关新规进行一番全面系统的梳理。

1. 《刑事诉讼法》第37条规定，辩护人的责任是根据事实和法律，提出犯罪嫌疑人、被告人无罪、罪轻或者减轻、免除其刑事责任的材料和意见，维护犯罪嫌疑人、被告人的诉讼权利和其他合法权益。

法条释义：本法条有二层含义：一是刑辩律师维护犯罪嫌疑人、被告人的合法权益，必须"根据事实和法律"，以案件的实际情况和法律的规定作为辩护的依据。这是辩护人为犯罪嫌疑人、被告人进行辩护，维护其合法权益的行为准则和根据。二是辩护人的主要工作和维护犯罪嫌疑人、被告人合法权益的正确途径，就是"提出证明犯罪嫌疑人、被告人无罪、罪轻或者减轻、免除其刑事责任的材料和意见"，这对于刑辩律师而言，既是权利，更是责任，而辩护意见的载体正是辩护词。②

---

① 参见陈瑞华：《刑事诉讼的前沿问题》（第5版），中国人民大学出版社2016年版，第519~540页。

② 参见郎胜主编：《中华人民共和国刑事诉讼法释义：最新修正版》，法律出版社2012年版，第64~66页。

2. 《刑事诉讼法》第 161 条①规定，在案件侦查终结前，辩护律师提出要求的，侦查机关应当听取辩护律师的意见，并记录在案。辩护律师提出书面意见的，应当附卷。

法条释义：本条是 2012 年 3 月 14 日《刑事诉讼法》第二次修正时新增条文。该次修正将犯罪嫌疑人有权委托律师作为辩护人的时间提前至侦查阶段，并规定了辩护律师在侦查期间可以为犯罪嫌疑人提供法律帮助，代理申诉、控告，申请变更强制措施，向侦查机关了解犯罪嫌疑人涉嫌的罪名和案件有关情况，提出意见。本条规定案件侦查终结前，侦查机关应当听取辩护律师的意见，有利于其在侦查阶段作用的发挥，有助于侦查机关及时客观地查明案情，及时发现、纠正办案中出现的偏差，保证侦查工作的正常进行，从而保障犯罪嫌疑人的合法权利。②

有学者认为，刑辩律师在侦查阶段介入刑事诉讼，要实现有效辩护的目标，不但应当有权会见犯罪嫌疑人，向其了解案情，为其提供法律帮助，也有权直接向侦查机关提出对案件的处理意见。至于提出意见的方式，有口头和书面两种。口头方式具有简易、灵活和及时的特点；书面方式则具有文字的严肃性，与口头表达相比，更为准确。③

3. 《刑事诉讼法》第 173 条④第 1 款规定，人民检察院审查案件，应当讯问犯罪嫌疑人，听取辩护人或者值班律师、被害人及其诉讼代理人的意见，并记录在案。辩护人或者值班律师、被害人及其诉讼代理人提出书面意见的，应当附卷。

法条释义：2012 年《刑事诉讼法》修正，对本条有两处修改：一是将听取犯罪嫌疑人、被害人委托的人的意见，修改为听取辩护人、被害人委托的

---

① 本条是 2012 年《刑事诉讼法》修正时新增条文。
② 参见郎胜主编：《中华人民共和国刑事诉讼法释义：最新修正版》，法律出版社 2012 年版，第 350 页。
③ 参见陈光中主编：《〈中华人民共和国刑事诉讼法〉修改条文释义与点评》，人民法院出版社 2012 年版，第 234~235 页，此条撰写人为清华大学法学院张建伟教授。
④ 本条原为 1996 年《刑事诉讼法》第 139 条，该条规定，人民检察院审查案件，应当讯问犯罪嫌疑人，听取被害人和犯罪嫌疑人、被害人委托的人的意见。2012 年，《刑事诉讼法》再修改时对其作了修改。

人的意见，修改之后的表述更为准确。二是增加了对听取意见应如何处理的规定，根据修改后的规定，听取辩护人、被害人及其诉讼代理人的意见，应记录在案；辩护人、被害人及其诉讼代理人提出书面意见的，应当附卷。实践中，对辩护人、被害人及其诉讼代理人的意见的记载，做法不一，修改之后的规定，更有利于保护犯罪嫌疑人、被害人的合法权益。①

有学者认为，对于辩护人、被害人及其诉讼代理人提出的书面意见，人民检察院应当附入案卷，使这些意见不但在审查起诉中得到认真对待和审慎考虑，而且可供日后查阅。②

除了《刑事诉讼法》的规定以外，最高人民法院《关于适用〈中华人民共和国刑事诉讼法〉的解释》自2012年以来也有调整，具体如下：

第二百九十条　辩护人应当及时将书面辩护意见提交人民法院。（新增本条）

第三百一十三条　依照前两条规定另行委托辩护人或者通知法律援助机构指派律师的，自案件宣布休庭之日起至第十五日止，由辩护人准备辩护，但被告人及其辩护人自愿缩短时间的除外。

庭审结束后，判决宣告前另行委托辩护人的，可以不重新开庭；辩护人提交书面辩护意见的，应当接受。（新增本款）

第三百九十一条　对上诉、抗诉案件，应当着重审查下列内容：

（一）第一审判决认定的事实是否清楚，证据是否确实、充分；

（二）第一审判决适用法律是否正确，量刑是否适当；

（三）在调查、侦查、审查起诉、第一审程序中，有无违反法定程序的情形；

（四）上诉、抗诉是否提出新的事实、证据；

（五）被告人的供述和辩解情况；

（六）辩护人的辩护意见及采纳情况；（保留原文）

---

① 参见郎胜主编：《中华人民共和国刑事诉讼法释义：最新修正版》，法律出版社2012年版，第366页。

② 参见陈光中主编：《〈中华人民共和国刑事诉讼法〉修改条文释义与点评》，人民法院出版社2012年版，第243页，此条撰写人为清华大学法学院张建伟教授。

（七）附带民事部分的判决、裁定是否合法、适当；

（八）对涉案财物的处理是否正确；

（九）第一审人民法院合议庭、审判委员会讨论的意见。

第四百二十七条　复核死刑、死刑缓期执行案件，应当全面审查以下内容：

（一）被告人的年龄，被告人有无刑事责任能力、是否系怀孕的妇女；

（二）原判认定的事实是否清楚，证据是否确实、充分；

（三）犯罪情节、后果及危害程度；

（四）原判适用法律是否正确，是否必须判处死刑，是否必须立即执行；

（五）有无法定、酌定从重、从轻或者减轻处罚情节；

（六）诉讼程序是否合法；

（七）应当审查的其他情况。

复核死刑、死刑缓期执行案件，应当重视审查被告人及其辩护人的辩解、辩护意见。（新增本款）

除了上述规范性文件之外，还有一些文件也对辩护意见作了要求。具体如下：

最高人民法院《关于认真贯彻律师法依法保障律师在诉讼中执业权利的通知》

三、……

（三）在裁判文书中，应当准确反映律师的辩护意见和代理意见的主要观点；律师的辩护词和代理意见应当按照规定归档入卷。

……

最高人民法院、最高人民检察院、公安部、国家安全部、司法部《关于依法保障律师执业权利的规定》

第三十六条　人民法院适用普通程序审理案件，应当在裁判文书中写明律师依法提出的辩护、代理意见，以及是否采纳的情况，并说明理由。

最高人民法院《关于全面深化人民法院改革的意见》

34.……重视律师辩护代理意见，对于律师依法提出的辩护代理意见未予采纳的，应当在裁判文书中说明理由……

上述规范性文件系统地规定了辩护意见的引述和采信与否的相关要求，提高了辩护意见的法律地位，所以刑辩律师应当不断增强责任感，更加重视辩护词的写作。

（三）辩护词：结构的艺术

辩护词是辩护意见的集中展现，而辩护词的结构则是首先进入裁判者视野的东西，其让裁判者对辩护意见的全貌一览无余，一清二楚，因此结构问题是辩护词写作首先要考虑的重点问题。没有一个好的结构，就不能恰当而准确地反映出特定个案的本来面目。案件无论大小，写作辩护词时都应考虑结构问题，只有确定了一个恰当的结构，整篇辩护词才是一个有机整体。好的辩护词，应该逻辑清晰，结构合理，层次分明。陈忠实在写《白鹿原》之前，西北大学蒙万夫教授曾提醒他："长篇小说是一个结构的艺术，结构好了小说就立起来了，有骨有肉就立起来了；结构不好，你的小说就像剔了骨头的肉，提起来是一串子，放下去是一摊子。"[1] 蒙万夫教授的这番话让陈忠实真正意识到结构对于长篇小说的重要性。

为了写作长篇小说，陈忠实先读了《百年孤独》。他读的时候一头雾水，反复琢磨结构问题，虽然仍是理不清头绪，但忍不住不断赞叹伟大的马尔克斯把一个网状的迷幻小说呈现给读者，让人得多费一番脑子。于是，他便告诫自己，人物再多，情节再复杂，也必须条分缕析，让读者阅读起来不黏不混，清清白白。

后来，陈忠实又认真阅读了王蒙的《活动变人形》和张炜的《古船》。他从这两部长篇小说中获得了关于结构的启示，即除结构建构的方式方法外，更重要的是如何找到合理的途径；不是先有结构，或者说不是作家别出心裁弄出一个新颖骇俗的结构来，而是首先要有对人物的深刻体验，寻找到能够

---

[1] 陈忠实：《我与白鹿原》，天津人民出版社2017年版，第9页。

充分表述人物独特的生活和生命体验的恰当途径，结构方式就出现了。这时完成了一个关系的调整，以人物和内容创造结构，而不是以先有的结构来框定人物和情节。最恰当的结构便是负载全部思考和所有人物的那个形式，需得自己去设计，这便是创造。① 如果说，蒙万夫教授的建议，让陈忠实意识到了结构的重要性，那么后续的阅读让陈忠实进一步明白，合理的结构从何而来，究竟是人物命运决定结构，还是结构决定人物命运。

其实，结构不仅对于文学有意义，对史学也是有意义的。例如，唐代史学家刘知几说："夫史之有例，犹国之有法。国无法，则上下靡定；史无例，而是非莫准。"这是对撰史经验的总结。优秀的史书只有做到义例恰当、精严、整齐，全书才能成为结构严密的整体。

从某种意义上讲，结构意识是一个具有普遍性意义的问题。隔行如隔山，但隔行不隔理。辩护词的写作同样面临着结构问题。辩护词也应有自己的结构，特别是复杂的大案，一篇辩护词动辄上万字，甚至几万字，那么结构问题就成了一个大问题。人在事上练，刀在石上磨。笔者从事刑辩10余年，始终坚持亲自写辩护词，正是在这一过程中，笔者才真正感悟到结构意识对于辩护词的重要意义。

一、辩护词结构的理论基础

法律与事实的关系，是一个古老而又常新的话题。称其古老，是因为自从人类社会产生法律以来，这个问题就一直是研究对象。罗马法谚云："你给我事实，我给你法律。"西方国家的诉讼程序是在严格区分法律问题和事实问题的基础上建构起来的。

任何一个案件，无非涉及两大类问题，一是法律问题，二是事实问题。所谓法律问题，从形式上看，就是法律和司法解释等规范性文件；从内容上讲，刑法，就是规定什么样的行为是犯罪，对该行为应当予以什么样的处罚的法律。刑法是由总则和分则组成，分则的内容，无非规定的是有罪无罪，此罪彼罪，重罪轻罪。罪状就是刑法分则对具体犯罪的基本构成特

---

① 参见陈忠实：《我与白鹿原》，天津人民出版社2017年版，第52页。

征的描述。刑法以保护法益为目的，将值得科处刑罚的法益侵害行为，类型化为构成要件。无论如何，法律规定总是抽象的，它是针对某一种或某一类犯罪现象作出明确的规定。一言以蔽之，法律问题多是指一类犯罪现象之共性问题。

《刑事诉讼法》第6条明确规定，人民法院、人民检察院和公安机关进行刑事诉讼，必须以事实为根据，以法律为准绳。这是刑事诉讼的基本原则。

权威观点认为，这一原则的意思是说，以事实为根据，以法律为准绳，是正确处理案件不可分割的两个方面，两者互相联系，缺一不可。事实是前提、基础和根据，法律是标准、尺度。只有把两者结合起来，作为一个重要原则贯彻执行，才能保证刑事诉讼的正确进行，才能完成刑事诉讼的任务。[1]

还有学者认为："以事实为根据，以法律为准绳"是紧密联系，相辅相成的。事实是正确适用法律的基础，如果不以事实为根据运用法律，就会丧失客观标准，会对案件作出不正确的处理。不以法律为准绳，则无法保证查明案件事实，即使查明了案件事实，也会失去方向和尺度。只有两者相结合，才能既准确惩罚犯罪，又有效保障人权，全面实现刑事诉讼的任务。[2]

上述两个关于"以事实为根据、以法律为准绳"关系的观点非常具有代表性。应该说，这两个观点既看到了两者的区别，又看到了两者的联系。但是，这些观点都是从宏观角度来看待两者之间的关系，而笔者以为，如果从微观角度来看，那么两者的关系是合二为一，一体两面，是密不可分的同一个事物。也就是说，从微观层面上讲，是同一个事物的不同表现形式。办一个案件，无非是事实问题与法律问题，既要严格区分，又要有机融合，这才是正确办案的基础。

事实问题和法律问题的主要区别，在于事实问题主要属于证明事项，需要以证据来证实，即通过对证据的收集、审查、判断、采纳，对举证责任进行分配，最后按一定的证明标准通过内心确认对案件事实作出结论。法律问

---

[1] 参见郎胜主编：《中华人民共和国刑事诉讼法释义：最新修正版》，法律出版社2012年版，第366页。
[2] 参见陈光中主编：《刑事诉讼法》（第5版），北京大学出版社、高等教育出版社2013年版，第100~101页。

题属于理解事项，乃人对法律的判断，不受当事人陈述的拘束，不发生举证责任问题。但在整体上讲，事实问题与法律问题不可分解地纠缠在一起，对事实的判断不可避免地融入了裁判者的主观因素。民法上的法律行为更是事实问题与法律问题的混合体，因为当事人的意思表示具有设定权利与义务的功能，如同法律一般，故属于法律问题；同时，当事人的意思无论表达得清晰与否，也是一种事实，是事实就可能产生证明问题，就需要以证据来证明意思表示的客观性。既作为事实（小前提）也作为法律（大前提）的当事人的意思同时产生法律效果。[①]

（一）事实问题与法律问题之区分

虽说在立法层面，只有纯粹的法律问题，而无具体的事实问题。但在司法层面，事实问题与法律问题却是一体两面的有机整体，彼此密不可分，只是为了研究的方便，才加以区分。

那么何为事实问题，何为法律问题？区分这两个问题的意义是什么？问题不同，解决问题的方法当然也就有所不同。只有确定了问题的性质，确定这个问题究竟是事实问题还是法律问题，我们才能找到解决问题的正确方法。

无论是民事诉讼，还是刑事诉讼，也无论是一审，还是二审，庭审活动被严格区分为法庭调查和法庭辩论两个不同阶段，这种阶段划分的基础，正是对法律问题与事实问题加以区分的结果。因为法庭调查解决的是事实问题，而法庭辩论解决的则是法律问题。

再以二审的审理方式为例。刑事二审的审理方式，无非是开庭审和书面审。我国2012年以前的《刑事诉讼法》规定，上诉可以不开庭，抗诉应当开庭。唯有开庭审理，控辩双方才有机会充分发表意见，我国2012年以前的《刑事诉讼法》根据诉讼主体的不同来决定二审的审理方式，这种做法，既不民主，也不科学。问题与解决问题方式之间究竟存在着一种什么关系呢？笔者以为，解决问题的方式取决于所要解决的问题本身。如果是事实问题，则宜采取开庭审理方式；如果是法律问题，则不妨通过书面审来解决。这样的处理方式才是科学的。而原有的法律规定既不科学，也不民主。按照诉讼

[①] 参见郑永流：《法律方法阶梯》（第4版），北京大学出版社2020年版，第109页。

主体的不同来决定审理方式，这是不民主的具体表现；没有遵循问题与决定解决问题的方式之间的关系来确定审理方式，这是不科学的具体表现。我们从中还可以进一步看到，其实不科学与不民主存在着互为因果的关系。这个问题从另一个侧面启示我们，科学与民主不是相互冲突的，而是可以做到相互促进的，民主与科学是内在统一的。坚持科学化，也就坚持了民主化。

《刑事诉讼法》第234条第1款规定："第二审人民法院对于下列案件，应当组成合议庭，开庭审理：（一）被告人、自诉人及其法定代理人对第一审认定的事实、证据提出异议，可能影响定罪量刑的上诉案件；（二）被告人被判处死刑的上诉案件；（三）人民检察院抗诉的案件；（四）其他应当开庭审理的案件。"

该条以列举的方式明确地规定了二审应当开庭审理的案件范围，统一了法律适用。其中最大的变化，就是第1项，根据上诉案件争议问题的性质来决定审理方式。开庭是解决事实问题的必由之路，而法律问题则可以通过书面审来解决。

其实，事实与法律的关系，并不简单，反而是非常复杂的。下文就从多角度全方位地深度解析两者的辩证关系。

1. 事实与法律是现象与本质的关系

现象与本质是一对哲学范畴，而事实与法律则是一对法律概念。这两组分属不同学科的概念之间是否存在某种横向联系？

事物是现象和本质的统一体。任何事物都客观地、普遍地存在着现象和本质两个方面。现象与本质既有区别，又相互依赖。

现象与本质有相互区别的一面。本质是决定客观事物具有各种表现的根据，是客观事物内在的相对稳定的方面。现象是本质的表现形式，是通过经验的、感性的认识可以了解到的客观事物外部的特性和特征，现象是客观事物外在的、比较活跃易变的方面。[1]

本质和现象也有相互依赖的一面。本质是现象的根据，本质决定现象，并且总是通过一定的现象表现自己的存在；现象则是从特定的方面表现事物

---

[1] 参见高清海主编、邹化政等编撰：《马克思主义哲学基础》，人民出版社1987年版，第229页。

的本质，其存在和变化，归根到底依赖于本质。

一切科学认识的任务都在于透过现象把握本质。现象与本质的对立统一关系，是一切科学认识的基础。现象和本质的差别和对立决定了科学研究的必要性，而现象与本质的统一性又决定了科学研究、科学认识的可能性。

总之，人们有可能通过现象把握事物的本质，也只能透过现象才能达到本质。认识的过程，就是从现象到本质的过程，就是从一级本质进到二级本质，再深入到更深刻的本质的过程。科学认识的目的就在于透过事物的外部的表现形式揭露事物的本质。马克思还曾说："如果形式不是内容的形式，那么它就没有任何价值了。"当然，在这个认识过程中，我们既要有科学的方法，又要有顽强的毅力。

法律与事实的辩证关系，就是本质与现象的辩证关系，其中法律是本质，而事实则为现象。① 关于事实与法律的关系，最熟悉的一句话就是"以事实为根据，以法律为准绳"。笔者以为，从哲学上看，这句话对应的就是"透过现象看本质"。何以见得？

有罪无罪、此罪彼罪、重罪轻罪，无一不是立法者对某个特定行为的法律定性。概念分为内涵和外延两个方面，而内涵和外延的确定，无一不体现了立法者的主观认识。根据内涵的确立方式不同，可分为认识性内涵和规定性内涵。前者是人们关于概念所指称的那类对象认识的成果，它只是人们在一定历史条件下获得的认识成果，随着认识的深化而深化，随着认识的变化而变化。规定性内涵则是人们根据实践需要，通过人为规定方式加以确立的内涵。这种规定性内涵在刑事法中是非常普遍的，而且规定性内涵的变化也会直接导致罪与非罪的变化。

例如，高利转贷罪立案标准的变化直接导致罪与非罪的变化：

2010年最高人民检察院、公安部《关于公安机关管辖的刑事案件立案追诉标准的规定（二）》

第二十六条　[高利转贷案（刑法第一百七十五条）] 以转贷牟利

---

① 从哲学角度来看，现象和本质之间是既对立又统一的辩证关系。从法律角度来看，法律与事实也是一体两面，两者具有内在的统一性。

为目的，套取金融机构信贷资金高利转贷他人，涉嫌下列情形之一的，应予立案追诉：

（一）高利转贷，违法所得数额在十万元以上的；

（二）虽未达到上述数额标准，但两年内因高利转贷受过行政处罚二次以上，又高利转贷的。

2022年最高人民检察院、公安部《关于公安机关管辖的刑事案件立案追诉标准的规定（二）》

第二十一条　［高利转贷案（刑法第一百七十五条）］以转贷牟利为目的，套取金融机构信贷资金高利转贷他人，违法所得数额在五十万元以上的，应予立案追诉。

诈骗罪立案标准的变化也导致了量刑的变化，诈骗案件数额特别巨大的标准，2011年以前是20万元，2011年以后调整为50万元。一旦认定为数额特别巨大，起刑点就是十年以上有期徒刑。

既然认识的过程是从现象到本质，那么我们认识案件的过程，也就是从事实到法律的过程。分析案件事实，是我们认识的起点，给这些案件作出一个结论性的判断，则是我们认识的终点。有罪还是无罪，此罪还是彼罪，一罪还是数罪，重罪还是轻罪，一切皆取决于刑法是如何规定的。当然，这一切仍然是离不开我们对事实的深入分析。哪些事实重要，哪些事实不重要，判断一个事实重要与否的标准，还是法律。参不透法律的精神，也就看不透事实问题。以事实为根据，以法律为准绳，这句话既涉及事实与法律的对立，也涉及两者的统一，而我们往往只注意到了两者的对立，而忽略了两者的统一。因此，我们必须自觉养成一个正确的思维习惯，那就是一看到事实问题，就要本能地联系到法律问题，一看到法律问题，就要本能地联系到事实问题。如果只是孤立地看待事实问题或者孤立地看待法律问题，终归是雾里看花，既无法看透事实问题，也无法看透法律问题。

2. 事实与法律是个性与共性的关系

共性与个性是一对哲学范畴，而事实与法律则是一对法律概念。这两组分属不同学科的概念之间是否存在某种横向联系？

列宁说，"任何一般都是个别的（一部分，或一方面，或本质）"。列宁的这句话，不但揭示出一般和个别的联结关系，也说明了相互联结的这两个方面的不同性质。我们要了解一般和个别在事物中的具体联结关系，就需要把它和本质、现象联系起来进行分析。

现象是本质的表现，是本质显现于外部的形式。个性之中有共性，共性寓于个性之中并通过个性而存在。本质是统一的，本质表现于外部的现象总是多样的。因而可以说，在事物的本质与其表现出的现象之间，总是同时包含着一般和个别的关系的。有些属于一般性的东西，也属于现象中的本质，两者表现着事物中的同一种联系。

虽然一般、个别同本质、现象的关系密切，但它们毕竟是不同的两对哲学范畴。一般不能等同于本质，个别也不能等同于现象。本质和现象是从内在基础和外部表现的相互联系方面反映事物；一般和个别则是从多样性、差别性和统一性、共性的联系方面反映事物。[①]

具体问题具体分析，是马克思主义活的灵魂。马克思指出"具体之所以具体[②]，因为它是许多规定的综合，因而是多样性的统一"[③]。因此，"具体分析"就是要抓住"许多规定的综合"，分析具体事物的各个方面、各个规定，从而形成对实际的全面的、深刻的把握。"具体"无非是矛盾的共性和个性的统一体。因此，"具体分析"，既要分析"具体"的共性的一面，也要分析"具体"的个性的一面。分析事物的共性，有助于把一事物与他事物相联系，把握同类事物的本质；分析事物的个性，有助于把一事物与他事物相区别，把握每一事物的特点。只分析共性，不分析个性，势必导致教条主义；反之，只分析个性，不分析共性，容易滑向经验主义。[④]

上述共性与个性的关系，也可用于分析法律与事实的关系。笔者以为，法律与事实的关系，也就是共性与个性的关系，其中法律是共性，而事实则

[①] 参见高清海：《哲学思维方式变革》，吉林人民出版社1997年版，第305~307页。
[②] 哲学上有一句话，就是从抽象走向具体，而不是从具体走向抽象。
[③] 韦建华主编、中共中央马克思恩格斯列宁斯大林著作编译局编译：《马克思恩格斯文集》第8卷，人民出版社2009年版，第25页。
[④] 参见中共中央宣传部理论局编：《马克思主义哲学十讲》，学习出版社、党建读物出版社2013年版，第99~103页。

是个性。

例如，以盗窃罪为例。盗窃罪是以非法占有为目的，窃取他人占有的数额较大的财物，或者多次盗窃、入室盗窃、携带凶器盗窃、扒窃的行为。同为盗窃案，其法律性质是完全一样的，并无二致，然而其在事实层面却是千差万别，千变万化，如有雷同，纯属巧合。

另外，笔者曾经办过几个不同类型的职务侵占案。虽说罪名不变，但案情却是千差万别。有的职务侵占行为的犯罪手段比较常见，如会计将自己管理的资金用于购买私彩，而其他职务侵占罪案件的案情则是某证券公司的固定收益部发行了一个理财产品，其发行理财产品的目的，不是为了赢利，而是通过低卖高买的方式，向相关利害关系人行贿。就其取财手段而言，就涉及许多金融方面的专业知识。仅从罪名来看，这类案件与金融业务毫无关系，但实际上就是一个典型的金融犯罪。

再如，以民间借贷为例，从法律上讲，民间借贷可能涉及三个不同罪名，即受贿罪、贪污罪和诈骗罪。但是，从事实层面来看，三罪可能面临着同样的行为结构，即本金和利息，其中本金是行为人自己的，而利息则是他人支付的，因此利息就是"他人"财产。

关于套路贷型诈骗罪。经历过2018年至2020年扫黑除恶专项斗争的人都有印象，一提及民间借贷，就会联想到诈骗罪，因为相关司法解释将套路贷定性为诈骗罪。最高人民法院、最高人民检察院、公安部、司法部《关于办理"套路贷"刑事案件若干问题的意见》（法发〔2019〕11号）的规定如下：

> "套路贷"，是对以非法占有为目的，假借民间借贷之名，诱使或迫使被害人签订"借贷"或变相"借贷""抵押""担保"等相关协议，通过虚增借贷金额、恶意制造违约、肆意认定违约、毁匿还款证据等方式形成虚假债权债务，并借助诉讼、仲裁、公证或者采用暴力、威胁以及其他手段非法占有被害人财物的相关违法犯罪活动的概括性称谓。
>
> 实施"套路贷"过程中，未采用明显的暴力或者威胁手段，其行为特征从整体上表现为以非法占有为目的，通过虚构事实、隐瞒真相骗取被害人财物的，一般以诈骗罪定罪处罚。

关于借贷型受贿罪。这种受贿行为，就是受贿人先将其自有资金借贷给他人，然后以利息的形式非法收受他人的财物，为他人谋取利益。关于借贷型贪污罪。行为人也是先将其自有资金借贷给所在国企，然后收取利息，而利息部分则被认定为贪污数额。

诈骗罪是侵财性犯罪，贪污罪也是侵财型犯罪，只不过后者是一种以非法占有为目的的财产性职务犯罪。既然是侵财类罪，那么就涉及侵财手段和侵财对象问题。两罪的一个重大区别在于所侵犯的财产究竟是公共财产还是私有财产，以及侵财手段是否利用职务之便。而受贿罪的本质是权钱交易，即行为人利用其职务之便非法收受他人财物。

虽然这三个罪名的犯罪构成要件毫无重合之处，但在事实层面上则均涉及本人的资金与他人的资金的区分这一共性问题。上述分析意义在于，从事实层面找到不同罪名之间的共性，从而打通此罪与彼罪之间的森严壁垒。

不仅事实与法律的关系属于共性与个性的关系，在法律问题的内部也存在共性与个性的关系。例如，刑法分则规定具体犯罪及其法律后果，而具体犯罪种类繁多，刑法典根据一定标准将具体犯罪分门别类而形成若干类罪，再以一定标准将类罪中的具体罪名进行排列，从而形成分则体系。类罪中的具体罪名的排序，一方面是根据犯罪的罪行轻重，另一方面是根据犯罪之间的内在联系。笔者以为，这种内在联系就属于共性和个性之间的关系。

笔者曾经办理过一起涉税刑事案件，最初笔者误将"虚开发票罪"，听成了"虚开增值税专用发票罪"，并且直接分析虚开增值税专用发票罪的构成要件，立即被当事人纠正，指明本案涉嫌的不是"虚开增值税专用发票罪"，而是涉嫌"虚开发票罪"。笔者不经意间犯了混淆此罪与彼罪的大错，顿时倍感尴尬。然而转念一想，凡事都是共性与个性相统一。"虚开增值税专用发票罪"和"虚开发票罪"亦是共性与个性的统一，两者的共性是"虚开"，而其个性则是不同种类的"发票"，或为"增值税专用发票"，或为"普通发票"。而本案的争议焦点在于是否"虚开"，而对"发票"的具体种类并无争议。而刑法理论对"虚开行为"的解读原本就集中在"虚开增值税专用发票罪"之中。笔者当场作如此一番解释之后，当事人欣然接受，一场信任危机由此轻松化解。

通常而言，法律是共性，而事实则是个性。但当我们转换一下视角，就会发现事实可能变成了共性，而法律则变成了个性。这一现象说明，事实与法律之间的共性与个性的关系，不是绝对的，而是相对的。

共性与个性的结合，是我们判断和确定事物性质的好方法。例如，辩护词常常要提及人物的身份信息。凡事都是人做的，想要了解事实，必先了解人物身份，而人物身份的确定就不妨运用共性和个性原理。例如，在受贿案中，行贿人无非是两类，一是商人，二是下级。辩护词标题涉及行贿人的身份时，不是直接称"张三"或"李四"，而是特意称"商人张三""下级李四"。尽管"商人"和"下级"这两个符号仍有些抽象，但已经完全满足叙述案情的要求，因为商人就是共性而姓名则是个性，"商人张三"则是共性和个性的统一。因为商人这个身份对定罪量刑有直接影响，而姓名则没有直接影响。真名真姓的意义，在于表明这是一个真实的人，而不是一个抽象的人，这就涉及事实问题了。所以说，这样的表述，亦是法律问题与事实问题在微观层面的融合，是没有必要写明准确身份的。同理，如果下级的身份对受贿人的定罪量刑没有直接影响，也不必写明。

形式逻辑使用种属关系来确定一个概念时，其背后的种属关系实际上就蕴含着共性与个性的统一关系。在具有从属关系的两个概念之中，外延大的概念被称为属概念，而外延小的概念则被称为种概念。

3. 事实与法律是现实与可能的关系

现实与可能是一对哲学范畴，而事实与法律则是一对法律概念。这两组分属不同学科的概念之间是否存在某种横向联系？

在哲学上，现实是标志一切实际存在的事物的范畴。而可能是指包含在事物中、预示事物发展前途的种种趋势，是潜在的未实现的东西。某种事物在还未成为现实之前，只是一种可能性。因此，可能和现实是对立的，可能不等于现实，现实已不再是可能。两者具有质的区别，不可等同。

可能性和现实性又是统一的。可能是潜在的还没有展开的现实，现实是充分展开并已经实现的可能。现实之所以能成为现实，是因为它首先是可能的，而可能之所以是可能的，就是因为它包含着引起这种变化的根据，否则可能就不可能转化为现实。可能性就是以潜在的形式存在着的现实性，而现实性只不过是可能性在外部的实现，即可能性的现实化而已，故任何一个事物都是现实和可能的统一。

就事实与法律的关系而言，刑法中的每一个罪名本身就是一个概念，它概括了现实生活中的各种可能性。而法律概念的外延只有足够周延，才能将各种各样的可能性无一例外地囊括于其中。而事实则是一个客观的存在，一个犯罪行为一旦完成，就意味着法律规定的无数可能性中的一种已经转化为现实性。此时此刻，法律人所面对的就是这种以事实面貌呈现的现实性。

因此，法律人在处理每一个案件时，都应该从现实出发，而不是从可能出发，通过深入分析特定案件的事实问题，准确把握其全部特征之后，再去寻找相关罪名，进而判断个案中的事实问题是否正好属于法律所规定的某一种可能性。如果属于，就意味着特定的事实问题与特定的罪名之间实现了统一；如果不属于，那么其结果要么是无罪，要么是彼罪，而不是此罪。

综上所述，事实与法律的关系，在哲学上就是现实与可能的关系。现实与可能是对立统一的，事实与法律也是对立统一的。基于这样一种认识，我们在处理个案时，不妨按照先事实后法律的顺序来处理，也许这样能够更加直接地解决个案问题，这未尝不是一条正确的"渠"。

（二）事实问题与法律问题之融合

大家容易把握事实问题和法律问题的区分，而不易把握两者的融合，而在司法实践中，两者必须融合，当然困难也在于融合。张思之先生提出"辩词，要以'事'为骨，以'理'为肉，以'情'为筋，以语言为'血液'流贯其中"。语言之所以能成为血液，是造血者对语言加以选择、洗练、并精心组合的结果。[①] 这段话提到了"事"与"理"，也就是事实与法律，张思之先生将两者比喻为"骨"与"肉"的关系，其实就是在强调两者的融合，因为在一个具体的案件中，事实与法律两者必然是紧密融合在一起的。

1. 事实问题与法律问题的融合之道

在一些人看来，事实之辩，与法律之辩，是两种截然不同的辩护方法。然而，由于事实与法律本是一体两面，两者具有内在联系，因而事实之辩与

---

① 参见张思之：《我们律师》，法律出版社2013年版，第17页。

法律之辩是完全可以相互贯通的。下文笔者就以一起亲办案为例来分享一下这方面的思考。

一起套路贷案的起诉意见书明确区分了本金和利息,① 但起诉书不再区分这两个不同的法律概念。起诉书指控被告人 C 先生犯有诈骗罪,是指其非法占有"他人"财产,而本案中"他人"财产的具体体现形式,就是"利息"。换句话说,也就是指控被告人 C 先生以占有"利息"的形式,非法占有了"他人"财产。因此,起诉书就应当严格区分本金和利息这两个重要的法律概念。一旦法院最终判定被告人 C 先生犯有诈骗罪,在刑罚执行阶段才不必严格区分本金和利息,因为本金是"套路贷"的犯罪工具,而利息则作为违法所得要予以追缴。资金按其性质,分为合法和非法两种。合法的资金是没收的对象,而非法的则是追缴的对象。但按照无罪推定原则,在指控犯罪环节,公诉机关无论如何不可以将本金和利息混为一谈,不能将手段和目的混为一谈,不能将原因与结果混为一谈,否则就无法对行为是否构成诈骗罪作定性分析,也无法对涉案的诈骗数额作定量分析。目前,起诉书恰好犯了倒果为因的逻辑错误。公诉机关实际上行使了审判机关的定罪权,起诉书实质上起到了定罪的作用。

本案的辩护,笔者并没有从微观层面去考察起诉书指控的诈骗数额是否确实可信,而是从宏观层面来质疑其指控逻辑。虽然这次是从宏观层面讨论法律问题,但其根本还是事实问题。但是,为了更好地解决问题,我们不妨采用事实问题法律化、法律问题事实化的处理方式。就本案而言,起诉书没有区分本金和利息,从某种意义上讲,就是事实不清、证据不足的问题。但如果仅从这个角度切入,公诉人很有可能提出,由于本案的犯罪数额特别巨大,即使不加区分,也不至于严重影响定罪量刑的准确性。但是如果将这一事实问题法律化,提出如果不区分本金和利息,就无法从根本上界定非法占有"他人"财产的数额,既直接影响定罪,也直接影响量刑,那么这样的辩

---

① 参见本案起诉意见书中使用了"实际收回本金"和"实际收回利息"的表述,而起诉书则统一使用"可能收回金额"这一模糊概念,完全不再区分"本金"和"利息"这两个法律概念。无论公诉机关是否区分这两个重要概念,"可能收回金额"总是与本金和利息有着割不断、理还乱的内在联系。

护表面上看似过于抽象，但其背后是有坚实的事实基础的。

再如，笔者曾经办理过一起侵犯财产的犯罪案件。公安机关以合同诈骗罪对犯罪嫌疑人进行刑事拘留。笔者在此阶段提出无罪辩护意见，后该犯罪嫌疑人以职务侵占罪被批捕。

问题是，笔者究竟是赢了还是败了。如果说败了，这是明摆着的，因为犯罪嫌疑人并未获释，被批捕了。这是客观事实。如果说赢了，那么究竟是无罪辩护成功，还是罪轻辩护成功。有的人认为是罪轻辩护成功，因为合同诈骗罪是重罪，而职务侵占罪是轻罪。这种观点只是从表面上来回答，正确答案应该是无罪辩护成功了。

虽然合同诈骗罪和职务侵占罪都是侵犯财产类犯罪，但是各自侵犯的犯罪对象则有所不同。合同诈骗罪所侵害的是社会上不特定对象的财产，而职务侵占罪所侵占的是"本单位"财物，一内一外，内外有别。正因为这两罪的犯罪对象在法律上不可能存在任何交集，所以本案从合同诈骗罪变成职务侵占罪，绝非重罪变轻罪那么简单。实际情况是合同诈骗罪辩护成功获得了无罪效果，而检察机关则根据新的职务侵占犯罪事实对犯罪嫌疑人作出批捕决定。上述分析所依据的事实并不多，甚至涉及的事实还有些抽象，但仍然足以区分有罪与无罪，区分此罪与彼罪。

当事实问题太过复杂、一言难尽之时，不必纠缠事实问题，此时不妨绕过事实问题，直击与其相关的法律问题，通过对法律问题的深入分析，来深刻地揭露事实方面的重大问题，不失为一条辩护新思路。

人们建构事实离不开方法，传统的法律方法论基本忽略如何构建事实。查明事实不是目的，而是应对事实进行法律评价，这就关联到法律。

2. 刑辩律师特有思维的要求

事实问题与法律问题虽然性质不同，但是它们又是不可分割的一体两面。所以我们讲究以事实为根据，以法律为准绳。

正如前文所述，对于事实问题和法律问题的关系，既可以从宏观层面来观察，也可以从微观层面来观察。所谓宏观，也许就是从立法层面来考察。所谓微观，则是从司法层面来考察。司法活动所面对的问题总是个案问题，因此在个案层面，事实问题和法律问题不仅应当融合，而且能够融合在一起。

这种融合之道的依据，就是形式逻辑中的演绎推理。演绎推理是由一般到个别的推理，它是根据一类事物都具有的某种属性，推导出该类中的个别事物具有某种属性的思维形式。法律适用，应当严格遵循演绎推理的要求，按照大前提、小前提和结论的结构来组织材料。在演绎推理中，法律是大前提，事实是小前提，通过推理得出结论。然而，如果能够顺利地按照这个套路来适用法律，当然是最好不过了。

事实与法律很少会严丝合缝地吻合在一起，许多情况下两者是不一致的，郑永流教授从发生学角度来分析法律方法的产生原因，发现正是事实与规范不对称现象催生了法律方法。[①] 在他看来，确实事实与寻找规范标准是关联起来的，这才有了在事实与规范之间来回的审视和互造。因此，既然事实与法律的融合并非自然发生的，那么其就需要法律共同体的共同努力才能实现。

有的刑辩律师在办案时，脑子里本能地会先想到法律问题，具体而言就是想到与刑法罪名有关的犯罪构成要件，而不是首先去思考案件的事实问题。如果首先去思考法律问题，那么其思想就容易在不知不觉之间被禁锢了，失去了想象力，也失去了创造力。因为法律是大前提，其特点就是周延的，无所不包。事实是小前提，是无论如何逃不出法律问题的手掌心的，那么被告人也就在劫难逃了。

其实，任何一种疾病都是一种自然现象，而疾病名称则是人类从自然现象中总结出来的认识成果。但是，医学不像其他学科可以通过定律进行推导、通过公式进行演算。同一种疾病，在不同人身上有着不同的症状。没有人得病是严格地按照医学总结的那个病的症状去得病，正因如此，每一个病例都是一道新的研究课题。同理，罪名是立法者针对一种社会现象所作的类型化总结，是抽象思维的结果。然而，同一类型的刑事案件的问题各不相同，而不同类型的刑事案件的问题也许又很相似，具体问题的存在总带有一定的偶然性。应该说，这种背离的情况是一种普遍现象，刑辩律师的职责就是作无罪或者罪轻辩护，这是与控方的立场相对立的，因此，刑辩律师应有自己独特的思维方式，善于一切从事实出发，先去审视事实，从事实与法律相背离

[①] 参见郑永流：《法律方法阶梯》（第2版），北京大学出版社2012年版，第13页。

的裂缝中寻找辩点。因此，刑辩律师要作出法律判断，首先应当面对的就是事实问题。

上文谈到的是事实问题与法律问题的内在联系，下面就接着分析两者的融合之道，也就是探索一种方式，使两者有机融合，而不是互不相关的两件事。否则融合就停留在口头上，沦为一句空话。笔者以为，具体的融合之道，就是在辩护词的结构上做文章，在标题体系上做文章，即用一级标题来阐述法律问题，而将其下的二级标题和三级标题用于阐述事实问题。因此，一级标题体现本案的法律问题，而二级标题和三级标题则体现事实问题，通过这种方式，使法律问题和事实问题有机地融为一体。

有的辩护词最多只有一级标题，有的甚至没有目录，完全缺乏目录体系的意识。其实，一篇辩护词只要建立了目录体系，就可以纲举目张、一目了然、收放自如。读者只要浏览目录体系，就能对辩护词全文有所了解。

那么辩护词的目录体系应该以几级目录为妥呢？依笔者之见，最好建立三级目录体系。其中，一级目录是法律问题，二级目录和三级目录是事实问题，以实现法律问题和事实问题的高度融合。这样的目录体系，如果只想知道辩护词的大概情况，就可以只读一级标题；如果愿闻其详，则可以阅读二级标题和三级标题，这样就能大体掌握辩护词的主要观点。

其实，严肃的学术著作，现在都流行简目和详目两套标题体系。例如，张明楷老师的《刑法学》（第4版）（法律出版社2011年版）还只有一套目录体系，该目录体系包括章、节二级名称，故不必分设详目和简目。但从《刑法学》（第5版）（法律出版社2016年版）开始，即分设详目和简目两套并列的标题体系，简目只有编、章、节等三级标题，而详目则包括编、章、节、目和款等五级标题。

（三）辩护词的结构应依事实问题而定

法律是共性，事实是个性。如果个案中的焦点问题是法律问题，那么就应该按照法律问题的逻辑来确定结构；如果是事实问题，那么就应该按照事实问题的逻辑来确定结构。辩护词的结构就应该按照事物的本来面目来建构，这本是无可厚非的。

然而在刑辩实践中，真正的争议焦点往往是事实问题，而不是法律问题，大部分情况下，遇到真正的法律问题的情况极少。有的问题初看是法律问题，但经过仔细推敲，发现仍然还是一个事实问题，而不是一个法律问题。因此，在笔者看来，辩护词的结构还是应该依个案的特定问题而定，而不是依法律问题而定。

如果辩护词的结构如依法律问题而定，由于法律问题是共性问题，所以就很容易形成千案一面的现象；而如依事实问题而定，就会自然而然形成千案千面的现象，由于事实问题是个性问题，个案事实总是千差万别、各不相同的。战争千古无同局。世界上没有完全相同的两片树叶，也不可能打两场一模一样的战争，同一场战争也不可能运用一成不变的战术。① 同样，在刑辩实践中，每一个个案都是一个独特的存在，每一个案件之间总是有细微而重大的区别。不知千差万别，难有千变万化。我们只有善于把握"千差万别"的事实，才能创造出"千变万化"的辩护词结构。也只有千变万化的辩护词结构，才能准确反映千差万别的案件真实。因此，辩护词的结构本就应是千姿百态的。

也许控方仍然可以按照四大构成要件来建构其指控逻辑，但辩方就不宜采取这种方式了。而有的刑辩同行习惯于按照四大构成要件来设定辩护词的结构，这种做法未免过于僵化。姑且不说四大要件说在当下是否被广泛接受，单说按照法律问题来确定辩护词的结构这一大的方向本身就是有问题的。

总之，辩护词应做到有的放矢，谋篇布局应尊重个性化的事实问题。

二、辩护词的标题体系

辩护词在篇幅较长的时候，最好建立一个标题体系。何海波教授认为："建立目录体系有两方面的好处：就作者而言，有助于更好地检视和调整论证思路，使论文结构更加严谨、匀称；就读者而言，有助于最好地理解论文的框架结构，抓住作者的论证思路。"② 应该说，这个道理同样适用于辩护词的写作。

（一）辩护词的横向结构

一份辩护词无论其篇幅大小，其一级标题尽量不要超过四个，因为焦点

---

① 参见刘洋：《不知千差万别，难有千变万化》，载《解放军报》2022年8月15日，第6版。
② 何海波：《法学论文写作》，北京大学出版社2014年版，第69页。

问题是通过一级标题来体现和强调的，一级标题的数量就代表个案争议焦点的数量。就笔者有限的个人经验而言，一个案件中的焦点问题并不多，也就一两个，如果超过三个，就得认真思考一下这些问题究竟是真问题，还是假问题。如果是真问题，就要进一步厘清问题之间的逻辑关系，如果是横向关系，则通过合并同类项的方式，将其合并为同一个问题，尽量压缩一级标题的数量；如果是纵向关系，就按照"总—分—总"的逻辑关系，将相关问题调整为具有上下级逻辑关系的问题体系。①

只有经过这样一番操作，真正的问题才得以凸显，问题本身变得更加明确和具体。提出问题，是解决问题的开始；而明确问题，是提出问题的关键。提出问题的过程，就是一个定性和归类的过程。所谓定性，就是确定其究竟是事实问题，还是法律问题。如果是事实问题，究竟是哪个方面的事实问题；如果是法律问题，究竟是哪个方面的法律问题。所谓归类，就是将相同性质的问题合并起来，统一予以考虑。这样能够更清晰准确地把握其内在联系。类似的问题合并在一起，论证起来才会更有层次感和立体感。

当然，问题的确定并不是刑辩律师随心所欲的主观臆想。有控诉，才有辩护。辩护工作应该直接针对起诉书，才能做到有的放矢。因此，辩护词的结构也应紧紧围绕着起诉书的指控而展开。

由于罪名与罪名之间有着本质差别，即使是同一罪名，不同案件的争议焦点也各不相同，所以辩护词的结构应该因案而异，根据不同个案的事实问题而定。一份优秀的辩护词应当体现出明晰的辩护思路，具备严谨的逻辑结构，擅长连点为线，聚线为面，形成具有排山倒海般（compelling argument）说服力的论证。

（二）辩护词的纵向结构

上下各级标题之间的关系，实质上是主论点和分论点的关系。分论点不可与主论点并列，只能从属于并服务于主论点。如果辩护词只设定一级标题，其结构仍是粗线条的，读者难以通过其结构来直接把握辩护观点。如果辩护

---

① 最好是纵深，而不是横向排列。不追求广度，而追求深度。一级标题尽可能少，尽可能将有关内容安排在二级标题和三级标题，使全文形成纵深感。

词设定了二级标题，辩护词的思路更加清晰，读者就能够比较全面地了解辩护词的主要内容。但对于重大疑难复杂的刑事案件来说，二级标题体系的辩护词结构仍然不够，无法将微观层面的辩护观点直接呈现出来。而如果辩护词设定了三级标题，读者就能够从宏观、中观和微观三个不同层次全面透彻地了解辩护观点，所以三级标题本身就可以自成体系，独立成篇，诚可谓一篇辩护词的浓缩精华版。总之，一份具有三级标题的辩护词结构就能够让刑辩律师在瞬息万变的庭审活动中处变不惊，以不变应万变。①

严肃的学术著作，目前都流行简目和详目两套标题体系。例如，张明楷老师的《刑法学》（第4版）还只有一套目录体系，该目录体系包括章、节二级名称，故不必分设详目和简目。从《刑法学》（第5版）开始，即分设详目和简目两套并列的标题体系，简目只有编、章、节等三级标题，而详目则包括编、章、节、目和款等五级标题。

（三）横向结构与纵向结构的关系

横向结构与纵向结构各是什么意思？回答这个问题，还是要重新回到本书的理论基础，就是事实问题与法律问题的区分。

既然辩护词所要解决的问题无非是事实问题和法律问题，而这两个问题又是密不可分的，因此最合理的结构就是一级标题是法律问题，二级标题和三级标题是事实问题，以实现法律问题和事实问题的高度融合。

论证和推理是密切联系的。论证总是借助于推理来进行的。论据相当于推理的前提，论题相当于结论，而论证方式相当于推理形式。任何论证的过程都是运用推理的过程，没有推理就无法构成论证。但是，并非任何推理都是论证，两者又是有区别的，在笔者看来，其中最重要的区别，就是已知的判断无论其真假如何，都能作为推理的前提。而论证则只能使用一些其真实性已经被断定的判断，通过推理来确定另一个判断的真实性。推理只是断定前提与结论之间的逻辑联系，它并不要求断定前提与结论本身的真实性，而

---

① 分析、论证问题，要做到周密透彻，无懈可击，有很强的逻辑性。一定要记住，无罪必须达到千真万确的程度，要想达到千真万确的程度，无罪观点就要经过千锤百炼，而这对于刑辩律师来说，则是千辛万苦。

论证则必定要求断定前提与结论的真实性。因此，论证不仅要求有论据，而且要求这些论据的真实性已经被断定，否则整个论证就难以成立。

这种结构也完全符合演绎推理的要求，即大前提是法律问题，小前提是事实问题，最后就是结论部分。这就是辩护词的内容与其形式的辩证关系。演绎推理在思维进程上，是由一般性知识导出个别性知识的推理，演绎推理或称前提蕴含结论的推理，其前提与结论之间具有必然性联系。例如，在侵占财产刑事案件中，有必要将犯罪结果部分作为第一个问题来谈，而不是先谈主观问题，实际上就是结果无价值还是行为无价值理论的直接体现。再如，第一个问题为行为人客观上并未占有他人财产，第二个问题为行为人主观上更没有非法占有他人财产的犯罪故意。这种排序就能直接体现"没有结果，就没有行为"的无罪辩护逻辑，重点突出，要言不烦。

三、辩护词的内部结构

（一）辩护词的开篇与结语

万事开头难，文章开篇难。一篇辩护词洋洋洒洒动辄上万字，一切从何说起呢？

我们必须清醒地看到，无论一篇辩护词有多长，其最终体现在刑事判决书中的内容不过寥寥数语。按照相关规定，辩护意见在刑事判决书中通常只出现在二处：一是裁判文书引述控辩双方观点部分，会概括辩护意见；[1] 二是在判决理由部分会对辩护意见是否采纳作出说明。

辩护意见有很多是不被采纳的，既然是拒绝，就要说明理由，[2] 然而有的刑事判决书通常不会将否定辩护意见的理由说清楚，只是用公式化的语言，即"没有事实和法律依据，不予采纳"一驳了之。[3] 因此，刑辩律师要想获

---

[1] 查裁判文书制作规范，查《刑事诉讼法》相关内容。辩护意见必须附卷。

[2] 不接受就一定要说明理由，何时有必要说明理由，就是拒绝的时候。接受，就已经以实际行为表明态度了，当然就不必再说明理由了。当然，在控辩对抗的法庭上，无论赞同还是反对，都有必要说明理由。

[3] 根据最高人民法院《关于全面深化人民法院改革的意见——人民法院第四个五年改革纲要（2014—2018）》（法发〔2015〕3号），重视律师辩护代理意见，对于律师依法提出的辩护代理意见未予采纳的，应当在裁判文书中说明理由。

得存在感，就应该在第一部分做足文章。刑事判决书当然不可能全文照抄辩护词，而只会概述辩护意见。如果任由法官来概括，很可能言不及义，甚至是断章取义。与其这样，不如刑辩律师亲自操刀上阵，自行总结提炼。笔者以为，刑辩律师非常有必要狠下一番功夫，在辩护词开篇部分，就用最凝练的语言将核心辩护意见总结出来，便于法官引用。即使辩护观点最终被全盘否定，至少还能靠幸存的这一点内容给当事人一个交代。

这部分的写作方法也因案而异，有的可以采取列举方式逐一说明，一句话表达一个辩护观点，只亮明观点，不作论证，即使有所论证，也是以极简的方式论证，至少部分省略论证过程。还有一种更高级的写法，就是采用论文摘要的方式，将最重要的内容，按照其内在逻辑归纳出来，而不只是罗列观点。这种写法的好处在于保存了各个观点之间的逻辑联系，做到意思连贯、语言简明、用词精到，而其不足之处就是可能不合于法官的摘录需要。对法官而言，他们更关注刑辩律师的观点，而不关注其论证过程。针对这种情况，笔者的做法是两种方法并举：一是在标题中展现自己的辩护观点，方便法官引用。二是在导语部分将全部辩护观点有逻辑地组织成为一个有机的整体，方便法官理解。

摘要的写作，本身就是一个去粗取精不断提纯的过程。即使辩护词的信息量再大，也要努力做到要素齐全、详略得当、重点突出。毕竟不是任何一个事实和证据都是最重要的，重要性从来是相对的，也是分层次的，刑辩律师有必要将对定罪量刑产生直接影响的那些事实和证据提炼出来，以摘要的形式清晰地呈现出来，以便引起法官的重视。这个过程对于刑辩律师来说，本身就是一次反思的过程，进一步反思哪些辩护意见是最重要的，也是最有价值的。

为了提高摘要写作能力，我们不妨读一读学者们的论文摘要，从中学到为文之道。有的学位论文的摘要，其内容是第一章写了什么，第二章写了什么等，这种方式就是在罗列观点。笔者认为，论文摘要应当是一篇论文的浓缩版，观点与观点之间本身是有逻辑关系的，存在层层递进的关系，表达时则要充分体现这种逻辑关系，这才是一篇合格的论文摘要。下面笔者列举几个学术论文的例子，来说明这一问题。

例 1　张建伟：《重新起诉与一事不再理原则之违反——最高人民法院刑事诉讼法解释第 219 条第 5 项之商榷》，载《政法论坛》2022 年第 3 期

【摘要】对于证据不足的案件，法院作出了无罪判决，判决生效后检察机关又收集了新的证据，或者提出了新的事实，使原裁判依据的事实不清、证据不足的问题得到补救，就此法院依法只能以审判监督程序加以改判。但是，最高人民法院《关于〈中华人民共和国刑事诉讼法〉的解释》第 219 条第 5 项规定的却是检察机关重新起诉、法院予以受理，这一规定，违反了刑事诉讼法关于审判监督程序的规定。尽管原判决在当时证据情况下作出无罪判决并非错误，但是新的事实、证据表明该案的无罪判决在与案件事实真相背离这一实质问题上"确有错误"。以此观之，这种裁判错误符合再审条件。如果不依据审判监督程序加以改判而允许重新起诉，势必出现同一案件同时存在两个都具有法律效力的判决的"一案两判"现象，有违一事不再理原则和既判力原理，也会损害法院生效裁判的权威性。

【关键词】重新起诉　一事不再理　既判力　禁止双重危险　审判监督程序

例 2　张继成[①]：《知道规则的内在逻辑与科学分类》，载《中国法学》2022 年第 3 期

【摘要】司法实践中对"知道""明知""应当知道"等概念的解释和适用是较为混乱的，其根源在于人们对知道规则的内在逻辑等基础理论缺乏系统认识。借助知道逻辑、评价逻辑的基本原理和方法，系统分析《民法典》《刑法》中的知道规则后，可以发现：不同规范目的对知道算子所连接命题中的事实属性与价值属性具有不同要求，这就决定了每个知道命题在特定法律规范中的逻辑结构、规范功能、价值属性、认知结果获得方式等方面存在明显差异，知道规则的内在逻辑与科学分类由此得以充分展现。掌握知道规则的内在逻辑与科学分类，可以帮助司法人员把握每个知道算子在特定规范中的准确含义，从而达到正确司法、

[①]　张继成，中南财经政法大学教授，中国法律逻辑学会会长。

统一司法的目的。

【关键词】知道　明知　应当知道　知道规则　知道算子

例3　程志华:《中国哲学"原人"问题的学术史考察》

【导语】"原人"是中国哲学的一个重要概念,但这个概念在学术领域却有诸多不同诠释。厘清这一重要概念并对其进行学术史考察,进而揭示"原人"问题的基本特征,对于深化"原人"问题的研究,具有重要的学术价值。

以上是笔者列举的学术论文的例子。下面笔者凭借经验,试举一例来说明这一问题。

此案我们称为郭某诈骗案,该案辩护词的主要观点如下:

第一,远洋一品公司关于案涉100万元是"拆迁公关费"的意思表示完全不可信。其一,涉案100万元发生之时的银行转账记录明确备注为"往来",而非"拆迁公关费"。其二,《远洋一品与郭某借款往来一览表》明确记载了郭某与张某之间的全部借贷往来,涉案100万元即明确在列。其三,记账凭证的内容明显自相矛盾,不具有客观真实性。其四,郭某积极偿还了张某明确放弃的100万元债权,又再去诈骗张某的100万元,于情于理不通。最后,张某关于郭某诈骗其100万元一事,先后提出三种完全不同的说法,但其只给过郭某100万元,故其说法根本不能成立。原审判决依据虚假的记账凭证和张某的虚假证言而认定案涉100万元是"拆迁公关费",系事实认定错误,依法应予纠正。

第二,郭某有权主张远洋一品公司15%股权。首先,关于郭某以2亿投资换15%股权的说法,只有证人张某的孤证,《股权权益证明书》并没有如是约定;其次,郭某直接或间接为张某提供的融资服务,与张某赠与的股权具有等价性;再次,依据2013年4月7日的协议,只要郭某在两年融资期内为张某融资3500万元以上,即可获赠远洋一品公司10%股权,而郭某完全履行了上述义务,提供的融资额达到了4150万元,已经超过上述约定的融资额,故其至少有权主张远洋一品公司10%股权;最后,郭某取得《股权权益证明书》的方式合法,其以民事起诉方式，向远洋一品公司和张某主张其股权，并无不当，绝不应视为威胁、胁迫手段。

一篇长文往往信息过多，内容繁杂，读者可能不得要领，读后容易思绪散乱，不知所归。如果有一个恰如其分的结论，就可以提炼主旨，收束读者思路，加深印象。结论部分要收到收束全文的作用，语言必须简洁有力，不能拖沓，当止则止。一篇组织得当的论文，会自然而然、合乎逻辑和语势地结束。一个精彩的结尾，余韵悠长，古人云"结句当如撞钟，清音有余"，说的就是这个道理。

在笔者看来，辩护词的结语部分，[①] 相当于庭审中的最后陈述。在最后陈述阶段，法官通常不允许被告人重复原有观点，而是引导被告人向法院提出希望或者请求，在表达方式上，也不允许长篇大论。刑辩律师也应充分考虑法官的心理接受程度，辩护词的结语部分不必务实，而应考虑适当务虚，作适当发挥或者抒情。例如，在一起贪污罪中，笔者认为该案的核心问题，是被告人是被诬陷的，因此作了无罪辩护。该份辩护词的结语部分如是说：

现实生活中的真假总是相伴而生，半真半假更令人难以辨别。然而，再完美的假象，至多只能做到99%的真，但绝不可能做到100%的真。真的假不了，假的真不了，假的终归是假的。因此，辨别真假的最后机会，就在于这个具有决定性意义的1%的"事实"真是否客观存在。因此，本辩护人恳请合议庭，在依法查明全案证据基础上，依法宣告被告人曾某无罪，并追究伪证者的法律责任，以切实维护宪法和法律的尊严，彰显全面依法治国的法治力量。

（二）辩护词的正文与脚注

关于辩护词的正文，应该说上文全部在论述辩护词的正文，故本部分为

[①] 结语部分的写法。刑事判决书必引用辩护观点，但如果刑辩律师自己不主动总结，就得靠法官来总结，而法官的总结也不一定全面准确。与其靠法官来总结，不如自己总结。

辩护词应以高度凝练的文字将核心观点总结出来，方便法官引用。

开篇时，就可以将主要辩护观点摘录出来，或者在文末再总结一下，但前后的总结不应重复，而应有所区别，特别是文末总结要有所升华和提炼。

了文章的协调性,在标题中显示这部分内容,但实际内容还是重在讨论脚注这一形式在辩护词中的作用和使用方法。

由于国情不同,我国的裁判文书只有正文,没有脚注,而美国的裁判文书中有脚注则是常态。他们认为:"脚注的目的,是表达那些放在裁判文书正文中会影响阅读的流畅性的信息。法官使用脚注前,首先应考虑的问题是,这个脚注放入裁判文书是否适当。如果它没有重要到需要放入正文,法官就得证明它确有必要纳入裁判文书内。脚注较适合表达的信息是:能支持裁判文书的表述,但没必要在正文中明示,如具体法条或诉讼材料。脚注也可以用来宣示或简要表述那些与主题相关但无须深入阐述的问题。有些法官将所有引证都放在脚注里,正文全部用来分析论证。但是,千万不要把脚注视为那些法官需要保留却不知该如何处理的信息的储藏室。有些法官对滥用脚注的现象有所警惕,已不再使用脚注,或者至少在裁判文书中减少脚注的数量。"①

笔者在撰写辩护词时,通常采用脚注的形式来保存相关重要信息。这一方式缘于此前多年的学术研究经历。经过多年实践,越发觉得这种体例安排是非常合理的,也是必要的。

一个案件分为事实问题和法律问题,脚注内容也可相应分为两大类:其一,与事实和证据有关的脚注,下文将重点论述这一类脚注内容。其二,与法律问题有关的脚注。这部分脚注内容主要是在论证法律问题时引用的学术资源。这部分脚注通常只是注明资料来源,而不必写明具体内容,因为重要观点已经在正文中有所体现。

事实与证据本应严格区分。笔者通常将事实描述部分的内容放在辩护词正文,而将相关证据内容及其出处则放在脚注之中,通过这种方式来区分事实与证据,正文与脚注相互呼应,事实与证据相互呼应,相得益彰,融为一个有机整体。裁判者只须阅读辩护词正文,若对于事实毫无疑义,则无须再去审核证据。如果觉得有必要审核证据,也不必去查阅侦查卷宗,可以直接

---

① 美国联邦司法中心编:《法官裁判文书写作指南》(第2版),何帆译,中国民主法制出版社2016年版,第48页。

从脚注中找到答案。如果仍然不放心，再去核实原始卷宗。

当然，脚注的数量不宜过多，如果数量过多就会重点不突出，分散读者的注意力。其实，对于法官来说，辩护词不是其获取信息的唯一来源，他们还会从控方那里获得信息，而且他们往往会更重视控方的意见。因此，辩护词不必追求大而全，而应力求少而精。梁启超总结为文之道时说："大凡文章以说话少、含义多为最妙。文章的厚薄，即由此分。意思少，文章长，为薄；篇无剩句，句无剩字，为厚。"因此，脚注中引用证据原文，应仅限于那些可能对案件的定罪量刑有着重大影响的证据，至于毫无争议的证据，悉可略去，反正辩方不提，控方也会提及。

刑辩律师在归纳整理脚注内容时，应当做到真实、全面、准确，切忌断章取义，不能只摘录无罪证据而不摘录有罪证据。只要被裁判者发现刑辩律师片面摘录卷宗，就会对辩护观点的信任大打折扣，所以说，片面性终究是经不起严格考验的。

有的辩护词，其正文大段大段直接引用证据原文，而不做任何分析和提炼，至于这些证据能够起到多大的证明作用，悉由裁判者自己去提炼总结。这个情况表面上是工作不到位的表现，实质上是不尽职尽责的表现。刑辩律师的主要工作，就是从证据中提炼出客观事实，再从客观事实中提炼出辩护观点，或者以事论理，或者叙事寓理，寓观点于叙事之中，论从史出，而不是史从论出。

犯罪事实清楚，证据确实、充分，此话早已耳熟能详，但熟知并非真知，还须深入分析两者的相互关系：

1. 证据是"因"，[①] 而事实是"果"；证据确实、充分是"因"，而犯罪事实清楚是"果"。如果犯罪事实清楚，就可推知有罪证据确实、充分，反之亦然。两者互为表里，互为因果。

[①] 盖房子，需要材料，那就是一砖一瓦。辩护词的写作，同样离不开材料，这个材料就是证据。证据本身就是材料。证据的定义，也从事实说转向材料说。证据材料是撰写辩护词的物质基础，是构成辩护词的重要基础。证据材料从何而来，主要就是通过阅卷而来。当然，并不是所有的证据材料都可以成为辩护词的材料，需要经过严选，药材好，药才好。同理，只有我们能够精选出证据材料，才能为写好辩护词奠定坚实的基础。

2. 证据是客观的，而事实描述则是主观的，"事实描述"之所以是"主观的"，是因为它是我们认识的结果。既然是主观认识，当然就有对错之分。

如果掌握了足够的证据，通常情况下事实描述容易写得一清二楚、要素齐全、详略得当。如果事实描述不清不楚，那么究其原因，要么是归纳概括能力不足、要么就是证据本身不确实、不充分。所以，我们只能通过仔细审查事实描述部分是否清楚明白，来推测证据是否确实、充分。其实，我们总是通过结果来寻找原因，通过个性来看到共性，通过偶然来看到必然。总是通过看得见的东西，去"看见"那些看不见的东西。

关于在辩护词中如何运用脚注，笔者列举三个例子，来进一步说明这一问题。

例1 一起诈骗罪的辩护词

被告人宋某某病退前的公职身份是Z市人力资源和社会保障局劳动就业办公室副主任，而负责办理病退的职能部门正是其所任职的Z市人力资源和社会保障局。在案证据均可证实，相关工作人员均系被告人宋某某多年的同事，他们正是因为对被告人宋某某的公职人员真实身份的信赖，才为其违规办理了病退手续。时任Z市人力资源和社会保障局局长张某是签字同意被告人宋某某病退的主管领导，其明确表示"知道宋某某在人社局下属的一个事业单位担任副科级领导干部"[1]，这直接证明了被告人宋某某的主管领导明知其身份是真实的。时任社保科科长刘某[2]具体负责办理病退手续，证实其系被告人宋某某多年的同事，其在为被告人宋某某办理病退的过程中当然确信宋某某具有真实的公职人员身份。

---

[1] 张某的询问笔录（2020年1月15日）

答：我知道宋某某在Z市人力资源和社会保障局下属的一个事业单位担任副科级领导干部……最后经我同意，宋某某办理了病退手续。

[2] 刘某的询问笔录（2020年7月28日）

问：你是否认识宋某某？

答：认识，之前我干社保科科长的时候，跟她在一个楼上班，她那时候在劳动就业办公室上班，之后办理了病退。

问：你是否清楚宋某某办理病退的事情？

答：我知道，当初她办理病退之前还找过我，问我办理病退需要报什么材料，我让她回去问他们单位的人，准备好材料，大局长同意之后报给我们科就行，具体是哪年的事，我记不清了。

例2　一起贪污罪的辩护词

据时任S市广播电视局服务公司会计主管安甲的证言[1]，其称这笔1101.98万元固定资产的资产评估并未经手，鲁乙拿来的《实物投资明细清单》内容已经填写好，安甲看到鲁乙在"实物验收人"处已经签字，于是就按照鲁乙的要求签字了。这份书证记载的投资方为S电视台[2]，且已加盖了公章[3]，接受方网络中心也加盖了公章和法人章。当时安甲询问鲁乙实物何在，鲁乙称在工地上。此后，鲁乙也并未要求办理注册资本1101.98万元的工商变更登记，也未要求办理国有资产登记。

---

[1] 侦查卷第5卷，第28~38页，2017年6月19日15：30至16：30（谈1101.98万元固定资产一事），同日17：50至18：40（谈5100万元的情况和网络中心2003年至2009年的收入情况），同年8月1日16：20至16：35（关于1101.98万元的国有资产登记事宜）这三份证言。1988年12月至2005年6月，任服务公司会计主管，自2003年起兼任网络中心主管会计。

[2] 鲁乙2017年7月27日口供（卷17，第17页）

问：2003年服务公司移送给网络中心的有线电视网络资产是如何产生的？

答：这是工程公司在经营过程中产生的有线电视网络资产，这1101.98万元网络资产大部分就是K集团辖区内的有线电视网络资产，另外还包括H城、F园等地区的有线电视网络资产。

质证意见：鲁乙说H城和F园小区是工程公司投资的，而其他证据却显示是P公司投资的。哪个才是真实的？

[3] 辩护人要求核实《实物投资明细清单》上S市电视台公章的真伪，对此进行文检。

例3　一起合同诈骗案的辩护词（引用法律论证的内容）

合同履行能力的欺骗，并不必然构成合同诈骗，我们应具体问题具体分析。如果在签订合同的时候虽不具备履行合同的全部条件，但合同具有履行的现实基础，行为人自认为经过努力可以创造条件履行合同，行为人也有履行合同的意愿和行动，最终却因客观原因无法履行合同，该行为仅属于民事欺诈而非合同诈骗。

四、辩护词的行文风格

（一）辩护词应是完整严密的科学体系

思想体系是普遍存在的，任何一种理论、任何一篇文章，都是一个思想体系。甚至一篇反对建立体系的文章，只要它不是武断的零乱的，而是讲道理的有论证的，也是一个体系。问题不在于有没有体系，而在于是自觉还是自发，在于建立怎么样的体系。当然，建立体系，并不是建构一个永世不变的绝对真理，其实一门科学的思想体系是一个具体的东西，是有条件的，当然会随着对象的变化和人类认识水平的提高而不断变化。

人的思想、理论和科学都表现为体系是不足为奇的。这是为什么呢？所谓思想体系不过是由各种观点按照一定的结构而构成的体系。任何文章、理论、科学都是或大或小、或高或低的系统，反映它的文章、理论、科学当然都应该是系统的。

由于思想体系反映的是事物的内在联系，即规律性联系，因而这种反映不仅应当是正确的，而且应当是完整的、严密的，即系统。完整严密的程度越高，这种科学的发展水平也就越高。一门科学如果只有一些观点、论断、思想，那么其主要内容是什么还弄不清楚；如果它的内容已经十分丰富，但还没有严密的体系，那么我们就可以说这门科学基本上还没有形成，或者说它还没有完全形成。当然，并不是任何完整严密的思想体系都是科学，许多思想体系是完整严密的，但并不是科学，因为它们没有正确反映客观对象的内在联系。[1]

（二）说明文与议论文并重

辩护词所要阐述的问题，无非是事实问题和法律问题这两大问题。问题不同，表达问题的方式也应有所不同。因为事实问题是一个客观存在的问题，与其相对应的表达方式就是说明文。法律问题涉及论证，与其相对应的表达方式就是议论文。法科生接受的学术训练，更多的是议论文方面的写作训练，

---

[1] 参见黄枬森：《建立一个完整严密的科学体系是马克思主义哲学建设和发展的重要任务》，载《社会科学战线》，1999年第1期。

而说明文方面的训练相对欠缺、生疏，而实际上我们最需要解决的问题是事实问题，而不是法律问题，也就意味着我们最需要掌握说明文的写作方法，而不是议论文的写作方法。下文就说明文与议论文的各自特点，做一番知识性的简要介绍。

说明文是指用说明来作为主要的表达方式，对事物进行解说，对事理进行阐释，以达到给人知识的目的的文章体裁，它通过概念阐释来说明事物特征、本质及其规律性。说明文一般介绍事物的形状、构造、类别、关系、功能，解释事物的原理、含义、特点、演变等。说明文并不简单，要想写好说明文并不容易。写好说明文同样是法律人的基本功。要想提高说明文的写作水平，就要多读此类文章。

笔者学习说明文的主渠道，主要有以下两个：一是主流媒体，如《人民日报》《光明日报》《经济日报》或者《解放军报》。此类主流媒体上的科普文章时代感强，文字表达十分精准凝练。我国正在建设科技强国，科学技术领域的重大成就突飞猛进、日新月异，所以经常可以读到重大科技成就的新闻报道。既然涉及技术，那么文章中至少要对新技术做一番解读，也就意味着会有一些说明文体裁的文字。二是微信公众号"科普中国"，这个微信公众号是中国科学技术协会主办的，其宗旨是公众科普、科学传播。常年坚持阅读科普文章，好处多多。可以增长知识，极大地拓展知识面。一本好的科普读物，往往内容丰富、思考深入、语言生动、轻松有趣，普通读者看不觉得深奥，专业人士读也不会感到肤浅，称得上是专业化与大众化有机结合的佳作。

刑辩律师注定是一个杂家，因为刑法规定的是犯罪与刑罚，其中犯罪是刑罚的原因，刑罚是犯罪的结果。随着我国刑法修正案的不断增加，我国的犯罪圈也越来越宽泛，全面覆盖社会生活的各个方面。犯罪圈的扩大，意味着刑事案件的涉及面极其广泛，必然涉及各个专业领域的问题，这就迫使刑辩律师的涉猎面越来越广泛。

为了适应这一巨变，检察系统从上到下推行专业办案组制度。而在刑辩领域，有的律师也将自己打造成为某个犯罪领域的专业律师。这些现象充分说明，跨界是刑辩律师的宿命。隔行如隔山，有的律师一提及跨界就心中发忧，然而在笔者看来，隔行如隔山，但隔行不隔理。当我们懂得其他学科的基本原理后，也就能慢慢理解其他专业问题了。"操千曲而后晓声，观千剑而后识器"，随着科普文章阅读量的不断积累，我们对说明文的语感自然会越来越强，随着理解能力的慢慢提高，自信心也就随之增强。下面举三个说明文的例子，进一步说明这一问题。

例1　"3·21"东航MU5735航空器飞行事故调查初步报告

目前，《"3·21"东航MU5735航空器飞行事故调查初步报告》已完成，报告主要包括飞行经过、机组机务人员、适航维修、残骸分布等事实信息。主要情况如下：

经调查，当班飞行机组、客舱机组和维修放行人员资质符合要求；事故航空器适航证件有效，飞机最近一次A检（31A）及最近1次C检（3C）未超出维修方案规定的检查时限，当天航前和短停放行无故障报告，无故障保留；机上无申报为危险品的货物；此次飞行涉及的航路沿途导航和监视设施、设备未见异常，无危险天气预报；在偏离巡航高度前，机组与空管部门的无线电通信和管制指挥未见异常，最后一次正常陆空通话的时间为14：16；机上两部记录器由于撞击严重受损，数据修复及分析工作仍在进行中。

后续，技术调查组将依据相关程序继续深入开展残骸识别、分类及检查、飞行数据分析、必要的实验验证等调查工作，科学严谨查明事故原因。

例2　成功实现20个超导量子比特量子纠缠　中国量子计算研究获重大进展

本报北京8月9日电　（周炜、余建斌）浙江大学、中科院物理所、中科院自动化所、北京计算科学研究中心等单位组成的团队日前通力合作，开发出具有20个超导量子比特的量子芯片，并成功操控其实现全局纠缠，刷新了固态量子器件中生成纠缠态的量子比特数目的世界纪录。

据介绍，多比特量子纠缠态的实验制备是衡量量子计算平台控制能力的关键标志。经过近两年时间的器件设计与制备、实验测控及数据处理，由我国科学家组成的联合团队成功地将纠缠的量子比特数目推进到20。在短短187纳秒之内（仅为人眨一下眼所需时间的百万分之一），20个人造原子从"起跑"时的相干态，历经多次"变身"，最终形成同时存在两种相反状态的纠缠态。操控这些量子比特生成全局纠缠态，标志着团队能够真正调动起这些量子比特。

量子计算机研发是当前国际科技竞争的热点领域。据科研人员介绍，与世界上其他的超导量子芯片相比，此次由我国科学家研发的芯片拥有一个显著特点，即所有比特之间都可以进行相互连接，这能够提升量子芯片的运行效率，也是能够率先实现20比特纠缠的重要原因之一。

例3 知识图谱：从一张"图"看关联

前不久，在素有知识图谱"世界杯"之称的OGB（大规模图数据，Open Graph Benchmark）挑战赛中，来自中国的度小满AI-Lab团队凭借自创的TranS模型荣登OGB-wikikg2榜首。OGB是国际公认的知识图谱基准数据集和"竞技场"，比赛汇聚了全球AI顶级人才。此次，度小满夺冠的OGB-wikikg2是OGB三大类任务之一。

近年来，随着数字化时代到来，基于人工智能的一系列技术蓬勃发展，知识图谱技术便是其中不可或缺的一环。全球各大科技巨头逐步加强知识图谱布局，期待着知识图谱在更多领域发挥重要作用。那么，究竟什么是知识图谱。请看——

穷本溯源，知识图谱逐步发展完善

一提到福尔摩斯，就会不可避免地联想到他那神乎其神的推理能力。这种能力，不是与生俱来的，而是来自对细节的重视和缜密的分析。电影《大侦探福尔摩斯》中有一个让人印象深刻的场景——福尔摩斯将各种相关事件和受害者的关系用红线相互连接起来形成了一个布满整个房间的网状结构，在网的中心，与所有人物和事件都有直接或间接联系的就是案件的核心犯罪嫌疑人。其实，这就是一种简单的知识图谱——通过把不同资讯串联起来，形成关系网，从而在关系网中找到所需要的信息。

知识图谱技术，指的是建立和应用知识图谱，对海量数据信息进行检索、抽取与处理，并且利用数据挖掘和机器学习技术来管理和分析，从而形成图模型来描述知识和建模世界万物之间的联系。

知识图谱的概念最早在2012年由谷歌提出，其发展史却可以追溯到1960年的语义网络。

语义网络是一种较为直观的知识表达方式，采用相互连接的节点和边来表示知识。其中，节点表示对象或者概念，而边则表示对象或概念之间的关系。

用语义网络表达事件时，通常需要设立一个事件节点。比如，想要表达"上级向下级传达文件"，这句话的语义网络图中，最中心的节点是"传达"，并隐含着"接收"和"物品"两条没有直接显现的边。以"传达"这个动作为边，与之相关的节点就是"上级"；以"接收"的动作为边，与之相关的节点就是"下级"；而"文件"这个节点通过"物品"这个边，与核心节点"传达"相连。通过语义网络，可以更加直观地了解到事物之间的逻辑关系。

20世纪80年代，哲学概念"本体"被引入到人工智能领域用以刻画知识，为知识图谱搭建了基本的框架。万维网的出现，初步实现了文本间的链接，形成了知识图谱的雏形。

万维网服务器可以通过将信息内容与文本联系，以超链接的方式实现从一个站点到另一个站点的跳跃，这样彻底打破了之前查询工具只能一步步地按特定路径来查找信息的限制。比如，当在搜索引擎中输入"大数据"时，能够检索到一连串与之相关联的网页，这时只需轻击链接就可以进入网页浏览。在浏览过程中，如遇晦涩生僻的专业名词，还可以继续点击超链接进一步学习。

随着万维网技术不断发展，它的技术栈（所使用的不同种类的技术的统称）越来越庞大、复杂。2006年，万维网的发明者、英国计算机科学家蒂姆·伯纳斯·李提出"关联数据"的概念。他希望所有机构以标准化形式将原始数据公开，从而建立一个互联互通的知识网络。而这已经很接近现在的知识图谱技术了。

2012年，谷歌发布了知识图谱，用于改善搜索的质量。知识图谱除了显示其他网站的链接列表，还提供详细的关于主题的信息及其所属结构。不同于传统网页搜索的是，使用知识图谱的语义搜索不是展示网页，而是展示结构化知识。比如输入"戴高乐号"，传统网页搜索会给出"戴高乐号"航空母舰的舰长、舷宽、排水量和下水日期等属性信息，如果点击"戴高乐号"的技术特点板块，则可以直接进入其知识卡片，了解到舰体防护、动力系统、船电系统、舰载武装等信息，实现即问即答。

议论文是指主要运用议论这种表达方式，把作者所主张的某种判断加以论证、使敌论者信服的一种文体。作者通过摆事实、讲道理、辨是非等方法，来确定其观点正确或错误，树立或否定某种主张，它通常包括论点、论据、论证三个要素。

为了说明议论文的特点，笔者试举周某某诉江东农行储蓄合同纠纷案为例。这篇民事判决书的表达非常严谨、专业，堪称典范。虽然这不是一个刑事案件，而是一个民事案件，然而这并不妨碍我们通过这份民事判决来学习辩护词的写作，因为写作方法是相通的。在本案的"本院认为"部分，法院有如下的论述：

原告周某某是以储户身份提起储蓄合同违约之诉，合同另一方当事人是具有商业银行身份的被告江东农行。《商业银行法》第33条规定："商业银行应当保证存款本金和利息的支付，不得拖延、拒绝支付存款本金和利息。"对于《商业银行法》规定的保证支付、取款自由、为储户保密，应当进行全面理解：（1）保证支付，不仅包括银行不得拖延、拒绝支付，还包括银行应当以适当的方式履行支付义务；（2）取款自由，不仅包括取款时间、取款数额上的自由，在有柜台和自动取款机等多种取款方式的情况下，还应当包括选择取款方式的自由；（3）为储户保密，不仅包括银行应当对储户已经提供的个人信息保密，也应当包括为到银行办理交易的储户提供必要的安全、保密的环境。银行如果没有履行上述义务，即构成违约，应当承担相应违约责任。

商业银行应当无条件履行保证支付义务。当原告周某某持卡第一次在被告江东农行下属的火车站分理处柜台前要求取款时，无论其是否说出取款数额，江东农行的营业员都不得以任何理由拒绝提供适当服务。特别是周某某已经向营业员告知其不会使用自动取款机后，营业员仍只是简单告知"屏幕上有提示，你跟着提示办理就行了"，再未主动提供任何服务，没有履行保证支付的法定义务。

笔者认为，该份民事判决书具有以下三个特点。

1. 抽象法律规定的具体化

法律规定总是原则而抽象，事实问题总是具体而个别。法条的实际应用并不能简单地采取拿来主义，要想在个案中将法律与事实有机融合起来，一个必不可少的操作，就是对法律条文作出"稀释处理"。在本案中，该民事判决书的裁判要旨非常精练到位。它提出："对于《商业银行法》规定的保证支付、取款自由、为储户保密应当进行全面理解。保证支付，不仅包括银行不得拖延、拒绝支付，还包括银行应当以适当的方式履行支付义务；取款自由，不仅包括取款时间、取款数额上的自由，在有柜台和自动取款机等多种取款方式的情况下，还应当包括选择取款方式的自由；为储户保密，不仅包括银行应当对储户已经提供的个人信息保密，也包括应当为到银行办理交易的储户提供必要的安全、保密的环境。"

虽然《商业银行法》规定了商业银行的保证支付义务，但是这一法律原则并不能直接适用于个案，在适用之前，有必要对该法律条文做一番解释，具体而言就是扩大解释，而扩大解释也就是"全面解释"。该民事判决分别对保证支付、取款自由和为储户保密都作了扩大解释：（1）保证支付，不仅包括银行不得拖延、拒绝支付，还包括银行应当以适当的方式履行支付义务；（2）取款自由，不仅包括取款时间、取款数额上的自由，在有柜台和自动取款机等多种取款方式的情况下，还应当包括选择取款方式的自由；（3）为储户保密，不仅包括银行应当对储户已经提供的个人信息保密，也包括应当为到银行办理交易的储户提供必要的安全、保密的环境。该民事判决书所提及的三种情况，正好对应着本案事实问题的三种情况，可谓全面。这是就内容而言的。此外，我们还可以从中学习到特定的写作方法。扩大解释常常使用的句式，就是"不仅包括，还包括"，这种句式就是从一种情况扩充到另外一种情况，实现了扩大解释的目的。

2. 先谈法律问题，后谈事实问题

该份民事判决书还有一个特点，就是严格遵循先谈法律问题、后谈事实问题的顺序。法律是大前提，事实是小前提，然后是结论。这样一个结构在表达法律观点的时候是不二选择。

3. 事实与法律的融合

任何一个案件，都应实现法律与事实的有机融合，而且这种融合不应满足于局部融合，而应该是多角度全方位的高度融合，本案在这方面就做得非常到位，通过下面这部分判决书中的文字我们便可以了解到一二。

  原告周某某是以储户身份提起储蓄合同违约之诉，合同另一方当事人是具有商业银行身份的被告江东农行。《商业银行法》第 33 条规定："商业银行应当保证存款本金和利息的支付，不得拖延、拒绝支付存款本金和利息。"该条规定了商业银行的保证支付义务。

  保证支付，不仅包括银行不得拖延、拒绝支付，还包括银行应当以适当的方式履行支付义务。商业银行应当无条件履行保证支付义务。当原告周某某持卡第一次在被告江东农行下属的火车站分理处柜台前要求取款时，无论其是否说出取款数额，江东农行的营业员都不得以任何理由拒绝提供适当服务。特别是周某某已经向营业员告知其不会使用自动取款机后，营业员仍只是简单告知"屏幕上有提示，你跟着提示办理就行了"，再未主动提供任何服务，没有履行保证支付的法定义务。

这一部分重点谈的就是保证支付，先是对保证支付义务作了一番扩大解释，即保证支付不仅包括银行不得拖延、拒绝支付，还包括银行应当以适当的方式履行支付义务。在对法律作了扩大解释以后，紧接着谈事实问题，此处用了一个过渡句，即商业银行应当无条件履行保证支付义务，将法律问题与事实问题巧妙地衔接起来。在叙述事实问题时，用了一个强调句式，即当原告周某某持卡第一次在被告江东农行下属的火车站分理处柜台前要求取款时，无论其是否说出取款数额，江东农行的营业员都不得以任何理由拒绝提供适当服务。这一段使用了一个句式，"无论其是否说出取款数额，银行营业员都不得以任何理由拒绝提供适当服务"。

事实与法律的结合应该是全方位的，该民事判决书在论证存款人保密方面也实现了事实与法律的融合。该民事判决书指出，银行的保密义务不仅包括银行对储户已经提供的个人信息保密，也包括要为到银行办理交易的储户提供必要的安全、保密的环境。被告江东农行下属的火车站分理处，将自动取款机置于人员众多且流动性大的营业大厅内，只在取款机上方张贴一警示纸条，周围并无任何安全防范措施，不能保证旁人无法接近正在使用自动取款机的储户，无法保证旁人不能偷窥储户在自动取款机上的密码，客观上使储户无法在保密状态下安全使用自动取款机。

这一段同样使用了扩大解释方法，即银行的保密义务"不仅包括"银行对储户已经提供的个人信息保密，"也包括"要为到银行办理交易的储户提供必要的安全、保密的环境。然后紧接着说事实问题，在叙述事实问题时，并不是像照镜子那样直观地反映案件事实，也不是随意选取一些事实，而是精准挑选那些足以影响本案定性问题的关键事实，如自动取款机的周边环境客观上不利于保护储户的安全。自动取款机的设置环境本身不够安全，安全防范措施不到位，不足以防止他人接近正在办理业务的储户。

如果说保证义务是从银行员工的主观方面的角度来确定银行的违约责任，那么保密义务则是从客观方面的角度来明确银行的违约责任。通过客观方面和主观方面两个角度，就能全面确定银行的违约责任。

一审法院重点论及保证支付和保密义务，二审法院在此基础上进一步提出了取款自由，具体如下。

  关于第二点。对于上诉人未履行保证支付以及保密义务，一审判决已经论述。另外，《商业银行法》第29条第1款规定："商业银行办理个人储蓄存款业务，应当遵循存款自愿、取款自由、存款有息、为存款人保密的原则。"取款自由是储户的一项权利，商业银行有义务保证储户实现这一权利。取款自由，不仅包括取款时间、取款数额上的自由，在有柜台和自动取款机等多种取款方式的情况下,还应当包括选择取款方式的自由。当原告周某某持卡第一次在被告江东农行下属的火车站分理处柜台前要求取款时,江东农行的营业员不得以任何理由拒绝服务。当然,在柜台业务繁忙的情况下,从缩短储户等待时间的角度考虑,营业员有权建议储户到自动取款机上取款。但是,银行营业员对于使用储蓄卡在自动取款机取款存在时间和数额限制是明知的,因此在向储户行使这一建议权之前,有义务了解该储户的取款数额,特别是在周某某已经声明不会使用自动取款机的情况下,营业员还有义务向其讲解或者演示自动取款机的使用方法。如果因业务繁忙顾不上履行这些义务,营业员则不能坚持让储户到其不熟悉的自动取款机上取款。营业员既不履行讲解或演示义务,又坚持让储户到自动取款机上取款,则不是正当行使建议权,而是限制储户的取款自由,不履行保证支付的义务。

二审判决书能够在一审判决书基础上提出新的裁判理由,使裁判理由更全面、更丰富、更充实,这表明二审法院的审判水平的确更高。不过就写作方法而言,其与一审判决是一致的,先是对法律原则作扩大解释,再将事实与法律充分结合。二审判决的一个特点,就是分别从储户和银行这两个不同角度来分析问题,在民事法律关系中,一方的权利就是另一方的义务。取款自由是对储户而言的,而对银行来说,就有保证取款自由的义务,这不是一个简单的同义反复,而是立体地阐述一项权利义务。这种写作方法是值得我们学习的。例如,在一起受贿案中,公诉机关指控某位领导干部收受他人财物,并通过其下属来为他人谋利。笔者的辩护观点是,本案中虽有收钱一事,但并非权钱交易,行贿人并未向被告人及其下属提出过任何具体事项,而被告人及其下属也从未向行贿人提供任何帮助。这种写作方法就是有意识地分别从行贿人和受贿人双方角度来阐述辩护意见。

(三)先说结论后说内容

中华人民共和国成立以前,判词的几个组成部分是当事人基本情况、主文、理实和理由。这一结构是相对固定的。中华人民共和国成立以后,判词的结构顺序颠倒过来了,将主文放在最后。

法律文书的一个重要功能就是说服功能，辩护词的功能就是说服法官。既然是说服，最好是先亮明自己的观点，只有这样，听众才能先听到论点，再听到论据。由于已经知道论点了，那么在听论据和论证的过程中，就会自觉不自觉地思考论据和论证是否能够证明论点的成立。如果不是首先亮明论点，听众在听论据和论证过程时，思考就容易失去方向感，究竟应该往哪方面去思考。所以说，法律人应该养成一个正确的表达习惯，即先说明论点，再说论据，先说结果，再说原因。

这种表达方式，如果我们细心观察，就会发现这是一种非常普遍的写作手法。例如，天津市人民检察院第一分院诉李某、袁某某、胡某某、东某、燕某某、刘甲、刘某某、刘乙绑架案（载《最高人民法院公报》2008年第8期）中有如下的表述：

> 如果行为人并不了解他人真正的犯罪意图，不清楚他人所实施的犯罪行为的性质，而是被他人蒙骗或者出于自己的错误认识，在错误理解犯罪性质的情况下参与他人实施的犯罪，则不能认定该行为人与他人实施了共同犯罪，而应当依据该行为人的犯罪实际情况，按照主客观一致的原则正确定罪处罚。

其中，"行为人不了解他人真正的犯罪意图，不清楚他人所实施的犯罪行为的性质"，这是结果；"被他人蒙骗或者出于错误的认识"，这是原因。这一公报案例的表述方式，就是先说结果，后说原因。

由于人们的一切行动都是在一定思想的指导下进行的，所以只有根据正确思想实施的行动才有可能是正确的行动。这就是说，思想是行动的指南，确定思想的真伪，是使人们有正确行动的前提。

那么，如何确定一个思想的真伪呢？这就提出了关于论证的问题。

逻辑论证是引用一些真实性已经被断定的判断，通过推理来判明或者确定另一个判断真实性的思维过程。一般来说，如果这一思维过程主要是判明或确定另一判断为真，我们就称为证明；如果主要是判明或者断定另一判断为假，我们就称为反驳。论证与推理是有密切联系的。论证总是借助于推理来进行的，论据相当于推理的前提，论题相当于结论，论证方式相当于推理方式。任何一个论证过程都是运用推理的过程，没有推理就无法构成论证。但是，两者仍然有着重大区别。两者的思维过程不同。推理是从前提到结论的过程；而论证则相反，总是先有论题，然后再围绕着论题寻找有关的论证，这相当于从结论到前提的过程。因此，在撰写辩护词的时候，我们也应遵循论证的思维过程，一开始就要亮明观点，也就是论题。

（四）辩词宜简明扼要

写作的过程，往往是先做"加法"，再做"减法"。① 做"加法"，就是不断地增加素材，填充内容。识不足则多虑，威不足则多怒，信不足则多言。能够做"减法"，才是自信满满的表现。

笔者认为，简洁是一个共识，是公理。当代作家毕飞宇也强调："我在小说的课堂上反反复复地说到简洁，这说明了一件事，简洁重要，简洁不容易。我想这样说，简洁不仅是一个语言上的问题，它关系到一个作家的心性，一个作家的自信心。啰唆其实都是由胆怯带来的，他惧怕读者读不懂，他要解释——判断一个小说家的能力，是否简洁是一个最好的入口。"

法律的修改，不只是法律制度的完善，也伴随着语言文字的完善。但是，这方面的变化并未引起学界的足够重视。笔者多年以来一直坚持研读新旧法律对比，每每会发现一些语言修改的好例子。下面我们以《专利法》第47条第3款来说明这一问题。

> 2000年《专利法》第47条第3款　如果依照前款规定，专利权人或者专利权转让人不向被许可实施专利人或者专利权受让人返还专利使用费或者专利权转让费，明显违反公平原则，专利权人或者专利权转让人应当向被许可实施专利人或者专利权受让人返还全部或者部分专利使用费或者专利权转让费。（116字）
>
> 2020年《专利法》第47条第3款　依照前款规定不返还专利侵权赔偿金、专利使用费、专利权转让费，明显违反公平原则的，应当全部

---

① 解放军报中的简洁，军语。简明，就是简单明了，即通过最少的字眼、最好的方式达到最佳的表达效果。简明体现了深邃的洞察力。"少则明，多则惑"，表述越简洁明了，越是说明对战争的本质和规律认识得越深刻，对敌我情况、战场态势的掌握与理解越透彻。

说服：辩护词写作实务

或者部分返还。(50字)

这一款从116个字压缩到50个字，可谓是极限压缩。那么这是如何做到的呢？其简洁的秘密就是将主体和宾语悉数删除，施动者"专利权人或者专利权转让人"和被施动者"被许可实施专利人或者专利权受让人专利权人"一并删除，宾语"专利使用费或者专利权转让费"也一并删除。经过这一番大刀阔斧的删减，整个句子的逻辑关系就水落石出，一清二楚。此次修改可谓一绝。

第19讲

辩护词的结构路径

◇ 赵承霞[*]　宋加秘[**]

辩护词没有固定的格式要求，法律亦未规定必须形成书面形式，对某些简单的案件，辩护律师理论上可当庭进行即兴辩护。但是，如果从当事人利益最大化，或者争取最佳辩护效果的角度考虑，笔者认为，再简单的案件，也理应形成书面形式的辩护词。辩护词的撰写是刑事辩护的重要一环，一篇精彩的辩护词不仅要像"艺术品"一样具有观赏性，更要像"生活品"一样具有实用性。辩护词在创作过程中需要精雕细琢、不断打磨，只有真正在内容上做到言之有物、言之有据、言之有情，在结构上做到言之有序、逻辑清晰，才能最大程度助力有效辩护。

在辩护词的行文过程中，要注重把握其中的形式结构和内容结构。

一、辩护词的形式结构

刑事案件的辩护词会因辩护律师办案习惯和办案风格的不同而有所差异，但从整体上来看，大同小异。传统的、常见的辩护词多由三部分组成，即开篇、正文和结语。

开篇部分主要是简单介绍案件的委托情况和律师工作的开展情况，目的是让法官明白律师的辩护具有充分的调查和分析基础，进而建立一定程度的信赖。笔者认为该部分不可或缺。同时，在该部分可继续阐明辩护人预期的罪和罚，即被告人应判无罪、轻罪还是罪轻，被告人应当如何量刑，或对某

---

[*] 赵承霞，北京市盈科（济南）律师事务所股权高级合伙人，盈科山东区域刑委会副主任，盈科女律师学院济南分院院长。

[**] 宋加秘，北京市盈科（济南）律师事务所律师，盈科山东区域刑事专业委员会副秘书长。

些情节的认定直接给出建议的结论等；通过预设结论的方式，可以促使司法机关对律师的辩护目标逐步接受。在某些故意杀人案或故意伤害案的辩护中，开篇部分还可简要抒发对受害一方的慰问或关切，这不仅是为了减少庭审中的敌对情绪，更多的是展现刑辩律师对于生命的敬重，对于伦理和道德的信仰，笔者认为这是应有之义。另外，在篇幅上，开篇部分不宜过于冗长，言简意赅即可。

正文是一篇辩护词的核心，是辩护人观点的集中输出，是辩护工作的集成，正文部分的充分论证可以推动公诉人、法官对案件产生再认识，对既定的立场产生动摇，乃至最终改变案件的走向。笔者认为，一篇好的辩护词，其在正文部分要体现层次感和逻辑性，要让听者或者读者感到文通字顺，能从头至尾听下来或读下来而不感到混乱和疲累。根据笔者的写作习惯，辩护要点的铺陈通常会遵循"先程序，后实体"的顺序，进行程序辩护时通常会遵循程序发生的时间先后顺序，进行实体辩护时通常遵循"先定罪，后量刑"的顺序，进行量刑辩护时通常会遵循"先法定，再酌定，后情理"的顺序。为了保证辩护词的逻辑性，在论证的过程中，可以借鉴"三段论"的方式，大前提为法律规定，小前提为本案案情，结论即为辩护要点，当然在撰写辩护词时，这个论证过程需要提前倒推。确定辩护要点的过程就是一个立论的过程，立论后就是借助证据开展论证，论证过程中也要对公诉机关的指控进行反驳，整个论证过程要层层推进、言之有序。

结语是对辩护内容的总结，是辩护人关于定罪量刑的最后强调或陈述，要与开篇的预设目标和正文的论证结果相互对应，结语的篇幅同样不宜过于冗长，点到即可。

二、辩护词的内容结构

笔者在撰写辩护词时，主要围绕案件事实（包括程序事实和实体事实）、法律适用（包括程序和实体）、量刑等内容展开，每一部分各有侧重。

（一）事实之辩

案件事实的辩护涉及行为定性和情节认定的问题，且中间难免涉及证据采纳的问题，也即穿插着证据辩护。

行为定性涉及罪与非罪、此罪与彼罪的问题。例如，在"于欢案"中，于欢的行为是构成正当防卫还是防卫过当？如构成正当防卫则于欢无罪，如构成防卫过当则成立故意伤害罪，故对于欢实施捅刺行为进行认定就显得尤为重要，这就是事实之辩中的行为定性问题，关系到罪与非罪。在笔者辩护的一起杀人案件中，被告人向被害人注射镇静剂致其死亡，这个案件的核心争议点，就是注射的目的是使被害人死亡，还是使被害人镇定，两种目的分别对应故意杀人罪和过失致人死亡罪，对注射行为进行准确定性，就关系到此罪与彼罪。

情节认定也是事实之辩中的重要部分。情节认定主要是为量刑辩护打基础，特别是对于自首、立功、坦白、认罪认罚等情节的认定，常常容易出现争议。在笔者办理的一起故意伤害案件中，公安机关在去被告人家中的路上将其抓获，因被告人是否具有投案的目的难以确定，所以辩护人和被害人的代理人就本案是否构成自首展开过激烈辩论。在认罪认罚案件中，被告人认罪不认罚，或者有时候被告人认罪认罚而辩护律师作无罪辩护，这种情况是否能构成认罪认罚也容易成为控辩双方的交锋点。

此外，无论是行为定性还是情节认定，都需要控辩双方提供大量的证据进行论证，辩护人在此时就要进行证据的辩护。例如，对于现场遗留的物证与书证、证人证言、被告人供述和辩解、被害人陈述、鉴定报告、勘验检查笔录等是否都能够在案件中作为证据使用？物证与书证是直接证据还是间接证据？证人证言是否具有利害关系或证明能力？被告人供述和辩解是否为刑讯逼供？被害人陈述是否前后矛盾？鉴定报告的鉴定人和鉴定机构是否有资质？通过以上的举证质证，可以实现对有利事实的认定，从而助力有效辩护。

（二）法律之辩

刑事辩护中的法律之辩，主要分为程序法律之辩和实体法律之辩两部分。

1. 程序法律之辩

在程序辩护过程中，辩护人要向法庭揭示案件侦查、审查起诉、审判过程中存在的违法之处和瑕疵问题，如存在刑讯逼供、取证流程不合法、应提供翻译而未提供翻译等程序违法事项则可以申请排除非法证据，如存在违反公开审判原则及回避制度、剥夺和限制当事人诉讼权利以及审判组织组成不合法等程序违法事项可以申请启动再审或发回重审，如存在勘验人员遗漏签名、讯问时间记载错误等程序瑕疵则可以将瑕疵问题作为控辩协商的筹码，以争取量刑减让。此外，管辖权也是一个需要重点关注的问题，在毒品犯罪的辩护中尤为如此。有效的程序辩护对律师具有很高的要求，辩护人不仅要对程序性法律了然于胸、对全案流程精准把握，同时还要求律师坚韧有魄力、勇敢且担当。一般的程序瑕疵往往很难改变案件的走向，辩护人不能过度寄希望于程序辩护，但也不能放弃程序辩护。

2. 实体法律之辩

笔者认为，实体法律辩护是技术性最低的辩护，是最基础的辩护，实体法律之辩只需要将案件事实和法律规定一一对应即可。进行有效的实体法律辩护，一是需要辩护人通过事实之辩固定好案件事实，二是要求辩护人对实体法律存在一个全面的了解和把握，这是一个长期学习和积累的过程。刑事犯罪领域的法律和司法解释众多，《刑法》中每一项罪名都会有相对应的司法解释、会议纪要、指导案例、指导意见或批复等，只有相对熟悉了上述刑事法律及相关文件，才能在实体法律之辩中游刃有余。

（三）量刑之辩

量刑之辩是事实之辩和法律之辩的结合，且量刑之辩建立在事实之辩和法律之辩的基础之上。在刑事辩护中，除了无罪辩护以外，任何一个刑事案件都离不开量刑辩护，并且没有任何一个被告人只存在加重情节而不存在法定或酌定的从轻、减轻情节的情况。

最高人民法院、最高人民检察院《关于常见犯罪的量刑指导意见（试行）》中规定了20余种从轻或减轻的量刑情节，包括未成年人犯罪、老年人犯罪、聋哑人犯罪、盲人犯罪、犯罪未遂、犯罪中止、从犯、自首、坦白、立功、认罪认罚、退赔退赃、赔偿被害人损失并获取谅解、刑事和解、羁押期间表现良好、初犯、偶犯、成长经历和一贯表现良好。对于一般的犯罪案件，通过量刑辩护最多可以减少基准刑的60%，犯罪较轻的，可以减少基准刑的60%以上甚至依法免除处罚。

在笔者办理的一起职务犯罪案件中，笔者借助辩护词的大篇幅论证，为当事人争取到了一个从犯的情节，结合案件自身存在的自首和认罪认罚情节，最终为当事人实现了免予刑事处罚，并保留住了公职。这是笔者自认为较为成功的一起量刑辩护。有些时候，家属或者当事人会认为，仅进行量刑辩护是律师的一种妥协，是律师无能为力后的最终挣扎，但是作为刑辩律师，笔者明白，某些刑事案件我们只能进行量刑辩护，量刑辩护并非不能取得好的结果，更重要的是通过量刑辩护，笔者实现了当事人利益的最大化，为当事人提供了最稳妥的保障。

结语

刑事辩护是一门艺术，辩护词是这门艺术的具化，辩护词凝结了刑辩律师的心血，它肩负着伸张正义、救赎罪恶的神圣职责，撰写好每一篇辩护词是刑辩律师的光荣使命。

第20讲

质疑与重构

——以四例无罪辩护案件为视角

◇ 薛火根[*]

辩护词的核心是说服法庭。在当今疑罪从无、疑点利益归于被告人的刑事司法原则在实践中还未能得到很好落实的情况下，一份争取无罪的辩护词如果对证据、事实和法律适用没有进行足够有分量的质疑与重构，则该无罪辩护很难取得成功。一份仅因证据存在瑕疵或边缘事实未查清就盲目发表无罪辩护意见的辩护词，可能只会给被告人带来适得其反的辩护效果。

从事刑事辩护二十余年，笔者辩护成功的无罪案件均是通过对控方指控的证据、事实和法律适用展开有效的质疑与重构而实现的。现结合亲办的四起无罪辩护案件谈谈无罪辩护词中的"质疑"与"重构"。此外，笔者还将探讨辩护词写作过程中的"表达"问题。

一、质疑

"质疑"一词出自《汉书·陈遵传》"时时好事者从之质疑问事"的表述，意为心有所疑，提出以求得解答。对于辩护律师而言，质疑则更多地意味着需要"自问自答"。对控方的指控提出有分量的质疑，寻找能够证明被告人无罪的法律事实和法律适用观点，这是一切辩护词的立论基础。

那么，如何质疑？

李勇检察官在《刑事证据审查三步法则》一书中提出证据审查"分解验

---

[*] 薛火根，北京大成（南京）律师事务所高级合伙人，大成中国区刑事专业组带头人，中国人民大学律师学院客座教授。

证"、"双向对比"和"综合分析"三步法则。"分解验证"是对证据三性分解验证，对应证据能力的审查；"双向对比"是纵横双向对比验证，对应证据证明力的审查；"综合分析"是根据事实得出结论，对应事实认定。他将证据能力、证明力的审查与事实认定视为承前启后、密切联系的过程，这是从实践中提炼出来的带有规律性和实用性的证据理论，也给辩护人如何针对证据、事实认定提出疑问提供了可借鉴的路径。

每个案件都存在多个可质疑的点，但并非所有的点都值得花费大量的精力和篇幅去质疑。首先要做的便是对争议焦点进行归纳总结，分清主次，质疑对定罪最关键的点，力求达到一剑封喉的效果。

如笔者辩护的周某某涉嫌故意伤害致人死亡案，被告人周某某被指控在某市汽车客运站停车场内与张某发生冲突后拳击张某，致其倒地后死亡。周某某始终主张对张某没有暴力行为。检方指控周某某的关键证据，为证人杭某某"看见周某某拳击张某后，张某瘫倒在地"的证言。侦查机关调取的现场全部23处监控视频，均未能直接监控到事发位置的场景，故侦查机关、公诉机关均未对在卷的23处监控视频作详细分析，这些监控视频也未作为证据出示。在关键证人证言以及相关证据均不利的情况下，笔者决定另辟蹊径，将视角转向了现场的监控视频。根据以往的办案经验，所有监控视频的时间都会随着使用时间延长而有误差，故在查看监控视频时对现场23处监控视频进行了时间列表同步和关联性分析。通过比对监控视频中关键证人杭某某在案发时点所处位置，结合现场平面结构图，发现在被害人张某倒地的时间节点，证人杭某某所处的位置根本无法看见双方发生冲突的场景。由此，笔者对此提出了有力的质疑，质疑控方的关键证据——证人杭某某的证言违背客观事实，其证言不能被采信。庭审中，辩方通过视频演示和对杭某某发问，致使检方当庭撤回杭某某的证言。因此，本案没有直接证据证明周某某有拳击张某的行为。法庭认定周某某主观上对张某没有伤害的故意，本案由可能判处10年以上有期徒刑的故意伤害致人死亡罪改为过失致人死亡罪并适用了缓刑。笔者认为，证人杭某某的证言对整个案件的事实认定起到决定性的作用，故在辩护词中对此作重点质疑和充分的论述，最终通过否定这一份关键证言的客观性，说服了法庭，争取到了一个较好的结果。

再如笔者辩护的 A 公司、徐某某等人因在工业用地上违法建设房屋销售被指控非法经营案。经详细了解案情,辩护人对涉案行为是否违反非法经营罪中的"国家规定"提出了质疑。

本案中,起诉书指控的"未办理工业用地转为住宅用地的土地性质变更手续""未取得建设工程施工许可证、商品房预售许可证等相关许可证照""翻建一栋危旧厂房、违建两栋新建筑物"等行为都客观存在,基本事实是清楚的。从证据角度看,确实有非法取证的情况存在,鉴定意见也存在诸多问题,涉案金额认定可能存在出入。针对非法证据排除和申请重新鉴定等程序性问题进行了有力的辩护。对证据的质疑、对事实认定的质疑都是必要的,但本案的核心是对法律适用的质疑。笔者在辩护词中重点对本案适用《刑法》第 225 条指控为非法经营罪提出了两点质疑:其一,行为人违法建设房屋、转让房屋使用权的行为不属于《刑法》第 225 条前 3 项规定的非法经营行为,我国目前也没有相关法律、司法解释将该类行为归属于该条第 4 项的"其他严重扰乱市场秩序的非法经营行为",当事人的行为不属于非法利用工业用地从事商业房地产开发经营。其二,此"国家规定"非彼"国家规定"。检方认定涉案行为违反了国家土地用途管理规定,而非法经营罪作为扰乱市场秩序罪一节中的罪名,其规制的是市场经营行为。所谓"经营",是指以营利为目的提供商品或服务的行为,非法经营罪中所违反的"国家规定"只能是那些有关市场秩序管理的国家规定,而本案所违反的有关土地用途管理的"国家规定",则不能等同于非法经营罪中的"国家规定"。所以,我们得出了本案指控没有法律依据的结论。

针对上述质疑,我们进行了多方检索,提交了详尽的类似行为无罪案例表以及两份关键的规范性文件:最高人民法院《关于个人违法建房出售行为如何适用法律问题的答复》和最高人民法院《关于准确理解和适用刑法中"国家规定"的有关问题的通知》。旨在提醒合议庭,最高人民法院对于违法建房出售等行为以非法经营定罪是极其谨慎的,兜底条款的解释权不属于具体司法机关,只属于立法机关。

本案最终以检察院撤回起诉而落幕。检察院作出的不起诉理由说明书也明确说明:"《刑法》第 225 条第 4 项规定的'其他严重扰乱市场秩序的非法经营行为',有关司法解释未作明确规定的,应当作为法律适用问题,逐级向最高人民法院请示。被不起诉人 A 公司、徐某某的行为不符合《刑法》第 225 条第 4 项规定的情形,不应以犯罪追究刑事责任。"

辩护人在辩护词中进行了详细的法理阐述,并对相关法律及解释的规定逐一进行对比分析,同时引入类似无罪裁判案例作为支撑。可以看出,检察院的不起诉理由回应了辩护人针对本案法律适用提出的质疑,本案取得了理想的辩护效果。

二、重构

"重构"出自马丁·福勒的《重构:改善既有代码的设计》,最早是一个计算机领域的用词,是指在代码写好之后改进它的设计,目前也常常引申其意用于教育、文学等领域。"质疑"指提出有力的辩驳,说服法庭控方指控的事实不成立、证据不充分、法律适用不正确等。"重构"则指律师要发挥主观能动性,更进一步地调查取证、检索类案并分析法律规定,形成有逻辑的辩方证据体系,从而瓦解控方片面的有罪指控体系,向法庭呈现客观、全面的案件事实,从而说服法庭接受辩方的辩护意见。

那么,如何重构?

控方收集的证据、控方指控的涉案事实,以及控方引用的法律规范,构建了一套证明被告人入罪的逻辑体系。而作为辩护人,既要质疑与反驳控方的证据不充足、事实不清楚、法律适用不正确,又要积极主动,多方面去调查、收集、整理有利于被告人的证据、事实和法律规范。而往往第二种重新构建辩方证据体系、讲述新的"故事"的做法,更容易说服法庭,也更容易取得明显的辩护效果。

如笔者辩护的某物业公司主任王某某涉嫌故意毁坏财物案,控方指控的涉案事实,是王某某管理的 B 小区 6 户业主违章改造、封闭建筑物阳台,占用公共空间。在城管监察大队发出限期拆除通知书但该 6 户业主仍拒不拆除的情况下,面对小区其他业主的不满与投诉,王某某便使用单位资金聘请拆除人员动用机械对该 6 户业主的违章建筑部分进行了拆除。根据检方提供的鉴定意见,上述被拆建筑物部分重置修复价格合计人民币 95796 元。

本案的核心辩护思路可以概括为两点：一是对鉴定意见的质疑，二是对法律适用的重构。当然，此案中的"质疑"是服务于"重构"的手段。

关于质疑，辩护词中重点论述了违章建筑的"重置价格"不能作为故意毁坏财物的涉案金额，在案价格鉴定意见以"重置价格"计算涉案违章建筑物价值明显错误。具体而言，在案鉴定意见是对违章建筑的"重置价格"进行计算评估，与起诉书指控的故意毁坏财物数额这一待证事实之间没有任何关联，不能采信。此外，合法建筑与违法建筑的毁损数额的计算于法有别，即便要进行数额认定，也只能针对可再利用的材料的残余价值进行鉴定，以此认定实际损失。且以部分材料残余价值的方式来计算和处理违章建筑灭失纠纷，在国内已有案例可循，经过多方检索，辩护人向法庭提交了相关生效判决论证在案鉴定的依据错误。

关于重构，通过大量检索刑事、行政、民事多方面的法律法规、司法解释和典型案例，论证"违法拆违"不是故意毁坏财物，最多只适用民事赔偿，且赔偿也仅针对法律保护的合法财产。辩护词中详细阐述了重构法律适用的三个方面：一是王某某拆除违章建筑不是故意毁坏财物，而是将违法情形恢复到合法状态的行为，检方指控的定性明显错误；二是本案本质上是民事法律所调整的纠纷，违章建筑本身是违法的产物，而以故意毁坏财物罪刑事立案、起诉甚至审判是执法的偏差；三是本案如果定罪将会成为行业内的风向标，有违法律效果与社会效果相统一的司法理念。

该案先通过有效的质疑，明确了涉案金额不是被拆除违章建筑的"重置价"，而只可能是"残值价"。再通过对法律适用的重构，多角度充分论证了公民、物业公司、政府机构等"违法拆违"行为不应适用刑法调整。经两次开庭、一年多的等待，承办此案的庭长在退休前作出了同意检察院撤回起诉的裁定。

可以说，辩护人对该案法律适用的重构说服了法官，动摇了其自由心证，成功达到了使无辜之人出罪的效果。

三、表达

质疑与重构是辩护词写作的核心指导思想。质疑与重构的目的是说服法官，说服法官就要把质疑与重构充分展示到辩护词中。任何一个案件、任何一篇好的争取无罪辩护的辩护词，都离不开对"质疑"与"重构"的极致追求。个案永远有不同，辩护词的表述也不可能千篇一律。

要树立起辩护词是整个辩护过程的总结陈词这个意识。这里的辩护词，不仅涵盖在法庭辩论阶段发表的口头辩护词和庭后提交的正式书面辩护词，还包括在侦查阶段、审查起诉阶段向公安机关、检察机关提交（或沟通）的书面（或口头）的辩护意见。辩护词的写作从我们第一次接待、第一次会见就已经开始了，有经验的辩护律师从这一时间点就应该开始打腹稿，在心中留意、思考、归纳将来可能会成为辩点的细节和关键问题。

笔者认为准备庭审之前要完成的五要件——法律检索、阅卷笔录、质证意见、辩方证据材料、发问提纲，是辩护词下笔的现实基础。通过法律检索，整理汇总刑事法律、司法解释、涉及的相关民事行政等其他法律法规、典型类似案例，对此类法律问题及一般法律适用形成框架性的理解，这是大前提。通过制作阅卷笔录，对案情有基本的了解，结合会见、调查取证等工作，对事实认定形成清晰的认知和主要观点。通过制作质证意见，对控方的证据分门别类，对证据能力和证明力提出疑问，对有利证据重点提示，形成证据采信的准确意见。通过调查取证整理汇总辩方证据材料，并制作发问提纲，将对被告人有利的证据和事实通过庭审发问和举证质证固定下来。以上工作材料综合起来，形成对案件事实认定的结论性意见，这是小前提。有了大前提、小前提，经过逻辑三段论，个案的法律适用——辩护要点，也就水到渠成了。

开始写书面辩护词时，一般应将已有的前期辩护意见作为基础，但此时不能简单地将辩护意见"变作"辩护词。经过庭审，辩护人应当对控方指控的重点、法庭的关注点、争议的焦点问题都有一些新的想法和思路，这时候应当结合前期辩护工作的内容、辩护意见的基础，以及庭审的情况，对整个案件做全面的重新审视。从一定高度上谋篇布局、思考如何表达，这样做能够更好地把对控方的质疑与反驳和辩方要重构的事实和观点组织成环环相扣的逻辑体系，以达到让法庭接受的目的。

此外，有些案件前期制定的无罪辩护思路可能会遇到新情况。经过评估衡量后，继续坚持做无罪辩护，可能对当事人并非最优方案。此时，就应审时度势,综合全案的多方面因素,从当事人利益最大化的角度出发,适时调整辩护策略和重点,并向当事人做充分的提醒说明和分析。

辩护人的职责是追求当事人合法权益的最大化。只有深刻理解了表达的本质目的是说服法庭,是寻求案件处理向对被追诉人最有利的方向发展,才有可能真正做到换位思考,站在法官的角度、检察官的角度,甚至侦查人员的角度,去思考什么样的辩护词(意见)是阅读对象所希望看到的,所能够理解和易于接受的。

进攻是最好的防守,只有用好用足无罪辩护的"质疑"与"重构",把握好每个案件的深度、广度和高度,从而与司法人员良性互动、有效抗辩,无罪辩护才有可能成功。

第四章

技 巧

第 21 讲

如何撰写辩护词

◇ 许兰亭[*]　李仁婕[**]

作为律师进行辩护的关键载体和工具，辩护词是辩护人在诉讼过程中为维护被追诉人的合法权益，表达的有关事实、证据、法律适用、程序等方面的意见。辩护词的重要性毋庸置疑。辩护律师有必要在掌握其特点的基础上，从实务操作的角度出发并采用适宜的方法进行写作。

一、辩护词的特点

了解辩护词的特点是客观认识辩护词、写好辩护词的必经之路。辩护词虽然并没有一个统一模式，但普遍具有以下特点。

（一）维护当事人的合法权益

《刑事诉讼法》第 37 条规定，辩护人的责任是根据事实和法律，提出犯罪嫌疑人、被告人无罪、罪轻或者减轻、免除其刑事责任的材料和意见，维护犯罪嫌疑人、被告人的诉讼权利和其他合法权益。该规定明确了辩护人的职责所在，对辩护人提出维护当事人诉讼权利和其他合法权益的要求。故撰写辩护词作为辩护人履行职责的重要方式之一，辩护人应从维护被追诉人合法权益的角度出发，对案件事实、证据、法律适用、量刑等方面发表辩护意见，形成辩护词。

（二）以事实和法律为依据

与"维护当事人的合法权益"相同，以案件事实和法律规定为依据开展

---

[*] 许兰亭，北京市君永律师事务所律师，中华全国律师协会刑事专业委员会副主任，北京市律师协会刑法专业委员会副主任。

[**] 李仁婕，中国政法大学刑事司法学院诉讼法学硕士。

工作也是辩护人的职责,并使辩护词呈现出以事实和法律为依据的特点。从另一角度来看,对辩护效果的追求也是该特点出现的原因。虽然论述理念、表达情感更容易受到社会公众的关注,有时也会起到重要的作用,但是在"以事实为依据,以法律为准绳"的司法原则下,忽视案件事实和法律规定的辩护词注定难以取得良好的辩护效果。

(三) 以法官为主要受众

辩护词能否发挥作用、辩护意见是否被采纳取决于法官,将法官作为辩护词的主要受众是实现最佳辩护效果的必然要求。虽然辩护词要从被追诉人的合法权益出发,辩护意见也需要在同被追诉人充分沟通的基础上形成,但说服具有裁判权的法官才是辩护词的价值所在。虽然在一些案件中,公众可能会受到辩护词的影响而关注案件、发表意见,由此形成社会舆论影响最终判决的作出,但舆论仅是在间接层面上产生效果,此类案件的最终结论还是由法官作出的。

(四) 围绕指控内容展开说理

起诉书具有启动审判程序的功能,对审判的对象和范围作出明确限定。一审中的辩护词也受其指控内容的限制,撰写辩护词时应围绕起诉书的指控进行反驳论证,同时要提出酌定量刑情节等起诉书未涉及但对案件处理有影响的辩点。在二审程序中,辩护词则主要针对一审判决发表意见、展开说理。辩护词具有较强的说服力是说服法官的必要条件,要增强说服力就要做到说理充分、逻辑严密,辩护词中关于案件事实的部分也是为了证明辩护观点,从说理的角度出发将事实作为论据进行阐述。

二、实务中的辩护词写作

(一) 一审中的辩护词

刑事辩护分为无罪辩护和罪轻辩护两种。最高人民法院《关于适用〈中华人民共和国刑事诉讼法〉的解释》第283条第2款规定:"对被告人不认罪或者辩护人作无罪辩护的案件,法庭辩论时,可以指引控辩双方先辩论定罪问题,后辩论量刑和其他问题。"这条规定明确了定罪和量刑是刑事审判中两个相对独立的程序，两者并行不悖。

无罪辩护中存在定性方面的不构成犯罪，以及事实不清、证据不足、指控的事实不成立两种辩护类型。从实体性质出发进行无罪辩护是最基础、最常用，也是最保险、最有效的做法，即从所指控之罪名的犯罪构成要件入手，分析被追诉人的涉嫌犯罪情节是否满足指控罪名的四个构成要件。除此之外，还可以从证据、程序入手作无罪辩护，主要是指出侦查机关、检察机关和审判机关在刑事诉讼中程序适用的瑕疵和错误，论证由此获取的案件事实和证据有错误或不可信，指控罪名不能成立。

在作罪轻辩护时，辩护重点在于量刑辩护。要想量刑辩护意见被法官采纳，辩护人不能总是采用千篇一律的"系初犯、偶犯""认罪态度好，具有悔罪情节"等表述，而是要熟悉自首、立功、防卫过当、犯罪未遂、从犯、胁从犯、平时表现、取得被害人或其近亲属谅解等法定量刑情节和酌定量刑情节，根据案件具体情况提出意见。

（二）二审中的辩护词

如前所述，二审中的辩护词主要针对一审判决展开论述，如果检察机关提出抗诉，也要围绕抗诉意见进行说理，有重点地进行反驳，提出辩护意见。与一审中的辩护词相同，辩护词的内容在二审阶段也可以分为定罪和量刑两种。当难以改变定罪的局面时，争取量刑轻一些也算成功。脱离实际，盲目作无罪辩护，更容易损害当事人的利益。根据案件事实、相关证据能把重罪辩为轻罪，或者能说服二审法院减少罪名、犯罪数额，在罪刑相适应的情况下，即使作罪轻辩护，也是有效的辩护。

三、撰写辩护词的方法技巧

笔者认为，撰写辩护词的方法与技巧可以总结为以下几点。

（一）观点鲜明，重点突出

观点鲜明、重点突出的辩护词是说服法官、维护被追诉人合法权益的前提条件。

在辩护词的开头，要开篇明义，亮明辩护观点，如要求判处被告人无罪，或者是缓刑、免除刑罚、有期徒刑等，结尾处也要进行主要观点的总结明确。为了便于法官理解和接受，达到最佳的辩护效果，正文部分中的观点也要明确，要直接表明辩护观点，并且每一段具有独立的、合乎总体主题的观点和标题，一个问题不应在不同的段落中反复出现，在保证逻辑性和层次性的基础上以案件事实和法律规定为依据展开论述。此外，根据情况还可以提出对被告人终止审理、变更强制措施等要求。

辩护词还要突出重点，学会抓大放小。一味地回应控方观点往往并不能够取得最佳的辩护效果，在应对起诉书的指控内容、一审判决、抗诉意见，明确辩护观点的同时，要判断问题对于案件定罪量刑的影响程度，抓住主要矛盾，使辩护词的思路清晰、繁简得当。虽然撰写辩护词应当注意案件细节、做到论点全面，但不能对案件中的所有问题都进行具体而细致的阐述说理，在一些细枝末节的问题上展开长篇大论可能会导致重要的观点和理由得不到应有的关注。撰写辩护词时要对影响案件处理的关键问题有所侧重，在坚持辩护思路的同时进行有针对性的、透彻的分析论证。需要注意的是，在突出重点的同时，辩护词应对存在争议的问题进行全面论证，重要观点的遗漏可能会直接影响到案件最终的处理结果。

（二）用词准确简洁，通俗易懂

不可否认的是，辩护观点难以通过三两句话做到说理充分、论证严密，但是为了让法官接受辩护观点，从法官的角度考虑，辩护词应当准确简洁、通俗易懂，不要卖弄华丽的辞藻。

辩护词是否被法官所采纳不仅取决于辩护观点和理由，还同用词和表达存在密切关联。第一，正确的辩护意见需要结合准确严谨的语言表达出来，用词的不准确很可能会产生歧义，导致读者对辩护词的理解产生偏差，最终影响到是否能够有力地反驳控方的指控，以及辩护意见能否被采纳。第二，辩护词具有较强的目的性和针对性，充斥着无意义表述的辩护词会分散受众的注意力，简明扼要、言简意赅的语言更有利于发挥辩护词整体的表达效果。辩护词的篇幅也不是越长越好，而是要根据案件的不同情况决定。要做无罪辩护的，或者是指控的事实比较多、罪名比较多（涉黑案件中，七八个罪名甚至十几个罪名都很常见），那么当然就要长篇大论，该长则长。如果是罪轻辩护，或者事实争议不大的、罪名少的，辩护词就不用太长。第三，辩护词是以维护当事人合法权益为目的，使用通俗易懂的语言将辩护观点和理由表述清楚更有利于法官、旁听人员等理解接受。辩护词从总体来看属于议论文，能否说服法官与文学水平关联不大，而用词烦琐、堆砌辞藻只会降低辩护词的可读性和说服力。此外，虽然辩护词要使用法言法语，但复杂的法学原理也不适宜在庭审中进行详细论述。

（三）引用法律法规和案例

法律规定是辩护词的重要根基之一，法律规定及司法解释可以作为支撑辩护观点的依据，撰写辩护词时自然可以引用相关法律法规。下面，笔者将从实体法、程序法和证据相关的法律法规三个角度来说明在辩护词中引用法律法规的问题。

第一，在刑事诉讼中，实体法即刑法，是辩护人进行刑事辩护的基石。罪名与罪名之间的细微差别，究竟哪种罪名更符合案件的本质，更能达到当事人利益的最优化，一罪与数罪的区分，两者相对应刑罚的轻重都是辩护律师必须要考虑的问题，而这些都需要从实体法上找到依据。犯罪情节的轻重，虽然是案件事实方面的因素，但是对于被告人的量刑起了很大的作用，不同的案件事实、不同的情节对于审理的结果影响是千差万别的，但是都能从实体法的角度归纳出最相类似的特征，是减轻刑事处罚还是免除刑事处罚，是犯罪中止、犯罪预备还是犯罪完成之后的立功表现，都是需要从根本上把握的原则，是决定辩护方向的因素。

第二，程序法，从最根本的意义上讲是为实体法服务的，实体法是进行刑事辩护的基础，程序法则是辩护的另一基石，程序法在刑事辩护中占有重要地位。从程序法的角度进行辩护是从国家机关介入案件开始的。在国家机关与犯罪嫌疑人、被告人接触的过程中，什么样的行为是符合法律规定的，什么样的行为是违反法律规定的，在程序法上都有严格的规定。触犯了程序法同样要受到法律的严格制裁。与实体性辩护不同，一方面，程序性辩护并不是从消极防御的角度所进行的答辩活动，而是积极地将侦查、检察或审判行为的合法性诉诸司法裁判程序的诉讼活动。另一方面，程序辩护从更高的层面上给辩护提供了突破口。在从程序上进行辩护来讲，需要更高的证明技巧，因为程序违法的事实往往很难取得有效的证据，即使有现存的证据，也是掌握在办案机关手中，辩方很难获得。

第三，辩护词中还可以引用证据和相关法律法规。证据在刑事辩护中是至关重要的，是诉讼的核心问题，在任何案件的审判过程中，都需要通过证据和证据形成的证据链再现还原事件的本来面目，依据充足的证据而作出的裁判才有可能是公正的裁判。

除引用法律法规外，撰写辩护词时还应当从指导性案例、最高人民法院公报案例等案例中归纳总结支持辩护观点的理由，以增强说服力，维护被追诉人的合法权益。

第22讲

谈谈辩护词的特点与写作技巧

◇ 曹春风[*]

辩护人在法庭上发表的辩护意见通常被称为辩护词，它是辩护人对案件事实和证据的分析能力、论证能力、针对公诉机关指控案件的应变能力、逻辑思维能力、口头表达能力和法学理论素养与实践能力的综合体现。毫不夸张地说，无论是从法学理论在实践层面的应用来说，还是从个案本身对辩护活动的理性回归来说，辩护词的作用都在庭审中占据着极为重要的地位，它往往会成为一名优秀的刑事辩护律师在办案中的亮点和综合素质的展台。笔者认为，被采纳的辩护意见，一定是辩护人在对案件事实、证据、程序以及人性进行审慎、缜密分析的基础上提出的，又被法庭尊重和采纳的具有共情性的说理表达。因此，作为一名刑事辩护律师，必须要高度重视对辩护词的书写并为此从理论素养、逻辑构建、案件分析、语言文字等方面做好综合素质的训练和培育。

究竟如何能写好辩护词？实践中仁者见仁、智者见智，不一而足。下面笔者仅就自己的经验，围绕辩护词的书写问题，从应然和实然两个维度谈谈浅显的看法。

一、从实然角度来看待辩护词的基本特点及其功能

这个问题其实就是一个理念的问题，如果我们把理念弄清晰了、搞懂了，那么也就从根本上解决了辩护词的属性问题，也就解决了它从哪里来，怎么来，要到哪里去，带着什么样的使命去的问题。从根本上讲，辩护词就是对

---

[*] 曹春风，内蒙古守正律师事务所高级合伙人，中国法学会案例法学研究会理事，内蒙古律师协会刑事业务委员会委员，西北政法大学刑事辩护高级研究院研究员。

己方辩护观点的全面总结、对法庭调查阶段所表述内容的进一步阐述和强化，也是法庭辩论阶段己方观点的先导与铺垫，更是论理说法、力求法庭对当事人作出有利判决的说服工具。鉴于辩护词具有这样的功能和地位，其鲜明的特性就显得举足轻重了，笔者总结出下面几点。

（一）针对应用场景而言具有旗帜鲜明的目的性

毋庸置疑，辩护律师所发表的辩护意见应当立场鲜明地树立己方对案件事实、证据、程序以及法律适用的观点，与此同时对控方不当的指控予以反驳并使这些观点能够被法庭所接受，从而在维护当事人合法权益的同时能够在定罪和量刑上获得法庭对其有利的裁决。因此，辩护词的应用从本质上讲无疑就是"说理、述情、明法"。在法庭上，就这一点而言，可以说辩护词具有无可替代的目的性和功利性。

总之，辩护词的终极目的就是一切为了说服。

（二）针对应用场景而言具有不可替代的法定性

毋庸置疑，辩护词适用于法庭辩论阶段，是辩护律师系统发表辩护意见的重要形式，是对律师接受委托以后全流程工作的总结，更是《刑事诉讼法》及其司法解释所规定的律师辩护工作的一项重要内容。从这个意义上讲，撰写和发表辩护词具有一定的法定性，这就决定了律师以辩护词形式所表达的观点和内容不可随意而为，不然所产生的不良后果是就影响到对己方当事人的定罪、量刑。

总之，律师的职责决定了辩护词的地位和作用，这就要求我们在撰写辩护词的时候就要缜密、严谨且不可轻率。

（三）在辩护内容的表达方面具有一定的对抗性

如果说公诉人所发表的公诉词、出庭意见是以案件事实为基础，从证据、程序、定罪、量刑等方面对当事人所涉罪名及可能承担的刑事责任发起的全面进攻行为的话（当然，也不排除公诉人或者检察员所发表的意见出于客观公正主义的立场而存在部分内容具有防御性的表达），那么辩护人的辩护意见则具有一定的防御性，同时辩护词要基于控方证据体系是否达到证明标准、能否根据该证据体系认定起诉书所指控的事实以及法律适用等重要问题予以反驳，尤其涉及控方证据体系中有关于当事人定罪、量刑的关键性证据的突破具有一定的反攻或者围剿性质。

总之，辩护词具有较强的对抗性是法律赋予的天然属性。

（四）在控方观点和辩护观点的归纳方面具有一定的总结性

法庭是辩护律师说理的场合，辩护律师在法庭上的言行具有一定的时空限制，这既来自法律的规定，也来自案件本身的需要。因此，律师的发言必须具有严密的逻辑性，这种法庭情势下的逻辑性约束就要求我们书写的辩护词一定要"收放有度，聚精会神"，一定要善于归纳和总结，具体要点包括但不限于：

1. 总结归纳指控证据所存在的问题并提出相应观点。
2. 总结归纳指控事实所存在的问题并提出观点予以反驳。
3. 总结归纳全案诉讼流程中所存在的实体法和程序法的在适用方面存在的问题。
4. 总结论证案件事实中所存在的对己方当事人有利的犯罪情节。

总之，一份好的辩护词是辩护律师用心血和经验对案件事实分析后精准的观点总结。

二、从应然角度来看待辩护词在实践中的写法与技巧

说实话，虽然我国律师制度已经有了四十年的历程，刑事辩护制度也经历了四十年的风风雨雨，但在实践中，对于辩护词的写法却没有统一的、固定的格式，往往都是因人而异，因案而异。笔者个人的经验就是"一切为说服而言，一切为当事人合法利益而言，一切为有好的辩护效果而言"。要达到这样的目的，就需要我们书写的辩护意见在标准上满足"文书格式规范，辩护要素齐备"的基本范式；在结构层次上，既要完整分明，又要前后贯通自然；在语言表述上，既要符合法言法语，又要言之有据、言之有物，既要逻辑脉络清晰，又要严谨周密；在事实分析论证上，既要析理透彻，令人信服，又要质证、举证充分，法理论证完备；在规范引用上，既要将法律、司法解释及规范性文件引用充分，又要引用精准、适用正确。具体写法总结如下。

(一)"统、分法"

所谓"统、分法",是指从方法上强调"统"的概括性、总结性,从策略上论证"分"的重要性。

这种方法,笔者经常使用且屡试不爽。具体的写法就是在辩护词的整体布局上采用两次或者多次结构。通俗来说,这种写法从总体上看是辩护律师就全案发表的一份辩护词,但体例上采用的是一次总结性写作(通篇就事实、证据、程序、定性以及法律适用等问题全面分析论证)和重要问题深度论述单独写作相结合的方法。这种写法的好处是既能从"统"的部分,让法庭清楚明了地知晓辩护律师全案的整体辩护思路和观点,又能从"分"的部分,让法庭深度了解辩护律师把辩护观点中最重要的问题作为专题所进行的严谨、缜密的剖析论证,从而把这一问题也作为裁判事项加以重视,使律师的辩护意见更具有精准性。

(二)"一针见血,一剑封喉"法

所谓"一针见血,一剑封喉"法,是指阅卷后直接找到关键问题所在,一语道破其中利害。

笔者所总结的这种方法其实很简单、很粗暴、很实用,不带任何华丽辞藻,发现案卷中存在的比较明显的问题,直接引用具有惩罚性质的法律条文进行评价,尤其是程序性问题。从宏观上讲,宪法、法律及司法解释对"程序法定原则"以及"程序公正原则"的理念以及条文规定是刚性的、不容置疑的,且具有程序性违法的惩罚性条款也能与之配套;从微观上讲,案卷中存在的程序性问题又确实是显而易见的。那么,在这一前提之下的辩护词的书写就要"直抒胸臆,一语道破关键问题之所在",让法官没有任何不采纳的理由,只能接受,没有其他。笔者和北京京都律师事务所汤建彬律师在办理范某某贩卖毒品案时,在最高人民法院死刑复核阶段,笔者的辩护词节选如下:

> 辩护人认为,不应当予以核准被告人范某某死刑立即执行,而应将本案发回重审,具体理由如下:本案二审法院违反了集中审理原则,依法属于程序不合法,本案应当发回重审。某省高级人民法院于2016年

12月28日作出的刑事判决书尾部显示合议庭成员分别是审判长宋某、代理审判员周某和董某、书记员为祝某。而经辩护人查阅二审两次开庭笔录（第一次开庭笔录时间为2016年6月23日、第二次开庭笔录时间为2016年12月21日），发现：第一次审判与第二次审判合议庭成员不一致，且担任记录的书记员也发生了变化。体现在开庭笔录审判长和其他合议庭成员签名不一致。然而纵观全案审判卷宗，发现没有依照相关法律规定向各被告人以及辩护人送达合议庭成员变更通知书或者告知书这样的法律文件，也没有在第二次开庭过程中告知本案审判长已经发生变更，并告知各被告人及辩护人审判长变更后将会产生的法律后果及由此延伸出来的相关诉讼权利。以上理由足以说明本案二审既违反了人民法院集中审理原则，也剥夺了包括范某某在内的各被告人的诉讼权利，最高人民法院《关于人民法院合议庭工作的规定》第3条明确规定："合议庭组成人员确定后，除因回避或者其他特殊情况，不能继续参加案件审理的之外，不得在案件审理过程中更换。更换合议庭成员，应当报请院长或者庭长决定。合议庭成员的更换情况应当及时通知诉讼当事人。"本案中，二审法院合议庭的组成从程序上讲显然违反了上述规定。依法保障当事人和诉讼参与人的知情权、陈述权、辩论辩护权、申请权、申诉权、异议权，既是人民法院实现以审判为中心的刑事诉讼改革大局的需要，也是人民法院保证程序正义的根基和生命线。本案二审法院更换审判长的行为属于程序违法，辩护人恳请复核阶段的合议庭法官对二审法院的违法行为进行纠正。诚然，被告人范某某贩卖毒品的行为不可谓不恶，但是法律、司法解释的程序性规定的权威也需要在办案过程中去维护。

辩护人在这里提到的集中审理原则，又称不中断审理原则，是指人民法院开庭审理案件，应当在不更换审判人员的前提下连续进行，不得中断审理。主要内容包括：

（1）一个案件组成一个合议庭审理，并自始至终地进行审理。

（2）法庭成员不可更换。法庭成员必须始终在场，对于法庭成员因故不能继续参加审理的应当由始终在场的候补法官或者候补人民陪审员替换，如果没有足够的候补法官或者候补人民陪审员的，应当对已经进行过的审判程序依法不予确认其有效性，必须依法重新审判。

（3）集中进行证据调查与法庭辩论。证据调查必须在法庭成员与控辩双方及相关诉讼参与人在场的情况下进行，证据调查与辩论在法庭内集中完成。

因此，可以说集中审理原则能够让法官、人民陪审员通过集中、全面的接触证据对案件形成全面、准确的认识从而作出正确的裁判。而本案中，在前述刑事判决书上署名的第一次开庭的审判长只参加了涉及扣押被告人范某某运输毒品的交通工具大众CC轿车一辆的相关事实的审理，对被告人范某甲、范某某等人贩卖、运输的事实没有参与审理，即该审判长没有对被告人范某等人贩卖、运输毒品的举证、质证过程以及法庭辩论的过程进行亲历性的听证，其缺少作出评议的基础性依据，由其参与审判形成的结论就很难客观公正［详见某省高级人民法院刑事卷宗正卷（一）第178页的表述："审判长：关于范某甲、范某某等人贩卖、运输毒品的事实，在第一次庭审中已审理完毕，本次庭审不再调查并审理，请控辩双方不要重复发言、讯问、质证及辩论。"］，更何况审判人员的行为还要受到最高人民法院《关于进一步加强合议庭职责的若干规定》第5条的约束。按照该规定，开庭审理时，合议庭全体成员应当共同参加，不得缺席、中途退庭或者从事与该庭审无关的活动。

这份辩护词中，所提出案卷中存在的问题以及所引用的最高人民法院有关规定的观点被最高人民法院在不核准死刑裁定书全部采纳。这份辩护词的论理分析就是从问题的提出引申到最高人民法院对这类问题的具体规定，再从理论层面分析策应了违反了这条规定会造成对国家司法公信力的危害，一剑封喉，达到了有效辩护的目的。下面通过第二个案例，再进一步说明这个问题。

某市中级人民法院审理的一起贩卖毒品案件，一审全案判处四名被告人死刑立即执行。全案分案审理，上线先审先判判处其中的两位被告人死刑立即执行，其余的被告人判处死刑缓期二年执行及有期徒刑；下线这边后审后判处其中两位被告人死刑立即执行，其余的被告人判处死刑缓期二年执行及有期徒刑。二审由家属委托笔者作为其辩护人，接受委托后通过阅卷、查询一审合议庭、公诉人是否具有审判和公诉资格，即是否已经获得法官、检察官员额，查询后得知，一审期间公诉人属于从某市人民检察院下边的县级人民检察院借调来的且在某市人民检察院工作期间在两级人民检察院均没有员额。为此，笔者的辩护词重点围绕这一程序违法进行论证并依据《刑事诉讼法》第238条建议本案发回重审。辩护词节选如下：

> 本案一审期间，某市人民检察院指派的公诉人成某不具有审查起诉和出庭支持公诉的资格，导致某市中级人民法院一审审判行为无效。理由为：根据中央司法体制改革领导小组办公室有关法官、检察官员额制度的相关文件精神以及某省司法体制改革试点方案的规定，未入额的法官、检察官属于法官助理、检察官助理，只能协助入额的法官、检察官从事辅助性法律事务，不得独立办案。而经辩护人查询有关网站公示的员额检察官名单（含2015年首次员额名单、2016年员额名单），本案一审公诉人成某不在其内，因此其本人不具有独立出庭资格，所以本案应当发回重审。二审法院采纳了这一辩护意见，将本案发回重审，最终两名被判处死刑立即执行的被告人均被改判死刑缓期二年执行。

通过以上两份实例就可以看出来，如果要用这种"一剑封喉"法来撰写辩护词，问题的着眼点一定要精准，尤其是发现问题以后，评估和查询对其进行否定性评价是否有足够的法律、司法解释作为依据加以支撑是撰写辩护词最重要的前置手段。一般情况下，这类辩护词的精准性和有效性主要是集中在程序性辩护上，但也不乏定性辩护和证据辩护（在这里给读者一个提示：最高人民法院公布有关指导案例的裁判要旨也是违反管辖、违反庭审质证规则等，这些要点都是程序性辩护词"一剑封喉"的重要依据）。

（三）"共情法"

所谓"共情法"，是指利用"人性"打感情牌，使法官产生共鸣的方法。

人民法院审判案件的依据无外乎"天理、国法、人情"。司法实务中，我们可能会阅卷、会见被告人，并到庭外了解被告人具体的家庭、民族、成长经历、犯罪动机等方面的一些特殊情况，除了根据案件事实、证据、程序，客观全面、突出重点地拟撰和表达辩护意见以外，更要把辩护词的重心前移到被告人具有的这些特殊情况上来，充分利用好人情，用感情来得到法官的"共情"。有一句话说得好，刑事辩护其实无外乎"人性辩护"，"有冤申冤，无冤求情"才是理性的。

以 2017 年笔者接手的某省一被告人贩卖毒品罪死刑复核案件为例来讲解该辩护方法。当事人涉嫌贩卖毒品 17.9 千克，案件事实很清楚，证据也比较扎实。虽然案卷中有些证据存在瑕疵，笔者也运用了常规的经验在辩护词中梳理出其中问题所在并阐明这些问题对死刑证明标准的影响，但是在客观真相面前，恐怕其结果很难改变。在这种情况下，经过深度了解当事人家庭背景，笔者发现其父母受当年国家计划生育政策的感召，在其出生后，父亲做了绝育这样一项重大决定，并有相关证据加以证明。笔者就以此为突破口，书写辩护词向法官求情，最终当事人被改判死刑缓期二年执行。

（四）"常规法"

如果说笔者上文提到的辩护词写法是"守正出奇"吃大餐的话，那么辩护词的常规写法则是"循规蹈矩"，吃的是一日三餐。

说实话，即便辩护词没有统一的格式要求，实践中绝大多数律师同行基本上还是遵循前辈的经验和范式以及行业规范的指导，按照一定的思维框架来就个案写辩护词的，当然自己的思维也脱离不了其中。但是，通过这些年对裁判文书和审判规律的总结和梳理，发现司法改革的呼声和行动如火如荼，而刑事判决书和裁定书的文书内容始终定格在传统文书框架里，对律师辩护意见的表述也仅停留在司法文书的寥寥几句，这就不得不使笔者思考如何应对这种情况，于是笔者辩护词的常规写法就归纳出来了。基本逻辑是：法官的经历来自法学院，在学习法律的过程中，写论文是训练法律思维的重要手段，而写论文和改论文既是痛苦的，也是难忘的，法官、律师具有同样的经历，这就给法律思维的形成打下深深的烙印。这就提示我们，如果拟撰辩护词采用论文的方式，就会唤醒法官法律思维中的潜意识，对于说服法官具有一定的作用。此外，司法实践中的裁判文书由于篇幅所限不可能把辩护词全文照搬，这时候法官的对策就是把辩护词的内容简要提炼到裁判文书中，而这种提炼并不能完整地展示律师对全案的辩护思路和观点，基于上述逻辑，以论文范式来撰写辩护词就弥补了这一缺陷，论文通常要求在开篇要有论文观点摘要和关键词，如果我们辩护词的书写也这样做，那么开篇的辩护观点摘要就会被法官直接引用到裁判文书中，作为提炼的律师辩护意见。

实践中，以下面这篇辩护词为例，笔者就按照这样的逻辑形成了自己辩护词的常态化风格。

关于被告人何某非法持有毒品罪一案的辩护词

呆板的公平是最大的不公平。

——托马斯·福勒

【辩护观点摘要】

（1）本案侦查管辖、起诉管辖、审判管辖均不在某省某市的辖区，某市辖区内的公安机关、司法机关超越地域管辖的行为不符合法律规定，必然会导致全案的证据资格（证据能力）和证明力存在问题；（2）被告人何某行为的定性问题，应当引起合议庭的注意；（3）本案全案的证据均存在的问题也应当引起合议庭的充分注意；（4）侦查机关在2904室，也就是被告人何某居住的房间内收缴的32万元，系何某的合法财产应当依法予以返还；（5）关于被告人何某的量刑情节问题，应当引起合议庭的高度重视。

尊敬的审判长、审判员：

根据法律规定，某律师事务所接受本案被告人何某亲属的委托并经被告人何某本人的同意指派我作为一审期间的辩护人参加今天的庭审活动。通过庭前阅卷、多次会见被告人以及听了这两天以来的庭审活动，我对本案有了清楚的认识，下面就起诉书指控被告人何某犯有非法持有罪的案件管辖权、定性、证据、刑事责任负担以及财产等问题提出相应的辩护意见，供法庭审理和判决时予以参考……

写到这里也该收笔了，以上仅是笔者在实际工作中的一些思考和做法，并不一定完全适合不同性格、不同地域文化和不同经历的同行，仅供参考而已。

第23讲

律师撰写辩护词的方法与技巧

◇ 汪少鹏[*]

前言

在刑事诉讼中，或者说在辩护实践中，从辩护律师的执业需要来看，涉及的法律文书，有取保候审申请书、拘留或逮捕或羁押必要性审查意见书、各诉讼阶段辩护意见、律师或法律意见书、质证意见书、申请鉴定或重新鉴定意见书，等等。其类别众多，难以详细列举。其中，侦查、审查起诉和审判各阶段的辩护意见或辩护词，是辩护律师最重要、最关键的法律文书。在笔者看来，辩护律师所有的法律文书，都应该坚持高标准、高质量的要求。而一篇高水平、高质量的辩护词，应当具备哪些要素和注意哪些方法，以及应当避免出现哪些错误，这都是辩护律师应当高度重视、充分思考与认真研究的问题。

鉴于刑事案件审查起诉阶段和审判阶段的特殊性和典型性，本文主要针对审查起诉阶段和审判阶段的特点与追求辩护效果的需要，谈一谈辩护律师撰写辩护词的方法与技巧问题。

辩护词是辩护人根据案件的事实、证据和法律，向办案机关提出旨在追求被告人无罪、罪轻或减轻处罚，其内容包括程序、事实、证据、法律适用、定罪、量刑的综合性分析与论证意见，是实现辩护职能的重要手段，其重要性不言而喻。因为每名刑辩律师经验阅历不同、思维方式不同、辩护风格不同，所以辩护词的写法、风格也不尽相同。相较于司法机关出具的司法裁判

---

[*] 汪少鹏，湖北立丰律师事务所创始发起人、首席合伙人，中国刑事诉讼法学研究会理事及刑事辩护专业委员会委员，西北政法大学刑事辩护高级研究院副院长。

文书有固定的格式和要求，辩护词的写法则相对灵活、宽松很多，但这也是一把"双刃剑"，在不会束缚辩护律师手脚的同时，又往往导致很多辩护律师写作辩护词过于随意，不仅缺乏应有的规范性，也难以保证质量。一份没有质量的辩护词，只会让司法办案人员认为律师不够敬业与专业，从而不去重视辩护律师的意见，使辩护流于形式。因此，重视辩护词的写作非常重要。

从理论与专业的角度上看，刑事辩护的方法可分为"实体辩护"与"程序辩护"，实体辩护可再分为"事实辩护"与"法律辩护"。其中，事实辩护又可再细分为"事实认定错误"与"事实没有证据支持"，法律辩护又可再细分为"定罪辩护"（是否构成犯罪，构成此罪与彼罪）与"量刑辩护"。"程序辩护"则是主要针对证据合法性的辩护，等等。本文不讨论上述理论的、专业的问题，主要是谈写作辩护词的方法与技巧问题。

一、结构合理、逻辑严谨

文章的结构就如同人之骨架，骨架只有端正完整，才能够维持良好的体态和支撑丰满的血肉。结构不仅关系文章的外在布局，更关系通篇的内在逻辑。从某种程度上说，结构就是逻辑的外化形式。从阅读经验来看，一篇文章的结构越清晰，越有助于读者迅速阅读与理解，越有助于读者信息的回忆和保持，以及对文章思想与结论的概括。

辩护词作为一种专业性质的"议论文"，对于结构与逻辑的要求更甚于普通文章。从逻辑关系来看，辩护词的结构形式可以分为以下两大类：一类是"递进式"，即逐层深入的论述结构；另一类是"并列式"，即并列展开的论述结构。在一些事实简单、争议不大且被告人认罪认罚的案件中，可能适用其中的一种结构形式。但是，对于一些重大复杂疑难案件，通常是"递进式"与"并列式"的结构形式结合或嵌套使用，使辩护词更富有层次感。

结构合理、逻辑严谨，主要表现为开头结尾的起合，过渡照应的转承，段落的合理安排。欲做到思路展开有序，形式上就要有头有中有尾、前后照应、上下连贯、主次分明；逻辑上就要线索清晰、层次分明、顺序恰当、段落合理。具体可以从以下五个方面着手。

(一) 开篇明义、引出下文

俗话说"头好一半文",有很多辩护律师只是将接受谁委托、认真研读案卷、会见了当事人等"套话"作为开头,接下来就是分标题进行论证。这种辩护词实则没有开篇,就如同一篇论文没有摘要、没有综述、没有关键词,提笔就直接开始论证,让人感觉突兀、不明所以,写的人也极容易"跑题"。

在笔者办理的一起恶势力案件中,辩护词开篇即提出:"辩护人认为,起诉书对于秦某构成妨害公务罪、开设赌场罪、非法占用农用地罪、寻衅滋事罪的指控均不能成立,本案不符合恶势力犯罪集团的构成特征,秦某不属于恶势力犯罪集团的首要分子,没有组织和领导有关人员实施犯罪活动。辩护人对于起诉书指控秦某涉嫌危害珍贵濒危野生动物罪、单位行贿罪、抽逃出资罪不持异议,秦某表示认罪认罚,辩护人尊重其本人意见。具体辩护意见分为如下几个部分……"

上述开篇,体现了如下两个作用:一是"明义",告诉法官,辩护律师对于起诉书的指控,总体意见是什么;二是"引文",告诉法官辩护词主文将以怎样的结构或逻辑展开辩护。总体来说,就是让法官对辩护词"心中有数"。对于指控事实与罪名较多,被告人认罪与不认罪的罪名并存等复杂情形,还可以将类似的表述穿插进入辩护词的每个部分(板块)。也就是说,"开篇"不是只可以用在整个辩护词的开头,还可以用在每个部分(板块)的开头,把握其目的与作用即可灵活处理。

(二) 承续开头、依序而写

承续开头,即接续开篇的总体意见来写,才不会偏离主线,也会让法官感觉整篇辩护词"一以贯之"。依序而写,即按照一定的顺序,层次分明、条理清晰地写,如以并列、对照、层进、总分的层次,就好比开篇明义给了法官一个"线头",随着阅读辩护词有一种"抽丝剥茧"的感觉。

(三) 衔接巧妙、过渡自然

辩护词的部分与部分、段落与段落之间存在着某种逻辑关系,但有的关系是明显的,有的关系则是"内敛"的,法官乍看之下不一定明白。衔接与过渡其实也是一种"照应",如果辩护词缺少照应,就会给法官拼凑或一盘散沙的感觉。

如在笔者办理的一起构成组织、领导、参加黑社会性质组织罪案件中，笔者首先论证其不构成组织、领导、参加黑社会性质组织罪。出于逻辑的严谨和辩护的全面性，笔者还须论证其不构成恶势力犯罪，但由于起诉书并未指控恶势力犯罪，如果径自论证，会让法官感觉很突兀。于是，笔者加入了这样一段"过渡"："同时，辩护人需要特别说明：本案也不应被认定为恶势力犯罪案件。虽然起诉意见书指控郑某等人的行为构成组织、领导、参加黑社会性质组织罪，并不涉及恶势力犯罪问题。但是，辩护人考虑到辩护的严谨性与全面性，以及为了让检察机关更加全面了解本案中郑某等涉案人员行为性质的实质情况，在论述郑某等人不构成黑社会性质组织罪的同时，提出其行为也不构成恶势力犯罪。"如此，便"顺理成章"地引出了对恶势力犯罪的论证。

（四）列小标题，提纲挈领

小标题可以使文章要点清晰、层次分明，起到揭示或提示段落内容的作用，让辩护词各个段落既独立又关联、既分散又集中地表达辩护意见。小标题需具备如下特点：一是凝练，能够高度涵盖本段落的全部内容；二是简洁，字数不能太长，以一到两行为宜，否则就失去了小标题的意义；三是美感，隶属同一逻辑层次下的标题，尽可能采用对仗、对偶或其他相同语言结构的表述，严谨而富有美感。

（五）画龙点睛，紧密照应

辩护词的结尾要"照应开头""画龙点睛"。照应开头，就是联系、呼应开头部分的内容，让辩护词的逻辑更为周延，为整篇辩护词"画一个圆"。画龙点睛，就是以辩护词的结论为基础，"跳出"案件本身，或是将案件的公正处理结果上升到社会、法治甚至政治层面，或是理性表达情感，起到升华观点的作用。

例如，笔者在一起职务犯罪案件的结尾处写道："辩护人请求合议庭充分考虑本案中被告人犯罪行为的主观恶性不大，权钱交易的受贿特征并不明显，与典型受贿罪有明显区别，没有干预司法过程的公平公正，没有引发严重的损害结果，没有对社会造成恶劣不良影响等特殊性。此外，被告人还具备自首、积极全额退赃、抵押借款退赃、积极认罪悔罪、自愿认罪认罚等情节。尤其在当前正在着力推进认罪认罚从宽制度的背景下，司法机关应当更加重视被告人认罪认罚情形下案件的特殊情况。就本案而言，我们注意到监察机关与公诉机关充分考虑了上述特殊情形，但是从有利于被告人利益最大化的角度出发，辩护人依然提出上述意见，请求合议庭最大限度对被告人适用认罪认罚从宽政策，在公诉机关量刑建议的基础上，再适当减少对被告人的量刑，以昭示党和纪检监察机关对坦白从宽刑事司法政策及司法机关推进认罪认罚从宽制度的积极态度，并体现良好的司法效果。"

笔者特别说明的一点是，要想设计好辩护词的结构，则先要在心中分别形成控方与辩方两个完整且不同的"故事情节"（控辩双方各自认定的案件事实），这是非常重要与关键的一项工作。就如同在设计一幢建筑的结构时，先要想清楚要设计一幢怎样的建筑，才能进而考虑它的结构，而不是设计到哪里算哪里。只有心中有完整的"故事情节"，才会对全案的结构有整体性认识，才不会出现逻辑矛盾、结构混乱的情形。

在辩护实践中，经常会有辩护词的结构存在"假矛盾"的情形（表面看似矛盾，但内在有着严谨的逻辑递进关系），即前文已对某种事实、证据或定性加以否定，而后文又以之作为前提去论证。这是只有在辩护词（作为一种特殊的议论文）中才会出现的情形。因为辩护律师的职责是尽一切可能提出对被告人有利的辩点，为追求被告人利益的最大化，不能将"鸡蛋都放在一个篮子里"。辩护律师必须有层级地、分层次地去论证，步步为营，让每一个辩点"既关联又独立"，不会因为前一个辩点未被采纳，而导致后面的辩护归于无效。最为典型的就是同时（先后）作无罪辩护与量刑辩护。在2012年最高人民法院《关于适用〈中华人民共和国刑事诉讼法〉的解释》出台之前，很多法官反对此种辩护方式，认为其存在逻辑矛盾。但是，随着该司法解释第231条[①]作出明确规定后，基本已达成共识。但即便如此，辩护律师在两个部分的衔接上，应当作出明确的说明，即辩护人是出于何种原

[①] 现为最高人民法院《关于适用〈中华人民共和国刑事诉讼法〉的解释》第283条。

因、何种考虑、依据什么规定，同时作出量刑辩护，从而让过渡自然。

二、观点明确、针对性强

如果说结构是辩护词的骨骼，那么观点便是辩护词的"眼睛"，是向法官传递辩护意见的"窗口"。

辩护词是一种特殊的"驳论文"。驳论文，是指论辩时针对对方的观点加以批驳，并在批驳的同时阐述己方的观点。在论证方式上，一般要求"先破后立、破立结合"。辩护词则是辩护律师针对起诉书指控的犯罪事实、证据、法律适用，从相应（但不限于）角度进行辩驳，从而得出被告人无罪、罪轻等有利于被告人的结论与意见。因此，辩护词的观点一定要具有明确性和针对性。

明确性，是指用相对简单、直白、无歧义的语言表达辩护律师的观点与意见，不要含糊不清、欲言又止，给法官"犹抱琵琶半遮面"的感觉。

例如，在一起寻衅滋事案件中，被告人对于起诉书指控其犯寻衅滋事罪不持异议，辩护律师认为该案的定罪有一些问题，但碍于已在认罪认罚具结书上署名，不好再发表不同意见，却又不想明确认同，于是这样设计辩护词的标题：万某对构成寻衅滋事罪不持异议。在该标题下的段落中，说明了万某认罪认罚，以及辩护律师认同起诉书的指控，并提出了量刑情节。但问题在于，辩护词是反映辩护律师意见的文书，应当明确地在标题中体现辩护律师的观点，而不是被告人的观点。将被告人的观点作为一个标题，会让法官疑惑：被告人不持异议，那辩护律师是否持有异议？直到法官看完全段内容，才知道原来辩护律师也是不持异议的。这就是观点表述不明。或许有的律师认为其观点与被告人一致，没有单独表述的必要，但在裁判文书中，辩护律师的意见与被告人的意见是分开摘录的，如果在庭审中出现这种情况，法官会请辩护人明确发表自己的意见，让辩护陷于尴尬。实践中，在一些诸如涉黑涉恶、职务犯罪等重大、敏感案件中，或者被告人已经做了认罪认罚，但辩护律师对检察机关的定性或量刑仍有异议的案件中，我们很多辩护律师既想表达不同的观点，又怕"得罪"监察机关、检察机关或法院，因而采取一些"回避锋芒"的表达，导致表意不准确、不清楚，让法官听不明白辩护律师的意见。

针对性，是指起诉书指控犯罪，必然会对犯罪事实、证据、法律适用进行论证与说明。辩护词在铺陈观点时，应与起诉书上述要素有争议的部分相互对应，便于法官快速抓住争议焦点所在，有的放矢。当然，这种"对应"不是机械地与起诉书的顺序完全一致，而是在契合辩护观点下的逻辑对应。

例如，在黑社会性质组织犯罪案件中，起诉书会根据黑社会性质组织罪的"四个特征"进行描述，既会涉及对其行为性质的归纳，如"该犯罪组织结构稳定，人数较多，有明确的组织者、领导者，骨干成员基本固定，内部层级分明，分工明确""该组织实施高利放贷、暴力逼债、强迫交易、开设赌场等违法犯罪活动，非法高利放贷××亿余元，攫取巨额经济利益达××余万元，具有一定的经济实力，并将部分收益用于违法犯罪活动和维系组织生存"等，也会列举一些具体的事实，如"为确立非法地位、约束组织成员，该组织在违法犯罪活动中形成了保持通信畅通，随叫随到，听从老大的命令，内部要团结、不许吸毒以免引火烧身招惹麻烦等规矩""将部分收益用于违法犯罪活动和维系组织生存。一是为组织成员发放生活费、奖金。二是为便于实施违法犯罪活动，长期为组织成员提供住处、车辆。例如，张某某先后将强占的严某某、李某某等人的住宅无偿提供给组织成员居住，将强占或者抵账的车辆供组织成员使用。三是安排组织成员及家属聚餐、旅游"。如果是作不构成黑社会性质组织犯罪的辩护，就应当针对起诉书指控的"特征"与"事例"，按照一定的逻辑顺序逐一论证与驳斥，而不是自己另行归纳总结出一套"组织特征""经济特征"后进行论证，否则完全不具备针对性，让法官无法评判起诉书指控事实的对与错。

三、内容全面、重点突出

辩护词的内容就是辩护律师的分析论证过程，是辩护词的血肉。在很多案件中，辩护律师的分析论证洋洋洒洒数十页，而判决书对辩护意见的引用或概括不超过几行字，而且往往就只是引用辩护词的标题，但这并不意味着辩护词的内容没有意义。如果说标题是让法官知道辩护律师的论证逻辑、整体思路和切入角度，则内容才是真正说服法官的依仗。内容全面、重点突出，辩护词才能具有说服力。

内容全面，是指对所有能够证明当事人无罪或罪轻的事实、证据、法律规定"一网打尽"，挖掘一切有利于当事人的辩点。

在笔者与辩护律师同行的交流中，发现很多律师都下意识地凭借经验去排除一些辩点，认为"这样辩护没有意义""不会被法官采纳"。诚然，辩护的目的是说服法官采纳辩护词的观点，但如果任何辩护首先考虑的是法官会不会采纳，法官会采纳哪些我们辩护律师就提出哪些，那辩护是没有一点挑战性的。辩护律师与法学家、法官或检察官，同为法律专业人士，其根本区别在于职业的立场与视角。律师的天职就是通过辩护使当事人获得最有利的结果，是一种有倾向性的法律实践工作。从此层面上说，辩护律师的职业"站位"和思维方式，让其更容易发现对被告人有利的辩点，从而向法院全面提出，并说服法官接受。

在 2021 年刘某芳等 63 人涉嫌诈骗罪案件中，所有辩护人均作罪轻辩护，而法官却判决其中 42 名被告人不构成诈骗罪，此事一度引起热议。作无罪辩护还是罪轻辩护，是由很多因素决定的，而且最终会征求被告人的意见。实践中不乏本应判处无罪，但以有罪免予刑事处罚或缓刑等方式"妥协"的案件，这无不是辩护律师在充分考虑司法环境、司法惯例和裁判案例的基础上，为被告人设计的利益最大化的辩护路径。但是，一旦辩护律师作有罪辩护，而法官判决无罪，被告人及家属就会认为辩护律师没有尽全力争取，甚至不专业、不敬业，对于辩护律师而言就不算是成功的辩护。

再如，最高人民法院《关于处理自首和立功具体应用法律若干问题的解释》规定"协助司法机关抓捕其他重大犯罪嫌疑人（包括同案犯）"属于立功。那么，被告人规劝同案犯主动到案，是否算立功？有的辩护律师严扣"抓捕"二字，认为主动到案没有抓捕过程，因此不构成立功。但从立法目的和归案效果来看，如果"协助抓捕"都算立功，那么规劝到案"省略了"抓捕，更有利于节约司法资源，举重以明轻，更应当是立功。如果辩护律师没有这点敏感性，或者说没有完全从有利于被告人的角度出发，那么这个量刑情节就从手指尖溜走了。由此说明，"从有利于被告人角度出发"，不仅要从事实、证据出发，也要从法律的理解与适用出发，即只要是法律没有明确规定或作出限制的，都应当从有利于被告人的角度去解读。

重点突出，是指辩护词的论证应主次有别，详略得当。就如同一部优美的乐曲，一定要有起承转合，有高潮部分，有低谷部分，才能婉转动听，扣人心弦。科学研究证明，人集中精力阅读和理解的时间是有限的。必须保证法官把最优的精力集中在最关键的问题上，避免其阅读关键内容时已是"强弩之末"。

例如，在一个案件中，有的是"主攻"辩点，即说服力度很强的观点（往往有充分的事实与证据作为支撑，或者控方的证据存在明显问题）；有的是"辅助"辩点，作用是补足辩护词逻辑和结构上的短板，让辩护词结构上更加合理、逻辑上更严谨，也兼具辩护效果；还有的是"防守"辩点，在法官不采纳前面辩点的时候，为当事人争取利益留下退路，多见于无罪辩护搭配量刑辩护。实践中，对于哪些需要重点辩护，哪些应当点到即止，哪些可以一笔带过，需要具体问题具体分析，但无论如何，辩护律师对有利于被告人辩点的力度要有准确的预判，将重点内容放在结构上的相对显眼的位置，针对重点内容进行更为充分、精彩的论证，并且赋予重点内容相对更多的篇幅。

尤其需要重视的是，我们很多辩护律师庭前和庭后两版的辩护词几乎没有区别，体现不出任何庭审的"成果"。对于庭后版的辩护词，还须结合法庭发问、举证质证以及法庭辩论等内容，尤其是要对有别于庭前版辩护词的核心、关键和争议焦点内容予以体现，甚至可以超越庭审范围，反映不便于当庭提及的问题，如具有一定隐私性、敏感性的事项、容易激化矛盾的事项，等等。这些都是庭后版辩护词应当体现的重点。

四、论据充分、论证透彻

论据是论证的基础，只有论据充分才能论证透彻。下面笔者将先说论据，再说论证。

（一）论据

论据，即据以论证并得出结论的依据。在辩护中，论据通常就是案卷证据所反映出的"法律事实"。对于论据（即案卷证据）如何运用，有两类情形的辩护词让笔者印象很深刻。一类是几乎不引用证据，所有的分析与结论，均建立在对证据进行高度概括的基础上。例如,辩护词主张:"本案的客观事实表明,被告人仅实施了虚构交易套现的行为,而没有实施利用自己的POS机为他人刷卡套现,向信用卡持卡人支付现金或者向指定付款方支付货币资金并从中获利的非法经营行为。"而起诉书指控的事实恰恰与之相反。那么,辩护词所主张的"客观事实",究竟有哪些证据支持,辩护词完全体现不出来,这种辩护词就很"虚",给法官"说空话"的感觉,法官没有精力去案卷中替辩护律师寻找证据(在法庭质证环节控辩双方对于某事实达成一致除外)。另一类是大篇幅摘录证据,但是乍一看上去,证据中只有少数几句话与辩点有关联性,这种辩护词就给法官"堆砌"之感,"实过了头"。

对于证据的运用,看似简单实则精妙,只摘录下来是不够的。如同炒菜,同样的基础食材,在普通人手中是"家常菜",在厨师手中则可成为"宴席",区别就在于食材如何运用。

在笔者办理的一起涉黑案件中,起诉意见书指控赵某等9人构成黑社会性质组织犯罪。笔者在仔细对比嫌疑人的笔录后,发现该案人员虽然累计起来共有9人,但是同时存在于一个时间段的时间很短,有陆续加入与离开的情况。为了让这一事实更为直观,我们没有简单地把9个人的笔录摘抄上去,而是结合指控的事实、时间、每个事件的参与人员、人员加入离开的时间,制作了一个"累计人数分析表"(见表4-1)。

表4-1 累计人数分析表

事件名称及发生时间	涉案组织内成员(按指控时的排列顺序)										累计人数
	朴某	赵某	杨某	张某	廖某	刘某	余某	陈某	严某	陈某乙	
刘某某案(2012年10月16日)	朴某	赵某	杨某	×	×	×	×	×	×	×	3
在曹某某赌场放码(2013年上半年)	●	赵某	杨某	×	×	刘某	×	×	×	×	4
余某某案(2013年5月11日)	●	赵某	杨某	×	×	●	×	×	×	×	4
龚某某案(2013年8月19日)	朴某	赵某	杨某	×	廖某	●	余某	×	×	×	6

续表

事件名称及发生时间	涉案组织内成员（按指控时的排列顺序）											累计人数
	朴某	赵某	杨某	张某	廖某	刘某	余某	陈某	严某	陈某乙	
蒋某某案（2013年9月7日）	●	赵某	●	×	●	●	●	×	×	×	6
严某某案（2013年10月23日）	朴某	赵某	杨某	×	廖某	刘某	余某	×	严某	×	7
邓某某案（2013年11月20日）	朴某	赵某	杨某	×	廖某	刘某	余某	×	●	×	7
陈某某案（2014年5月）	●	●	杨某	×	●	刘某	●	×	×	×	7
毛某某案（2014年6月11日）	朴某	赵某	杨某	×	廖某	刘某	余某	×	×	×	7
马某某案（2014年7月16日）	朴某	赵某	杨某	张某	廖某	刘某	余某	×	●	陈某乙	9
简某某案（2014年7月）	●	赵某	●	●	●	刘某	×	×	×	●	8
阳某某案（2014年7月29日）	朴某	赵某	杨某	●	廖某	●	●	×	×	●	8
屈某某案（2014年8月21日）	朴某	赵某	杨某	●	●	●	×	×	×	●	8
赵某某案（2014年12月7日）	朴某	赵某	●	张某	●	●	×	×	×	●	8
徐某某案（2015年1月18日）	朴某	赵某	杨某	张某	廖某	●	●	×	×	●	8
占某某案（2015年2月3日）	朴某	赵某	杨某	张某	●	●	×	×	×	陈某乙	8
李某某案（2015年3月19日）	朴某	赵某	杨某	张某	廖某	刘某	×	陈某	●	陈某乙	9
蒋某某案（2015年上半年）	●	赵某	●	张某	●	刘某	×	陈某	严某	●	9
同某某公司案（2015年7月）	●	赵某	杨某	张某	廖某	刘某	×	陈某	严某	陈某乙	9

续表

事件名称及发生时间	涉案组织内成员（按指控时的排列顺序）											累计人数
	朴某	赵某	杨某	张某	廖某	刘某	余某	陈某	严某	陈某乙	
肖某某案（2015年7月23日）	朴某	赵某	●	张某	廖某	●	×	●	●	●	9
董某某案（2015年8月3日）	朴某	赵某	杨某	张某	●	●	×	●	●	陈某乙	9
曹某某案（2015年）	●	赵某	×	●	廖某	●	×	●	严某	×	7
王某某案（2015年8月）	朴某	赵某	×	张某	廖某	●	×	●	●	×	7
严某某案（2015年9月）	朴某	赵某	×	张某	廖某	●	×	●	●	×	7
鲁某某案（2015年10月）	朴某	赵某	×	张某	×	●	×	陈某	严某	×	6
李某某案（2015年12月）	●	赵某	×	张某	×	刘某	×	●	●	×	6
马某某案（2015年年至2017年）	朴某	赵某	×	●	×	×	×	●	●	×	5
穆某某案（2017年8月1日）	—	赵某	×	张某	×	×	×	陈某	严某	×	4
金某某案（2017年11月25日）	—	赵某	×	张某	×	×	×	陈某	严某	×	4

注：1. 加入时间，以起诉意见书指控的行为人首次参与犯罪时间计算。

2. 退出时间，以相关行为人的笔录，结合起诉意见书指控行为人最后一次参与犯罪时间计算。余某、杨某、陈某、廖某、刘某中途退出。

3. 穆某案（2017年8月1日）、金某案（2017年11月25日），明显属于因个人纠纷或被害人过错所引发的独立、偶发事件，与朴某、赵某毫无关联。

4. "×"代表行为人尚未加入或者已经退出；直接标注姓名代表行为人参与实施了本次事件；"●"代表行为人已经加入，虽未参与该起事件，但仍然计算其人数；"—"代表行为人与该起事件没有关联，且至指控结束的时间，再无新的犯罪行为。

表4-1的最右侧一列，清晰地说明了所谓组织在每个具体时间段的人数。随后在与承办检察团队的沟通中，检察官表示我们制作的表格为其认定不构成黑社会性质组织提供了很好的依据，也大幅节省了其阅卷的时间。这

个案件最终在检察阶段取得了预期的辩护效果。

笔者并非想通过上面的例子构建一个运用证据的"固定套路",也不是强调做表、画图的重要性,这只是因地制宜、因案而异的一种思路罢了。证据就"躺"在案卷里,而我们要做到的,就是让证据从案卷里"走"出来,立体地、全面地、清晰地展现在法官面前,而不是让法官绞尽脑汁地去猜测辩护律师引用的证据是想说明什么。

(二) 论证透彻

论证透彻,是指辩护律师要把观点和理由说清楚、说明白、说到位,"入木三分",让法官阅读完辩护词后有一种酣畅淋漓、醍醐灌顶的感觉。很多律师的辩护词给法官的感觉很单薄、干涩,得出结论很突兀,说服力不强,是因为辩护律师的思路没有打开。我们可以从以下几个方面着手。

1. 从辨析法理着手

法律无论如何详尽,也不可能把错综复杂、千变万化的社会现象都毫无遗漏地加以规定,司法解释也不可能面面俱到,而法理可以补充法律的不足。在一些特殊情况下,法理可以作为某一案件判决的依据或参照。我们可以利用多种解释学方法,对法律规定进行有利于辩护方的"多维化"解读。例如,从立法沿革、立法机关或最高司法机关对某项新法、新司法解释的解读,去探究立法初衷、立法本意,即"论理解释";将被解释的条文放在整部法律中乃至整个法律体系中,联系此法条与其他法条的相互关系来解释法律,即"体系解释",等等。

例如,《刑法修正案(十一)》新增了"催收非法债务罪",但在理论界及司法实践中对这个罪名如何理解与适用,特别是该罪与寻衅滋事罪、非法拘禁罪、强迫交易罪、非法侵入住宅罪之间是什么关系,存在较大分歧。想要在辩护词中将这些理论问题分析清楚是不现实的,但我们却可以选择对于辩护有利的观点为我们所用。在笔者办理的一起催收债务案件中,笔者提出"催收非法债务罪与寻衅滋事罪、故意伤害罪、强迫交易罪、非法拘禁罪、非法侵入住宅罪虽然在客观方面具有相似性,但其主观故意、行为对象与社会危险性具有根本区别,不存在'法条竞合'问题",意在排除在本案中

"特别法优于一般法"或"重法优于轻法"的适用。诚然,该观点在实践中是有争议的,但它之所以能成为一种"观点",本身也是因为其具备一定的合理性即法理基础。笔者个人观点认为,作为辩护律师,不要从纯粹的法学家角度去解读法律,而是要站在被告人角度,有倾向性地选择有利于被告人的解释,这是辩护律师的职责决定的。

2. 从刑事政策着手

辩护不能仅局限于法律本身,还要充分结合刑事司法政策、国家大政方针。对于当前热点刑事问题及司法高层关注的案件类型,很多都有对应的政策文件。将这些刑事政策充分融入辩护词中,将某一个具体案件"拔高"为一个类型、一种典型,可以提升辩护词的高度和深度。

3. 从常情常理着手

法谚有云:"法律的生命不在于逻辑,而在于经验。"而经验来自日常生活的常情常理。法官和律师在职业上虽是法律工作者,但其与所有的案件当事人共同生活于相同或相似的社会、经济、政治和文化环境之中,其对事物认识的基本逻辑是相同的。如果某一起事实明显违反常情常理、违反人的认知逻辑,则辩护律师应当敏锐发觉。

4. 从司法判例着手

相比准备工作时的判例检索,在辩护词写作时的检索将更有针对性和目的性,其司法裁判的论述过程与结果,很可能被作为重要的参考依据而使用。

在笔者办理的一起非法占用农用地罪案件中,公安机关指控某企业家在未取得征占林地相关许可手续的情况下,砍伐防护林、破坏植被,非法占用林地进行建设,涉嫌非法占用农用地罪。但事实是,该企业家在涉案地块的项目是政府招商引资重点扶持的旅游及养老项目,为赶进度,在政府领导的支持下"边批边建",而且该项目对环保的要求非常高,该企业家虽然清除了部分原始灌木,但是并没有破坏土壤性质,相反在原灌木土地上移栽了大量的优质植被。为了说服公诉机关,笔者除了引用最高人民法院《关于审理破坏林地资源刑事案件具体应用法律若干问题的解释》的规定外,还提供了《人民法院案例选(2013年第3辑)(总第85辑)》陈保贵等非法占用农用地案评析中的论述、湖北省高级人民法院(2017)鄂刑再6号再审刑事判决书的判词，并由此得出结论："在司法实践中，本罪的犯罪对象极其容易被错误理解为'农作物''林木'。无论是根据法律的明确规定，还是从刑法解释学的'文义解释'来看，本罪的犯罪对象只能是'土地'本身。其造成的严重后果，是'土地'被毁损、'种植条件'严重损坏、'种植功能'全部或部分丧失。也就是说，就是土壤性质、功能被破坏，无法再进行农作物、林木种植。地面附着物，如农作物、林木是否被毁损，不是构成本罪的评判条件。"结合本案的证据，笔者最终成功说服检察机关对本案不予起诉。

在论证的最后，一定要以"归零"的心态检视论证。我们不要站在撰写者的视角看待论证的过程与结果，而是要站在法官的视角，甚至站在普通人的视角，去沿着论证的逻辑，看能否清楚地得出结论。

五、语言精练、格式规范

语言精练和格式规范是辩护词表达的两个要点，下面笔者先说语言精练，再说格式规范。

（一）语言精练

语言精练，是指辩护词需简练、扼要，"惜墨如金"，对于能够说清楚的问题不要长篇大论、颠来倒去。

实践中，法官阅读辩护词的时间非常少，有时甚至只看一眼标题和结论。辩护词虽然需要精练，但并非要一味追求篇幅短。对于事实复杂、罪名较多、争议较大的案件，辩护词篇幅长是保证辩护效果的客观需要。因此，辩护词的精练，是一种相对的简洁，是在保证辩护效果前提下的简洁。具体要求包括：

1. 证据引用精练。有的辩护律师引用的讯问笔录长则半页至数页纸，不仅影响了法官的阅读效率，更"稀释了"辩护词的论证内容。辩护律师在引用证据时，要注意证据的关联性，对于与待证事实无关的证据与内容，不要为了体现证据的完整性而大篇幅摘录。只须引用有关联的内容，并标注清楚案卷出处即可。

2. 法条引用精练。法官与律师都是法律专业人士，由于看待案件的职业视角不同，律师与法官或许对于法律的理解及适用与辩护律师有所差异，但一般不会出现对某项法律规定闻所未闻的情况。因此，除非是对法律适用有争议，在对法条本身进行解读时，应当慎重大篇幅摘录法条原文，避免造成辩护词的空洞和冗余。一般情况下，对于有多个款、项的法律条文，可以写明法律规定的名称、条款项的序号并只引用有关联的款或项，或者概括其主要内容即可。

3. 论证过程精练。避免"大白话"、复合句和过多煽情的排比句、感叹句、疑问句，多用简单句、肯定句、法言法语。对于确实需要以"大白话"方式表述的，应当打上引号。用"删除法"校对文字，在不影响表达的准确性和完整性的情况下，确保每一段落、每一句话、每一个字删无可删。但凡在其他部分论证过但是需要再次说明的，尽可能去引注而不重复。

（二）格式规范

俗话说"人靠衣装马靠鞍"，规范而美观的格式，就是辩护词的"衣装"，它往往决定着法官对辩护词的第一印象。

实践中，笔者经常见到很多律师的辩护词寥寥数页纸，钉起来就交给法官，这样给其的第一印象是不好的。如同美食讲究"色香味"俱全，光味道好不行，还要有"卖相"，才能给人以食欲。同样，一份格式规范、包装精美的辩护词，可以给法官赏心悦目之感和良好的第一印象，由表及里，潜意识地认为辩护词的内容也是专业的。更为重要的是，让法官觉得辩护律师是用心在准备辩护词，让法官感受到尊重，而尊重也是相互的，其更愿意用心地阅读辩护词。

一份格式规范、包装精美的辩护词，至少应当具备如下条件：

1. 整洁的文字排版。辩护词的字体、字号、间距等，没有官方规定，但至少保持前后的一致性、规律性，不能前面字体大、后面字体小，前面间距宽、后面间距窄。只要让法官看得清、不费力，而且庄重、整洁即可。

2. 目录及页码。对于页数多、标题多、逻辑层次较为复杂的辩护词，目录有利于法官快速了解辩护词的结构与布局，判断辩护思路，归纳辩护要点。而页码与目录配合，将便于法官快速翻阅到对应的段落，提高法官阅读效率。

3. 制式封面。建议使用由律所或业务部统一设计的"制式封面"，如果没有，也可以自己设计一个封面。封面的要素可以包括案件名称、律所及律师名称、律所 Logo 及地址、电话等。排版设计既要美观，也要庄重，不能过于花哨。

4. 胶状装订。对于页数较多的辩护词，胶装是不错的选择。将辩护词用封面纸胶装起来，既可以避免散落，也显得正式、严肃、庄重，体现专业与规范。

结语

对于辩护律师如何写作辩护词，每名辩护律师都有自己的经验与理解。对于辩护律师而言，写作辩护词虽如"家常便饭"，但是给人的体验却千差万别。有的"味同嚼蜡"，让人无法下咽；有的"五味俱全"，让人大快朵颐。越是看似简单寻常的事物，越是蕴含深刻的哲理与复杂的精髓。一份好的辩护词，倾注的不只是专业与功底、技能与智慧，还有对当事人的情感和对职业的责任感、荣誉感、担当精神。一份好的辩护词，应当视同一部作品，需要投入精力研磨打造，仔细斟酌，精益求精，才可示人。最终的内容，不仅被告人及其家属满意，办案人员欣赏，业界同人欣赏，辩护人自己也自我欣赏。如此，堪称一份高水平、高质量的优秀辩护词。

第24讲

辩护词写作的经验、技巧和建议

◇ 孙广智[*]

在刑事辩护中，一份优秀的辩护词不仅凝结了刑辩律师的主要辩护观点，也是刑辩工作的证明和体现，更应当是法院裁判案件的重要参考。由此，辩护词不仅彰显了辩护人的能力和水平，让刑事辩护成为"看得见"的服务，更是维护当事人合法权益、实现有效辩护的"最后武器"。因此，写好一份辩护词对于刑辩工作的有效开展，无疑有着非比寻常的重要意义。

为此，在总结多年刑辩工作经验的基础上，笔者拟整理一些辩护词写作方面的心得体会，希望可以为广大同行及刑辩爱好者们提供些许参考和帮助。

在此需要说明的是，自2012年《刑事诉讼法》修改后，辩护人不但可以在法院审理阶段提交辩护词，在案件的侦查、审查起诉阶段也可以提交辩护词或书面意见。但是，考虑到庭审对于案件裁判的终局意义，以及各诉讼阶段辩护词写作的不同特点及共性，本文将专注探讨法院审理阶段的辩护词写作。

众所周知，在法院审理阶段，辩护人往往在庭审结束后提交书面的辩护词。由此，辩护词的写作在很大程度上取决于庭审辩护的实际情况。而在法庭审理过程中，庭审辩护的内容和角度往往因案而异。比如，无罪辩护下的辩护词写作必然不同于罪轻辩护，程序辩护的文字内容也有别于实体辩护的表达和呈现。有时候，即使辩护方向相同（在共同犯罪案件中，各被告人的辩护人均作无罪辩护），也可能存在角度上的差异，有的侧重于从事实和证据上挖掘辩护空间，有的则尝试在法律的理解与适用上进行论证，凡此种种，

---

[*] 孙广智，北京市京都律师事务所律师，西北政法大学刑事辩护高级研究院高级研究员，北京市犯罪学研究会理事。

不一而足。

有鉴于此，我们在探讨辩护词写作上既难以面面俱到地覆盖所有的辩护类型，也无法总结出一套放之四海而皆准的"模板"或者"秘诀"，但这并不妨碍我们在各类辩护中提炼出一些共性问题进行必要的经验总结，从而对辩护词写作提供有益的指导和参考。笔者总结的辩护词写作的经验、技巧和建议主要包括以下四点：（1）立场和方向；（2）辩护词写作的基本逻辑：事实、证据与法律；（3）辩证思维与经验法则的运用；（4）可视化：表格、流程图及图画。

一、立场和方向

对辩护人而言，辩护词写作首先应当明确的就是立场和方向问题，也就是说，作为一名辩护人，在下笔之前，要先搞清楚自己是站在怎样的立场上进行辩护？而所撰写的辩护词所指向的辩护方向又是什么？

（一）立场问题

在刑事辩护中，律师之所以能介入案件并担任被告人的辩护人，或是基于被告方的委托，或源于法院的指派（法律援助），但无论通过哪条途径，辩护人的辩护权均派生于被告人的辩护权。倘若没有被告人，又何来辩护人？因此，如果说被告人自行辩护的权利是"主权利"的话，那么辩护人的辩护权无疑就是"从权利"。

由此，上述派生关系及主从关系也就决定了辩护人的立场应当与被告人保持一致。当然，这里的"立场一致"并不是说辩护人要对被告人一味地"盲从"。相反，辩护人要在专业层面保留一定的"独立性"。原因在于，一方面，关于辩护人能否"独立行使"辩护权的争论始终没有停歇；另一方面，刑事辩护工作所包含的专业化需要也要求辩护人对案件有关问题（特别是法律的理解和适用问题）形成独立的专业判断。

因此，如何在辩护词写作中兼顾上述"专业独立性"和"立场一致性"显然是一个不容回避的问题。对此，笔者的心得是，辩护人应在事实判断上与被告人保持立场一致，而在法律判断上则应在确保专业性的前提下保持相对的独立性。

1. 辩护人应在事实判断上与被告人保持立场一致

被告人是案件的当事人，即案件事实的亲历者和参与者，因而具备对案件事实的独立判断能力。辩护人虽然可以通过阅卷、会见等辩护工作来了解案件事实，但并非案件当事人，故对案件事实是否真实发生、如何发生等事实问题不能进行独立的、排他的判断。因此，在对案件事实的判断上，辩护人应与被告人保持立场一致。

这种"事实判断的立场一致性"反映在辩护词写作上，就要求辩护词在对案件事实的呈现上，不应违背被告人对事实陈述的本意。下面通过一个案例，进一步说明这个问题：

> 在一起受贿案件中，被告人甲明确告知辩护人其确实收受了请托人乙的钱款并在法庭上进行了相应的陈述。但辩护人在阅卷过程中，因发现被告人甲的讯问笔录及请托人乙的询问笔录对该事实的描述均存在反复，便在辩护词中将辩护观点归纳为"起诉书指控甲收受乙钱款的指控事实不清、证据不足"。

在该例中，辩护人对事实的判断显然与被告人产生了冲突。虽然辩护人的出发点可能是想帮助被告人"摆脱"某项指控事实，但由于辩护人对案件事实并不具有独立、排他的判断能力，这种"独立于"被告人的事实判断以及就此形成的辩护观点在现实中很难被法庭所采纳，在这种情况下，即便在辩护词中下笔千言，但从辩护效果上恐怕也是离题万里。

2. 辩护人应在法律判断上保持相对的独立性

根据我国《刑法》和《刑事诉讼法》的规定，被告人均是具有刑事责任能力的自然人，对自己的行为具有辨认和控制能力，但是这种对自身行为事实层面的认知能力并不等同于对该行为法律性质的认知水平。因此，司法实践中往往会发生被告人对行为性质的认知出现偏差的情况。下面通过一个案例，进一步说明这个问题：

> 被告人甲陈述了其遭受乙殴打并在反击过程中打伤乙的事实，在此基础上，甲认为自己的行为构成故意伤害罪。而辩护人在介入该案后，基于甲的陈述，通过对案件事实、证据的梳理，得出了被告人甲系正当

防卫的判断。因此，在撰写辩护词时，辩护人虽然在事实判断上与被告人甲保持了一致，但在法律判断上，则根据自身对相关法律的专业理解，得出甲系正当防卫、起诉书关于甲犯故意伤害罪的指控不能成立的结论。

在该例中，辩护人在尊重被告人事实判断的基础上，作出了与被告人意见"相左"的法律判断。那么，为什么辩护人可以在法律判断上保持相对的独立性？根据笔者的经验，可以从以下两方面进行说明：

一方面，如前所述，刑事辩护存在对专业化的内在需求，即要求辩护人应当具备专业的法律知识和相应的诉讼经验，而这往往既是被告人所欠缺的，又是对案件作出法律判断所必须具备的"专业素质"。由此，辩护人基于被告人所没有的"专业素质"作出"有别"于被告人的法律判断应是刑事辩护的应有之义。

另一方面，法律判断与事实判断的区别在于，前者要求言之有"理"，侧重于评价，而后者要求言之有"物"，侧重于描述。对法庭而言，裁判工作既包括事实的认定，也包括说理的评价。结合被告人的当事人地位及辩护人的专业性特点，法庭在认定事实上往往会更偏重被告人的陈述内容，而在说理评价上则会更多地参考辩护人的法律判断。因此，既便是与被告人的意见"相左"，但只要辩护人的法律判断言之有"理"，法庭依然会予以采纳。

需要强调的是，辩护人在法律判断上的"独立性"属于一种相对的"独立性"，即"不得违背当事人的意愿提出不利于当事人的辩护意见。"①

对此，我们结合这样一个话题来进行探讨，即在认罪认罚案件中，辩护人能否作无罪辩护？如何作无罪辩护？

关于上述问题，目前尚无相关法律、法规、司法解释予以明确的规定，但根据最高人民法院《关于适用〈中华人民共和国刑事诉讼法〉的解释》关于认罪认罚案件审理的相关规定，结合最高人民检察院副检察长陈国庆接受《法制日报》采访时就律师在签署具结书时在场并签字后，开庭时是否可以

---

① 根据中华全国律师协会2017年印发的《律师办理刑事案件规范》第5条第3款的规定，律师在辩护活动中，应当在法律和事实的基础上尊重当事人意见，按照有利于当事人的原则开展工作，不得违背当事人的意愿提出不利于当事人的辩护意见。

再作与具结书内容相悖的辩护所做解析,联系相关司法实践,我们可将上述问题的脉络梳理如下。

(1)对被告人而言,认罪认罚中的"认罪",是指被告人自愿如实供述自己的罪行,对指控的犯罪事实没有异议。

(2)辩护人(特别是在被告人签署具结书时在场并签字的辩护人)不能违背被告人的意志,关于事实问题,若符合案件实际,律师不应反驳被告人。也就是说,在认罪认罚案件审理中,辩护人更应在事实判断上与被告人保持一致。

(3)在此基础上,如果律师认为法律适用和案件证据上存在问题,则可以依法提出"法律上的辩护意见"。对此,笔者理解,这里的"法律上的辩护意见"可以是无罪辩护意见,而这种"法律上的辩护意见"的提出,在一定程度上体现了辩护人在法律判断上的相对独立性,即在没有违背当被告人"认罪"意愿的情况下,提出了有利于被告人的辩护意见。

综上,我们在着手撰写辩护词时,先要摆正辩护人的立场,即在事实判断上与被告人保持一致,在法律判断上基于专业化要求,保持相对的独立性,并且不能违背当事人的意愿提出不利于当事人的辩护意见。

(二)辩护方向问题

如前所述,在辩护人与被告人捋顺事实判断和法律判断的立场之后,就应当确定辩护词的辩护方向。虽然学界和实务界已经将辩护细分为诸多类型,但从辩护效果的实现目标来看,辩护词所选取的方向主要仍是以下三个方面。

1. 以无罪为辩护方向的辩护词

其中又可分为两类,一类是基于"事实不清、证据不足"所形成的无罪辩护的辩护词,另一类则是基于法律理解与适用存在错误所形成的无罪辩护的辩护词。

前者主攻"事实、证据"方面的"漏洞",因而往往会涉及对在案证据的证明力及/或证据资格的否定,并可能会运用到有关"非法证据排除"的程序辩护技巧。后者主要探讨定罪要件是否完备,案涉事实是否符合《刑法》及相关司法解释关于指控罪名的相关规定等问题(如非法集资案件中,被告人"借新还旧"的行为是否属于集资诈骗罪中的"非法占有目的")。

2. 以轻罪为辩护方向的辩护词

对辩护人来讲，轻罪的辩护方向就是站在有利于被告人的角度上解决"此罪与彼罪"的问题。我国刑法规定了400余项罪名，部分罪名之间不仅在规定内容上存在着竞合，在犯罪构成要件上也存在着重合、覆盖及交叉的情况，如非法吸收公众存款罪和集资诈骗罪、挪用资金罪和挪用公款罪、虚开增值税专用发票罪和逃税罪、骗取贷款罪和贷款诈骗罪、行贿罪和单位行贿罪等。由此，在被告人面临重罪指控时，辩护人可以结合在案事实、证据及相关法律规定，形成以轻罪为辩护方向的观点和意见，避免出现"轻罪重判"的不当后果，维护被告人的合法权益。

3. 以罪轻为辩护方向的辩护词

与轻罪辩护不同，罪轻辩护并不撼动公诉机关的指控罪名，而是以降低被告人的宣告刑为辩护的目标。常见的罪轻辩护往往聚焦于对被告人量刑具有影响的法定、酌定从宽情节，通过对相关情节的论证来尝试降低法庭对被告人量刑所适用的法定刑幅度，或者在某一法定刑幅度内为被告人争取从宽处理的结果。

如上所述，不同的辩护方向指向不同的辩护目标，故辩护人在撰写辩护词之前，首先要根据案件特点，明确所应选择的辩护方向，只有选对了方向，才能有的放矢地发表辩护意见，从而实现有效辩护的目标，维护被告人的合法权益。

二、辩护词撰写的基本逻辑：事实、证据与法律

辩护词是辩护人法庭辩论内容的书面化，而法庭辩论则由控辩双方围绕案件的事实认定、证据采信及法律适用所展开。因此，事实、证据和法律可谓辩护词撰写的三大要素，而捋顺三者的关系问题无疑是辩护词撰写所应遵循的基本逻辑。围绕此问题，笔者将通过以下四点予以分析、说明。

1. 法律与事实的关系

笔者认为，辩护人在法院审理阶段将面对三个"事实"，分别是指控事实、辩方事实、裁判事实。

（1）指控事实，是指起诉书中"经依法审查查明"部分描述的事实，作为指控被告人涉嫌犯罪的事实基础，"指控事实"往往也可以被理解为"有罪事实"。

（2）辩方事实，是指辩护人在法庭辩论中向法庭揭示的有利于被告人的事实，即表明被告人无罪或者减轻、免除被告人刑事责任的事实。"辩方事实"既有积极事实，也有消极事实。前者多指对被告人有利的事实（故意伤害案件中，被害人先行对被告人实施非法侵害的事实），后者则指对被告人不利的指控事实不存在或难以成立。

（3）裁判事实，是指刑事判决书中"经审理查明"部分描述的事实，即法院经审理认定的案件事实。"裁判事实"是法院据以定罪量刑的事实基础，我们常说的"以事实为基础，以法律为准绳"中的"事实"就是"裁判事实"。可见，只有将事实查清，作为"准绳"的法律才能够发挥对事实的评价作用，即对定罪的评价和对量刑的评价。

因此，从法律与事实的关系来看，无论是指控事实，还是辩方事实，抑或是裁判事实，都应当是那些能够对被告人的定罪量刑产生影响的事实，故在撰写辩护词时，应当重点关注对被告人定罪量刑有影响的事实。

2. 事实与证据的关系

《刑事诉讼法》第50条第1款规定，可以用于证明案件事实的材料，都是证据。另外，根据《刑事诉讼法》第55条的相关规定，只有证据确实、充分的，才可以认定被告人有罪和处以刑罚。证据确实、充分，应当符合以下条件：（1）定罪量刑的事实都有证据证明；（2）据以定案的证据均经法定程序查证属实；（3）综合全案证据，对所认定事实已排除合理怀疑。

据此，事实是证据的证明对象，而证据确实、充分是有罪事实得以认定的基础和前提。如果公诉机关指控的有罪事实无法得到证据的证明，或者虽有证据证明但相关证据未能达到确实、充分的标准，则该事实就不应被认定为裁判事实，更不能对被告人的定罪量刑产生影响。

因此，对辩护人来讲，在面对指控事实时，首先要明确其中可能对定罪和量刑产生影响的具体内容，然后再判断该等事实内容能否得到在案证据的证明，以及证明该等事实的证据是否确实、充分。如果答案是否定的，则意味着公诉机关对被告人涉嫌犯罪的指控存在事实不清、证据不足的问题。

3. 证据与法律的关系

根据《刑事诉讼法》第 52 条的规定，严禁刑讯逼供和以威胁、引诱、欺骗以及其他非法方法收集证据，不得强迫任何人证实自己有罪。另外，根据《刑事诉讼法》第 56 条第 1 款的规定，采用刑讯逼供等非法方法收集的犯罪嫌疑人、被告人供述和采用暴力、威胁等非法方法收集的证人证言、被害人陈述，应当予以排除。收集物证、书证不符合法定程序，可能严重影响司法公正的，应当予以补正或者作出合理解释；不能补正或者作出合理解释的，对该证据应当予以排除。

据此，在刑事诉讼中，采用非法方法收集的证据，应当予以排除，不应用于证明案件事实。辩护人在辩护过程中，如果发现用以证明"指控事实"的证据属于以非法方法收集的非法证据，则应依法申请将该等证据予以排除。

假如出现对非法证据应予排除但没有排除的情况，则应在辩护词中写明排除非法证据的根据和理由，并在此基础上阐明该等证据所指向的有罪事实不应得到非法证据的证明，因而不能成立。

4. 事实与法律的关系

法律推理的三要素为"大前提""小前提""结论"。其中，"大前提"是法律规定，"小前提"是案件事实，"结论"则是将"大前提"适用于"小前提"所得出的法律评价。具体到刑事诉讼中，控、辩、审三方的指控、辩护和审判活动实际均是上述法律推理的具体实现。

公诉机关根据其对法律的理解就"指控事实"进行评价，得出被告人涉嫌犯罪并应追究刑事责任的结论，进而提起公诉。

辩护人则根据自己对法律的理解，围绕"辩方事实"形成被告人无罪、罪轻或者减轻、免除其刑事责任的法律判断，进而请求法院在采纳辩护意见的基础上作出有利于被告人的裁判。

法院在听取控辩双方意见的基础上，对案件事实作出认定，并根据相关法律对所认定的事实进行评价，从而得出有关定罪、量刑的裁判结论。

因此，对辩护人来讲，在对事实和证据进行分析的基础上，其所撰写的辩护意见最终要形成明确的法律评价结论。如果一篇辩护词仅就事论事，沉溺于对事实、证据的辨析，而疏于建构事实与法律之间的联系，忽略了对事实的法律评价，则这样的辩护词虽然在行文上看似犀利，但实际上却如同未能穿透鲁缟的利箭一样，锋利有余而气力不足，难以起到说服裁判者的有效辩护效果。

综合上述分析，我们在撰写辩护词时，可以将事实、证据、法律这三大要素的逻辑关系梳理并呈现如下：

（1）针对起诉书的指控内容，厘清"指控事实"中可能影响定罪的内容和可能影响量刑的内容。

（2）根据事先与被告人确定的立场和辩护方向，就相关"指控事实"能否得到在案证据证明，以及证明相关"指控事实"的证据是否确实、充分进行分析判断，从而对"指控事实"是否清楚，证据是否确实、充分形成明确的辩护意见。

（3）如果"指控事实"所依托的证据存在非法取证的问题，且存在对非法证据应当排除却没有排除的情况时，则应在辩护词中写明排除非法证据的意见，并在此基础上阐明该等证据所指向的有罪事实因不应得到非法证据的证明而不能成立的辩护意见。

（4）在区分定罪事实和量刑事实，并根据在案证据就相关事实成立与否进行论证说明之后，辩护词关于案件事实的意见已经阐述清楚，"辩方事实"由此得以形成。在此基础上，结合相关法律的理解与适用，对"辩方事实"作出法律评价，从而使被告人无罪、罪轻或者应当减轻、免除刑事责任的意见得以完整呈现。

三、辩证思维与经验法则的运用

前面讲到了辩护词三大要素（事实、证据、法律）间的逻辑关系，那么，当我们在辩护时就该三大要素间的逻辑关系进行论证时，选择有效的、具有说服力的论证方法和辩论技巧就显得尤为重要。根据笔者的经验，对辩证思维和经验法则的运用往往是撰写辩护词的有效方法和重要技巧。

鉴于辩证法本身属于比较专业的哲学命题，经验法则往往又包罗万象，故本文无意就此进行系统化的学术探讨，而是尽可能通过"以案说法"的方式，介绍辩证思维和经验法则在辩护词撰写中的运用情况。

1. 在事实与证据的逻辑关系中合理运用辩证思维与经验法则

如前所述，事实与证据的逻辑关系是后者证明前者。那么，在假定证据来源合法，即排除非法取证的前提下，是否当证据所反映的内容与指控事实一致时，就意味着实现了证据对事实的证明？答案显然是否定的。

究其原因，任何证据所反映的内容并非孤立存在，更难以单独成立，因此，我们要从辩证角度来审视证据，将证据内容置于相关事实之中，在遵循事实发展逻辑的基础上，从证据链条及证明体系的层面上，全面、系统地评估证据内容的真实性和可信性，避免陷入对某项证据内容的偏听偏信，防止形成孤立的、片面的错误认识，纠正对案件事实的错误理解和认定。

在运用逻辑思维的基础上，适当辅以经验法则的运用，有助于从常识、常理的角度进一步探讨证据内容的合理性和可信性。由此，只有在经历了辩证思维和经验法则的考验后，事实与证据之间"证明与被证明"的逻辑关系是否成立才会有相对可靠和具有说服力的答案。

为便于理解上述内容，我们通过举示案例的方式进行说明。本案被告人杨某，公诉机关指控罪名为虚开增值税专用发票罪。案例如下：

> 起诉书指控：被告人杨某通过其经营的A公司将进口的废旧电线以不开票的方式销售给T市H区的个体拆解加工者。而后，杨某又通过其经营的A公司与B、C、D三家公司签订虚假的购销合同，虚构销售废旧铜线的事实，并以收取开票费为条件，为B、C、D三家公司虚开增值税专用发票。

> 被告人杨某辩解：其与T市H区的个体拆解加工者之间并非货物买卖关系，而是委托加工关系，其和A公司向上述个体拆解加工者收取的钱款系保证金，作为防止对方侵吞或遗失货物的保障。

> 在这些个体拆解加工者完成拆解后，被告人杨某再通过其经营的A公司将拆解出的废旧铜线分批、分次销售给B、C、D三家公司（均不是T市本地企业）。在分批结算货款时，杨某让这三家公司以现金的方式将大部分货款分批支付给T市的个体拆解者，以冲抵这些拆解者此前

支付给杨某的货物押金。由此，这些拆解者此前支付的货物押金就转化为 B、C、D 公司支付给杨某及 A 公司的货款了。

待开具增值税专用发票时，为了完善财务流程，B、C、D 三家公司再以"公对公"的形式再"支付"一次"货款"，即将"货款"付至 A 公司账户，A 公司在扣除尾款后，将其余款项通过私人账户转回 B、C、D 三家公司。

T 市个体拆解加工者（共 26 人）的证言：26 名个体拆解加工者的证言内容基本一致，均称自己与杨某及 A 公司是货物买卖关系，是以不开票的价格向杨某及 A 公司购入废旧电线，购入价格取决于废旧电线的铜含量，一般通过目测来确定铜含量。在购入废旧电线后，个体拆解加工者会进行拆解，再将拆解出来的废铜线卖给 T 市 H 区周边的铜厂。

因篇幅所限，我们现仅就该案例来研究起诉书关于"被告人杨某通过 A 公司将进口的废旧电线以不开票的方式销售给 T 市 H 区的个体拆解加工者"这部分指控事实能否成立。

如果该部分事实成立，则意味着被告人不可能再将相关货物（或从中拆解的废旧电线）销售给 B、C、D 三家公司，因而也就基本"坐实"了起诉书关于杨某涉嫌犯虚开增值税专用发票罪的指控。反之，如果杨某的辩解成立，则起诉书指控其犯虚开增值税专用发票罪的事实基础就发生了动摇。

接下来，我们将运用辩证思维和经验法则来对上述问题进行分析论证。

首先，T 市的个体拆解者的证言内容与起诉书的相关指控事实是基本一致的。

其次，26 名个体拆解者的证言内容基本一致，形成了形式上的"相互印证"，且从证据数量上看也不会遭受"孤证定案"的诟病，而被告人杨某的辩解与他们的证言形成了 1 比 26 的局面，其辩解内容在证明力上看似处于绝对劣势。

那么，这种证据数量上的绝对优势以及证据内容与指控事实的趋同是否意味着这 26 名证人证言对相关指控事实的证明已经达到了"证据确实、充分"的证明标准？对此，笔者运用辩证思维及经验法则分析如下：

一方面，从辩证思维的角度来看，这些个体拆解者的证言并不能单独成立，其证言内容所反映的行为逻辑是"先买后卖"，故其证言至少涉及两方主体，分别是所谓的"上游卖家"（被告人杨某及其 A 公司）和"下游买家"（T 市 H 区周边的铜厂）。

由此，从证据链条及证明体系的角度考虑，这些个体拆解者的证言是否客观真实取决于上下游两方的佐证。然而，现实却是所谓的"上游卖家"（被告人杨某及 A 公司）明确表示与他们并非货物买卖关系，而是委托加工关系，故他们的证言内容无法得到"上游卖家"的印证。而在案证据中，又没有所谓"下游买家"的证据（既没有证人证言，也没有书证、物证等其他证据）。可见，他们的证言内容同样无法得到"下游买家"的印证。因此，这些个体拆解者的证言内容客观性明显不足，无法达到"证据确实、充分"的证明标准。

另一方面，从经验法则的角度来看，被告人杨某关于其及 A 公司向这些个体拆解者收取的款项系货物保证金的辩解具有合理性，符合废旧物品拆解加工的行业特点。反观这 26 名个体拆解者的证言，虽然他们均声称与杨某及 A 公司之间是货物买卖关系，但是他们所谓"通过目测判断废旧电线的铜含量，进而确定收购价格"的说法明显有悖常识和该行业的交易习惯。

原因在于，被告人杨某及 A 公司每次向个体拆解者交付的废旧电线以集装箱为单位，每个集装箱的货量高达十余吨。在这种大宗货物"买卖"中，如果买方对铜含量的判断稍有"毫厘之差"，则成交价格恐怕就会"差之千里"。更何况，废旧电线的铜线包裹在胶皮之内，即便是依法成立的铜业公司也要依靠专业设备的检测才能确定铜含量，这些从事废品拆解的个体户既没有火眼金睛，又没有特异功能，故他们所谓"隔着电线肉眼鉴定铜含量"的说法显然是无稽之谈。

此外，前面提到，本案中没有"下游买家"的证据。不仅如此，这些个体拆解者在其证言笔录中也未对"下游买家"进行任何说明，如对买家的名称、业务经办人员、买家购买价格、付款方式等均只字未提，这种对"下游买家"一问三不知的证言内容显然也不符合基本的交易常识。

综合上述分析，我们可以看到，看似占据数量优势的 26 名个体拆解者的证言内容实际并不可靠,其证言内容既不客观,也不合理,甚至有违基本的交易常识和经验法则。在这种情况下,即便这些证言内容看似一致,但这种一致也仅是谎言的重复而非证据间的相互印证。

因此,这些证言不应作为定案根据,起诉书关于"被告人杨某通过 A 公司将进口的废旧电线以不开票的方式销售给 T 市 H 区的个体拆解加工者"的指控内容证据明显不够确实、充分,不能成立。

通过上例及分析,我们可以看到,辩证思维和经验法则能够有效地帮助我们拓宽思路,丰富我们审查、判断事实及证据的角度,从而在摆脱单一/类证据内容局限的基础上,充分探究相关证据的真实性、合理性,厘清相关证据与案件事实间的证明关系。最终,在对"指控事实"和"辩方事实"的"破"与"立"中,形成有利于被告人的辩护观点。

2. 在事实与法律的逻辑关系中合理运用辩证思维与经验法则

如前所述,在法律推理遵循的"三段论"中,事实是"小前提",法律是"大前提",两者的逻辑关系在刑事审判中就是事实认定与法律评价,只有在法院经审理查明的事实符合《刑法》及相关司法解释关于某项罪名的规定时,法院才会对被告人作出有罪的判决。

但在司法实践中,与刑法条文中的罪状内容相比,案件事实往往更为复杂、多样,因而对事实的认识容易出现偏差(对事实的认定失之片面或者浮于表面),进而形成错误的法律评价。而法律条文抽象、原则的特点,也往往会导致法律与事实间的"断裂",即哪怕在事实本身相对清楚的情况下,仍难以判断行为人的涉案行为与刑法条文的规定内容是否一致,从而导致法律无法对事实进行准确的评价,而这种"评价"的失灵既有可能造成有罪的人逃避法律制裁,也可能导致无罪的人遭受错误的刑事追究。

有鉴于此,为了全面、准确地认定案件事实,有效弥合事实与法律之间可能存在的"断裂",实现对法律的正确理解和适用,确保准确发挥法律对事实的评价功能,在论证事实与法律的逻辑关系时,辩护人应当善于运用辩证思维和经验法则,既要避免将片面的事实置于法律评价之下,更要防止机械、僵化地理解和适用法律。

为便于理解,我们通过两则案例进行说明。第一则案例的被告人为李某

某,指控罪名为故意伤害罪。第一则案例内容如下:

>一审判决认定事实及裁判理由:案发当晚,被告人李某某在某市新宾馆因琐事与高某发生争吵,后被在场的人拉开,被告人李某某在于某、赵某某的陪同下来到某市老浴池,后朱某、刘某某在高某指使授意下带领多人持械赶到老浴池附近,与被告人李某某发生殴斗,在殴斗过程中,被告人李某某持刀将林某某、朱某、刘某某捅伤。经鉴定:林某某系重伤,朱某系轻伤,刘某某系轻伤。
>
>关于被告人及辩护人认为被告人的行为不构成故意伤害罪系正当防卫的意见以及公诉机关认定被告人李某某构成故意伤害罪、系防卫过当的公诉意见。经查,被告人李某某曾供述:"高某打电话给我问我在哪儿,我说在老浴池门口,他说你等着找人干死你,我说来吧我等着。"且被告人李某某随身带着凶器,这表明李某某主观上具有斗殴的故意,给被害人林某某造成重伤害的结果,是属于转化型的犯罪,不存在正当防卫问题,对公诉机关认定被告人系防卫过当的公诉意见不予采纳,对被告人及辩护人认为其行为不构成故意伤害的意见不予采纳。
>
>法院认为,被告人李某某故意伤害他人身体,致一人重伤,二人轻伤,其行为已构成故意伤害罪。
>
>李某某的供述:"我和赵老三(即赵某某)、于某在老浴池门口站着,高某给我打电话问我在哪,我说在老浴池门口,他骂我,说让我在那等着,要干死我。我说来吧我等着。我撂下电话后,能有两三分钟,我就走到老浴池东面的胡同那儿了,刚到那儿,就从南面和北面各来了一伙人,都拿着刀,过来就砍我和于某,我当时背后挨了好几刀。"

在该案例中,法院基于被告人的表意行为,认定被告人具有与对方"相约斗殴"的犯罪故意,并据此排除了控辩双方关于"防卫过当"和"正当防卫"的意见。由此,法院对于被告人表意行为的认识是否准确,无疑是判断被告人是否具有犯罪故意、能否适用"防卫条款"的核心问题,对被告人的定罪量刑具有重大影响。

下面,笔者运用辩证思维和经验法则对上述问题进行分析论证。

如果我们孤立地看上诉人李某某的表意内容，则其在明知对方组织人员意欲与之殴斗的情况下，仍表示"来吧我等着"，无疑会给人留下其好勇斗狠且与对方相约斗殴的印象。但如前所述，辩证思维要求我们不能孤立、片面地看待问题，而应当以全面、发展的眼光，将相关事实、证据置于整个案件中进行考虑，穿透语言表达的表象，探究其表意内容的真实含义。

纵观全案，上诉人李某某的上述表意行为发生在老浴池门口，但与对方发生殴斗的地点却是老浴池东侧的胡同。究其原因，虽然李某某电话中告知对方自己要在老浴池门口等待对方组织的人员，但其在与对方结束通话后并未在原地等待，而是选择离开，所以才会在走入老浴池对面的胡同后与对方遭遇并发生打斗。

由此，李某某的表意内容与其客观行为并不一致，足见其实际上并没有与对方相约斗殴的故意，之所以发生殴斗完全是"避之不及"的无奈之举。与此同时，从经验法则的角度来看，在日常交流中，人们往往会作出心口不一的表达，本案中，李某某在遭遇对方谩骂、威胁的情况下，所表达的"来吧我等着"实际仅是逞口舌之快而已。

综合上述分析，一审判决对案件事实的认识失之片面，仅关注到李某某的表意内容，而忽略了其表意之后的具体行为，导致未能查明李某某内心的真实意思，从而错误地认为李某某具有"相约斗殴"的故意。因此，一审判决关于李某某犯故意伤害罪的认定与事实不符，不能成立。

接下来，我们再通过第二则案例来演示辩证思维和经验法则在弥合事实与法律的"断裂"上如何发挥作用。第二则案例的被告人汪某，指控的罪名为非法买卖武装部队专用标志罪。案例内容如下：

> 起诉书指控：经依法审查查明，2016年至今，被告人汪某伙同他人在某市某区蓝山口甲1号SZ户外装备店非法买卖带有武装部队专用标志的物品共计5700件，后被抓获。经比对，其中3720件物品上的图案均为军队专用标志。
>
> 本院认为，被告人汪某的行为触犯了《刑法》第375条之规定，应以买卖武装部队专用标志罪追究其刑事责任。

在该案例中，被告人因售卖带有武装部队专用标志的物品被指控犯买卖武装部队专用标志罪。无论是在庭前供述中，还是在当庭陈述时，被告人对上述指控事实均无异议。由此，在案件事实相对清楚的情况下，被告人的涉案行为是否构成该指控罪名则是辩护人亟待解决的问题。

下面，我们运用辩证思维和经验法则来对上述问题进行分析论证：

从事实层面上看，带有武装部队专用标志的物品和武装部队专用标志并不完全一致。本案中，这些涉案物品实际就是印有军队专用标志的保温杯。由此，就产生了本案究竟是卖杯子还是卖标志的疑问。

对此，我们运用辩证思维，结合矛盾的主要方面和次要方面的辩证关系来看，这些涉案物品首先是保温杯，其次才是印有武装部队标志的保温杯。并且，被告人也是将涉案物品作为纪念品和日用品予以公开出售，售价也与其他保温杯的价格相当。因此，被告人的涉案行为应当是卖杯子，而非卖标志。

那么，接下来的问题便是，对于买卖带有武装部队标志的杯子的行为，能否得出买卖武装部队专用标志罪的法律评价？对此，需要在探究立法本意的基础上，结合经验法则进行分析。

法律之所以将某类行为规定为犯罪，归根结底是因为该类行为具有严重的社会危害性（或曰法益侵害性）。由此，我们首先要搞清楚买卖武装部队专用标志行为的社会危害性体现在哪些方面？

经过查阅，我们注意到，在最高人民法院、最高人民检察院《关于办理妨害武装部队制式服装、车辆号牌管理秩序等刑事案件具体应用法律若干问题的解释》出台之后，最高人民检察院的几位检察官曾在《人民检察》上刊发文章阐释该司法解释的制定背景，其中提到："当前，妨害武装部队标志性物品管理秩序的犯罪活动十分猖獗，手法不断翻新，对国防利益和社会秩序造成严重危害。较为突出的是利用涉军用标志性物品进行各种诈骗活动、偷逃国家税款等。从查处的案件看，有的犯罪分子假冒武装部队重要部门如军以上领导机关、军事院校的工作人员招摇撞骗，为他人办理假入伍、假入学，严重损害军人形象；有的将假军车开进重要军事场所，造成恶劣社会影响和巨大安全隐患；还有一些犯罪分子利用国家为保障战备给予军车的特别政策,利用假军车进行逃税、逃避缴纳过路过桥费等违法犯罪活动,仅此一项每年就给国家造成约 10 亿元的巨大经济损失。"①

据此,买卖武装部队专用标志行为的社会危害性主要体现在该等买卖行为所引发的"次生危害"上,即武装部队专用标志借由买卖流入不法分子手中,成为他们实施诸如诈骗、偷逃国家税款、招摇撞骗等违法犯罪活动的手段和工具。

那么,本案中被告人汪某的涉案行为能否引发上述"次生危害"呢?结合经验法则来判断,答案显然是否定的。

如前所述,涉案物品首先是保温杯,其次才是印有武装标志的保温杯,且其使用价值也主要体现为日用品和纪念品。这种日用品的属性也意味着,与制式服装、军用车牌、肩章、臂章等军用物品相比,涉案物品不具有或者缺乏前述军用物品所特有的身份识别功能。结合社会生活经验,持有和使用印有武装标志的保温杯显然并不足以使社会公众对持有人和使用者的身份产生错误的认识,不会因某人使用此类水杯即将对方误认为是军人或者军官。

因此,被告人汪某的涉案行为应当不会引发买卖武装部队专用标志罪所可能造成的"次生危害",故其涉案行为不具有与该罪名对应的严重的社会危害性(或曰法益侵害性),不应以犯罪论处。

通过以上两则案例,我们可以看到,在论证事实与法律的逻辑关系时,适当、合理地运用辩证思维和经验法则既有助于我们对案件事实形成更为全面、客观的认识,也有助于我们更好地理解和适用法律,形成逻辑严谨且符合常识、常理的辩护意见,从而更好地实现说服裁判者、达成有效辩护的诉讼目标。

四、可视化:表格、流程图及图画

在研究辩护词写作时,我们除了关注逻辑、修辞等文字表达方面的注意事项外,还可以适当使用表格、流程图及图画等可视化工具来丰富辩护词的

---

① 陈国庆、韩耀元、宋丹:《〈关于办理妨害武装部队制式服装、车辆号牌管理秩序等刑事案件具体应用法律若干问题的解释〉理解与适用》,载《人民检察》2011 年第 18 期。

表现形式，从而实现表意清晰、节约篇幅、突出重点的表达效果。

根据笔者的经验，表格多用于呈现相关证据之间的内容差异，有助于对相关证据开展比对分析；流程图则往往用于呈现案件事实发展的步骤，是时间逻辑的平面化；图画则往往用于呈现特定空间，是空间信息的可视化。

下面，我们通过示例的方式，来呈现上述三类可视化工具在辩护词中的具体运用。

对于表格的运用，笔者借由承办的案件予以说明。本案被告人某甲，指控罪名为非法采矿罪。

起诉书指控：某年下半年，因某乙经营的石子厂缺少碎石原料，经被告人某甲同意，某公司在无采矿许可证的情况下，擅自在某省某县某村西沟5号山非法开采白云岩矿，交由某乙经营的石子厂加工石子销售。

案件事实的争议焦点：某甲作为某公司的法定代表人，明确表示其对该公司非法采矿的事实并不知情，更没有同意该公司实施非法采矿行为，但该公司原工作人员A、B、C、D四人的证言在不同程度上作出了对某甲的"指证"。

由此，A、B、C、D四人的证言能否相互印证，对于起诉书就"某甲同意某公司非法采矿"的指控能否成立无疑尤为重要。作为某甲的辩护人，笔者显然有必要以直观、清晰的方式在辩护词中呈现对上述四人证言的梳理、分析，以期实现理想的辩护效果。根据在案证据，笔者将A、B、C、D的证言内容及梳理情况以表格呈现出来（见表4-2）。

表4-2 4位证人A、B、C、D的证言对比

序号	证人	证言内容	简析
1	A	A称，石子厂的某乙问自己能不能爆破一些石料，自己带某乙去找研发部的B和C，因为爆破需要制定方案并报某甲同意，但研发部怎么请示的某甲A自己不清楚	A的证言前后矛盾，且无法得到某甲与B、C的印证
		A称，在某乙找到自己后，某甲让自己找C做的爆破设计，C的设计还要某甲批准，C怎么向某甲汇报的，A并不知道	

续表

序号	证人	证言内容	简析
2	B	B称，5号山实施爆破肯定是某甲要求的，至于某甲向谁提出的就不清楚了	B的证言只是个人主观推测且无法得到某甲的印证
3	C	C称，5号山的爆破是其领导B找某甲批准的，某甲同意了，但是没有签字，让B代签的	C的证言前后矛盾，且无法得到某甲和B的印证
		C称，是自己请示的某甲，某甲同意了，让其在备注里替他签字，其签的"某甲已同意"	
4	D	D称，下发图纸上应该有某甲的签字或B请示以后代某甲的签字，研发部B、C签字，下发工程部后A签字，工程部再给D自己	D的证言关于某甲签字同意或者B请示某甲后代签的说法只是他的推测，并且没有得到某甲和B的印证

如表4-2所示，虽然A、B、C、D在各自的证言中都不同程度提到了某甲，或直接"指证"某甲同意非法采矿，或间接"猜测"某甲可能同意了非法采矿，但这四人的证言内容不仅自相矛盾，而且彼此之间亦无法相互印证，无法共同证实一个唯一、确定的事实，因而不能作为起诉书指控某甲犯非法采矿罪的定案根据，起诉书该部分指控内容证据明显不够确实、充分，因而不能成立。

对于流程图的运用，笔者找到一个案例。通过前文所举的杨某被指控虚开增值税专用发票罪一案予以呈现说明。该案的指控事实及被告人的辩解详见前文介绍。

如前所述，在该案例中，围绕被告人杨某及A公司、T市个体拆解者及B、C、D三家公司的货物、资金、发票流转情况，起诉书和被告人杨某的辩解反映两个截然不同的事实，为了让审理法官能够更直观地看出两者的差异，我们可以尝试以流程图的方式对此呈现如下（见图4-1）。

说服：辩护词写作实务

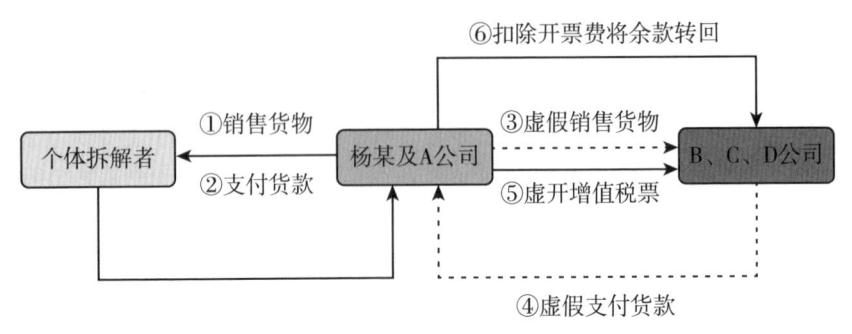

⑥扣除开票费将余款转回

①销售货物　　　　③虚假销售货物

个体拆解者　←　杨某及A公司　⇢　B、C、D公司

②支付货款　　　　⑤虚开增值税票

④虚假支付货款

（a）起诉书指控事实

⑥基于真实货物买卖开具增值税票

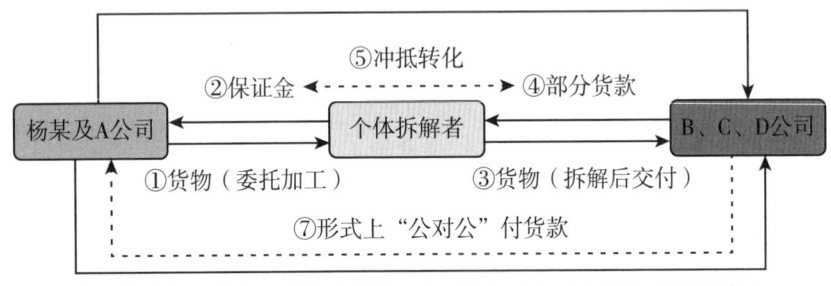

⑤冲抵转化

②保证金　←　　　←　④部分货款

杨某及A公司　　个体拆解者　　B、C、D公司

①货物（委托加工）　③货物（拆解后交付）

⑦形式上"公对公"付货款

⑧扣除货款尾款后，将剩余的形式上"公对公"付款以私人账户转回

（b）被告人辩解事实

图4-1　起诉书指控事实与被告人辩解事实的对比

如图4-1所示，我们以可视化的方式分别呈现了指控事实与辩方事实，不仅直观地展示出双方在事实主张上的争议，而且有助于辩护人针对流程图中的各个环节进行证据分析及事实论证，以确保将辩护意见以更清晰、直接的方式呈现给法庭。

对于图画的运用，笔者通过某甲交通肇事案予以呈现、说明，本案系笔者于二审阶段介入担任某甲的辩护人。案例具体如下：

一审判决认定事实：被告人某甲驾驶中型封闭货车，沿某县靖双线由北向南行驶至5千米+500米路段，遇有被害人某乙骑脚踏三轮车载其妻子被害人某丙由东向西过公路，两车发生碰撞交通事故，致被害人某丙当场死亡，被害人某乙受伤送医院后死亡，某县公安局交通警察大队作出事故认定，认定被告人某甲承担事故的主要责任。

被告人某甲辩解：其驾驶的中型厢式货车，当时车速65千米/小时，由北向南行驶，某甲对面有一辆轿车开着远光灯，某甲就打近光灯，会车用了8～10秒。对面车辆过去后某甲再改远光灯的时候，突然发现前面不到10米远有一辆脚踏三轮车，某甲就刹车并向左侧打方向盘，没让得了，碰到三轮车，三轮车上的两个人，一个老太（某丙）倒在某甲左后轮处，老头（某乙）倒在车子后边公路西侧边上。

定案证据（之一）侦查实验笔录：事故发生以后，某县公安局交通警察大队在事故发生地点进行侦查实验，事故发生地点北侧东西向乡村水泥路与靖双线平面交叉有一定坡度，80岁左右老年人骑脚踏三轮车后载一人从乡村水泥路骑行上不了公路，从公路边骑行到事故发生地，用时需一分多钟，50岁左右中年人骑脚踏三轮车带一人从乡村水泥路变道到事故发生地点一般需用时23～27秒，中年人用最快速度骑行也需要8秒左右；将脚踏三轮车置于事故碰撞地点，中型货车置于三轮车北侧35米位置，对面用一辆小型轿车开远光灯由南向北行驶时，中型货车开远光灯能看到三轮车，开近光灯不能看到三轮车。

一审判决据此认为：根据侦查实验结果，如果开远光灯可以看到被害人某乙的脚踏三轮车，开近光灯就看不到，而某甲陈述未看到三轮车，说明被告人某甲因当天行车时间及里程较长，以致疲劳驾驶可能造成反应迟钝，交替使用远近光灯操作不当。

如上例所示，本案系一起交通肇事案件。作为过失犯罪，交通肇事罪的成立要求被告人主观上具有疏忽大意或者过于自信的过失，故如果被告人存在驾驶操作不当的行为，则该行为将会被认定为驾驶人具有主观过失的事实根据。本案中，一审法院根据侦查实验笔录，认为被告人在案发当时交替使用远近光灯操作不当，即被告人在会车时先开近光灯后开远光灯的操作不当，如果被告人按照侦查实验所示，先开远光灯后开近光灯就可以提前看到事故碰撞地点的三轮车，故其该操作不当的行为表明其主观上具有过失。

侦查实验能否对案件事实起到证明作用，关键在于侦查实验是否还原了案发当时的真实情况，否则，所谓的实验结论就会与案件事实缺乏关联，更不能成为定案及裁判的根据，而本案的侦查实验便存在这样的问题。

鉴于案件事实及侦查实验均涉及三方物体，即被告人驾驶的中型封闭货车、被害人驾驶的三轮车，以及与被告人会车的轿车。不仅如此，三方物体分别呈由北至南、由南至北、由东向西三种不同的行驶方向。由此，为了直观呈现侦查实验现场和案发现场的差异，画图无疑是最便捷的途径（见图4-2）。

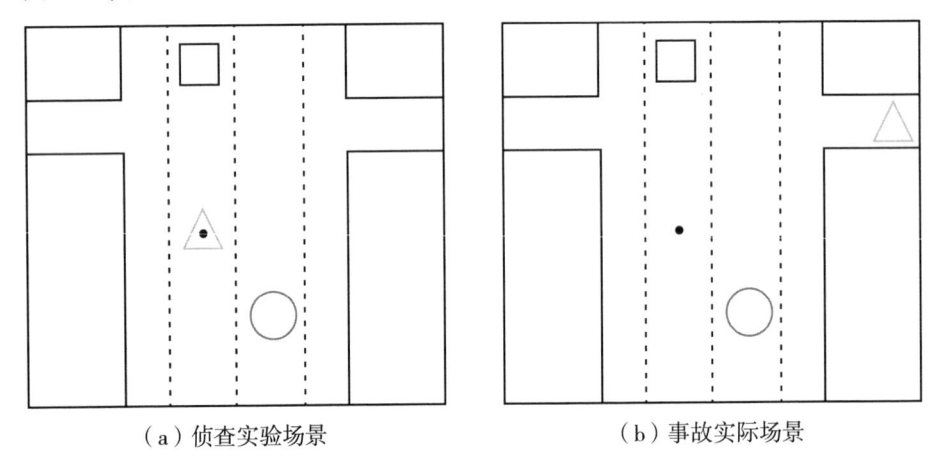

（a）侦查实验场景　　　　　　（b）事故实际场景

图4-2　本案的侦查实验场景和事故实际场景

注：△为脚踏三轮车，□为某甲驾驶车辆，○为对面会车的轿车，●为侦查实验中放置脚踏三轮车的位置，方位为：上北、下南、左西、右东。

如图4-2所示，在进行侦查实验时，公安机关放置脚踏车的位置与案件事实不符。本案中，被告人明确供述，其是在与对面轿车会车后才看到的脚踏车，并且，一审判决亦认定被害人某乙当时系骑脚踏车自东向西过马路，即脚踏车处于运动状态之中。

由此，如果事实像侦查实验的结果一样，在被告人的车辆与轿车会车前脚踏车就已经位于事故碰撞地点，这意味着被告人的车辆在看到对面轿车及与对方轿车会车这个时间段（8~10秒）内，被害人的脚踏车停留在事故碰撞地点一动不动，一直在等待被告人驾车来撞。可见，侦查实验所呈现的场景既不符合事实，也不符合情理。

综上，事实应当是在被告人与对面轿车会车之前，事故碰撞点并没有出现脚踏车,在这种情况下,无论被告人如何操作远近光灯,都不可能看到该位置上本就不存在的脚踏车,更不存在所谓的"使用远近光灯"操作不当。因此,一审判决根据该侦查实验认定被告人在案发时具有过失显然不能成立。

通过上述三则示例,我们可以看到可视化工具在证据呈现、事实呈现及场景呈现上的特点和优势。由此,我们在撰写辩护词时,可以在兼顾文本的逻辑和修辞的同时,在辩护词中适当引入可视化工具,从而丰富辩护观点的表达方式,提高表达效率,进而实现说服裁判者、达成有效辩护的诉讼目标。

结语

以上就是笔者结合 10 余年的刑辩工作经验,针对辩护词撰写中的一些共性问题所进行的积极探索。不求面面俱到,但求掷地有声,希望笔者的经验和心得能为广大同行和刑辩爱好者们提供些许参考和帮助。

第25讲

辩护词与其他法律意见书的写作

◇徐 莹[*]

法律意见书的写作，在律师办理刑事业务流程中具有极其重要的作用。律师和办案机关的沟通，无外乎两种形式：口头和书面。必要的口头沟通不可或缺，有助于双方的及时交流，具有灵活性，起到书面材料不可替代的作用。但是，口头沟通也有局限性，口头沟通难以全面表达，无法留痕形成案卷材料。书面意见有助于律师向办案机关全面阐述观点，明确表达意见，成为卷宗材料的一部分被留存。

书面意见主要可分为辩护词和辩护词以外的其他法律意见书。

第一部分 辩护词写作

辩护词是诉讼活动中最重要的书面法律意见书。辩护词写作，考验的不仅是律师的文字写作能力，更重要的是，它要求律师具有严谨的逻辑思维能力，清晰简洁的表达能力，条条入理的证据分析能力，扎实的理论能力，甚至是打动人心的共情能力。律师要通过具有说服力的辩护词，向裁判者陈述自己的主张，反驳控方的主张和依据、法律适用，进行有理有据的辩护，最终让裁判者采纳自己的观点，达到说服的目标。可以说，辩护词写作既是一门技术，也是一门艺术，是青年律师需要磨炼的刑辩技能之一。

---

* 徐莹，京都律师事务所高级合伙人、管委会委员，全国律协青年律师领军人才，司法部专家委员会委员，全国律师行业先进个人，美国国务院国际访问者领导项目成员。

一、辩护词的分类

在刑事诉讼程序中，提到辩护词，人们普遍认为是法庭审理阶段辩护律师向法庭提交的主张被告人无罪、罪轻或者应当减轻、免除刑事责任的书面辩护意见。笔者认为，这是一种相对狭义的对辩护词的理解，辩护词从其写作主体、提交阶段、内容等多个维度，可以具体划分为多个种类，每一种类型的辩护词，都有其不同的任务、目标和表达方式。本文主要研究的是法庭审理阶段辩护律师提交的书面辩护词，但是对于辩护词的分类我们仍然应该有所了解。

（一）根据辩护词发表的不同阶段，可以区分为侦查阶段的辩护词、审查起诉阶段的辩护词、审判阶段的辩护词

有观点认为，律师在整个诉讼程序中向办案机关提交的发表辩护观点的律师意见均可被视为辩护词，虽然在实践中，律师在侦查阶段、审查起诉阶段提交的律师意见，在标题上不直接写"某某案辩护词"，但是，其内容实质上亦属于辩护词。律师提交辩护意见的依据，在我国《刑事诉讼法》和中华全国律师协会《律师办理刑事案件规范》中有明确规定。《刑事诉讼法》第161条规定："在案件侦查终结前，辩护律师提出要求的，侦查机关应当听取辩护律师的意见，并记录在案。辩护律师提出书面意见的，应当附卷。"第173条第1款规定："人民检察院审查案件，应当讯问犯罪嫌疑人，听取辩护人或者值班律师、被害人及其诉讼代理人的意见，并记录在案。辩护人或者值班律师、被害人及其诉讼代理人提出书面意见的，应当附卷。"第251条第1款规定："最高人民法院复核死刑案件，应当讯问被告人，辩护律师提出要求的，应当听取辩护律师的意见。"中华全国律师协会《律师办理刑事案件规范》第65条规定："侦查期间，辩护律师收集到有关犯罪嫌疑人不在犯罪现场、未达到刑事责任年龄、属于依法不负刑事责任的精神病人的证据材料时，应当及时向侦查机关提出无罪或不予追究刑事责任的辩护意见，并同时要求侦查机关释放犯罪嫌疑人或对其变更强制措施。"第66条第1款规定："在案件侦查期间和侦查终结前，辩护律师向侦查机关就实体和程序问题提出辩护意见的，可以口头或书面的方式提出。"第72条第1款规定："审查

起诉期间，辩护律师可以从程序、实体等方面向检察机关提出口头或书面辩护意见。"根据相关规定，除了审判阶段必须提交书面辩护词外，其他阶段的辩护词既可以通过书面方式提交，也可以通过口头方式提交。

（二）根据辩护词发表主体的不同，可以分为被告人发表的辩护词、律师发表的辩护词以及其他辩护人发表的辩护词

被告人在法庭辩论阶段自行发表的辩护意见，也可以形成书面的辩护词提交法庭。被告人一般为不具有专业法律知识的人，其自行书写的辩护词，在内容上主要是针对指控事实的自我辩解。《刑事诉讼法》规定，除了律师之外，人民团体或者犯罪嫌疑人、被告人所在单位推荐的人以及犯罪嫌疑人、被告人的监护人、亲友可以接受委托，作为辩护人，基于辩护人身份，他们也可以向法庭提交辩护词；律师作为辩护人，应当向法庭提交辩护词。律师作为专业法律人士，其辩护词相较于前两类，不仅内容上更为全面，在法律分析上也更为专业。

（三）根据不同的法庭审理阶段，辩护词可以区分为一审辩护词、二审辩护词和死刑复核阶段的辩护词

一审辩护词，顾名思义是指辩护人在一审阶段向法庭提交的辩护词，其内容主要是针对公诉机关指控事实是否成立、证据是否确实充分、适用法律是否正确等方面发表的辩护观点。二审辩护词是辩护人在二审审理过程中向二审法院提交的辩护词，内容主要是针对一审判决认定的事实和证据以及法律适用、程序等问题提出的辩护观点，说服合议庭对一审判决进行改判或者发回重审。死刑复核阶段的辩护词，是指针对被告人被判处死刑的案件，在死刑复核程序中向最高人民法院提交的辩护词，死刑复核阶段的辩护词主要侧重提出被告人不应适用死刑的事实和理由，说服最高人民法院作出不核准死刑的裁判。随着最高人民法院、司法部《关于为死刑复核案件被告人依法提供法律援助的规定（试行）》的实施，死刑复核案件被告人申请法律援助的，应当通知司法部法律援助中心指派律师为其提供辩护。今后，会有越来越多的律师介入死刑复核案件中。死刑案件，涉及人的生死，但死刑复核均为书面审查，因此，高质量的死刑复核阶段的辩护词尤为重要。

（四）根据辩护词主要辩护观点的不同，可以分为无罪辩护词、轻罪辩护词和量刑辩护词

无罪辩护词，即辩护观点为主张被告人不构成犯罪的辩护词，无罪辩护词根据主张无罪的具体理由，又可进一步区分为事实不清、证据不足不构成犯罪的无罪辩护词，和不符合犯罪构成要件、指控犯罪不能成立的无罪辩护词。轻罪辩护词，即辩护观点认为被告人的行为构成犯罪，但从刑法犯罪构成角度分析，不构成指控的罪名，而构成其他较轻罪名的辩护词。量刑辩护词，即辩护观点对于指控的犯罪事实和罪名没有异议，但认为被告人存在法定和酌定的量刑情节，可以依法从轻、减轻或免除处罚的辩护词。因为我国并没有明确区分定罪程序和量刑程序，在实践中，在一份辩护词中经常会同时存在无罪辩护、量刑辩护和轻罪辩护。有些观点认为多种辩护观点存在于同一份辩护词中，相互矛盾，是不可以的，但在我国目前的司法环境中，如果仅作无罪辩护而放弃量刑辩护，或者仅作量刑辩护而放弃无罪辩护，都会让辩护丧失完整性，而可能导致被告人的权益受损，大部分的司法机关也认可律师在作无罪辩护的同时，退一步作出量刑辩护。

此外，实践中，有观点从案件类型不同的角度，将辩护词区分为民事案件辩护词和刑事案件辩护词。笔者认为，在民事案件中，律师的身份是代理人，而并非辩护人，原告、被告之间是平等的民事法律主体关系，发表的律师观点应称之为"代理词"更为妥当，辩护词应当专指在刑事诉讼程序中被告人或辩护人发表的辩护意见。

二、辩护词的特点

笔者认为，辩护词主要具有以下几种特点。

（一）辩护词是一种说理性文章，在文体上属于议论文

众所周知，文章的四大类型为记叙文、散文、说明文、议论文（又叫说理文，是一种剖析事物、论述事理、发表意见、提出主张的文体）。辩护词从其内容上看，要求有明确的观点主张，要对自己主张的观点进行事实和证据上的阐述，要对对方的观点主张进行驳斥，性质上属于议论文。辩护词应当符合议论文的一般特点,即观点明确、论据充分、语言精练、论证合理、有严密的逻辑性。

(二) 辩护词是律师辩护观点呈现的载体

辩护观点的表达贯穿于刑事诉讼的全过程。律师辩护观点的呈现,一般通过两种载体,一是语言载体,二是文字载体,通俗而言,即书面和口头两种形式。语言载体和文字载体既有差异也有共通性,语言表达要求律师具有较高的口头表达技巧,文字表达要求律师具有较强的文字写作能力,同时,两者要求律师具有严谨的逻辑思维能力、论证能力等,语言和文字各自在诉讼程序中的不同的阶段以不同的形式表达律师的辩护观点。

(三) 辩护词具有强烈的目的性

辩护词的主要目的是说服,说服对象不言而喻是裁判者,道理显而易见,只有裁判者才有权作出对被告人最终的判定。但是,很多律师对此存在认识误区,将辩护词视为一种完全自我的表达。这种认识误区在法庭辩论阶段体现得尤为明显,有些律师在法庭辩论中,完全在自我表现。曾经有一个律师开庭,几乎完全脱离法律的框架,将旁听人员作为他的演讲对象,慷慨激昂,说到激动之处,站起来将外套一脱,甩在地上。这种辩护虽然旁听人员听得很过瘾,像看电影一样,但是庭上的法官、检察官、其他律师显然都很反感,只是自我表演,根本起不到辩护想要达到的目的,甚至会有反作用。书面辩护词的表达也可能发生类似情况。如果辩护词写得华而不实,天马行空,像小说一样精彩,但是缺乏实际的论点论据,是不可能达到说服裁判者的效果的。认识到辩护词的这个特点,明确辩护词的终极目的,站在裁判者的角度去构思辩护词,写作辩护词,才能够写出更具说服力的辩护词。

(四) 辩护词的内容具有明确的针对性

辩护词是辩护观点的文字表达,而辩护观点是针对指控事实、证据和罪名的辩驳,因此,辩护词的内容必然具有具体的针对性。在表达上,我们在辩护词中通常可以看到如下表述:"起诉书指控被告人王某某于×××年××月××日在××地送给张某某现金××元,该事实认定不清,证据不足。具体理由如下……"这其实就是辩护词之针对性最为典型的体现,主要是围绕着指控或一审判决认定的具体事实、证据、法律适用等提出辩方主张和辩驳的观点。

三、辩护词的功能

辩护词的功能，也可理解为辩护词所起到的作用，主要表现在以下几个方面。

（一）信息传输功能

辩护词是律师将辩护观点传输给裁判者的工具，律师在诉讼活动中，通过阅卷、会见、调查取证等方式，形成自己对案件的辩护观点。但是，若要让律师的观点传递给裁判者，就需要借助辩护词的信息传输功能，让裁判者接收到律师的观点和依据，达到辩护的目的。辩护词的信息传输功能，要求律师传递给裁判者的信息明确、准确、正确，如此才能保证信息传输的有效性。

（二）情感表达功能

什维策尔曾说过："马克思主义哲学认为语言有两个基本功能：交际功能或交往功能和情感表达功能或思想表达功能，两者是一个辩证的统一体。"[①] 文字和语言在此具有很大的相似性，也具备情感表达功能。情感表达功能的使用，是为了使辩护观点更具有说服力，能够引起裁判者的共情并认同辩方观点。同样，在控方发表的公诉意见中，我们常常能够看见控方利用文字的情感传达功能。较为典型的是张扣扣故意杀人案中控辩双方的公诉意见和辩护词都使用了文字的情感功能。比如，在公诉意见书中，公诉人运用了很多表达强烈情感的文字。而在律师辩护词中，律师更是几乎全文以浓墨重彩的情感表达进行辩护。

（三）影响功能

影响功能，是指通过辩护词的信息传递功能和情感表达功能，达到对裁判者的影响，使裁判者作出对被告人有利裁判结果。

---

① ［苏］什维策尔：《现代社会语言学》，卫志强译，北京大学出版社1987年版。

（四）人际功能

综观辩护词的表达，实质上是辩护人和裁判者之间的人际互动，对于辩护词写作的研究，目的也是如何更好地将其信息功能、情感功能、影响功能发挥出来，最终实现其人际功能的有效性。

四、书面辩护词与辩护人当庭发表辩护意见的区别

书面辩护词不同于在法庭辩论中辩护人当庭发表的辩护意见。法庭辩论是在庭审程序中，在法庭辩论阶段各方诉讼参与人基于法庭调查和举证质证后，针对案件的事实和证据情况展开的当庭口头辩论。辩护词是一种法律意见书，是辩护律师在诉讼过程中根据事实和法律所提出的有利于被告人的，并向法庭提交的书面的辩护意见，辩护人通常在庭后向法庭提交书面的辩护词。

实践中，存在一种混淆，将辩护词等同于辩护人当庭发表的辩护意见。辩护人在法庭辩论阶段，拿出事先写好的书面辩护词进行宣读，将法庭辩论变成宣读书面辩护词。例如，《律师辩护词的修辞功能初探》一文认为："律师辩护词是辩护人在参与刑事诉讼的活动时，按照法律程序，为履行其职责以维护被告人的合法权益而向法庭发表的演说词。辩护词一般是由律师在法庭辩论之前撰写，并在法庭上当庭读出。"[①] 这种混淆亟须厘清。

（一）两者的表现形式不一，对于律师的辩护技巧要求也不完全一致

辩护人当庭发表辩护意见注重演讲的效果，是一种语言表达，对于临场的口头语言表达、语气、语态、语速，甚至身体姿态、手势都有一定要求，为了有助于听众的信息接收，语言既要具有专业性，又要具有通俗性。当庭发表辩护意见可以打破常规，避免公式化。"它必须像躲避瘟疫一样地逃避千篇一律的陈词滥调——公式化是法庭演说的一大禁忌。词语的翻新更迭、修辞手段的千变万化、语序的转化改变以及寓言典故的运用，永远都是激起听众兴趣、获得有利裁决所不可缺少的语言手段。"[②]

[①] 姜同玲：《律师辩护词的修辞功能初探》，载《广东外语外贸大学学报》2002年第3期。
[②] 林正主编：《雄辩之美》，郑欢等编译，新华出版社2000年版，第7页。

书面辩护词写作是辩护人当庭辩护意见的延续，但又不同于法庭辩论，它是辩护观点的文字表达，技巧上侧重于文字写作。书面辩护词写作具有一定的结构，虽然根据具体案件情况的不同，书面辩护词的写作也会各具特点，但在基本结构上不会有突破，一篇辩护词绝不会以散文、诗歌或记叙文的形态出现。

（二）两者的内容不完全一致

辩护人当庭发表的辩护意见绝不是，也不能是对于书面辩护词的照本宣科。首先，由于受庭审时间的限制，法官往往要求律师对于在法庭调查阶段已经涉及的辩护观点点到为止，不要长篇累牍。特别是在一些多被告的案件中，对于排名较后的辩护人，法官还会要求辩护人对于前面律师已经涉及的辩护观点不再重复，因此，在法庭上由于受限于庭审时间，律师有时不能对辩护理由进行全面充分的阐述，而只能表达观点。其次，在法庭上，虽然辩护意见的发表主要是为了说服法官，但是庭审的旁听人员不仅限于法官，还有检察官、被告人、其他旁听人员，辩护律师在发表辩护观点的时候也要考虑到其他人员，语言既要专业，也要具有通俗性。最后，法庭辩论是一种当庭演讲，要考虑到法官的接受程度，虽然同为法律人，但如果涉及理论性较强的法律适用问题，在短短的法庭辩论中，通过语言表达即使完全论证清楚，说服听众的难度也比较大。相较之下，书面辩护词具有当庭发表辩护意见不可替代的优势，它不受字数、长度的限制，可以完整、全面、系统地表达律师的辩护意见。

（三）充分认识书面辩护词的重要性

有一种观点认为，辩护人当庭发表的辩护意见慷慨激昂、针锋相对、振奋人心，足以对合议庭产生影响，书面辩护词只是形式，把观点提到就可以了，并不重要。这种观点值得商榷。书面辩护词和当庭发表的辩护意见都非常重要，特别在我国当下的实践中，书面辩护词发挥着其不可替代的重要作用，原因如下：

1. 如上所述，书面辩护词相较于当庭发表的辩护意见在内容上更为完整、全面、系统，论证更为充分。

2. 书面辩护词应当定稿于法庭庭审之后，通过庭审程序，辩护律师对于法庭关注的争议焦点问题有了明确的了解，在书面辩护词中可以针对法庭关注的焦点问题作出重点论证。

一般而言，在开庭之前，律师会对案件争议焦点问题进行预判，并有所准备。但是，庭审情况并不可能完全被预判，检察官极有可能会当庭提出律师缺乏准备的观点，律师也有可能发现自己对于法官关注的争议焦点问题在庭前缺乏充分准备。经验丰富的律师能够当庭作出回应，年轻律师因为庭审的紧张氛围，未能及时予以回应或回应不充分的情况时有发生，这种种情况，都需要用庭后提交的书面辩护词补救。

关于书面辩护词的形成时间，实践中也存在不同主张。有的律师主张庭前要形成书面辩护词，有的主张庭前绝不能形成书面辩护词，最多只能形成辩护提纲。笔者认为，这是个人习惯问题，有些律师习惯在书面辩护词的写作过程中完善自己的辩护思路，而有的律师恰恰相反，认为写好的辩护词会限制自己的思维。个人习惯没有对错之分，但无论庭前是否形成书面辩护词，有两个原则问题应该把握：第一，当庭不能宣读书面辩护词，读稿子和演讲是完全不同的两种效果，照本宣科地宣读书面辩护词，会大大影响庭审效果，也会影响律师对庭审突发情况的灵活应对。第二，书面辩护词的定稿一定要庭后形成，无论庭前有没有书面辩护词，在庭后都应当针对庭审情况，对辩护词进行整理补充和完善，形成最终的定稿。

3. 书面辩护词的重要性是由我国的庭审实际所决定的。

在英美法系国家，律师当庭发表辩护意见，由普通民众组成的陪审团进行合议，作出有罪还是无罪的事实判定，如果认定有罪，法官进行量刑裁判，因此，辩护律师当庭对陪审团的演讲说服十分重要。而中国的庭审，一般不会当庭作出裁判，重大疑难复杂案件，几乎不会当庭宣判，合议庭往往庭后合议再作出判决。诚然，律师当庭发表的辩护意见会在庭审当时对法官产生影响，但是往往合议时或者向审判委员会汇报案件时，已经是开庭后一段时间，法官对于开庭时的辩护内容的印象随着时间推移会慢慢模糊，此时，法官通常会拿起律师的书面辩护词细细研判，特别是在撰写判决书时，需要对主要辩护观点进行回应，书面辩护词的重要性不言而喻。

五、审判阶段辩护词与其他辩护意见的区别

前面在辩护词的分类中，说到《刑事诉讼法》和《律师办理刑事案件规范》规定了律师在侦查、审查起诉、审判阶段均可以向办案机关提出辩护意见，如审查逮捕期间提交的不批准逮捕的律师意见，审查起诉阶段提交的建议作出不起诉决定的律师意见等，虽然都是律师的辩护意见，由于其所处阶段不同，与审判阶段的辩护词存在明显的区别。了解其区别，清晰认定其在每个阶段的目标和作用，对于有的放矢地写好辩护意见具有很重要的意义。

第一，其他辩护意见一般特指侦查阶段、批捕阶段、审查起诉阶段律师向办案机关提交的书面辩护意见。辩护词则为审判阶段，辩护人向法庭提交的书面辩护意见。

第二，其他辩护意见反映了律师对案件阶段性的认识，具有自身局限性。如律师在侦查阶段提交的辩护意见，由于侦查阶段还未能查阅卷宗，提交的辩护意见只能基于会见当事人及通过律师的调查工作了解到的案件情况，不一定客观全面，到审查起诉阶段查阅全部案卷材料之后，辩护观点往往会发生调整和变化。

第三，其他辩护意见内容的不全面性。这种不全面性可能是因为对案件证据材料掌握得不完整，也可能是因为对辩护策略的整体考量，不希望在侦查或审查起诉阶段全面暴露律师的辩护观点，被办案机关有针对性地进行补充侦查。但是，在辩护词中，则要求律师发表辩护意见要全面、完整，供法庭全面参考。

第四，其他辩护意见往往具有特定的目标指向。如提请批准逮捕阶段的辩护意见，目标一般是说服检察官犯罪嫌疑人不符合逮捕条件，建议作出不予批准逮捕决定；在审查起诉阶段的律师意见，目标一般是说服检察官作出不起诉决定。

第五，其他辩护意见既可以以书面形式提出，也可以以口头方式提出，辩护词应当以书面方式提交。

六、辩护词的结构

辩护词作为一种法律意见书，有其相对固定的结构模式，虽然内容上各有千秋，但大体结构可以分为三大板块：序言、正文、结尾。

（一）序言

序言是辩护词的开头部分，一般包括对辩护人身份合法性的说明、辩护人为开庭所做的准备工作或为形成辩护意见所做的准备工作、辩护人对于起诉书指控事实的基本辩护意见，二审中则主要是对于一审判决的意见。有时在序言中，辩护人也会对案件做一些综合评价，或表达对于被害人的慰问等，但无论表达何种观点，序言部分的文字表达要求是高度概括，简明扼要。下面以三篇辩护词的序言为例来说明这个问题：

例1：受被告人郑某某亲属委托，北京市××律师事务所××律师担任被控受贿罪、利用影响力受贿罪被告人郑某某的辩护人，庭前我们多次会见了被告人，查阅了全部案卷材料；审查起诉阶段，我们与检察机关进行了多次充分沟通，辩护意见得到了办案机关的重视和部分采纳；审判阶段我们也参加了合议庭主持召开的庭前会议，对案件事实有了全面充分的了解。

辩护人对于公诉人指控的证据基本没有异议，接下来，辩护人将在控方指控证据和事实的基础上，从法律适用是否准确以及是否达到证据证明标准两个方面提出以下辩护意见，与公诉人商榷，供合议庭参考。

例2：我接受本案被告人郑某某委托，受北京市××律师事务所的指派，担任本案被告人的辩护人，出庭参加诉讼。经过查阅案卷，调查访问和庭审调查，现提出辩护意见如下：

辩护人认为，本案被告人刺伤侵害者致死的行为属于正当防卫。由于涉及正当防卫的案件比较复杂，而且社会意义重大，所以辩护人诚恳地希望控辩双方能够在查清事实的基础上，深入分析正当防卫的条件和正当防卫的社会意义，正确理解我国刑法关于正当防卫的立法精神，努力排除我国长期以来以后果论责任的客观归罪的传统观念的干扰，从维护社会治安的大局和加强国家法治建设的高度上,紧密结合正当防卫的法定条件,去审查、认定本案的基本性质,只有这样,才能求得本案的公正判决并收到积极的法治宣传效果。下面,辩护人本着这一原则阐述具体辩护理由。①

例3:我们受本案被告人崔某某的委托,承担法律援助义务,担任崔某某的辩护人。在发表辩护词之前,请允许我们对受害人李某某的不幸遇难表示哀悼。无论现行的城市管理制度是多么的不近情理,李某某都不应该为此付出生命的代价。如果李某某的家属今天在场,也请您们能够接受我们作为辩方律师的诚恳致意。

从这三篇辩护词的序言部分,可以看出来,三篇辩护词的开篇都具备了辩护词序言的基本要素,介绍了辩护权的来源,表明辩护身份具有合法性,并综合性地概括了对于本案的辩护意见。在例2中,辩护人开篇即指出准确认定正当防卫的重要社会意义,拔高全文立意,提高了整篇辩护词的力度。在例3中,辩护人对于被害人家属表示了慰问,言辞真诚恳切,有效地缓和了双方的剑拔弩张之势,建立一个平缓理智的氛围。

可见,辩护词的序言有其固定要素,但并非一成不变。根据语言学家的研究,语言的开头和结尾是最重要的。在辩护词中,开头部分即序言部分,其制作质量的好坏直接影响辩护的劝说目的。一篇辩护词如果有一个好的序言作为开场白,往往就能一下子抓住听众的注意力,引导听众尽快进入辩护人的思路。因此,在序言部分,辩护人可以根据不同案件的性质、不同的场合,巧妙地穿插一定内容,使规范性开头语在结构上适度变化,从而实现辩护的劝说目的。②

可以探讨的一个问题是,辩护人是接受委托担任辩护人?还是接受律所指派担任辩护人?我们常常看到辩护词这样表述:"接受犯罪嫌疑人/被告人委托,受××律所指派担任辩护人。"笔者认为,辩护人是因为接受犯罪嫌疑人或被告人委托方才享有辩护权,其辩护权的来源是犯罪嫌疑人或被告人,

---

① 参见田文昌:《中国名律师辩护词代理词精选:田文昌专辑》,法律出版社2008年版,第99页。
② 参见张清:《艺术性语言在辩护词中的体现》,载《政法论坛》2013年第2期。

律师事务所只是律师执业的平台，只负责为律师出具相关手续，因此，律师之所以成为辩护人，是基于当事人的委托，而非基于律所的指派，在辩护权合法性的表述上，也不宜表述为受律所指派担任辩护人。

（二）正文

正文是辩护词的核心部分，律师要对辩护意见和事实进行全面、系统的阐述。

正文部分的写作，因案而异、因人而异，没有一个统一的模式和标准，但是存在一些共性的要求。

1. 内容全面，重点突出

内容全面，是指辩护词的论点全面，论据充实，不能遗漏需要坚持和强调的主要观点，更不能留给对方易于攻破的契机。在一个案件中，会涉及定罪与量刑的一系列问题，凡是存有争议需要反驳的内容，都必须在辩护词中充分体现而不可有任何疏漏。因为在控辩博弈的过程中，攻其一点不及其余的做法时有发生，一旦在观点上有所疏漏，就会陷于被动。

重点突出，是在全面系统表述辩护观点的基础上对关键问题要有所侧重，不能平铺直叙、面面俱到地论述所有问题。如果辩护词过于烦琐而没有侧重点，就会使一些重要的观点和理由淹没在无关紧要的内容之中，甚至会喧宾夺主，误导法庭。

2. 观点明确，针锋相对

观点明确，就是指要先亮明观点。例如，在黄某某被控非法经营等罪案中，针对被告人被指控非法经营罪，辩护人在辩护词中明确两个观点：

一、关于非法经营罪

（一）黄某某没有实施换汇行为

（此处为具体论述）

（二）即使黄某某明知场外换汇也不构成本罪

（此处为具体论述）

可以看到，针对指控的非法经营罪，辩护观点十分明确，法官只要看到每一段落的标题，就可明确了解辩护词下面将要论述的观点。实践中，有的辩护词长篇大论，但却缺乏明确主题，让法官自己去总结，属于典型的观点不明确，往往说到最后，法官还没有明白辩护人想要表达的观点到底是什么。

针锋相对，就是指辩护意见必须针对控方的指控内容，不能无的放矢。还是以黄某某案件律师的辩护词为例，针对性十分明确：

> 公诉人认为，赌场是以港币结算的，收到港币并以港币核销之后才算收到了赌债，进而认为黄某某支付人民币不算是完成还债，意在说明钱庄是在帮黄某某换汇。公诉人的这一理解显然不能成立。赌场最终以什么币种核销与什么时候算还了债，这完全是不同的两回事。赌场同意黄某某以人民币还债，那么赌场收了黄某某的人民币当然就算黄某某还了债，不用说赌场以港币核销，赌场就是不核销，黄某某也是还了债。
>
> 公诉人又认为，黄某某知道赌场从中加收了手续费，并且承担了这部分的换汇成本，因此是黄某某在换汇。这一观点更不能成立。赌场通常情况下是接受港币，现在黄某某以人民币还债，赌场就需要将人民币换成港币，而换汇是需要人力、需要成本的，这部分成本的支出是黄某某造成的，因此理应由黄某某承担。赌场换汇，黄某某多拿些手续费，天经地义。换汇的成本不必然由换汇的人承担，承担成本的人也不必然就是换汇的人。谁承担成本谁就是换汇人，这样的逻辑是错误的。
>
> 公诉人还认为，地下钱庄工作人员郑某某换汇接单工作的笔记本上写有伍某某的名字，因此换汇的主体是伍某某，伍某某是黄某某的代理人，因此是黄某某换汇。我们的认识是：伍某某的笔记本上并没有写明是伍某某换汇，她只是在记下收到了多少人民币的同时记下了伍某某的名字，这一记载只表明郑某某收到了伍某某的人民币及数额，不代表其他任何意思，更不代表伍某某在换汇。

这样的辩护词，对公诉人的指控一一回应，运用段落排比，条理清晰，读起来具有很强的说服力。

3. 主题清晰，贯彻始终

所谓主题，就是为了支持立论观点而展开论证的内容主线。在论证过程中，无论如何旁征博引，都不能偏离这条主线。有时候，出于反驳对方观点的需要，可能会超越主题而引申出一些新的论点或涉及一些相关联的其他内容。但是，最后还是要回到主题上来，不能出现"下笔千言，离题万里"的"跑偏"现象。这就是所谓的万"辩"不离其宗。

4. 分析证据，辨析法理

辩护词的根基是证据和法律，其他内容都只能起到辅助和补强的作用。

分析证据，主要是指反驳控方证据，辩护词以反驳控方证据为己任。在现代诉讼理念中，证据真实已经被视为认定事实的法定标准。所谓"以事实为依据"，在法律层面上也就是以证据为依据。控辩双方的博弈始终都是围绕证据而展开，都是一场关于证据的论争。所以，用尽可能充分的理由反驳控方证据是辩护词的第一要务。

辨析法理，是指对于证据认定和案件定性的法理分析。具体包括以下两个方面的内容：一方面，是充分阐述法律依据，即有针对性地找出相关的立法和法律解释的具体规定，依照这些规定提出对控方证据和案件定罪量刑观点的反驳意见。另一方面，是深入阐述法理依据，即从立法原意、学理解释的角度，寻求对法律条文的正确解读。

5. 逻辑严谨，层次分明

逻辑是辩护词的灵魂，没有逻辑，辩护词就没有生命力，更不可能有雄辩的说服力。鼓动人心，文采飞扬，固然可以为辩护词添彩，却不能形成辩护词特有的内在动力。实践中，有的辩护词文采很好，读起来也很顺畅，但就是缺乏雄辩的力量，既看不出反驳对方的充分理由，也缺乏坚守己见的力度。究其原因，就是缺少逻辑的力量。

在辩护词中，逻辑的作用无处不在，贯穿始终。以下几点尤为重要：

第一，观点要贯穿一致，不能相互冲突。

一个复杂案件，争议焦点不止一处，如果是数罪的案件，争议更多。辩护词中的辩护观点，要前后统一，贯彻始终，在争辩任何问题时都必须遵循同一理念和同一原则，要对自己的观点能够自圆其说，避免被对方抓到自相矛盾之处，用你自己的漏洞来攻击你，使自己陷入尴尬和被动。

第二，内容要层次分明，不能模糊不清。

辩护词的目的是反驳对方，所以内容必须要层次分明，不能逻辑混乱、含糊不清。辩护词的内容就好比一批配置好的基础材料，若组合得当，就会搭建成宏伟的建筑；若组合失当，就会大大降低其利用价值；而如果将其杂乱无章地随意堆放，就只能是一堆等待加工的材料而已。所以，辩护词逻辑层次的合理安排非常重要。有的辩护词观点正确，内容也全面，只因逻辑关系缺乏条理，各种观点和理由零乱分散，使人读起来如览天书，不知其所云。这样的表述会使人越听越糊涂，越看越困惑，很容易被带入误区。

第三，说理要环环相扣，不能相互脱节。

说理是针对观点的论证，有力的说理应当使各种理由形成一个闭环，环环相扣，相互印证，不能相互脱节，支离破碎。一系列环环相扣的理由，会形成一种由简到繁、由浅入深、由远及近、由弱到强的层层递进的增量效应，从而产生出难以反驳的力量。这正是逻辑的力量所蕴含的内在动力。反之，如果对于辩护理由缺乏合理的逻辑安排，只是就事论事地分散运用，针对不同争点东一榔头西一棒子地单打独斗，被动招架，就如同组合拳被拆了招数，很容易被各个击破。

第四，论据要扎实可靠，做到无懈可击。

论据是观点的基础，论据失守，观点自破。论据与观点不同，观点可以争论，可以各执己见而互不相让，而论据是一种客观实在，只有真伪之分。所以，论据必须扎实可靠，无懈可击。

6. 以法为据，动之以情

法律并不排斥情理，法律无情亦有情。法律无法迁就个别人的情理，此乃法律的无情；法律服从于公众普遍的情理，此乃法律的有情。天理、国法、人情三者关系的统一性，就体现了法律无情亦有情的道理。所以，在辩护词中加入情理的因素，不仅是可以的，而且是必要的。问题是应当如何处理好情理与法律的关系，这一问题我们在后面再详细探讨。

以法为据，动之以情，就是要以法律规范为依据，在法律规范的框架之内来论证天理与人情。坚持法律规定不可动摇的原则，正是法律无情的体现，而在此前提下对情理的深刻剖析，正是法律有情的体现。

7. 态度诚恳，用词精准

辩护词的说服力，源自理由的充分而不在于语态的强势。在一篇辩护词中，律师常常会采用排比、反问等各种修辞技巧，增强文字的力量，但是这都离不开充分的说理，缺乏充分说理的强势表达，更像非法律人的吵架。而有充分理由的辩护词，在律师平和有力、态度诚恳的辩护之中，适当使用一定的修辞手法，增强表达的强度，这样既能引起裁判者的高度注意和重视，又不使其反感，能够更有效地起到说服的目的。

8. 语言简练，惜字如金

语言简练，是任何文章都应该遵循的行文风格，辩护词更是如此。文章是写给别人看的，应该以简明易懂为原则，而辩护词是为了说服法庭的，具有十分明确的目的性，更需要用最简明的语言把辩护的理由表达清楚。简单来说，传达给法庭的文字，每一句话、每一个字都应当是有价值的，都应当与案件的定罪量刑具有紧密的关联性。多余的表达不仅没有必要，而且会冲淡主题。法庭在阅读辩护词时，既无兴致去品味写作的技巧和文字的美妙，也无精力去接受那些与案件无关的内容，更没有耐性去研究那些画蛇添足的解释和铺垫。从说理的角度而言，一篇好的论文，不一定会成为一篇好的辩护词，但一篇好的辩护词也应当是一篇好的论文。

9. 通俗易懂，深入浅出

辩护词是法律人说给法律人的专业之作，必须善用法言法语而不失水准。但是，辩护词毕竟不是切磋观点的学术论文。辩护词应当以更直观、更明确、更无可争议的方式表达自己的观点，这种观点应当使人易于接受且不易产生歧义，应当一语中的、一针见血而不留回旋余地。所以，辩护词的语言应当通俗易懂、深入浅出，而不能晦涩难懂、高深莫测，更不能去炫耀知识、故弄玄虚。

10. 首尾呼应，画龙点睛

首尾呼应不仅是全篇辩护词的要求，在具体的每一部分的论证中也应当得到重视，这一点做起来并不难，但却常被忽视。

（三）结尾

结尾部分是对辩护意见的总结、概括、升华，其通常具有的要素包括辩护意见的总结，以及对法庭如何判决提出裁判和量刑建议。除此之外，律师也常常在结语部分表达本人对案件的一些看法，利用结尾做画龙点睛之笔，如从国家政策、立法本意等角度提升案件审理的意义，或者从情感上对合议庭施加影响，产生共情。我们可以看几个写作示例：

例1：综上所述，辩护人认为，从损害商品声誉罪的立法本意出发，其所保护的法益为市场公共秩序，通过刑罚处罚，建立起公平有序的市场竞争秩序，进而实现保护市场竞争秩序法益的需要。本案中，被告人诚恳认罪认罚、赔礼道歉、赔偿损失、停止侵害行为、完善企业规章制度，对于社会秩序的恢复起到了积极有效的作用，受损的法益已经得到修复。结合本案产生的社会背景、行业背景、对方存在的过错，以及犯罪嫌疑人的主观恶性、客观危害结果、刑事政策等角度综合考量，建议法院采纳检察机关量刑建议，给××一个机会、给企业一个机会，实现政治效果、法律效果、社会效果在个案处理中的统一。

例2：尊敬的法官、尊敬的检察官：贩夫走卒、引车卖浆，是古已有之的正当职业。我的当事人来到城市，被生活所迫，从事这样一份卑微贫贱的工作，生活窘困，收入微薄。但是，他始终善良淳朴，他没有偷盗没有抢劫，没有以伤害他人的方式生存。我在法庭上庄严地向各位发问，当一个人赖以谋生的饭碗被打碎，被逼上走投无路的绝境，将心比心，你们会不会比我的当事人更加冷静和忍耐？

北宋著名政治家王安石有云："盖君子之为政，立善法于天下，则天下治；立善法于一国，则一国治。"尊敬的法官，尊敬的检察官：我们的法律、我们的城市管理制度究竟是要使我们的公民更幸福还是要使他们更困苦？我们作为法律人的使命是要使这个社会更和谐还是要使它更惨烈？我们已经失去了李某某是否还要失去崔某某？

例3：审判长、审判员：综观全案，辩护人认为本案具有十分突出的典型性。因为在当前形势下，司法机关如何正确理解立法精神，准确运用法律，如何以"三个有利于"为出发点，充分发挥为改革开放保驾护航的作用，是评价司法机关工作的一项重要标准，也是对每一个司法工作者的重大考验。对于承包经营中所发生的有关问题如何正确处理，更是涉及国家经济腾飞和改革开放的基本政策和方向问题，尤其应当持以格外慎重的态度。本案被告人在几年前就能够在公司亏损、木材滞销的情况下，勇于探索，担起了个人承包的重担，虽然在工作中难免出现一些错误和失误，但不可否认地也为改革开放的深化做了一定的贡献。对于这样的人，究竟是兴师问罪，还是在客观、冷静地评价是非的前提下，促使其扬长避短，为改革开放发挥出更大的作用，无疑是个十分重要的问题。

为此，辩护人希望法庭对本案予以高度重视，辩护人也诚恳地愿意为司法机关提供尽可能的协助，尽到一个法律工作者应尽的职责。

最后，希望本案能够得到公正的裁决。

从上述三个示例可以看到，辩护律师或是从罪名本身出发，结合量刑情节，对辩护观点作出了高度概括；或是集中情感表达，利用共情进行灵魂发问；或是从国家政策角度出发，拔高立意。都达到了强有力的表达辩护观点的效果。

七、辩护词写作中的修辞技巧

辩护词是一篇说理性文章，有别于其他文体，无须过多的艺术加工、浓墨渲染和华丽辞藻。但是，这并不表示辩护词拒绝修辞手法的使用，适当使用修辞手法不仅能提高辩护词的可读性，而且能提高辩护词的说服力，使辩护词起到好的作用。"通过考察辩护词修辞功能的有效实现可以对辩护词的撰写产生重要启示。辩护词这一语言表达方式作为一种修辞活动，需要准确无误地传递与修辞主体相关的角色、动机、情感、需要、性格以及审美观念和道德观念等信息和作为修辞客体的案件事实、证据材料以及法律适用等信息，并通过态度和情感互动，实现对对方的影响，从而达到协调人际关系的目的，即顺利实现修辞的功能。"[①] 辩护词中常见的修辞手法有比喻、反问、设问、引用、排比等。

[①] 姜同玲：《律师辩护词的修辞功能初探》，载《广东外语外贸大学学报》2002年第3期。

（一）比喻

王洁老师曾经指出："由于法学理论的阐述比较抽象，有一定的专业深度，为了能具体和深入浅出地说明一个关键问题，法庭演说者就用打比方（比喻）的方法来说明问题，以便说服对方和听众同意自己的观点。所以，比喻这种修辞方法在当今的法庭演说中经常被诉讼参与人使用，尤其是律师和公诉人。"[1] 当然，比喻要恰当、适度，否则就很容易被对方抓住把柄，反而陷入被动。

比如，在朱某某被控贪污、诈骗、行贿案中，起诉书指控被告人以制造两份假文件的手段实施诈骗，这个问题的辩论难度很大。辩护人先是从理论上一再说明：既然已经查明文件的内容完全属实，那么真与假的界限关键在于文件的内容，不能因为发文的程序查不清楚就认定是假文件。但是，公诉人却一直抓住这个问题紧追不放。为了让这个纯学术化的理论问题变得通俗易懂，辩护人在辩护词中提出一个通俗而浅显的设问："私生子是不是假孩子？"继而指出："私生子虽然出生的程序不合法，但不能据此认定他是假孩子，程序不合法不等于内容不合法，更不等于内容也一定是虚假的。"这个浅显易懂的比喻不仅反驳了公诉人，也说服了合议庭。在该起案件中，事后，合议庭成员和高级、中级两级法院的负责人都对这个比喻深表赞同，认为确有说服力。

（二）反问

反问句是用疑问的句式，表达肯定的观点。反问句的语气比一般的陈述句语气更加强烈，更能引起人们的深思与反思。比如，在吴某某案的辩护词中有一段，辩护人论证道"辩护人的证据证明了吴某某借钱时没有采用欺骗手段，不存在明知没有归还能力而大量骗取资金情形等，这些问题恰好证明吴某某没有采用欺骗手段，不具备非法占有的目的。判决以证人不能证明吴某某资金的来源与去向为由不予采信证言不但违背事实和法律，更犯下了逻辑错误，即只有证明吴某某资金的来源与去向的证言才能采信，证明其他问题的证言就不能采信。难道其他问题都不要证明了吗"。辩护词在该段论证的结尾，用一句反问句予以结束，虽然是反问句，实际上的观点是表达一审

---

[1] 王洁：《法律语言研究》，广东教育出版社1999年版，第198页。

判决对证人证言的采信逻辑存在错误，证人证言的内容十分重要。这种反问句，加强了整段论证的语势，引起了人们的重视。

（三）排比

排比是把结构相同、相似、意思密切相关、语气一致的词语或句子成串地排列的一种修辞方法，客观上起到一种加强语势的效果。

（四）过渡语、增强词

过渡语和增强词的使用，也能够使辩护词更突出重点，引起关注。

八、辩护词中情感表达的运用

情感表达在辩护词中也十分重要，这里笔者将分析几个辩护词中情感表达的要点。

（一）情感表达的必要性

对于在辩护词中能否加入情理的因素，人们会有不同的理解和认识。也许有人会不假思索地认为，法律无情，所以司法与情理无关。但如果深入思考，就会发现，法律并不排斥情理，法律无情亦有情。所谓的无情，是指个别人的感情，因为任何时候法律都不能迁就个别人的情理，更不应为个别人的感情所左右。而所谓的有情，是指社会公众普遍的情理，因为法律是人民整体意志的体现，应当服从于整体的民意。所谓天理、国法、人情三者关系的统一性，正是体现了法律无情亦有情的辩证关系。

所以，在辩护词中加入情理的因素，不仅是可以的，而且是必要的。问题是应当如何处理好情理与法律的关系。

（二）辩护词中的情理因素要找准，要适度、适量

在辩护词中，律师要善于利用"情"，要善于表达"情"，但同时，不可用情过度，不可让情理超越法律、伦理，否则就会过犹不及。

在一个辩护词中，辩护人写道："我认为，案件所造成的严重后果，完全是被害人咎由自取，被害人李某等7人无理纠缠，蛮横霸道，强行乘车，死有余辜。"[1] 这样的情理表达，完全取得适得其反的效果。在刑事案件中，

---

[1] 刘金华：《律师文书写作方法与技巧》，大众文艺出版社2001年版，第30页。

公诉方因为站在打击犯罪、维护社会稳定的角度，更容易站在情理被认同的道德制高点上，辩护律师要在违法犯罪是恶的社会普遍道德认同中找到情感的突破点，并且适度表达得到裁判者以及社会公众的认同，产生共情，具有很大的难度，稍有不慎就适得其反。

在前文的崔某某案的辩护词中，辩护人在辩护词中有这样一段表述："尊敬的法官、尊敬的检察官：贩夫走卒、引车卖浆，是古已有之的正当职业。我的当事人来到城市，被生活所迫，从事这样一份工作，生活窘困，收入微薄。但是，他始终善良纯朴，他没有偷盗没有抢劫，没有以伤害他人的方式生存。我在法庭上庄严地向各位发问，当一个人赖以谋生的饭碗被打碎，被逼上走投无路的绝境，将心比心，你们会不会比我的当事人更加冷静和忍耐？"这一段情理辩护当时感动了很多人，言辞恳切，采用反问的方式，将心比心，引人思考。

相反，有些案件的辩护词曾引起业内广泛探讨，褒贬不一，因为这些案件的辩护词通篇几乎完全为情理辩护。我们不探讨律师的辩护策略问题，既然引起了探讨，那么证明对于情理辩护，共识的观点还是应该适度。脱离了法律空谈情理的辩护词，很难成为一篇共识的优秀的辩护词。

（三）情理辩护的底线是不能超越法律

情理辩护的底线是不能超越法律，这也是处理民意与法律之间关系的基本原则。法律应当体现民意，但这种民意应当是整体的民意而不是个别人或部分人的意志。整体的民意已经体现在立法之中，所以，如果突破法律的底线就违背了整体民意。

总而言之，辩护词写作是一门需要不断实践磨炼的技术，纸上谈兵终觉浅，希望每一位青年律师都能够不断进步，写出优秀的辩护词。

第二部分　其他法律意见书的写作

其他法律意见书，是指律师在办理案件过程中，向办案机关提交的书面法律意见书，如取保候审申请书、羁押必要性审查申请、申请证人出庭等表达律师意见的法律意见书。

一、申请变更、解除强制措施意见书

申请变更、解除强制措施意见书主要分为取保候审申请书、监视居住申请书、解除强制措施申请书几种类型。

（一）取保候审申请书

《刑事诉讼法》第67条第1款规定了申请取保候审的法定情形："人民法院、人民检察院和公安机关对有下列情形之一的犯罪嫌疑人、被告人，可以取保候审：（1）可能判处管制、拘役或者独立适用附加刑的；（2）可能判处有期徒刑以上刑罚，采取取保候审不致发生社会危险性的；（3）患有严重疾病、生活不能自理，怀孕或者正在哺乳自己婴儿的妇女，采取取保候审不致发生社会危险性的；（4）羁押期限届满，案件尚未办结，需要采取取保候审的。"根据法律规定，在撰写取保候审申请书时应注意以下事项：

1. 围绕法律规定的情形提出申请。

2. 有相关的证据材料，如证明有严重疾病不适合羁押的病历材料，应当收集一并提交办案机关。

3. 取保候审申请的提出时间、次数并不受限制，在侦查、审查起诉、审判阶段都可以提出。提出主体也不仅限于辩护人，犯罪嫌疑人、被告人的法定代理人、近亲属都可以提出。律师在接受委托介入案件之后，应当及时了解犯罪嫌疑人、被告人是否具有符合取保候审条件的情形，及时向办案机关提出书面的取保候审申请。在案件办理过程中，也要随时根据案件情况变化，及时提出取保候审申请，如批准逮捕的原因是存在有碍侦查的情形，那么案件移送检察机关，相关证据基本已经固定，妨碍侦查的情形已经消失，则要根据新情况及时提交取保候审申请。

（二）监视居住申请书

《律师办理刑事案件规范》第52条规定："犯罪嫌疑人、被告人符合逮捕条件，但具备下列条件之一，辩护律师可以为其申请监视居住：（一）患有严重疾病、生活不能自理的；（二）怀孕或者正在哺乳自己婴儿的妇女；

（三）系生活不能自理的人的唯一抚养人；（四）因为案件的特殊情况或者办理案件的需要，采取监视居住措施更为适宜的；（五）羁押期限届满，案件尚未办结，需要采取监视居住措施的。"第 53 条规定："犯罪嫌疑人、被告人符合取保候审条件，但不能提出保证人也不缴纳保证金的，辩护律师可以为其申请监视居住。"

（三）解除强制措施申请书

《律师办理刑事案件规范》第 54 条第 2 款规定："对被采取取保候审、监视居住措施的犯罪嫌疑人、被告人，办案机关在《刑事诉讼法》规定的强制措施期限内未能办结的，辩护律师可以要求解除强制措施。"

比如，在侦查阶段被取保候审，取保候审一年期满，未移送审查起诉，律师要及时向办案机关提交撤销案件申请。在一起犯罪嫌疑人涉嫌职务侵占的案件中，检察机关作出不予批准逮捕决定，犯罪嫌疑人被取保候审，在取保候审尚未满一年时，辩护人评估认为现有证据足以证明职务侵占事实并不存在，且取保候审确实给当事人开始新的工作和生活带来很大的困扰，律师及时向公安机关提出撤销案件的申请，最终该案在取保候审未满一年就提前解除取保候审，作出了撤销案件的决定，最大限度维护了当事人的合法的权益。

下面是一份取保候审申请书的示例：

取保候审申请书

申请人：北京市××律师事务所××律师

通信地址：北京市××区××街××号

电话：××××××××××

申请事项：申请对犯罪嫌疑人（被告人）×××予以取保候审

申请理由：犯罪嫌疑人（被告人）×××因涉嫌××罪一案，于××××年××月××日被刑事拘留，现羁押于××看守所。

1. 本案涉及 A 公司与 B 公司之间的房屋款项的争议，目前两家公司正在就此事进行有效协商，本案应属民事纠纷，对×××取保候审有利于纠纷解决。

2. ×××的身体状况不适合羁押，患有高血压、冠心病。

3. ×××一贯表现良好，不具有社会危害性，对其取保候审不致造成社会危险。

4. ×××家中尚有90岁高龄的老母亲需要照顾。

犯罪嫌疑人×××的妻子×××愿意作为其保证人，监督其遵守法律相关规定。

作为犯罪嫌疑人（被告人）×××的辩护人，根据《刑事诉讼法》第38条、第67条的规定，特申请对犯罪嫌疑人（被告人）×××予以取保候审。

此致

申请人签名：×××
年　月　日

附件：

1. A 公司与 B 公司《房屋买卖合同》
2. ×××病历

二、羁押必要性审查申请书

羁押必要性审查，是指检察机关对于被逮捕的犯罪嫌疑人、被告人有无继续羁押的必要性进行审查，对不需要继续羁押的，建议办案机关予以释放或者变更强制措施的监督活动。2016年，最高人民检察院发布《人民检察院办理羁押必要性审查案件规定（试行）》，对羁押必要性审查的内容和程序作出了详细规定。2018年，《刑事诉讼法》第95条在立法上进行了明确。羁押必要性审查作为一个重要的法律程序，是刑辩律师必须予以高度重视的。公安机关作为案件的侦办机关，自然具有怀疑思维，而且基于侦查案件的需要，从可能妨碍侦查的角度，主张犯罪嫌疑人处于羁押状态更有利于侦查活动进行。相较而言，检察机关处于相对中立的地位，更容易被说服。对于羁押必要性审查，律师应当注意以下事项：

1. 有权提出羁押必要性审查的主体包括犯罪嫌疑人、被告人的法定代理人、近亲属、辩护人。

2. 羁押必要性审查申请提出的时间，在犯罪嫌疑人、被告人被逮捕之后，阶段不受限制，在侦查阶段、审查起诉阶段、审判阶段皆可提出。

3. 羁押必要性审查申请的次数不受限制。如有新的事实理由或证据出现，应及时提出羁押必要性审查申请，并提供相关证明材料。

4. 羁押必要性审查向办案机关的同级人民检察机关提出，由检察机关刑事执行检察部门统一办理。

5. 羁押必要性审查除了提出申请外，检察机关也可以依职权主动启动。

6. 羁押必要性考察因素包括：犯罪嫌疑人或被告人涉嫌的犯罪事实、主观恶性、悔罪表现、身体状况、案件进展情况、可能判处的刑罚、有无再危害社会的危险因素等。

结合羁押必要性审查的相关规定，羁押必要性审查申请书的写作，主要应当做到不具有羁押必要性的理由应当充分，并有相应证据证明。比如，如果双方已经达成了谅解，应当提交"谅解书"；身体状况不适合羁押，应当提交病历材料；对于可能判处的刑罚，要对涉案事实进行分析。

以下是一篇羁押必要性审查申请书的示例：

唐某某涉嫌非法占用农用地一案
羁押必要性审查申请书

申请人：××北京市××律师事务所律师

通信地址：北京市朝阳区××街××号

联系电话：×××××××××××

申请事项：

对H市公安局签发的逮捕通知书所逮捕的涉嫌非法占用农用地罪的犯罪嫌疑人唐某某启动羁押必要性审查程序，变更强制措施为取保候审。

事实与理由：

犯罪嫌疑人唐某某因涉嫌非法占用农用地一案，于2020年10月22日被 H 市公安局森林分局刑事拘留，并于 2020 年 11 月 19 日被 H 市人民检察院批准逮捕，现羁押在 H 市看守所。辩护人经会见唐某某，对涉案地块进行必要的调查取证，认为根据本案涉嫌犯罪事实、犯罪嫌疑人主观恶性、悔罪表现、身体状况、案件进展情况、类似案例处理情况以及社会危害性的评估等因素，对唐某某没有继续羁押的必要性，根据《刑事诉讼法》第 95 条以及《人民检察院办理羁押必要性审查案件规定（试行）》第 15 条、第 17 条、第 18 条的规定，申请贵院对犯罪嫌疑人唐某某羁押必要性进行审查，变更强制措施为取保候审。具体事实和理由如下：

一、本案证明犯罪嫌疑人唐某某犯罪事实的证据不足、事实不清，达不到"有证据证明有犯罪事实"的条件。

本案涉案地块位于凤凰山，分散于一整块 648.61 亩的土地上。该 648.61 亩土地的构成为 38.61 亩自有工业用地、610 亩 S 公司租用的林场土地，整体土地系于 2000 年至 2013 年陆续租用或征用取得。S 公司在凤凰山租地是为发展家禽养殖加工经济，并一直持续到 2013 年。因凤凰山保护政策，2013 年该地区被当地政府划入禁养区，S 公司按规定搬迁了家禽养殖加工厂。为了不闲置搬迁后的土地，又能符合保护政策，S 公司决定将所租用和取得的土地用于发展设施农业和生态科普项目，当时这两个项目获得了县政府的大力支持，并取得了立项、选址、用林批文等手续，据此实施项目。

1. 公安机关认定的部分涉案用地，在 S 公司租赁前已经存在，属于历史问题，将其归咎于唐某某，定性错误。

如前所述，S 公司在凤凰山的 610 亩土地是在 2000 年至 2013 年陆续租用的。这些土地部分是从凤凰山林场直接租赁，部分是从之前承租人手中取得，无论是凤凰山林场还是前承租人在使用期间都存在不同程度的建设或修路行为，对于林场历史遗留的建筑物及路面等地块，唐某某并未实施占用行为，应从唐某某违法占用地面积中扣减。

2. 将不属于林地的部分认定为林地。

部分地块根据国土规划和现状，地类划分为滩涂地，性质上属于未利用地，而非林地。该部分初步估算面积在 4 亩左右。

3. 将公司拥有建设用地产权证的自有建设用地认定为林地。

地块 5 根据调取的 S 公司建设用地资料，公安机关将位于 S 公司自有工业用地范围内的面积也认定为违法，有悖于客观事实。

4. 面积测量不准确。

综上所述，认定唐某某非法占用农地的数量明显事实不清，达不到"有证据证明有犯罪事实"的条件。

二、唐某某主观上并非故意非法占用、毁坏农用地。

1. 本案的发生具有特殊的背景原因，唐某某并非基于犯罪故意非法占用农用地，而是其作为民营企业家在经营发展历史中法律意识欠缺、政策把握不严而导致的不规范用地问题。

2. 唐某某及 S 公司一直从事涉案地块的林地保护建设，从未想过破坏涉案林地。

三、唐某某已经充分认识其行为过错，配合政府清折复绿，态度诚恳积极。

四、唐某某患有脑部疾病急需就医，其身体状况不适合继续羁押。

唐某某于 2020 年 8 月 1 日在××医院做了健康体检，体检报告显示其有多发脑缺血灶、脑小梗塞灶、脑白质疏松、部分空蝶鞍、部分鼻窦炎症，有此症患者大部分可能会出现头晕、肢体麻木或者功能障碍等症状，需要长期服药控制。据家属介绍，其在被捕一年前就经常出现偏头痛，最严重的时候表现为走路有眩晕感、不能走直线、身体往右侧倾倒的现象。若对其继续羁押，极有可能加重病情，发生难以应对的突发脑部疾病。

在律师会见时，也了解到他在看守所内身体状况极其令人担忧，收缩压为 150~170mmHg，时常胸闷、胸痛、头晕、头疼，医生一直给其开药要求其每天服用。

五、根据该案的进展情况，如上所述，基本都已清折完毕，补种复绿，对生态环境造成的危害性较小。

六、通过对 H 市非法占用农用地相关案例的检索比对，类似案例判决结果较轻，根据最高人民法院主张的统一法律适用的原则，对唐某某没有必要采取羁押措施。

辩护人在威科先行系列专业信息库上进行案例检索后，发现以"非法占用农用地"案由和"H市"两个关键词检索到H市有关类似判决书81件，通过非法占用农地的数量和情节比对，辩护人发现对于已经清拆复绿、有悔罪表现的，一般对被告人适用非监禁刑或者只适用财产刑，或者免予刑事处罚。根据相关案例比对，结合本案客观情况，根据最高人民法院主张的统一法律适用的原则，对唐某某没有必要采取羁押措施。

七、从社会危害性评估角度分析，对唐某某亦没有继续羁押的必要性。

1. 唐某某本人一贯表现良好，具有强烈的社会责任感和较强的思想政治觉悟，对国家安全、公共安全或者社会秩序不具有现实危险。

唐某某是当地有名的民营企业家，曾担任H市第九届大代表，D县慈善总会创始会员，G省禽业协会第六届理事会理事，并获得"D县2005年抗洪救灾先进个人""全国农村青年创业致富带头人""D县尊师重教先进个人"等荣誉称号。其作为法定代表人的S公司被政府授予了"G省农业龙头企业"称号，2006年被农业部①认定为"全国农产品加工业出口示范企业"，其名下企业总计纳税额达上亿元，对当地经济发展和税收作出较大贡献。唐某某不仅在经济建设方面对家乡作出了重要贡献，在基础设施建设、社会公益事业方面也贡献卓越，其为便利村民出行修桥修路，体现出唐某某作为一个民营企业家的强烈社会责任感和较强的思想觉悟。对唐某某变更强制措施，不会对国家安全、公共安全或者社会秩序产生现实危险。

2. 唐某某不存在毁灭、伪造证据的情形，没有干扰证人作证或者串供的可能性。

第一，本案中，地块情况客观存在，即使拆除也能够通过技术手段查清事实，唐某某没有必要毁灭、伪造证据，也不具有毁灭、伪造证据的可能性。

---

① 现为农业农村部。

第二，本案不存在同案犯罪嫌疑人或者与其在事实上存在密切关联犯罪的犯罪嫌疑人在逃，或者重要证据尚未收集到位的情形，唐某某不存在串供的可能性。

3. 立案后唐某某没有及时归案存在客观原因，并非逃避侦查。

该案在2019年立案后，唐某某未被羁押的客观事实并非其本人逃避侦查的行为造成，而是由于以下两方面原因：一方面，公安机关并未对其实施传唤或拘捕行为；另一方面，当时政府确实和其本人沟通，由企业自查、自纠、清拆复绿，并告知其拆了就没事儿了。正是基于此，唐某某及时主动亲自带头进行清拆、复绿，多次到现场指挥，并多次和政府领导沟通。政府和公安机关的态度都足以让唐某某认为其只要以实际行动进行拆除复绿即可，从未实施过隐藏、逃匿等逃避侦查的行为。

八、对唐某某变更强制措施更有利于社会经济发展，维护社会稳定，符合国家服务"六保""六稳"政策。

1. 唐某某所涉嫌的非法用地问题，有着比较复杂的客观背景，属于企业经营中存在的不规范用地问题，以相对宽容的态度看待民营企业历史上不规范行为符合中央要求。

2. 唐某某对当地经济发展和就业贡献较大，其名下企业有员工1000多人，对其变更强制措施更有利于社会经济发展，维护社会稳定。

结合上述规定，对唐某某变更羁押措施，能够最大限度避免对企业正常生产经营的不利影响。

据此，结合国家有关政策，以及各级司法机关对于民营企业相关问题的意见，辩护人根据《刑事诉讼法》《人民检察院办理羁押必要性审查案件规定（试行）》的相关规定提出申请，希望H市人民检察院启动羁押必要性审查，并结合该案发生的特殊的背景原因，考虑到案件本身的事实、证据问题，犯罪嫌疑人积极配合清拆复绿的行为，最大限度地挽回了损害后果，对其取保候审也不具有社会危害性等因素，对唐某某变更羁押措施。让其能够尽快回归公司进行经营，最大限度保证公司正常运转，保证员工就业稳定，以一个民营企业家的责任感为地区经济发展继续贡献力量！

此致
H市人民检察院

申请人：北京××律师事务所律师××
××××年××月××日

附件：

1. 附件1~13，相关地块情况证明材料。

2. 证据14，S公司在涉案地块种植树木统计表及相关证据。

3. 证据15，清折与复绿情况说明。

4. 证据16，唐某某体检报告。

5. 证据17，类案检索分析。

6. 证据18，唐某某个人荣誉。

7. 证据19，职工请愿书。

在本案中，辩护人进行了大量的调查取证工作，从案件本身的事实问题、当事人的主观认识问题、社会危害性、对受损法益的修复、当事人的身体状况、类案检索、民营企业家保护、少捕慎诉刑事法律政策等多个角度进行了全面阐述，为客户争取启动羁押必要性审查。

三、不批准逮捕或不予逮捕的意见

律师在案件报请批准逮捕的七天时间内，可以向检察机关提交是否符合逮捕条件的意见。对于逮捕条件，《刑事诉讼法》第81条第1款规定："对有证据证明有犯罪事实，可能判处徒刑以上刑罚的犯罪嫌疑人、被告人，采取取保候审尚不足以防止发生下列社会危险性的，应当予以逮捕：（一）可能实施新的犯罪的；（二）有危害国家安全、公共安全或者社会秩序的现实危险的；（三）可能毁灭、伪造证据，干扰证人作证或者串供的；（四）可能对被害人、举报人、控告人实施打击报复的；（五）企图自杀或者逃跑的。"

社会危害性的考虑因素，包括涉嫌犯罪的性质、情节、认罪认罚等情况，所以，如果不符合上述逮捕条件的，则不应当逮捕。

实践中，存在一个问题，就是律师在公安机关报请批准逮捕的这段时间里，应当以辩护人身份提交律师意见，但是在侦查阶段，律师并没有阅卷权，如何能够有效提出不予批准逮捕的律师意见？在当下的环境下，辩护人只能尽可能通过各种方式了解案件情况，如通过会见犯罪嫌疑人、了解可能涉及的罪名和犯罪事实、倾听犯罪嫌疑人的辩解，必要时根据其提供的调查取证线索，可以进行必要的调查取证工作。

以下是一份不予批准逮捕法律意见书的示例：

关于张某某涉嫌非法吸收公众存款罪不予批准逮捕

法律意见书

C区人民检察院：

北京市××律师事务所接受犯罪嫌疑人张某某家属的委托，指派×××律师担任张某某涉嫌非法吸收公众存款案的辩护人。经辩护人会见张某某，以及向张某某实控A公司及子公司了解情况，辩护人认为张某某符合不予批准逮捕的条件，建议检察机关对张某某作出不批准逮捕的决定。具体理由如下。

一、张某某借款系基于企业经营需要，所有借款均用于企业正常经营管理，未能及时还款是因为新冠疫情对餐饮业的客观影响，从未有不归还借款的想法。

张某某所借款项均有借款合同，均用于开设门店、供应链等企业正常经营活动。客观环境对餐饮业影响以及郑州门店效益不好等客观原因导致企业资金周转出现暂时困难，未能及时还款，主观上从未有不归还借款的犯罪故意。

二、张某某具有及时清退的行为，逾期后一直努力还款。

在L平台出现兑付问题之后，张某某在疫情影响的客观条件下还是出于维稳的考虑清偿了3000余名出借人的借款，累计偿还借款79万余元，清偿相关证据如下：（1）直接向3000多名出借人清偿借款（附件

1）；（2）通过向 L 平台打款由平台清偿近 200 人贷款（附件 2）；（3）通过 A 公司与出借人签订《还款承诺协议》与投资人达成还款协议（附件 3），还款 37 万元；（4）通过与投资人签订《债务清偿协议》还款。

三、张某某及其公司具备全额清退的能力，制定了具有可执行性的还款方案。

还款方案具体如下：

1. 先期筹钱还款，目前已筹集到了 300 万元现金，可立即清偿。

2. 张某某愿意将本人名下的 3 套房产出售来还款。

3. 通过出售张某某持有 A 公司的股权还款，市场估值 3.2 亿元（附件 4）。

4. 公司经营收益偿还。

5. 转让门店还款，A 公司目前自有门店 13 家，每家市值 200 万~300 万元，随着经济复苏门店价值也将在此基础上有上升。

6. 以 A 公司拥有的其他物资或固定资产抵债。

7. 把店铺或者股份转让或抵押给出借人，A 公司以管理者角色运营门店保障公司经营稳定或增长。

以上还款方案中的第 2~7 项均需要张某某本人取保候审后才可以启动变现。根据 2017 年 6 月 2 日最高人民检察院《关于办理涉互联网金融犯罪案件有关问题座谈会纪要》中"对于借款人将借款主要用于正常的生产经营活动，能够及时清退所吸收资金，不作为犯罪处理"的规定，对张某某可以不作为犯罪处理。

四、张某某及其公司与本案涉案主体 L 平台之间是正常的借贷关系，虽然在借款过程中，存在用壳公司借款的情况，但该行为系应 L 平台的要求，张某某不存在与平台共同犯罪的故意。

五、根据相关政策及精神，对张某某取保候审是贯彻国家政策的体现，有利于保持 A 公司经营稳定、就业稳定，在此基础上也有利于尽早偿还相关借款。

六、张某某不具有社会危害性，相反，让其出来筹钱还款，更有利于挽回投资人损失，维护社会稳定。

综上，辩护人认为，张某某及 A 公司与 L 平台之间是正常的借贷关系，借款人存在的不规范行为也是基于 L 平台自身的要求而为，并不存在非法吸收公众存款的主观故意，在事件发生后张某某本人亦积极还款并制订可行还款计划，其本人及其企业也具备还款的客观能力。只有让张某某尽快回到公司借款筹钱，或者通过企业经营转股筹集资金，才能有利于尽快偿还投资人损失，才能有效维护社会稳定。相反，继续羁押张某某，则企业极有可能快速破产，破产之后，没有赢家。故此，建议检察机关对张某某作出不予批准逮捕决定。

此致
A 市 C 区人民检察院

北京市京都律师事务所律师：×××
2020 年 2 月 2 日

附件：略

四、调取证据的申请

对于调取证据的申请，笔者将从调取证据的范围、调取证据申请的决定权、调取证据申请的形式三个方面予以介绍。

（一）调取证据的范围

《刑事诉讼法》第 41 条规定了辩护人申请调查取证权。该条规定："辩护人认为在侦查、审查起诉期间公安机关、人民检察院收集的证明犯罪嫌疑人、被告人无罪或者罪轻的证据材料未提交的，有权申请人民检察院、人民法院调取。"第 43 条第 1 款规定："辩护律师经证人或者其他有关单位和个人同意，可以向他们收集与本案有关的材料，也可以申请人民检察院、人民法院收集、调取证据，或者申请人民法院通知证人出庭作证。"

根据法律规定，辩护人申请调取证据的范围是比较宽泛的，只要是认为与本案有关的材料，都可以申请调取。

（二）调取证据申请的决定权

虽然法律明确赋予了律师提出调取证据的权利，但是否进行证据调取的决定权在人民检察院、人民法院。因此，辩护人提出调取证据的理由应当充分，线索应当明确，以达到让人民检察院、人民法院决定调取证据的最终目的。

（三）调取证据申请的形式

最高人民法院《关于适用〈中华人民共和国刑事诉讼法〉的解释》第57条进一步规定，辩护人认为在调查、侦查、审查起诉期间监察机关、公安机关、人民检察院收集的证明被告人无罪或者罪轻的证据材料未随案移送，申请人民法院调取的，应当以书面形式提出，并提供相关线索或者材料。第61条第1款规定，该解释第58～60条规定的申请，应当以书面形式提出，并说明理由，写明需要收集、调取证据材料的内容或者需要调查问题的提纲。

据此，辩护人提出调取证据申请，不能仅以口头形式提出，应当以书面形式提出，更为重要的是一定要说明理由，明确收集调取证据材料的内容，提供线索。

以下是一份提请收集、调取证据申请书的示例：

提请收集、调取证据申请书

申请人：××，××律师事务所律师

联系方式：××××××××××

申请事项：申请向J区人民检察院调取证据

1. 沈某某2017年7月13日涉嫌行贿罪的《起诉意见书》

2. 沈某某关于行贿罪翻供的相关陈述

申请理由：

作为涉嫌被告人刘某某的辩护人，在阅卷中发现，S市J区人民检察院于2017年8月8日作出的起诉书显示：沈某某涉嫌诈骗罪案以及涉嫌行贿罪案，分别由S市公安局分局以及该院侦查终结，于2017年2月2日、3月3日先后进入审查起诉阶段。

本案卷宗中，仅有S市公安局的起诉意见书，缺少S市J区人民检察院有关涉嫌行贿罪的起诉意见书。

另外,起诉书记载:对于行贿事实,到案后,沈某某如实供述主要犯罪事实,后翻供。

本案卷宗中,仅有沈某某2016年12月12日、12月13日两份询问笔录,缺少沈某某翻供后的笔录内容。

辩护人认为,指控刘某某收受沈某某8万元,沈某某的相关陈述对该笔指控事实的定罪、量刑具有重要作用,需要向其收集、调取。由于上述材料系另案卷宗材料,申请人无法自行收集、调取。根据《刑事诉讼法》第41条、《律师法》第35条第1款有关可以申请人民检察院、人民法院收集、调取证据的规定,特申请贵院予以收集、调取。

此致
S市中级人民法院

申请人:×××
2017年××月××日

五、非法证据排除申请

《刑事诉讼法》第56条对非法证据排除予以了明确的规定,最高人民法院《人民法院办理刑事案件排除非法证据规程(试行)》(本文简称《证据规程》)第1条规定了非法证据的范围,包括:(1)采用殴打、违法使用戒具等暴力方法或者变相肉刑的恶劣手段,使被告人遭受难以忍受的痛苦而违背意愿作出的供述。(2)采用以暴力或者严重损害本人及其近亲属合法权益等进行威胁的方法,使被告人遭受难以忍受的痛苦而违背意愿作出的供述。(3)采用非法拘禁等非法限制人身自由的方法收集的被告人的供述。(4)受刑讯逼供影响作出的重复性供述。除了被告人供述,采用暴力、威胁以及非法限制人身自由等非法方式收集的证人证言、被害人陈述,也应当予以排除。

律师提出非法证据排除,应当提供相关的线索或者材料。《证据规程》

第5条明确，"线索"是指内容具体、指向明确的涉嫌非法取证的人员、时间、地点、方式等；"材料"是指能够反映非法取证的伤情照片、体检记录、医院病历、讯问笔录、讯问录音录像或者同监室人员的证言等。

实践中，虽然犯罪嫌疑人、被告人提出存在刑讯逼供，但往往很难提出有效的线索或者材料，律师应当尽可能引导当事人提供有效线索，并善于在案卷材料中发现有利的线索，如讯问的警官姓名、体貌特征、口音，有助于锁定具体实施刑讯逼供的人；再如具体的刑讯逼供的地点，一般而言，刑讯逼供不在看守所内，如果被监所外提讯，则违反了相关法律规定；又如刑讯逼供的手段、部位，可以与犯罪嫌疑人、被告人的身体部位进行比较，在一起案件中，被告人称刑讯人用力踩他的脚趾以至于大脚趾指甲脱落，实际上，被告人的大脚趾上的趾甲盖确实脱落了，并且在看守所内有治疗记录。除此之外，入所体检表、被取保候审后第一时间到医院的体检报告等也应予以重点关注，必要时也可以申请检察机关或审判机关调取全程同步录音录像。

六、申请通知证人、鉴定人、侦查人员和具有专门知识的人等出庭的法律意见书

根据《刑事诉讼法》的规定，辩护人可以申请人民法院通知证人、鉴定人、侦查人员、有专门知识的人等出庭作证。

申请上述人员开庭，应当提供证人的名字、身份信息、住址、通信方式等，并说明出庭的目的。一般而言，证人出庭是为了证明与案件有关的关键性事实；鉴定人以及有专门知识的人出庭主要是为了对鉴定意见作出说明，对于经人民法院通知，鉴定人拒不出庭作证的，鉴定意见不得作为定案的根据；侦查人员出庭是为了对案件侦破经过、证据来源、证据真实性或者证据收集合法性作出说明。

申请上述人员出庭，一般应当在开庭前提出书面申请，以当庭提出为补充，需要关注的是在庭前会议中，如有相关申请，应当以书面和口头方式同时提出。为了提高本方证人、有专门知识的人出庭的可能性，必要时可以在开庭时将其带至法庭所在城市，甚至就在法庭外等候，可以保证随叫随到。

下面是申请通知证人出庭申请书的示例：

申请通知证人出庭申请书

申请人：××，××律师事务所律师

申请事项：申请通知证人王某某、李某某出庭作证

申请理由：在闫某某被控受贿罪一案中，上述证人系行贿人，证人证言不稳定，前后发生变化，有送钱的陈述与被告人供述相互矛盾，真实性存疑，且行贿人陈述对案件定罪量刑具有重大影响。

根据《刑事诉讼法》相关规定，申请人民法院通知上述证人出庭作证。

证人信息：

1. 王某某，住址：××××，电话：×××××××××××
2. 李某某，住址：××××，电话：×××××××××××

此致

××市××区人民法院

申请人：×××

××××年××月××日

其他法律意见书的内容和范围很广，并不限于以上所列举的范围，律师对于任何法律赋予的、有助于辩护权实现的事项均有向办案机关提出申请的权利，如延期审理申请、回避的申请、二审开庭审理的申请等，律师主张权利的建议一般以书面方式提出，有助于办案机关有效接收到律师的申请内容，以及予以认真正式的对待。各种申请的格式大同小异，主要是在内容上，既然是申请，意味着决定权并不在辩护人手中，申请的目的还是说服办案机关，以期得到许可，因此，申请要有理有据，要有事实上的依据和法律上的依据，如此才能实现有效的说服。

第26讲

辩护词写作：十条文字与表达经验

◇ 陈枝辉[*]　杨大民[**]

法律文书，死生之地，不可不慎。

文字表达精练与准确是法律人的基本功。在文字上坚持洁癖、不留缺陷是一种美德。即使文章不能流芳百世，起码可以尽量做到凝练、干净，法律文字更应如此。

笔者从事典型案例整理十余年，接触并研究了数万篇裁判文书及相关解析文章，就实践中普遍存在的文字或表达"陷阱"有些感触。为此，针对经常出现的一些文字或语法问题，从权威刊物中，精选了一批具有代表性的例句，结合辩护词写作，做了些归纳和总结，与法律同行分享。

一、主体身份：指代应明确

（一）主宾复合指代，代词"其"莫含混

■例1－1

原表述：被告人程某胁迫被害人打电话给其[①]父。

应修改为：被告人程某胁迫被害人打电话给被害人之父。

■例1－2

原表述：宋某等人因王某与其女儿发生性关系而拘禁王某。

应修改为：宋某等人因王某与宋某女儿发生性关系而拘禁王某。

---

[*] 陈枝辉，北京市京都律师事务所高级合伙人。
[**] 杨大民，北京市京都律师事务所高级合伙人。
[①] 为便于读者识别，本文将修改的词句以下划线标出。

■例1-3

原表述：实业公司为使贸易公司在其资金短缺情况下继续供货……

应修改为：实业公司在资金短缺情况下为使贸易公司继续供货……

■例1-4

原表述：虞某安排员工将开发公司2亿余元转入其实际控制的房产公司账户。

应修改为：虞某安排员工将开发公司2亿余元转入虞某实际控制的房产公司账户。

■例1-5

原表述：在他人不知情情况下，使用其手机支付宝账户向网商银行贷款。

应修改为：在他人不知情情况下，使用该他人手机支付宝账户向网商银行贷款。

（二）单一身份情形，搭配多主体应隔离

■例1-6

原表述：证人杨某及黄某妹妹称黄某把工程款给了王某。

应修改为：证人黄某妹妹及杨某称黄某把工程款给了王某。

■例1-7

原表述：介绍公安特情人员罗某与陈某商议购买毒品事宜。

应修改为：介绍陈某与公安特情人员罗某商议购买毒品事宜。

■例1-8

原表述1：郑某之母陈某、杨某均提起附带民事诉讼。

原表述2：杨某、郑某之母陈某均提起附带民事诉讼。

应修改为：郑某之母陈某亦作为原告人，与杨某共同提起附带民事诉讼。

■例1-9

原表述1：要求追究张某、谌某夫妇故意伤害罪的刑事责任。

原表述2：要求追究张某与其妻谌某故意伤害罪的刑事责任。

应修改为：要求追究张某与张某妻谌某故意伤害罪的刑事责任。

■例1-10

原表述：协助组织卖淫罪与组织卖淫罪从犯的本质区别在于行为而非作

用大小。

应修改为：组织卖淫罪从犯与协助组织卖淫罪的本质区别在于行为而非作用大小。

（三）多重身份情形，复杂主体间应区分

■例 1－11

原表述：许某与王某夫妇。

应修改为：王某夫妇与许某。

■例 1－12

原表述：同案犯曲某亲友刘某已电话报警。

应修改为：同案犯曲某在亲友刘某已电话报警后。

■例 1－13

原表述：张某是信用卡诈骗犯罪被告人袁某妻子。

应修改为：张某是信用卡诈骗犯罪被告人袁某的妻子。

■例 1－14

原表述：验资后该款被汇入另一股东石某妻子账户。

应修改为：××与石某出资设立公司，验资后该款被汇入石某妻子账户。

■例 1－15

原表述：本案被告人谢某亲属在一审庭审结束后才委托辩护律师。

应修改为：本案被告人谢某的亲属在一审庭审结束后才委托辩护律师。

（四）主体数量表述，主体范围列举精准

■例 1－16

原表述：张某伙同李某等三人。

应修改为：李某等三人伙同张某。

■例 1－17

原表述：张某与秦某等 10 人饮酒后滋事。

应修改为：秦某等 9 人与张某饮酒后滋事。

■例 1－18

原表述：本案中，危险活动并非洗浴本身，而是程某酒后和朋友、浴室

女服务员及其纠集的他人两方间相互殴打的行为。

应修改为：本案中，危险活动并非洗浴本身，而是两方间相互殴打的行为，其一方为<u>程某和朋友</u>，另一方为<u>浴室女服务员及其纠集的他人</u>。

（五）动宾搭配场合，单双宾语指代清晰

■例 1-19

原表述：贾某要求李某退还其<u>为继女所支出抚养费、结婚彩礼</u>等共 5 万元。

应修改为：贾某要求李某退还其<u>结婚彩礼、为继女所支出抚养费</u>等共 5 万元。

■例 1-20

原表述：提出包括<u>降职降薪、离职＋兼职顾问</u>在内的两种解除劳动合同关系方案。

应修改为：提出单位降职降薪<u>或</u>员工自动离职后返聘为兼职顾问两种解除劳动合同关系方案。

二、前后搭配：次序应一致

（一）主谓搭配一致：主语中心词的确定

■例 2-1

原表述：开发商所建<u>职工楼</u>向社会销售。

应修改为：<u>开发商</u>就所建职工楼向社会销售。

■例 2-2

原表述：<u>保证书</u>虽经鉴定属于被害人真实签名。

应修改为：保证书上被害人<u>签名</u>经鉴定虽真实。

■例 2-3

原表述：陶瓷公司出租给方某的<u>房屋</u>快到期时出卖给许某。

应修改为：方某租赁陶瓷公司房屋，租期届满前，<u>陶瓷公司</u>将房屋出卖给许某。

■例 2-4

原表述：监察机关在<u>收集、固定、审查、运用证据</u>时，应当与刑事审判

关于证据的要求和标准相一致。

应修改为：监察机关对证据的收集、固定、审查和运用，应当与刑事审判关于证据的要求和标准相一致。

（二）主语省略情形：谓语动作主体吻合

■例2-5

原表述：辨认毒品犯罪上家照片，协助公安抓捕，认定立功。

应修改为：辨认毒品上家照片，并协助抓捕，应认定为立功。

或修改为：辨认毒品犯罪上家照片，协助公安抓捕，应属立功。

■例2-6

原表述：将窃取虚拟财产的网络侵财型犯罪定性为传统侵财型犯罪，不符合罪刑法定。

应修改为：将窃取虚拟财产的网络侵财型犯罪定性为传统侵财型犯罪，不符合罪刑法定原则。

■例2-7

原表述：王某被抓后，始终辩称系许某先持刀对其扎刺，后于抢刀过程中自行受伤倒地，其系过失犯罪或正当防卫。

应修改为：王某被抓后，始终辩称系许某先持刀对其扎刺，后许某在抢刀过程中自行受伤倒地，其系过失犯罪或正当防卫。

（三）定语修饰搭配：不同描述注意语序

■例2-8

原表述：见9~12岁的5名女孩张某等。

应修改为：见张某等5名9~12岁的女孩。

■例2-9

原表述：居民委员会在所辖某片区将公厕根据实际情况设在角落。

应修改为：居民委员会根据实际情况将公厕设在所辖某片区角落。

■例2-10

原表述：运输场将其所属12部车辆经其上级机关运输公司请示交通部门批准，无偿调拨给危险品运输场。

应修改为：运输场经其<u>上级机关运输公司</u>请示交通部门批准，将其所属 12 部车辆无偿调拨给危险品运输场。

（四）主动、被动句式：主动被动搭配一致

■例 2 - 11

原表述：刘某被法院以侵占罪、挪用资金罪<u>被判刑</u>。

应修改为：刘某被法院以侵占罪、挪用资金罪<u>判刑</u>。

■例 2 - 12

原表述：牛某后被法院以合同诈骗罪<u>被判处</u>有期徒刑。

应修改为：牛某后被法院以合同诈骗罪<u>判处</u>有期徒刑。

（五）原因结果搭配：字词前后避免赘义

■例 2 - 13

原表述：<u>因</u>发包人<u>原因</u>，建设工程合同解除或终止。

应修改为：<u>由于</u>发包人<u>原因</u>，建设工程合同解除或终止。

■例 2 - 14

原表述：<u>因</u>转让人<u>原因</u>，土地被查封，受让人有权中止付款。

应修改为：<u>因</u>转让人<u>责任</u>，土地被查封，受让人有权中止付款。

■例 2 - 15

原表述：致陈某车辆受损<u>原因</u>，<u>系</u>物业公司管理不善<u>所致</u>。

应修改为：致陈某车辆受损<u>原因</u>，<u>系</u>物业公司管理不善。

或修改为：陈某车辆<u>受损</u>，<u>系</u>物业公司管理不善所致。

■例 2 - 16

原表述：存款纠纷<u>引起原因</u>系银行工作人员挪用部分存款，银行拒付存款<u>引起纠纷</u>。

应修改为：存款纠纷<u>引起原因</u>系银行工作人员挪用部分存款，银行拒付。

■例 2 - 17

原表述：养殖场海水养殖的杂色蛤全部死亡，经鉴定，距离 7.5 千米从事排放泥浆活动的<u>盐业公司</u>系重要原因。

应修改为：养殖场海水养殖的杂色蛤全部死亡，经鉴定，距离 7.5 千米的盐业公司从事排放泥浆活动系重要原因。

（六）句子成分问题：动宾介宾词组完整

■例 2-18

原表述：发包方未提供安全措施的施工环境。

应修改为：发包方未提供具备安全措施的施工环境。

■例 2-19

原表述：未尽合理限度内确保入住酒店消费者人身安全。

应修改为：未尽合理限度内确保入住酒店消费者人身安全义务。

■例 2-20

原表述：配置机构出具意见更换次数按人均寿命计算确有不妥。

应修改为：配置机构出具更换次数按人均寿命计算的意见确有不妥。

或修改为：配置机构出具意见的更换次数按人均寿命计算确有不妥。

■例 2-21

原表述：房屋居间人未尽审核与订约有直接影响的重大事项。

应修改为：房屋居间人对与订约有直接影响的重大事项未尽审核义务。

■例 2-22

原表述：商贸公司无证据证明物资公司存在恶意诉讼和恶意财产保全。

应修改为：商贸公司无证据证明物资公司存在恶意诉讼和恶意财产保全行为。

或修改为：商贸公司无证据证明物资公司恶意诉讼和恶意财产保全。

（七）"以……为"：句式结构保持完整

■例 2-23

原表述：李某父母以李某丈夫不告知女儿李某骨灰安葬地侵权。

应修改为：李某父母以李某丈夫不告知女儿李某骨灰安葬地为由提起侵权之诉。

■例 2-24

原表述：卢某以该项收费未经其许可同意，应返还多收取的该笔费用并赔偿合理诉讼支出。

应修改为：卢某<u>以</u>该项收费未经其许可同意<u>为由</u>，诉讼请求返还多收取的该笔费用并赔偿合理诉讼支出。

■例 2 – 25

原表述：后建设公司<u>以</u>徐某未办退工手续即不来上班，属于违反劳动纪律，作出解除劳动合同决定。

应修改为：后建设公司<u>以</u>徐某未办退工手续即不来上班，属于违反劳动纪律<u>为由</u>，作出解除劳动合同决定。

（八）其他搭配问题：前后搭配有始有终

■例 2 – 26

原表述：<u>当</u>抵押人不是主债务人<u>的情况下</u>，抵押权人对抵押人只能在抵押财产范围内实现债权。

应修改为：<u>在</u>抵押人不是主债务人<u>的情况下</u>，抵押权人对抵押人只能在抵押财产范围内实现债权。

■例 2 – 27

原表述：保证合同约定集团公司到期不能清偿时，<u>由</u>集团公司所持实业公司法人股股票折抵债务。

应修改为：保证合同约定集团公司到期不能清偿时，<u>以</u>集团公司所持实业公司法人股股票折抵债务。

■例 2 – 28

原表述：对侮辱的判断应依善意普通人认识<u>作为判断</u>。

应修改为：判断是否构成侮辱，<u>应以</u>善意普通人认识<u>为准</u>。

■例 2 – 29

原表述：民事赔偿责任比例及标准划分<u>与</u>确定，应根据各方当事人过错程度，予以公平公正地确定。

应修改为：民事赔偿责任比例及标准划分，<u>应根据</u>各方当事人过错程度，予以公平公正地确定。

三、相连字词：意义防粘连

（一）瓜田不要纳履：竭力绕避阅读障碍

■例 3-1

原表述：李某<u>因此</u>前违规审批行为被认定滥用职权。

应修改为：李某<u>因之前</u>违规审批行为被认定滥用职权。

■例 3-2

原表述：此种利用自己为工具的行为应被看作<u>其实行为</u>。

应修改为：此种利用自己为工具的行为应被看作<u>实行行为</u>。

或修改为：此种利用自己为工具的行为应被看作<u>自身实行行为</u>。

■例 3-3

原表述：曹某与其<u>母后</u>补办了新的银行卡并重新设定了密码。

应修改为：<u>后</u>曹某与其母补办了新的银行卡并重新设定了密码。

■例 3-4

原表述：对二被告人并<u>无不</u>适用该司法解释第 6 条的特殊理由。

应修改为：对二被告人<u>并没有</u>不适用该司法解释第 6 条的特殊理由。

■例 3-5

原表述：从本案案情看，公司账户资金已处<u>在于</u>某个人控制之下。

应修改为：从本案案情看，公司账户资金已<u>被于</u>某个人控制。

■例 3-6

原表述：虽然组织卖淫收入均<u>由于</u>某支配、挥霍，彭某未实际获利，但是该情节不影响其构成组织卖淫罪。

应修改为：虽然组织卖淫收入均<u>被于</u>某支配、挥霍，彭某未实际获利，但是该情节不影响其构成组织卖淫罪。

■例 3-7

原表述：死亡赔偿金与自然人人身密不可分，该请求权只能是受害者近亲属或死者生前抚养的<u>人才</u>能享有。

应修改为：死亡赔偿金与自然人人身密不可分，该请求权只能是受害者近亲属或死者生前抚养的<u>人方</u>能享有。

■例 3-8

原表述：关于纸业公司<u>以为</u>避免贸易公司双重受偿为由，请求中止审理的问题。

应修改为：关于纸业公司<u>以</u>避免贸易公司双重受偿为由，请求中止审理的问题。

■例 3-9

原表述：一方仅<u>以为</u>对方偿还部分债务为由，主张确认全部房产所有权的，法院不予支持。

应修改为：一方仅<u>以替</u>对方偿还部分债务为由，主张确认全部房产所有权的，法院不予支持。

■例 3-10

原表述：是否具有非法占有目的，可<u>从事前</u>、事中、事后行为分析。

应修改为：是否具有非法占有目的，可<u>结合</u>事前、事中、事后行为分析。

■例 3-11

原表述：对国有公司改制中利用职务便利隐匿并实际控制国有资产的行为，应以贪污罪而<u>非国有公司人员滥用职权罪</u>定罪处罚。

应修改为：对国有公司改制中利用职务便利隐匿并实际控制国有资产的行为，不应认定为<u>国有公司人员滥用职权罪</u>，应认定为贪污罪。

（二）前后重字替换：或失精练但避是非

■例 3-12

原表述：其目的是获取利润，而<u>非</u>非法占有。

应修改为：其目的是获取利润，而<u>不是</u>非法占有。

■例 3-13

原表述：其性质应属赌博罪而<u>非</u>非法经营罪。

应修改为：其性质应属赌博罪而<u>不是</u>非法经营罪。

■例 3-14

原表述：同时，其主观目的<u>非</u>非法索取财物或实现其他不法目的。

应修改为：同时，其主观目的<u>不是</u>非法索取财物或实现其他不法目的。

■例 3-15

原表述：<u>在存在</u>在先抵押情况下，后续偷偷取回构成盗窃。

应修改为：<u>在</u>先抵押存在情况下，后续偷偷取回构成盗窃。

■例 3-16

原表述：申某此前遭受的虐待行为即便累加也不<u>致</u>致其死亡。

应修改为：申某此前遭受的虐待行为即便累加也不<u>会</u>致其死亡。

■例 3-17

原表述："利用工作上的便利"与"利用职务上的便利"相区分的核心<u>是</u>是否因单位职务而对单位财物形成刑法意义上的占有，即事实上的控制。

应修改为："利用工作上的便利"与"利用职务上的便利"相区分的核心<u>在于</u>是否因单位职务而对单位财物形成刑法意义上的占有，即事实上的控制。

或修改为："利用工作上的便利"与"利用职务上的便利"相区分的核心<u>在于</u>：是否因单位职务而对单位财物形成刑法意义上的占有，即事实上的控制。

■例 3-18

原表述：受害人在诉讼中非由于主观<u>不能</u>不能证明家庭暴力事实。

应修改为：受害人在诉讼中非由于主观<u>原因</u>不能证明家庭暴力事实。

四、连接字词：意群关系清

（一）两个"与"字

■例 4-1

原表述：与本人职权<u>与</u>职责没有直接联系的便利。

应修改为：与本人职权<u>及</u>职责没有直接联系的便利。

■例 4-2

原表述：涉及的只是地产公司和开发公司之间的法律关系，<u>与</u>本案机械公司<u>与</u>开发公司的争议不属于同一法律关系。

应修改为：涉及的只是地产公司和开发公司之间的法律关系，<u>与</u>本案机械公司<u>和</u>开发公司的争议不属于同一法律关系。

（二）两个"在"字

■例4-3

原表述：在判定被告人在侦查阶段首次认罪供述系因非法方法取得。

应修改为：在判定被告人侦查阶段首次认罪供述系因非法方法取得。

■例4-4

原表述：黄某在淘宝网店在涉案商品展示页面宣称"全网最低价"。

应修改为：黄某在淘宝网店涉案商品展示页面宣称"全网最低价"。

（三）两个"存在"

■例4-5

原表述：李某发现丈夫存在与其他异性存在不正当男女关系的过错行为。

应修改为：李某发现丈夫存在与其他异性有不正当男女关系的过错行为。

■例4-6

原表述：投资公司虽存在递交的合同存在违约风险及未适当履行通知义务的行为。

应修改为：投资公司递交的合同虽存在违约风险并有未适当履行通知义务的行为。

■例4-7

原表述：实业公司未举证证明投资公司存在应当知道仲某存在抽逃出资行为情形。

应修改为：实业公司未举证证明投资公司存在应当知道仲某抽逃出资行为情形。

（四）两个"向"字

■例4-8

原表述：责任保险的保险人，向被保险人给付保险金后，向对保险标的造成损害的第三者行使追偿权，法院应不予支持。

应修改为：责任保险的保险人，赔付被保险人给付保险金后，向对保险标的造成损害的第三者行使追偿权，法院应不予支持。

■例 4-9

原表述：旅游公司可依法向未向其进行瑕疵披露的银行追偿。

应修改为：银行未进行瑕疵披露，旅游公司可依法向其追偿。

（五）两个"以"字

■例 4-10

原表述：以77万元竞拍成功的孙某嗣后以评估报告载明的评估报告有效期已过，要求对净资产变动做追溯调整。

应修改为：以77万元竞拍成功的孙某嗣后提出评估报告载明的评估报告有效期已过，要求对净资产变动做追溯调整。

（六）两个"按"字

■例 4-11

原表述：法院按司法鉴定意见认定按全面设计方案修复。

应修改为：法院依司法鉴定意见认定按全面设计方案修复。

（七）两个"即"字

■例 4-12

原表述：在诉讼时效未届满，即未发生法律效力情况下即着手实施。

应修改为：在诉讼时效未届满，即未发生法律效力情况下就着手实施。

（八）两个"因"字

■例 4-13

原表述：保证合同不应仅因保证人保证系因地方政府指令而确认无效。

应修改为：保证合同不应仅因保证人保证系由于地方政府指令而确认无效。

（九）两个"实施"

■例 4-14

原表述：未实施对抗有关监督检查部门依法实施的监督检查的"隐匿"行为，不构成隐匿会计凭证、会计账簿、财务会计报告罪。

应修改为：未实施对抗有关监督检查部门依法开展的监督检查的"隐匿"行为，不构成隐匿会计凭证、会计账簿、财务会计报告罪。

（十）两个"导致"

■例 4-15

原表述：安装电淋浴器时操作不当，<u>导致</u>水管堵塞，积水渗漏，<u>导致</u>楼下方某房屋受损。

应修改为：安装电淋浴器时操作不当，<u>导致</u>水管堵塞，积水渗漏，<u>造成</u>楼下方某房屋受损。

（十一）两个"承担"

■例 4-16

原表述：该公司依法应对谢某在事故发生后应<u>承担</u>赔偿份额<u>承担</u>连带赔偿责任。

应修改为：该公司依法应对谢某在事故发生后应<u>承担</u>赔偿份额负连带赔偿责任。

（十二）两个"通过"

■例 4-17

原表述：大股东利用控制权，<u>通过</u>股东会表决<u>通过</u>增资决议的方式……

应修改为：大股东利用控制权，以股东会表决<u>通过</u>增资决议的方式……

（十三）两个"形成"

■例 4-18

原表述：不能<u>形成</u>证明两者<u>形成</u>债权债务关系的证据链。

应修改为：不能<u>形成</u>证明两者建立债权债务关系的证据链。

（十四）两个"作为"

■例 4-19

原表述：不能<u>作为</u>该场所<u>作为</u>经营场所在民事权利义务关系中具有合法性的充分依据。

应修改为：不能<u>成为</u>该场所<u>作为</u>经营场所在民事权利义务关系中具有合法性的充分依据。

（十五）两个"作出"

■例 4-20

原表述：提前离开的人无法对余下的人之后<u>作出</u>游泳决定<u>作出</u>预判。

应修改为：提前离开的人无法对余下的人之后的游泳决定作出预判。

（十六）两个"履行"

■例 4-21

原表述：发包方未依约履行通知承包人履行工程维修义务的义务，而主张扣除承包人工程保修金。

应修改为：发包方未依约履行通知维修义务，而主张扣除承包人工程保修金。

（十七）两个"享有"

■例 4-22

原表述：煤炭公司系企业法人，非金融机构，无权享有金融机构享有的收取贷款利息权利。

应修改为：煤炭公司系企业法人，非金融机构，不具备金融机构享有的收取贷款利息权利。

■例 4-23

原表述：应明确保证人享有《担保法》[①] 第 31 条规定的对主债务人享有的追偿权。

应修改为：应明确保证人享有《担保法》第 31 条规定的对主债务人的追偿权。

五、赘义复合：言多或意重

（一）"是非"词组："非"即"不是"

■例 5-1

原表述：归案形式与自动投案是非同一范畴。

应修改为：归案形式与自动投案非同一范畴。

（二）"是否"词组：已含"为""是"

■例 5-2

原表述：股权是否是公司合法财产。

---

① 该法现已废止。

应修改为：股权<u>是否</u>公司合法财产。

■例 5-3

原表述：永年公司<u>是否</u>为国有公司的问题至关重要。

应修改为：永年公司<u>是否</u>国有公司的问题至关重要。

■例 5-4

原表述：在法律上要认定一个地方<u>是否为</u>经营场所。

应修改为：在法律上要认定一个地方<u>是否</u>经营场所。

■例 5-5

原表述：侵入行为<u>是否为</u>非法的判断标准有两个。

应修改为：侵入行为<u>是否</u>非法的判断标准有两个。

■例 5-6

原表述：以确认其<u>是否是</u>地位、作用最为突出的主犯。

应修改为：以确认其<u>是否</u>地位、作用最为突出的主犯。

■例 5-7

原表述：国有企业改制后非"委派"人员<u>是否为</u>国家工作人员。

应修改为：国有企业改制后非"委派"人员<u>是否</u>国家工作人员。

■例 5-8

原表述：被害人是否是"自愿交付"，<u>是否为</u>民事赠与还是刑事诈骗。

应修改为：被害人是否"自愿交付"，<u>是否</u>民事赠与还是刑事诈骗。

■例 5-9

原表述：密码是银行系统识别信用卡<u>是否为</u>合法持卡人持有的关键证据。

应修改为：密码是银行系统识别信用卡<u>是否</u>合法持卡人持有的关键证据。

■例 5-10

原表述：犯罪行为发生地是否为公共场所<u>并非是</u>认定寻衅滋事罪的必要条件。

应修改为：犯罪行为发生地是否公共场所<u>并非</u>认定寻衅滋事罪的必要条件。

■例 5-11

原表述：判断<u>是否为</u>"不满十八周岁的人犯罪"，应当结合犯罪构成进行具体分析。

应修改为：判断是否"不满十八周岁的人犯罪"，应当结合犯罪构成进行具体分析。

（三）"非是"词组：后踵复义叠床架屋

■例 5-12

原表述：其立法意图并非是仅保护住宅本身。

应修改为：其立法意图并非仅保护住宅本身。

■例 5-13

原表述：显然宣某并非是以索债为目的索要"差价款"。

应修改为：显然宣某并非以索债为目的索要"差价款"。

■例 5-14

原表述：并非是负责设计、印刷、管理考研试卷的相关工作人员。

应修改为：并非负责设计、印刷、管理考研试卷的相关工作人员。

■例 5-15

原表述：足以表明其并非是为保护自身的合法权利免受正在进行的不法侵害。

应修改为：足以表明其并非为保护自身的合法权利免受正在进行的不法侵害。

■例 5-16

原表述：既非是在司法机关安排下进行，亦非是将杨某、张某二人的藏匿信息告知司法机关。

应修改为：既非在司法机关安排下进行，亦非将杨某、张某二人的藏匿信息告知司法机关。

■例 5-17

原表述：办案单位提交的三名被告人讯问过程录音录像并非是对实际讯问过程的录音录像。

应修改为：办案单位提交的三名被告人讯问过程录音录像并非对实际讯问过程的录音录像。

■例 5-18

原表述：被告人收受贿赂款行为并非是衡量其行为是否构成犯罪的要件，而是犯罪构成的事实要素之一。

应修改为：被告人收受贿赂款行为并非衡量其行为是否构成犯罪的要件，而是犯罪构成的事实要素之一。

（四）"系为"例外："为"义为"为了"

■例 5-19

原表述：其移转毒品系追求另一目标。

应修改为：其移转毒品系为追求另一目标。

（五）特殊否定用法：时间点表述精准度

■例 5-20

原表述：抢劫信用卡，转账未实际到账前，不计入抢劫数额。

应修改为：抢劫信用卡，转账实际到账前，不计入抢劫数额。

■例 5-21

原表述：在未办过户登记之前。

应修改为：在办理过户登记之前。

■例 5-22

原表述：在未办理结婚登记之前。

应修改为：在办理结婚登记之前。

■例 5-23

原表述：对被征地农民未农业用地转非农业用地之前的过渡性生活保障。

应修改为：对被征地农民农业用地转非农业用地之前的过渡性生活保障。

■例 5-24

原表述：在未发掘出古钱币之前即反映地下有埋藏物。

应修改为：在发掘出古钱币之前即反映地下有埋藏物。

■例 5-25

原表述：在该楼售出后至新的物业经营管理单位未接手前。

应修改为：在该楼售出后至新的物业经营管理单位接手前。

六、精练字词：一字不赘用

（一）单字表意替换：循简洁、精练原则

■例 6-1

原表述：<u>也应当</u>构成介绍贿赂罪。

应修改为：<u>亦应</u>构成介绍贿赂罪。

■例 6-2

原表述：虽<u>还没有</u>交付毒资和毒品。

应修改为：虽<u>尚未</u>交付毒资和毒品。

■例 6-3

原表述：<u>并且也是</u>具有相应避险举动。

应修改为：<u>且亦</u>有相应避险举动。

■例 6-4

原表述：法院对该财产性刑事责任<u>仍然需要予以</u>执行。

应修改为：法院对该财产性刑事责任<u>仍予</u>执行。

■例 6-5

原表述：一般<u>就应该</u>认为其主观心态属于过于自信的过失。

应修改为：一般<u>即应</u>认为其主观心态属于过于自信的过失。

■例 6-6

原表述：三角诈骗的被骗人与被害人<u>虽然可能不是</u>同一人。

应修改为：三角诈骗的被骗人与被害人<u>虽或非</u>同一人。

■例 6-7

原表述：本案审判时，《刑法修正案（九）》<u>也还没有</u>公布实施。

应修改为：本案审判时，《刑法修正案（九）》<u>亦尚未</u>公布实施。

■例 6-8

原表述：犯罪嫌疑人自动投案时<u>虽然没有</u>交代自己的主要犯罪事实。

应修改为：犯罪嫌疑人自动投案时<u>虽未</u>交代自己的主要犯罪事实。

■例 6-9

原表述：行贿人<u>因为不是为了</u>谋取不正当利益或其他原因而不构成行

贿罪。

应修改为：行贿人因非系谋取不正当利益或其他原因而不构成行贿罪。

■例 6-10

原表述：此处"其他严重后果"，必须是被害人即卖淫女在卖淫期间发生的。

应修改为：此处"其他严重后果"，须系被害人即卖淫女在卖淫期间发生的。

■例 6-11

原表述：非直接或专门用于犯罪的财物是否应当认定为供犯罪所用的财物而予以没收。

应修改为：非直接或专门用于犯罪的财物应否认定为供犯罪所用的财物而予以没收。

■例 6-12

原表述："蹭吸"毒品价值已经远远超过王某代购毒品过程中的必要劳动价值和全部支出。

应修改为："蹭吸"毒品价值已远超王某代购毒品过程中的必要劳动价值和全部支出。

（二）避免文白杂糅：精简更彰肃重谨密

■例 6-13

原表述：且根据《刑法》第 231 条之规定。

应修改为：且根据《刑法》第 231 条的规定。

■例 6-14

原表述：设定该保证金之主要目的并非仅为招标活动本身提供担保。

应修改为：设定该保证金的主要目的并非仅为招标活动本身提供担保。

■例 6-15

原表述：器械公司作为其专营医疗产品的全资子公司，必将失去盈利之能力，由此可能丧失承担相应责任之能力。若器械公司无力偿付科技公司之损失，则将逃避相应之法律责任，致使科技公司合法权益无法得到相应保护，此必然有违诚实信用之基本原则。

修改建议：去掉全部"之"字。

（三）同义字词合并：相同表达结构调整

■例 6－16

原表述：成立正当防卫应具备防卫起因的<u>正当性</u>、防卫时机的<u>正当性</u>、防卫意图的<u>正当性</u>、防卫对象的<u>正当性</u>及防卫限度的<u>正当性</u>等法定条件。

应修改为：成立正当防卫应具备<u>防卫起因</u>、<u>时机</u>、<u>意图</u>、<u>对象</u>及<u>限度</u>正当性等法定条件。

（四）国家省略情形：不会曲解为异国语境

■例 6－17

原表述：<u>我国</u>《刑法》第 385 条第 1 款规定。

应修改为：《刑法》第 385 条第 1 款规定。

（五）介词省略情形：不影响结构和意义

■例 6－18

原表述：<u>在</u>公交车行驶过程<u>中</u>，驾驶员与乘客互殴。

应修改为：公交车行驶过程<u>中</u>，驾驶员与乘客互殴。

■例 6－19

原表述：其饮酒及滞留<u>在</u>马某房间聊天<u>期间</u>。

应修改为：其饮酒及滞留马某房间聊天<u>期间</u>。

■例 6－20

原表述：连某<u>在</u>作案<u>前</u>，曾在其家人劝说下到上海市精神卫生中心进行了为期 2 个多月的精神疾病方面的治疗。

应修改为：连某作案<u>前</u>，曾在其家人劝说下到上海市精神卫生中心进行了为期 2 个多月的精神疾病方面的治疗。

■例 6－21

原表述：银行<u>在</u>明知公款私存<u>的情况下</u>仍接受存款。

应修改为：银行明知公款私存仍接受存款。

（六）动词省略情形：表述更为精练准确

■例 6－22

原表述：卢某<u>作为</u>具有完全民事行为能力的人。

应修改为：卢某作为完全民事行为能力人。

■例 6-23

原表述：确定言词内容是否具有诽谤性时，须根据一般人观点、参考整体性标准来认定。

应修改为：确定言词内容是否具有诽谤性时，须根据一般人观点、参考整体性标准认定。

■例 6-24

原表述：在保证合同上同时代表两个公司进行签字。

应修改为：在保证合同上同时代表两个公司签字。

（七）数量省略情形：符合汉语表达习惯

■例 6-25

原表述：两个罪名区别在于客观上是否使用了诈骗方法集资。

应修改为：两罪名区别在于客观上是否使用了诈骗方法集资。

■例 6-26

原表述：戴某作为一个成年人，应清楚到水库钓鱼的危险性。

应修改为：戴某作为成年人，应清楚到水库钓鱼的危险性。

（八）助词省略情形：同样表达不二意思

■例 6-27

原表述：在无证据证明双方变更了联建协议的情况下。

应修改为：在无证据证明双方变更联建协议的情况下。

■例 6-28

原表述：伟成公司虽通过转让合约成为了新发公司控股股东。

应修改为：伟成公司虽通过转让合约成为新发公司控股股东。

■例 6-29

原表述：信息公司按协议约定持有的教育公司 55% 的股权应受到法律保护。

应修改为：信息公司按协议约定持有的教育公司 55% 的股权应受法律保护。

(九)"所"字搭配：名词短语含"的"

■例 6-30

原表述：杨某在侦查阶段所作的有罪供述。

应修改为：杨某在侦查阶段所作有罪供述。

■例 6-31

原表述：按照该组织所犯的全部罪行承担责任。

应修改为：按照该组织所犯全部罪行承担责任。

■例 6-32

原表述：侦查机关所作的讯问笔录存在以下三类问题。

应修改为：侦查机关所作讯问笔录存在以下三类问题。

■例 6-33

原表述：证据收集合法性事实可被视为指控犯罪事实所附带的事实。

应修改为：证据收集合法性事实可被视为指控犯罪事实所附带事实。

■例 6-34

原表述：将杨某持有的房产公司股权出让给投资公司。

应修改为：将杨某所持房产公司股权出让给投资公司。

■例 6-35

原表述：其所遭受的损失是由用资人不按期偿还借款所造成的。

应修改为：其所遭受损失是由用资人不按期偿还借款造成。

(十)"的"字多省略：90%"的"字可删除

■例 6-36

原表述：对已死亡被告人的亲友代为退赔财产，仅能没收其中违法所得部分。

应修改为：对已死亡被告人亲友代为退赔财产，仅能没收其中违法所得部分。

■例 6-37

原表述：本案涉及的已拆除的候车亭的广告经营合同的内容已无履行可能。

应修改为：本案所涉已拆除候车亭广告经营合同内容已无履行可能。

■例6-38

原表述：在实业公司在仅出名贷款，而最终风险由项目来承担的情况下，主张案涉项目融资归其所有，显然违反合作开发房地产的风险共担原则。

应修改为：实业公司在仅出名贷款，而最终风险由项目来承担情况下，主张案涉项目融资归其所有，显然违反合作开发房地产风险共担原则。

（十一）"的"字不省略：防止词义粘连情形

■例6-39

原表述：周某雇请司机偷配钥匙。

应修改为：周某雇请的司机偷配钥匙。

■例6-40

原表述：应将《治安管理处罚法》第60条规定的行政不法行为解释为"情节显著轻微危害不大"因而不具有刑事可罚性行为。

应修改为：应将《治安管理处罚法》第60条规定的行政不法行为解释为"情节显著轻微危害不大"因而不具有刑事可罚性的行为。

（十二）多运用短句子：达致清晰有力效果

■例6-41

原表述：受贿与渎职均构成犯罪时应数罪并罚而非择一重处。

应修改为：受贿、渎职均构成犯罪时，应予并罚，非择一重处。

■例6-42

原表述：使用轻微暴力帮他人抢回赌资应认定为寻衅滋事罪。

应修改为：以轻微暴力，帮人抢回赌资，定寻衅滋事，非抢劫。

■例6-43

原表述：利用职务身份骗取信任后骗财系诈骗而非职务侵占。

应修改为：以职务，骗取信任，后骗财，系诈骗，非职务侵占。

■例6-44

原表述：刑罚执行完毕后发现漏罪应单独处罚而非数罪并罚。

应修改为：刑罚执行完毕后，发现漏罪，应单独处罚，不并罚。

· 347 ·

■例 6-45

原表述：作案后逃往他处自杀被救后主动交代罪行成立自首。

应修改为：作案后，逃他处自杀，被救后，交代罪行，系自首。

■例 6-46

原表述：非法侵入系统修改数据获取利益应认定构成盗窃罪。

应修改为：非法侵入系统，修改数据，获取利益，构成盗窃罪。

■例 6-47

原表述：盗窃数额虽少但因抗拒抓捕当场使用暴力构成抢劫。

应修改为：盗窃虽少，为抗拒抓捕，当场用暴力，转化为抢劫。

七、书面表达：正式且雅致

（一）避免口语表达：表达勿过于生活化

■例 7-1

原表述：因钱系种类物。

应修改为：因金钱系种类物。

■例 7-2

原表述：李萍（委托人张海军的老婆）。

应修改为：李萍（张海军妻）。

■例 7-3

原表述：不服另案判决，应走再审程序。

应修改为：不服另案判决，应通过再审程序。

■例 7-4

原表述：交通肇事构成犯罪，侵权方赔偿精神损失，可走保险。

应修改为：构成交通肇事罪，受害方有精神损失，机动车交通事故责任强制保险应理赔。

■例 7-5

原表述：第三人打欠条，承诺独立担责，构成免责式债务承担。

应修改为：第三人出具欠条，承诺独立担责，系免责式债务承担。

■例 7-6

原表述：<u>也就是说</u>行为人实施犯罪行为之前。

应修改为：<u>亦即</u>行为人实施犯罪行为之前。

■例 7-7

原表述：就现有证据而言，<u>不好确定</u>李某到底购买了多少毒品。

应修改为：就现有证据而言，<u>无法确定</u>李某购买毒品数量。

■例 7-8

原表述：<u>也就是说</u>，行为人最终取得财产，真正受害人是否自愿。

应修改为：<u>即言</u>，行为人最终取得财产，真正受害人是否自愿。

■例 7-9

原表述：进一步<u>来讲</u>，被告方不承担证明侦查人员刑讯逼供的证明责任。

应修改为：进一步<u>而言</u>，被告方不承担证明侦查人员刑讯逼供的证明责任。

■例 7-10

原表述：一般<u>来讲</u>，计算实际被点击数时，指的应是直接真实有效的链接。

应修改为：一般<u>而言</u>，计算实际被点击数时，指的应是直接真实有效的链接。

（二）尽量书面表达：比通俗更严肃庄重

■例 7-11

原表述：二审判决<u>还没有</u>作出。

应修改为：二审判决<u>尚未</u>作出。

■例 7-12

原表述：因其所骗取的<u>都是</u>公共财物。

应修改为：因其所骗取的<u>均为</u>公共财物。

■例 7-13

原表述：<u>这就是</u>由法律拟制的自动投案。

应修改为：<u>此即系</u>由法律拟制的自动投案。

■例 7-14

原表述：其<u>既没有</u>提供毒资，<u>也</u>不是毒品来源。

应修改为：<u>其既未提供毒资，亦非毒品来源</u>。

■例7-15

原表述：如被告人杀人<u>是为了</u>反抗、摆脱家庭暴力。

应修改为：如被告人杀人<u>系为</u>反抗、摆脱家庭暴力。

■例7-16

原表述：居中倒卖者<u>虽然也是</u>处于毒品交易链条中间环节。

应修改为：居中倒卖者<u>虽亦</u>处于毒品交易链条中间环节。

■例7-17

原表述：根据刘某供述，酒精<u>也是</u>他制毒的"原料"之一。

应修改为：根据刘某供述，酒精<u>亦系其</u>制毒的"原料"之一。

■例7-18

原表述：巫某盗窃车钥匙<u>也并不是为了</u>车钥匙自身微薄的客观价值。

应修改为：巫某盗窃车钥匙<u>亦并非为</u>车钥匙自身微薄的客观价值。

■例7-19

原表述：其主观上<u>虽然是为了</u>"躲避警察追捕"而持刀挟持人质欲"索车逃离现场"。

应修改为：其主观上<u>虽系为</u>"躲避警察追捕"而持刀挟持人质欲"索车逃离现场"。

■例7-20

原表述：被害人在案发起因上存在严重过错，<u>这也是</u>认定被告人故意杀人"情节较轻"主要依据之一。

应修改为：被害人在案发起因上存在严重过错，<u>此亦系</u>认定被告人故意杀人"情节较轻"主要依据之一。

八、介词指向：授受应清晰

（一）"向"字用法：动作歧义表意模糊

■例8-1

原表述：陈某<u>向</u>钟某租房。

应修改为：陈某<u>租住钟某房屋</u>。

■例8-2

原表述：2005年，王某向李某借款5万元。

应修改为：2005年，李某出借5万元给王某。

或修改为：2005年，李某向王某出借5万元。

■例8-3

原表述：石化厂员工黎某向孙某提出要私下"卖"一批油。

应修改为：石化厂员工黎某提出，给孙某私下"卖"一批油。

(二)"对"字用法：介词词组作为宾语

■例8-4

原表述：两名被害人表示放弃对余某未偿还的4000万元本金。

应修改为：两名被害人表示放弃余某未偿还的4000万元本金。

或修改为：两名被害人表示对余某未偿还的4000万元本金放弃。

或修改为：两名被害人表示放弃对余某未偿还的4000万元本金财产权利。

(三) 时间点与期间：时间状语清晰描述

■例8-5

原表述：在被停卡后至催收后未满3个月期间所还款项，应视为偿还本金，从犯罪数额中扣除。

应修改为：在被停卡至催收后未满3个月期间所还款项，应视为偿还本金，从犯罪数额中扣除。

九、常用字词：保持敏感度

(一) 常见错别字词：避免犯下低级错误

■例9-1

原表述：截止到案发时。

应修改为：截至案发时。

■例9-2

原表述：综合考查其犯罪情节。

应修改为：综合考察其犯罪情节。

■例 9-3

原表述：王某到案后所做"夺刀误伤"辩解。

应修改为：王某到案后所作"夺刀误伤"辩解。

■例 9-4

原表述：对被告人量刑应综合考虑各种因素，确实做到罪责刑相一致。

应修改为：对被告人量刑应综合考虑各种因素，切实做到罪责刑相一致。

■例 9-5

原表述：对排除非法证据申请，首先要对申请及相关线索或材料作审查。

应修改为：对排除非法证据申请，首先要对申请及相关线索或材料做审查。

（二）其他

（1）"抵销"与"撤销"。合同领域的"抵销""撤销"系特定法律术语，不能错用为"抵消""撤消"，后者系指作用相反而相互消除，故在特定法律语境下，是必须用"抵销"，如"反诉能抵消、吞并或排斥原告所提诉讼请求"，"两者效力可作相互抵消"。

（2）"签订"与"制定"。正确表述为"签订合同"，不能用"签定"，而且没有"签定"这个词。法律草案用"制订"，正式颁布的法律法规用"制定"。

（3）"以致"相当于"以至于"，"定作"不等于"定做"，"法人"不等于"法定代表人"。此外，"诉累"与"讼累"、"案涉"与"涉案"并无本质差别。至于"作出"与"做出"，前者强调抽象动作，如"作出决定"；后者强调具体动作，如"做出样子"。

十、标点符号：使用应规范

（一）后引号的位置：应视引出方式而定

■例 10-1

原表述：《刑法》第 13 条规定："……依照法律应当受刑罚处罚的，都是犯罪,但是情节显著轻微危害不大的,不认为是犯罪"。

应修改为:《刑法》第 13 条规定:"……依照法律应当受刑罚处罚的,都是犯罪,但是情节显著轻微危害不大的,不认为是犯罪。"

■例 10-2

原表述:《刑法》第 232 条规定故意杀人法定刑为"死刑、无期徒刑或者十年以上有期徒刑;情节较轻的,处三年以上十年以下有期徒刑。"

应修改为:《刑法》第 232 条规定故意杀人法定刑为"死刑、无期徒刑或者十年以上有期徒刑;情节较轻的,处三年以上十年以下有期徒刑"。

■例 10-3

原表述:关于有期徒刑、拘役刑期如何计算与折抵的法律规定,在《刑法》第 44 条、第 47 条之中,均为"从判决执行之日起计算;判决执行以前先行羁押的,羁押一日折抵刑期一日。"

应修改为:关于有期徒刑、拘役刑期如何计算与折抵的法律规定,在《刑法》第 44 条、第 47 条之中,均为"从判决执行之日起计算;判决执行以前先行羁押的,羁押一日折抵刑期一日"。

(二) 文中省略符号:引号内容缺省替代

■例 10-4

原表述:《公司法》第 215 条规定:"违反本法规定,构成犯罪的,依法追究刑事责任。"第 216 条规定:"(一) 高级管理人员,是指公司的经理、副经理、财务负责人,上市公司董事会秘书和公司章程规定的其他人员"。

应修改为:《公司法》第 215 条规定:"违反本法规定,构成犯罪的,依法追究刑事责任。"第 217 条规定:"……(一) 高级管理人员,是指公司的经理、副经理、财务负责人,上市公司董事会秘书和公司章程规定的其他人员……"

■例 10-5

原表述:最高人民法院《关于审理掩饰、隐瞒犯罪所得、犯罪所得收益刑事案件适用法律若干问题的解释》第 2 条规定:"掩饰、隐瞒犯罪所得及其产生的收益行为符合本解释第一条的规定,认罪、悔罪并退赃、退赔,且具有下列情形之一的,可以认定为犯罪情节轻微,免予刑事处罚:……(二) 为近亲属掩饰、隐瞒犯罪所得及其产生的收益,且系初犯、偶犯的……。"

应修改为:最高人民法院《关于审理掩饰、隐瞒犯罪所得、犯罪所得收益刑事案件适用法律若干问题的解释》第2条规定:"掩饰、隐瞒犯罪所得及其产生的收益行为符合本解释第一条的规定,认罪、悔罪并退赃、退赔,且具有下列情形之一的,可以认定为犯罪情节轻微,免予刑事处罚:……(二)为近亲属掩饰、隐瞒犯罪所得及其产生的收益,且系初犯、偶犯的……"

■例10-6

原表述:最高人民法院、最高人民检察院《关于办理危害计算机信息系统安全刑事案件应用法律若干问题的解释》第1条第1款规定:"非法获取计算机信息系统数据或者非法控制计算机信息系统,具有下列情形之一的,应当认定为刑法第二百八十五条第二款规定的'情节严重':(五)违法所得五千元以上或者造成经济损失一万元以上的;"

应修改为:最高人民法院、最高人民检察院《关于办理危害计算机信息系统安全刑事案件应用法律若干问题的解释》第1条第1款规定:"非法获取计算机信息系统数据或者非法控制计算机信息系统,具有下列情形之一的,应当认定为刑法第二百八十五条第二款规定的'情节严重':……(五)违法所得五千元以上或者造成经济损失一万元以上的……"

(三)引文末尾省略:前后标点一般去除

■例10-7

原表述:其中4种情形属于并非由组织者、领导者直接组织、策划、指挥、参与的违法犯罪,即:"由组织成员以组织名义实施,并得到组织者、领导者认可或者默许的;……"。上述情形下……

应修改为:其中4种情形属于并非由组织者、领导者直接组织、策划、指挥、参与的违法犯罪,即:"由组织成员以组织名义实施,并得到组织者、领导者认可或者默许的……"上述情形下……

■例10-8

原表述:最高人民法院《关于审理抢劫、抢夺刑事案件适用法律若干问题的意见》规定:"入户……盗窃、诈骗、抢夺后,为了窝藏赃物、抗拒抓捕或者毁灭罪证,在户内……当场使用暴力或者以暴力相威胁的,构成'入户抢劫'……。"本案中，……

应修改为：最高人民法院《关于审理抢劫、抢夺刑事案件适用法律若干问题的意见》规定："入户……盗窃、诈骗、抢夺后，为了窝藏赃物、抗拒抓捕或者毁灭罪证，在户内……当场使用暴力或者以暴力相威胁的，构成'入户抢劫'……"本案中……

（四）连续两个冒号：一般去除其中一个

■例 10-9

原表述：最高人民法院《关于审理抢劫、抢夺刑事案件适用法律若干问题意见》第 9 条第 1 款关于抢劫罪与相似犯罪的界限：冒充正在执行公务的人民警察、联防人员，以抓卖淫嫖娼、赌博等违法行为为名非法占有财物的行为定性：行为人冒充正在执行公务的人民警察"抓赌""抓嫖"，没收赌资或者罚款的行为，构成犯罪的，以招摇撞骗罪从重处罚；在实施上述行为中使用暴力或者暴力威胁的，以抢劫罪定罪处罚。

应修改为：最高人民法院《关于审理抢劫、抢夺刑事案件适用法律若干问题意见》第 9 条第 1 款关于抢劫罪与相似犯罪做了规定。冒充正在执行公务的人民警察、联防人员，以抓卖淫嫖娼、赌博等违法行为为名非法占有财物的行为定性：行为人冒充正在执行公务的人民警察"抓赌""抓嫖"，没收赌资或者罚款的行为，构成犯罪的，以招摇撞骗罪从重处罚；在实施上述行为中使用暴力或者暴力威胁的，以抢劫罪定罪处罚。

（五）两个引号之间：中间顿号一般不要

■例 10-10

原表述：符合"当场"、"暴力"等要求。

应修改为：符合"当场""暴力"等要求。

■例 10-11

原表述：犯罪人亲友无"陪"、"送"行为。

应修改为：犯罪人亲友无"陪""送"行为。

■例 10-12

原表述：有些犯罪虽然属于"数额巨大"、"情节严重"的范畴。

应修改为：有些犯罪虽然属于"数额巨大""情节严重"的范畴。

■例 10-13

原表述：行为人冒充正在执行公务的人民警察"抓赌"、"抓嫖"。

应修改为：行为人冒充正在执行公务的人民警察"抓赌""抓嫖"。

■例 10-14

原表述：网络游戏中"金币"、"宝物"等虚拟财产的获得伴随着相应上网费用支出。

应修改为：网络游戏中"金币""宝物"等虚拟财产的获得伴随着相应上网费用支出。

■例 10-15

原表述：主要投资人属于"幕后黑手"、"老板"、"大哥"，当然应对组织卖淫活动承担全部责任。

应修改为：主要投资人属于"幕后黑手""老板""大哥"，当然应对组织卖淫活动承担全部责任。

■例 10-16

原表述：彭某骗取的是购房定金，而非"运作费"、"打点费"等与合同内容无关费用，故宜认定为合同诈骗。

应修改为：彭某骗取的是购房定金，而非"运作费""打点费"等与合同内容无关费用，故宜认定为合同诈骗。

（六）引号之间标点：不能去掉例外情形

■例 10-17

原表述：《看守所人所人员身体检查表》记载"有伤。自述在楼梯上碰伤""备注"一栏又记载"自述昨天下午抓捕时头部撞在铁栏杆上"。

应修改为：《看守所人所人员身体检查表》记载"有伤。自述在楼梯上碰伤"，"备注"一栏又记载"自述昨天下午抓捕时头部撞在铁栏杆上"。

■例 10-18

原表述：《刑法》第 88 条规定，不受追诉期限限制的前提条件是"立案侦查或者在人民法院受理案件以后""立案侦查以后"涵盖的情形范围显然宽于"被批准逮捕以后"。

应修改为：《刑法》第 88 条规定，不受追诉期限限制的前提条件是"立案侦查或者在人民法院受理案件以后"，"立案侦查以后"涵盖的情形范围显然宽于"被批准逮捕以后"。

（七）书名号间顿号：一般不做顿号隔断

■例 10-19

原表述：伪造了《股东会议纪要》、《股权转让协议》等文件。

应修改为：伪造了《股东会议纪要》《股权转让协议》等文件。

■例 10-20

原表述：栗某利用自己在公司担任副经理、掌管公司公章的便利，携带盖有公章的《股东会议纪要》、《股权转让协议》等文件，私自办理股权变更登记。

应修改为：栗某利用自己在公司担任副经理、掌管公司公章的便利，携带盖有公章的《股东会议纪要》《股权转让协议》等文件，私自办理股权变更登记。

■例 10-21

原表述：与此同时，《消费者权益保护法》、《食品安全法》、《侵权责任法》[①]、《优化营商环境条例》等法律法规也明确了"退一赔三""退一赔十"等惩罚性赔偿条款。

应修改为：与此同时，《消费者权益保护法》《食品安全法》《侵权责任法》《优化营商环境条例》等法律法规也明确了"退一赔三""退一赔十"等惩罚性赔偿条款。

（八）标点全角半角：注意中文环境用法

■例 10-22

原表述：最高人民法院《关于审理民间借贷案件适用法律若干问题的规定》第 14 条第 2 款规定："当事人通过调解、和解或者清算达成的债权债务协议，不适用前款规定."

应修改为：最高人民法院《关于审理民间借贷案件适用法律若干问题的

---

① 该法现已废止。

规定》第 14 条第 2 款规定："当事人通过调解、和解或者清算达成的债权债务协议，不适用前款规定。"

■例 10-23

原表述：当年采取的"公司+农户"经营模式,说明政府、农户是养殖合同一方主体。

应修改为：当年采取的"公司+农户"经营模式，说明政府、农户是养殖合同一方主体。

■例 10-24

原表述：另见《顾丽红诉周××抚养费案(子女抚养费负担　诉讼时效)》。

应修改为：另见《顾丽红诉周××抚养费案（子女抚养费负担　诉讼时效)》。

（九）多层句意之间：顿号逗号要做区分

■例 10-25

原表述：刑事审判参考案例第 1098 号：汤某、庄某盗窃、朱某掩饰、隐瞒犯罪所得案。

应修改为：刑事审判参考案例第 1098 号：汤某、庄某盗窃，朱某掩饰、隐瞒犯罪所得案。

■例 10-26

原表述：刘某系某国有公司常务副总经理、分局分局长、副局长。

应修改为：刘某系某国有公司常务副总经理，分局分局长、副局长。

■例 10-27

原表述：利用担任市政府副市长、分管城建、规划、房地产开发等工作的职务便利。

应修改为：利用担任市政府副市长，分管城建、规划、房地产开发等工作的职务便利。

■例 10-28

原表述：最终致 165 人遇难、8 人失踪、798 人受伤、直接经济损失 68.66 亿元。

应修改为：最终致 165 人遇难、8 人失踪、798 人受伤，直接经济损失

68.66亿元。

■例10-29

原表述：对手段、情节、危害一般、介于违法与犯罪之间的猥亵行为。

应修改为：对手段、情节、危害一般，介于违法与犯罪之间的猥亵行为。

■例10-30

原表述：轻微暴力致人死亡案件的定性，可结合案发起因、打击工具、部位、力度、双方力量对比和介入因素等综合分析判断。

应修改为：轻微暴力致人死亡案件的定性，可结合案发起因，打击工具、部位、力度，双方力量对比和介入因素等综合分析判断。

■例10-31

原表述：应认定部分事实不清、证据未达确实、充分程度。

应修改为：应认定部分事实不清，证据未达确实、充分程度。

■例10-32

原表述：受国家机关、国有公司、企业、事业单位委派。

应修改为：受国家机关，国有公司、企业、事业单位委派。

■例10-33

原表述：办案程序存在明显缺陷，包括：对聂某违规监视居住、现场勘查无见证人、辨认、指认不规范。

应修改为：办案程序存在明显缺陷，包括：对聂某违规监视居住，现场勘查无见证人，辨认、指认不规范。

■例10-34

原表述：检察院以刘某犯组织、领导黑社会性质组织罪、故意杀人罪、故意伤害罪、非法持有枪支、弹药罪等提起公诉。

应修改为：检察院以刘某犯组织、领导黑社会性质组织罪，故意杀人罪，故意伤害罪，非法持有枪支、弹药罪等提起公诉。

■例10-35

原表述：就故意杀人犯罪而言，主要有提起犯意、纠集同案人、准备作案工具、选择、确定犯罪目标、制定犯罪计划。

应修改为：就故意杀人犯罪而言，主要有提起犯意，纠集同案人，准备

· 359 ·

作案工具，选择、确定犯罪目标，制定犯罪计划。

■例 10-36

原表述：组织卖淫情节是否严重，应以管理、控制的卖淫人员人数、造成被组织卖淫人员伤亡后果等而非卖淫次数来认定。

应修改为：组织卖淫情节是否严重，应以管理、控制的卖淫人员人数，造成被组织卖淫人员伤亡后果等而非卖淫次数来认定。

■例 10-37

原表述：这一事实认定，需要相应物证、书证、证人证言、被害人陈述、被告人供述、鉴定结论、辨认、侦查实验、现场勘查笔录及电子证据等各种类证据的印证与支持。

应修改为：这一事实认定，需要相应物证，书证，证人证言，被害人陈述，被告人供述，鉴定结论，辨认、侦查实验、现场勘查笔录及电子证据等各种类证据的印证与支持。

■例 10-38

原表述：申请排除非法证据，之所以规定被告方承担提供材料或线索责任，主要是基于司法成本、平衡控辩双方诉讼权利、明确争点、解决争议考虑。

应修改为：申请排除非法证据，之所以规定被告方承担提供材料或线索责任，主要是基于司法成本，平衡控辩双方诉讼权利，明确争点、解决争议考虑。

■例 10-39

原表述：对于将重罪故意辩解为轻罪故意情形，可根据行为人和被害人关系（是否有矛盾，矛盾大小）、行为人作案时的行为表现（是否扬言杀人，是否追杀）、被害人的创口部位（要害部位还是非要害部位）、创口数量（多处创口还是一处创口）、行为人作案后的态度（是否有抢救被害人的行为）等在案证据证实的情节来分析。

应修改为：对于将重罪故意辩解为轻罪故意情形，可根据行为人和被害人关系（是否有矛盾，矛盾大小），行为人作案时的行为表现（是否扬言杀人、是否追杀），被害人的创口部位（要害部位还是非要害部位），创口数量（多处创口还是一处创口），行为人作案后的态度（是否有抢救被害人的行为）等在案证据证实的情节来分析。

■例10-40

原表述：莫某及辩护人以小区消防问题导致火灾扑救延时、莫某曾积极报警、施救为由辩解和辩护。

应修改为：莫某及辩护人以小区消防问题导致火灾扑救延时，莫某曾积极报警、施救为由辩解和辩护。

■例10-41

原表述：被告人是否实际控制、使用非法吸收的资金、投资人是否了解资金实际去向均不影响非法吸收公众存款罪成立。

应修改为：被告人是否实际控制、使用非法吸收的资金，投资人是否了解资金实际去向均不影响非法吸收公众存款罪成立。

■例10-42

原表述：应结合被告人到案经过、到案后表现、对犯罪行为认识、认罪、悔罪程度等多个方面综合判断其自首价值。

应修改为：应结合被告人到案经过，到案后表现，对犯罪行为认识，认罪、悔罪程度等多个方面综合判断其自首价值。

■例10-43

原表述：协助卖淫活动组织者实施其他行为，充当保镖、打手、管账人或为直接组织者招募、雇佣、运送卖淫者、为卖淫活动安排场所、为卖淫活动望风放哨等。

应修改为：协助卖淫活动组织者实施其他行为，充当保镖、打手、管账人或为直接组织者招募、雇佣、运送卖淫者，为卖淫活动安排场所，为卖淫活动望风放哨等。

■例10-44

原表述：根据最高人民法院、最高人民检察院《关于死刑第二审案件开庭审理工作有关问题的会谈纪要》第3项、最高人民法院《关于进一步做好死刑第二审案件开庭审理工作的通知》第4条、最高人民法院、最高人民检察院、公安部、司法部《关于进一步严格依法办案确保办理死刑案件质量的意见》第 32 条。

应修改为：根据最高人民法院、最高人民检察院《关于死刑第二审案件开庭审理工作有关问题的会谈纪要》第 3 项，最高人民法院《关于进一步做好死刑第二审案件开庭审理工作的通知》第 4 条，最高人民法院、最高人民检察院、公安部、司法部《关于进一步严格依法办案确保办理死刑案件质量的意见》第 32 条。

（十）并列句子之间：分号与连接词关系

■例 10-45

原表述：在案大量书证证实，海关工作人员被走私集团收买后，或违反规定批准设立海关监管点；或帮助搞假货物查验；或违法开具海关保证函；或违规为走私提供过驳重量鉴定；或帮助截留关封；或对发现的走私活动不予查处。

应修改为：在案大量书证证实，海关工作人员被走私集团收买后，或违反规定批准设立海关监管点，或帮助搞假货物查验，或违法开具海关保证函，或违规为走私提供过驳重量鉴定，或帮助截留关封，或对发现的走私活动不予查处。

■例 10-46

原表述：这种"管理或者控制"主要表现在对卖淫人员和卖淫活动的管理和控制上，既表现为行为人使用协商、劝说、引诱等平和方式，就卖淫方式、服务内容、收费分成等与卖淫人员达成合意，使卖淫人员自愿服从管理；也表现为行为人使用暴力、胁迫等具有强迫特征的手段，如组织者对卖淫人员实施扣押身份证、户口簿等证件的行为。

应修改为：这种"管理或者控制"主要表现在对卖淫人员和卖淫活动的管理和控制上，既表现为行为人使用协商、劝说、引诱等平和方式，就卖淫方式、服务内容、收费分成等与卖淫人员达成合意，使卖淫人员自愿服从管理，也表现为行为人使用暴力、胁迫等具有强迫特征的手段，如组织者对卖淫人员实施扣押身份证、户口簿等证件的行为。

（十一）序号标点区分：方块与阿拉伯数字

■例10-47

原表述：两罪转化应注意的问题是：第一、区分主观上不愿退还与客观上不能退还。

应修改为：两罪转化应注意的问题是：第一，区分主观上不愿退还与客观上不能退还。

■例10-48

原表述：具体认证理由如下：第一、宗某对其被抓当天所做有罪供述不能作出合理解释……

应修改为：具体认证理由如下：第一，宗某对其被抓当天所做有罪供述不能作出合理解释……

正确的序号标点用法是："一、……（一）……1.……（1）……①……第一，……"即便原文错用，只要不是双引号式的引用，转换成我们自己引用时，就应该纠正过来。

对法律文字做到严谨是一种可以养成的习惯。尽管有些错误，无论我们多么认真，限于自身长期认知和习惯，可能无法完全消弭，但只要做有心人，保持对法律文字和标点的敏感度，或者，不犯上面笔者摘引并修改的原例句不当或错误之处，相信你的法律文书写作已经避开了绝大多数的坑。

第五章

优 化

第27讲

辩护词写作的误区
——谈辩护词写作的定位与构思

◇ 王九川[*]

关于辩护词写作，笔者在这里不做面面俱到的讲解，只谈笔者认为比较重要但易被忽视、被误解的几个问题，主要从定位和构思两个方面展开。

一、定位

先谈谈定位问题。"辩护词写作的定位"是笔者提出的一个概念，这是一个重要的基础问题，不把这个问题想清楚，我们的辩护词写作就会只停留在技术层面。

在有关刑辩技能的研讨中，法庭辩论、阅卷等主题备受关注，而讨论辩护词写作的很少，在众多的刑辩技能培训中，辩护词写作也大多被放在最后一项，也可能被省略掉，由此可以看出辩护词写作在刑事辩护各项技能中所处的地位。在很多人看来，不就是一种法律文书的写作么？既然是文书写作，就会有基本的模版，要遵循常见的文书写作规范，所谓有"起首、结语"，要"结构严谨""层次清晰""表达准确"之类，到处都是这样的观点，虽然泛泛，也没有错，但如果把辩护词写作当作法律文书写作来看，未免有些狭隘了。

另外，在辩护词写作上还长期存在两个误区：一是过于偏重从法庭辩论的角度来谈辩护词写作，而忽视写作自身的特点；二是把辩护词写作当作一项独立的操作环节来看待，忽略了写作和其他辩护活动的关系。笔者认为，

---

[*] 王九川，北京市京都律师事务所高级合伙人、律师，京都刑辩讲堂主任。

对辩护词写作要有多角度的认识，笔者提倡律师在辩护词写作上要养成"四个意识"。

（一）第一个意识，辩护词写作不仅是写，也是一项辩护活动，写作不是独立的行为，而是与其他辩护行为共处于一个互动的系统中

很多人把辩护词写作看作是一项比较容易应对的工作。不少辩护人整理完辩护词，当作书面作业寄给法官；有的是庭前写好稿子，休庭后直接交给书记员。这似乎标志着辩护活动的各项规定动作的完结。事实上，写作辩护词不是辩护的尾声，而是对前期辩护工作总结、反思的过程，也是酝酿、调整后期辩护策略的过程。

在写作中，辩护人可能会发觉此前辩护中的疏漏，发现新的问题、新的线索，由此可能要去会见、调查取证，可能要申请延期开庭，相关的辩护活动都可能再次展开，一些辅助性工作，包括查询资料、研讨论证等也可能继续进行。笔者自己就有这样的经历，因为在写作中发现新的问题，带着问题去会见，被告人也受到启发，提供了他原来没有讲过的、自认为没有意义的事实和证据线索，后来取得的证据改变了案件的走向，带来了无罪裁决的结果。当然，不是每个案件都会有突破，但这种强烈的互动意识，会带给我们更多的辩护机会。

所以，辩护词写作关系到出庭辩护和庭后辩护的质量，关系到全案有效辩护的效果。辩护人要养成辩护词写作与其他辩护手段互动的思考习惯，不要把辩护词写作孤立化，要置于辩护的全流程中看待。辩护词写作与其他辩护活动是同一个系统工程的组成部分，这一点非常重要。

（二）第二个意识，辩护词写作是法庭辩护的延续，要以说服阅读者（主要为裁决者）为目的，讲究书面说理技巧和沟通艺术

和法庭辩护一样，使用书面辩护意见也是以说服为目的。在法庭上，我们辩论是为反驳公诉人，让合议庭法官理解并在内心认同辩护意见，在庭后，法官就又多了一个身份——阅读者。提交书面辩护意见的目的就是说服合议庭法官，还有其他对案件有影响的人。所以在写作中，不要忽略受众由听者转为阅读者这一特点，要多考虑阅读者的感受，注意把握书面沟通技巧，不能自说自话。

我们在庭前起草辩护词，要统筹考虑辩护词的结构、内容、语言风格等，那就不是单纯的书面文字，而是法庭发表辩护意见的底稿，如果在庭后继续修改，或者是根据庭审发言起草辩护词，就要考虑这份书面辩护意见和法庭发言如何有效衔接，如何继续强化法庭辩护的效果。

不要以为书面辩护词只是写判决时摘录辩护意见的文本，书面辩护意见常常还是会被合议庭成员及相关人员拿去研究，评估其对案件的影响。辩护人不能因为臆测他们可能不会认真阅读辩护词就对写作持应付的态度。庭后对辩护词的审阅、评议、汇报、讨论等一系列环节，是对辩护意见进一步理解、消化和评估的过程，尽管律师人不在场，但你的文字就是无声的辩护，纸谈也是有意义的，不可放过这样的机会。

近些年来，法官对书面辩护意见的重视程度要高于从前，尤其是争议较大的疑难案件，不少法官还是希望看到有质量的辩护词，有时因为庭审时间的限制，辩护人没有足够的发言时间，法官也会要求提交系统的书面辩护意见。那些低质量的辩护词，实际上削弱了辩护效果，让法官失望，也辜负了当事人的信任。

（三）第三个意识，辩护词写作的重点不在于写，而在于思考

辩护词是作品，我们要有创作的态度，创作好作品的基础在于用心构思。辩护词写作也是这样，其重点不在于写，而在于思考。要把时间多分配在思考上，如果上来就不停地敲键盘，则很难获得高质量的辩护词。

在动笔之前，要有全方位的构思，落笔也不只是观点的陈列，而要在系统处理素材的过程中进行深耕。辩护人不仅要就"有罪"意见的回应内容进行系统整理，还要继续深挖疑难点，找到理想的切入点，并考虑合适的表达方式。认真写的律师有这样的体会，越是沉下心来写，就越可能有好的思路出来。在草稿出来后，我们要反复阅读，不厌其烦地修改，有时不要勉强自己，停下来吃透了再写。

有一起共同犯罪案件，因为证据材料相当杂乱，笔者认为辩护观点显得不够系统，为了增强说服力，笔者决定放弃常规写法，在正面论证的同时，借鉴归谬法，对本案有罪和无罪的两种推理方式进行比对，指控的问题一下就暴露出来了，法官认为讲得很到位。后来这个案件经过申诉，被改判无罪。

笔者和田文昌老师办理过一个挪用资金案，从证据体系上发掘，结合相关的法律规定，可以提出很多理由来论证单位行为的成立，起草后仍觉得不够精彩，其中写到租赁行为这一部分，经过反复修改推敲，田老师提出从"融资租赁"的角度来为行为定性，这一观点亮出来，很多参与这个案件的人感到耳目一新，似是而非的争议问题变得清晰多了。

前一个案例是论证方法上的调整，后一个案例是辩护角度上的突破，如果只按常规的思路和方法来写，就不会有这样的力度。

（四）第四个意识，辩护词写作对律师基础能力的提升具有重要意义

前面是就案件辩护的价值来谈辩护词写作定位。笔者认为，律师还要把辩护词写作当作提升能力的一个重要手段。关于能力结构，有多种分类法，笔者在此不展开讲，只强调两个基本要素。

1. 思维能力

写作对思维能力的提升有特别的作用。通过严格的辩护词写作训练，辩护律师不仅在文字水平方面获得长进，思维能力也会得到不同程度的提升。律师能说但又写不好，不仅是语文功底问题，还是思维能力问题，需要通过认真的写作来进行自我改进。擅长思辨的哲学家往往是作家，不少政治人物的文字能力也堪比作家，很多优秀的法律人都能说会写，辩护律师不要在这方面出现短板。

对每一次的辩护词写作，我们都要当作一次思维能力训练课。写作就像炼钢，把你前期工作积累的原料投进去，通过严密的工艺，熔炼出成品，如果出现质量缺陷，我们就要检讨前面的环节，查看在理解、分析、比较、推理等方面的不足，加以改进。

2. 情绪能力

情绪能力是情商的核心部分。我们知道，阅读就是沟通，辩护词也是沟通的载体，写作者一定要具备换位感受阅读者体验的能力，要对自身的个性有一定的了解，在写作表达中扬长避短，不能完全按自己的性情来。要提高书面辩护意见的说服力，需要提高共情能力和自我调解的能力。在写作过程中，可能还会发现自己在其他的辩护活动中暴露出的情绪能力上的不足，进行调整。

辩护词写作这项技能没有得到应有的重视，有一个原因就是普遍没有意识到这项技能对律师能力提升的作用。所以，对每一次辩护词写作，我们都可以把它当作一次辩护实践的总结课、执业能力的训练课，当作一次自我修炼的机会。

二、构思

我们再来谈谈如何构思辩护词。在辩护词写作实践中，很多朋友习惯提笔就来，反正前期工作积累的材料不少，辩点也了然于胸，写就是了。前面我们谈到，要把辩护词写作当作全程辩护的动态行为之一来定位，那么还是要做一个胸怀辩护全局的写作者，而不是埋头写作业的人，要有写好辩护词、通过写作来影响案件的强烈意愿，这样我们的构思就会有格局。

所以，在写作前要多花一些时间来做构思，只有深思熟虑，才会有精彩的文字出来。这里笔者提供几个构思的角度供参考。

（一）评估受众特点

辩护词是写给法官的，主要阅读者是他们，在某些情况下，公诉人、其他对案件有影响的人员、当事人也会看到，就他们阅读辩护词的反应，需要提前进行评估。

一方面，要考虑共性反应，这里是指法律内行的普遍感受，特别是法官们普遍的习惯性看法。搞实务的人看辩护词，会抓关键问题，对套话、空话不会细读，尤其讨厌那些夸夸其谈、缺乏专业度的表述，而外行往往喜欢腔调大于内容的文字，这样的辩护词，不管文采多么好，也没有价值。我们都看过那些极端的例子，辩护词里都是故事和煽情，明显是写给公众看的，给人一种追求社会舆论压力的感觉，这已经不是辩护词了。

另一方面，要重视个性反应。每个刑事案件的起因、背景，都有自己的热点，不同的法官，在认知、性格特点上会有差异，不同地区的办案机关在案件处理上也会形成本地的经验。我们通过前期的辩护工作，对这些会有所感知，要及时总结、分析。有些聪明的律师，还会关注办案所在地的地域风俗、文化传统、当地人的性情等。积累这些心得，有助于我们评估当地这些辩护词阅读者的个体特征，把握好说理的角度和方式。

辩护最大的忌讳，就是不要自说自话，更不要给阅读者以"我站在正义的视角俯视你们"的感觉。和比自己资历浅的法律人打交道，看到不公正的执法行为，受到冷遇，类似情形都可能导致心态失衡，有的同人可能会把这些感受带入写作中。我们看到，有的律师写辩护词时抓住他认定的违法行为不放，大段地使用抨击、教训的词句，惊叹号不断，动不动就扣帽子，或者在平和的文字中突然冒出几句激烈言词，以为这样很有震慑力，其实往往适得其反。

要注意，辩护人在离开法庭现场后，面前已没有观众、听众，一个人在写作中就容易松懈下来，忽略受众的感受，这是需要警惕的。

（二）确立文体形式

辩护词接近于哪些文体，论文，议论文，还是演说？辩护词就是辩护词，它具有论文的严谨性，但不像论文那样理论化，而是就案件的事实、证据和法律适用进行论证。因为要驳斥控方观点，说服法官等人；辩护词还具有辩论和演说的特点。论辩是辩护词的基本特征。辩，重在抓住对方的漏洞；论，要做到逻辑自洽；辩、论要易于传达、理解，体现说理特点。可以说，辩护词在整体上更像是一种特殊的议论文。笔者倾向于认为，辩护词就是一种独特的文体，不需要归到现有的哪一类文体里面。

在名义上，辩护词还属于专业法律文书，但没有统一的模板，不存在硬性要求，所以实践中的辩护词在文体形式上多种多样。在构思时，我们只须选择文体的风格倾向，是偏重于论述还是辩论，是偏重于驳斥还是偏重于立论，是多一点辨析还是增加一些情理表达，要仔细斟酌。比如，法官很重视这个案件的法理阐释，那就多借鉴一些论文的特点，如果案件的焦点就在事实和某几个证据上，又没有那么复杂，那就直接分析，别绕弯子。

现在，过度的论文化是需要注意的一个问题。有的作者具有良好的法学理论功底，论文没少写，习惯把辩护词演绎成学术论文，名词解释、学说阐释的内容不少，如果是庭前写的，法庭第一轮辩论就变成念论文稿子了，非常的沉闷，令庭上各方不胜其烦。对于有些案件，必要的理论解读是需要的，但要合适，例如，谈正当防卫，有的辩护词又是作名词解释，又要引用国外的学说，这样的辩护词没法击中要害。

（三）选择必要素材

仅就当今刑事案件的卷宗量来看，写辩护词不愁没有素材，但要善于挑选、整合。这里笔者可供辩护词写作使用的素材内容分类的角度，谈几点注意事项。

1. 有罪事实和意见部分

这部分包括起诉书、公诉意见、作出有罪认定的裁决书和认罪认罚协议等，这里有对事实的概述、认定，还有办案机关的观点和分析。有时还要使用起诉意见书，虽然起诉意见书是侦查机关移送审查起诉时的结论，但在审判阶段可能涉及事实认定的比较、讯问的合法性审查等问题，所以不要只盯着起诉书。

这些法律文书内容是我们论辩的具体指向内容。有的内容条理清晰，有的表述得不是那么清楚、明白，也有的文书回避一些争议的问题。无论是上述哪一种情况，我们都要对这些内容进行梳理、提炼，总结出需要驳斥的结论性意见，以及对当事人有利、可以为我们所用的内容，然后分类处理，树立几个不同级别的目标。

2. 有罪证据部分

这部分主要是经过公诉机关审查和补充的卷宗证据材料、法院裁决认定的有罪证据材料，这些材料在阅卷和制作质证意见过程中我们基本上已经消化理解。构思辩护词时对这部分要有取舍，突出重点，不能面面俱到。常见的问题是把大段的质证意见抄录到辩护词中。现今的案件证据材料越来越多，几百份、上千份的都有，按照质证意见罗列、改编，辩护词会显得很厚，这样做不能体现辩护词的价值。辩护词是系统的论证观点，对指控证据的使用要服从于论证需要。

3. 无罪和罪轻证据部分

辩护人对调查取得的证据，要给予比较充分的论证，即使没有被同意出示，也可以在辩护词中加以引用，以引起法庭重视，争取通过再次开庭来获得出示的机会。有些指控卷宗里有对被告人有利的无罪、罪轻证据，可以拿来使用，如果控方没有举证，可以申请作为辩方的证据来出示，在辩护词写作的时候要加以强调。

4. 程序部分

从实践来看，在多数案件中，程序辩护一般不会成为辩护的重点，如果这个角度获胜的机会不大，在辩护词中就要控制比重。对于值得争取的程序辩护理由，要充分论述。笔者看过一个卷宗，一审的辩护重点就是全力围绕羁押和管辖问题进行，辩方经过努力，获得了想要的裁定，法院把案件退回公诉机关。还有关于庭前会议处理的那些问题，如果认为有必要结合事实和证据认定加以分析，也可以写进辩护词里。

5. 法律适用部分

这部分包括法律法规，还有其他规范性文件，这方面一定要做好充分的功课。有时候可能还要引用一些司法政策文件，包括批复、讲话一类。引用案例分析，多数也放在这一部分。有时候，我们还需要从法理角度来分析一些疑难问题、一些立法上不能够覆盖的问题。比如，笔者遇到过"干股"受贿问题，当时还没有明确的相关法律规定，笔者就专门写了一篇补充辩护意见。还有专家论证意见书，现在比较多。有的律师把相关的学理解释放在法律适用部分，在辩护词中还是不要用专家的名头来说话，这会让人反感，可以把专家论证的内容融入辩护意见中，从辩护人的角度来阐释。

6. 背景部分

有关案件发生的背景、案件的起因，在某些案件中，辩护人会提到。过去在涉黑案件、部分民营企业家涉罪案中，有的辩护人没少讲这方面的意见，故在这方面要把握好分寸。此外，经过背景调查，辩护人如果发现被告人有被诬告陷害、非法讯问的线索，可以从非法证据排除、案件来源的合法性等方面提出意见。

7. 情理部分

这方面的意见对于裁决结果一般没有直接影响，有些涉及指控、认定事实的部分，可以从酌定情节的角度来写。

8. 辩护意见和请求部分

这部分既包括独立成段的结论式辩护意见，也包括各部分的分论点，要把整体结论性意见和具体意见都考虑清楚再动笔，要考虑判决书与裁定书中引用的可能。

我们还要注意，一个刑事案件可供辩护词使用的素材内容很多，对内容的取舍、组织，要多做权衡，因地制宜适用，像作战一样，不能各种枪炮弹药猛放一通，要做到大小轻重武器、弹药的有效匹配。

（四）设计基本结构

以前有律师请笔者提供辩护词的模板，笔者说没有模板，只有一些参考文本，辩护词写作不能套路化。从辩护模式角度，笔者归纳出这几种辩护词常用模式。

1. 犯罪要件式

在中国，犯罪构成说已经深入人心，成为刑事实务界的一个基本交流工具。自恢复辩护制度以来，犯罪构成四要件结构几乎成为辩护词的标配结构，今天还在被普遍使用。偶尔我们会见到三阶层说的使用，三阶层体系有辩护上的优势，笔者希望今后能看到更多的运用三阶层说的辩护词。

2. 证据辩护式

随着刑事证据规则的逐步建立，证据辩护成为辩护的主流。证据辩护有三个角度：一是质证角度，就是对证据的三性发表意见；二是指控事实角度，按照起诉书列明的事实来分析证据体系，找出指控的证据漏洞；三是犯罪构成角度，即对照犯罪构成要素，去审查对应的证据。在这种类型的辩护词写作中，要着重从后两个角度出发，围绕指控证据体系展开论证，这样具有较强的针对性。

3. 程序辩护式

通常的做法是，通过本案程序文书等相关证据材料的审查，发现程序中的纰漏，指出程序违法行为及其后果，达到阻止案件向有罪方向发展的目的。尽管实践中程序违法的问题不难发现，但完全以程序辩护为内容的辩护词还是不多。

4. 焦点问题式

就是抓住争议的主要问题直接进入论辩，对于那些争议较小、对案件结果影响不大的，少说甚至不说，这种写法难度高一些，需要对案件有深入的理解和分析，还要有较强的逻辑能力、表达能力作为支撑。

5. 情理辩护式

谈伦理、提背景、评社会影响、表达心情等内容，都可以归为情理辩护，这一类辩护词不多见。有些律师认为案件本身辩点少，胜诉希望渺茫，便从犯罪起因、主观恶性、社会影响等方面入手，采用讲故事、谈道德的手法来写作。这种写法容易走向煽情化，可能更容易获得外行的喝彩。辩护人可以谈一些情理，但不能把辩护词写成非专业的文章。我们可以适当使用情理辩护，增强辩护效果，但要做到情理不离法理。

6. 混合式

把以上多种模式混合使用的，在辩护词写作中也较常见。辩护人可以根据需要自由设计全文结构。在实践中，有的已经把这种写法模式化了，有的类似于八股文，要根据案情需要，多尝试不同的写法。笔者看到几篇辩护词，有充实的内容，但在结构上有些生硬，所谓"事实之辩""程序之辩""政策之辩""情理之辩"这样的划分，有条块堆积的感觉，影响说理效果，要做到辩护词内容的有机融合，还要在逻辑层次上多下功夫。

（五）考虑语言风格

辩护词语言的风格，涉及语法、修辞等方面，是在起草过程中形成的，这里不展开讲。在构思阶段，重点要考虑的是语言的风格取向，这里先重点谈两个问题。

1. 口语和书面语

关于口语、书面语的风格选择，有不同的处理方式。有人认为，法庭辩论稿偏重于口语化，有利于交流；书面辩护词偏重于写作风格，可供阅读和摘录，辩护词和法庭辩论意见稿，可以是两个版本，有各自的优势。笔者提倡一般情况下统一为一个稿子，没有太大的出入，这样可以体现出辩论的生动性以及论证的严谨性。当然，这些不是一成不变的做法，可以灵活选择。

对于法庭第一轮发言，这种方式比较好操作。第二轮、第三轮辩论发言的观点，是应变式的，比较口语化，可以整理后放到辩护词里。如果认为当庭的第二轮发言自成体系，比较精彩，需要突出其中的观点，也可以整理成补充书面辩护意见。

2. 语言的规范化与个性化

作为给内行看的专业辩护意见，当然要以法言法语为基调，笔者看过的辩护词里，最糟糕的就是满篇的唠家常，还有口语和书面语混用，标准论文式的语言风格也有。笔者主张在使用法言法语的基础上，做到自然流露，保留一些现场感，适度让语言个性化。怎么做到个性化？把前面讲的受众、文体、内容、结构等方面构思成熟，在下笔后，自身的语言风格就自然形成了，在语法、修辞上再做一些调整，就会更有特色。

本文从定位、构思两个角度来解读辩护词写作，供各位参考。最后，笔者要强调的是，辩护的目的是维护当事人的合法权益，是要做有效辩护，这就要求创作出有力量的、可能影响诉讼进程与结果的辩护词。所以，要把辩护词写好，必须付出足够的心力。习惯于模式化法律文书写作，很难有进步，总是想着走程序，不去下功夫，写作需要责任感和享受感。当然，有的同人也用了心思，收效不大，这是方法问题。笔者希望更多的律师同道重新认识并热爱辩护词写作，把辩护词写作的格局放大，一定会有收获。

第28讲

辩护词的特点、与向优秀辩护词靠拢的六大要素

◇ 杨矿生[*]

一般来说,检察机关的起诉书和公诉人发表的公诉意见都有基本的写作要求,人民法院对判决书的体例也有要求,很多地方法院也经常举办优秀判决书的评选。

有一些判决书在网上发布以后受到广泛好评,被称为"判决书的范本""最说理的判决书"等。

但是,辩护词应当怎样写,似乎没有具体的规定和要求,什么样的辩护词是优秀的辩护词,也没有统一的标准。刑辩律师撰写辩护词多是从老律师或者从其他律师同行那里学到的。

近期,辩护律师应当如何表达辩护意见,如何写好辩护词,引起了学界的关注,也引起了律师界的纷纷讨论。尽管实务中辩护词的风格各异,但大家一致认为,辩护词是律师进行辩护、发表辩护意见的一种载体,辩护词作为一种呈交给法院的法律文书,有其内在的规律要求和明显的特点。我们在发表辩护意见或撰写辩护词的过程中都会受到这些特点的引导、约束和规范。

一、辩护词的基本特点

经笔者总结,辩护词主要有以下几个方面的特点。

---

[*] 杨矿生,北京市中同律师事务所主任,北京市律师协会刑法专业委员会主任。

（一）辩护词的内容主要是围绕起诉书的指控，从事实、证据和法律适用等方面进行阐述和分析

辩护词的内容一般会受到以下两方面的限制：

一是辩护词的内容要受到律师职责的限制。发表辩护意见是辩护律师履行职责的表现，《刑事诉讼法》第37条明确规定了辩护律师的职责，所以，辩护律师发表辩护意见和制作辩护词要受到《刑事诉讼法》第37条规定的限制。也就是说，辩护律师要根据案件事实和法律规定，提出被告人无罪、罪轻或者减轻、免除刑事处罚的材料和意见。

二是辩护词的内容要受到起诉书指控内容的限制。法庭的审理活动源于起诉书的指控，起诉书指控的事实，以及其中的证据和法律适用对于法庭审理的范围起到了限制作用。同理，律师辩护的范围也受到起诉书指控内容的限制，辩护意见也必须以起诉书的指控内容为基础，不可能抛开起诉书的指控内容另起炉灶。

因此，辩护词从内容上来看，主要还是围绕起诉书的指控来展开的，对指控事实是否清楚、能否成立，指控证据是否确实充分，是否形成了证据链条，以及根据法律规定对行为性质如何认定、诉讼程序是否合法四个方面进行分析，发表辩护意见。

除了以上四个方面的基本内容之外，从法律适用中还可以细分出量刑辩护，量刑辩护也是辩护的重要内容。

在某些案件中，除了起诉书指控描述的案件事实以外，还有一些事实方面的内容，如被告人的口碑以及被告人的一贯表现等事实情节，也可以作为影响量刑的酌定情节，纳入我们的辩护内容。

当然，在某些案件中特别是在涉及量刑辩护的案件中，情理辩护或伦理辩护可能会起到重要的作用，也成了辩护的内容之一。在未来的辩护中，情理辩护也会越来越受到重视，但总体而言，情理辩护或伦理辩护在整个辩护中所占比重很小，或者说只是其中的一个辩点。

近年来，涉案财产辩护也引起重视，也将成为辩护的一个重要内容。

辩护律师要记住：援法而言是辩护词的本质属性，法律性是辩护词的内在要求和基本特征。

（二）辩护词从表达形式上看，总体上属于议论文的文体

因为辩护词主要是对起诉书的指控内容进行反驳，从表达方式上讲就是一种驳论，而同时辩护人也会对起诉书没有涉及的内容提出自己的正面观点，如提出被告人有酌定量刑情节应当酌情从轻处罚等，这种表达方式就是立论，所以辩护词从表达方式上看，既有驳论，也有立论，有破有立，先破后立。

无论是驳论还是立论，都会采用摆出论点、运用论据、进行论证的方式，都要应用逻辑思维，显然，这种表达方式就是议论文的表达方式。

当然，辩护词在很多情况下也会有叙述事实的内容，但叙述也是为了说明某种观点，实际上这是运用事实作为论据进行论证。

因此，辩护词从文体上可以说是一种夹叙夹议的议论文，它不可能是散文体，更不可能是诗歌体。

说理性和逻辑性是辩护词的外在形式特征。

（三）辩护词是说给法官听的，其功能是要说服法官，影响判决

这个道理很浅显，因为案件的裁判权掌握在法官手中。但是，说起来容易做起来难，一旦走入法庭，面临公诉人、被告人、家属、旁听者，随着法庭审理活动的展开，很多律师就会受到环境的影响，忘记辩护的初衷，导致辩护词的功能错位。

1. 第一种错位：很容易把辩护词看成是简单的对起诉书的反驳词，把反驳公诉人当成了辩护的目的

虽然公诉人是辩护律师的庭审对手，辩护词的内容主要是对起诉书的指控进行反驳，但是，辩护律师要深刻地记住一点，无论是公诉人还是辩护人，无论双方的辩论多么激烈，双方的辩论行为都是在向法庭表达自己的看法，而不是在向对方表达自己的看法，其目的都是想说服法官，希望法官接受自己的意见，而不是要反驳对方，说服对方接受自己的意见。

所以，辩护律师发表辩护意见时，关注的重点不应该放在公诉人身上，而应当放在法官身上。

2. 第二种错位：过度看重被告人及其家属的感受，把他们当成了辩护词的主要倾听者，影响了辩护观点的客观理性表达

虽然辩护是为了保护被告人的合法权益，辩护意见的形成、辩护策略的选择等问题要与被告人沟通，很多方面要考虑当事人的感受，但是因为辩护词主要也不是说给被告人和家属听的，辩护更不是表演给他看的，所以他们的感受不是决定辩护观点和表达方式的关键因素。

李奋飞教授根据实践经验，认为一般来说正确的做法是辩护策略由双方协商，案件事实由当事人负责，但辩护中的法律观点应当由辩护人提出，不能过多地受制于被告人的感受和情绪。

所以，法庭辩论时一定要记住，辩护词的功能和作用主要是说给有裁判权的法官听的，其目的是要说服法官，影响裁判，这是辩护词的功能特征。

基于这一出发点，在辩护观点的思考和形成的过程中，辩护人要站在法官的角度，尽量考虑法官思维的特点，在表达形式上，要让法官更容易理解和接受。实践中，有一些良好的做法值得总结、借鉴。

某些不顾法官的感受，一厢情愿地任意表达，过度展现个人风采的做法，可能会适得其反，对于这方面的教训也应总结。

（四）是否需要事先准备书面辩护词应视情况而定

有人主张开庭前一定要准备好书面辩护词，有人主张不需要事先准备书面辩护词。实践中也是这样，有些辩护律师在开庭时已经准备好了书面辩护词，有些辩护律师边开庭边现场起草辩护意见，也有些辩护律师完全是口头发表辩护意见，没有任何书面的辩护词或辩护提纲。

笔者认为，是否需要事先准备书面辩护词可以根据不同的情况作不同的处理。如果是简单的案件，不事先准备书面的辩护词或辩护提纲，也是可以的，但如果是重大复杂的案件，事先准备好书面的辩护观点还是必要的。

笔者认为还有两点值得注意：一是无论案件是否重大复杂，都应该事先准备好相应的辩护思路和辩护预案；二是无论是否事先准备书面辩护词，庭后必须提交书面辩护意见，这是对法官的尊重，也是对自己的尊重，体现了辩护律师的基本职业素质。根据个人办案的经验感受，庭后提交书面辩护词会继续发挥对法官的影响作用，在某些案件中甚至会起到意想不到的作用，

是辩护的继续和延伸。

（五）庭审后提交的书面辩护词是对当庭发表的辩护意见的补充和完善，两者有一定的区别

经常在网上看到某些律师的辩护词篇幅很长，内容非常完整，有些甚至旁征博引，笔者想这些辩护词或多或少是根据当庭发表的辩护意见进行了补充修改后的完整版本，即使是庭前准备好的书面辩护词，这么长的篇幅，在法庭上能完整宣读吗？

笔者之所以产生这种疑虑，是因为庭审的时间总是有限的，审判长一般不喜欢辩护人长篇大论地发表意见或长时间全文宣读书面辩护词。遇到这种情况，审判长就会提示辩护律师简要归纳辩护观点，详细意见可以书面提交。在有些极端的情况下，在辩护人发表辩护意见之前，审判长对每位辩护人发表辩护意见的时间干脆就直接进行了明确限定。

因此，从法庭效果的角度考虑，即使事前准备了书面辩护词，也不宜当庭照本宣读。况且，庭审中也随时会有新的情况出现，发表辩护意见时也免不了会对这些新的情况进行应对，如果照本宣科，就不可能兼顾到这些情况。

有些律师将准备好的辩护思路或者辩护词列成辩护观点提纲，庭审时根据这些提纲再结合公诉意见加以适当的调整，就形成了当庭发表的辩护意见，这种做法可能是一种比较符合庭审实际情况的做法。

从庭审情况看，当庭口头发表的辩护意见比较口语化，内容也比较简洁；而庭审后提交的书面辩护词文字比较规范，内容比较细致全面，也会把当庭不便于口头表述的一些内容写进书面辩护词中。因此，庭审后提交的书面辩护词是对当庭发表的辩护意见的总结补充和修改完善。

（六）辩护词需要一种仪式感

笔者认为，辩护意见无论是口头表达，还是书面表达，都应当有一定的仪式感，体现辩护律师的职业尊严，不能没有任何仪式感就直接发表辩护观点。

二、向优秀辩护词靠拢的六大要素

无论是当庭发表的口头辩护意见，还是庭后提交的书面辩护词，都是辩护律师对代理该案件的辩护思路和辩护观点的系统梳理和集中展示。优秀的辩护词应当具备下面的六大要素。

（一）观点明确，论据充分

所谓观点明确，就是指要开门见山，旗帜鲜明地表明你的辩护观点，不要闪烁其词，不要兜圈子，不要让大家去猜你的辩护观点是什么，也不要让法官从你的辩护理由中去寻找你的辩护观点。

对具体的辩护理由也要归纳提炼成为一系列小观点，然后再展开论述，从书面表达方式来看，每一段都要有独立的标题和观点，让法官一目了然。

所谓论据充分，就是指每一个辩护观点都要有充分的依据支撑，既有事实方面的依据，也有法律方面的依据，不能信口开河。那些违背情理、异想天开、相互矛盾或者没有证据支持的观点，没有任何说服力，要给法官留下讲事实、讲证据的客观印象。

（二）总结升华，突出重点

所谓总结升华，就是指要对庭审调查、举证质证等各方面的问题和发表的意见进行归纳总结，有些问题在前面没有说透的，在发表辩护意见时应当予以补充，有些问题和观点在前面已经说得很透彻了，后面就不要简单重复，而是应当进行归纳概括，在此基础上提炼提升辩护观点。

所谓突出重点，就是指要抓住能够影响定性和量刑的关键性问题，集中力量进行分析，说深说透。无论是当庭口头表达的辩护意见，还是庭后提交的书面辩护意见，都要力求重点突出，不要面面俱到。

（三）说理充分，逻辑性强

说理越充分越能说服人，逻辑性越强越能吸引人。以偏概全、凭空假设、前提错误、强词夺理、不合情理、强行推理的辩护观点，根本不可能被法官接受。

（四）结构合理，层次清晰

辩护意见的前后布局要合理。相同的问题要放在同一个段落内进行集中分析论证，不能前面说了后面又说，前后重复。同样，同一个观点也不能前后反复论证。

不同的段落说不同的问题，表达不同的观点，问题和观点都不能交叉，不能重复。

（五）用词严谨，表达准确

严谨准确的表达是法律活动的基本要求，辩护词是一种诉讼法律文书，口头表达辩护意见也是一种诉讼法律活动，任何用词和表达得不准确、不严谨，都有可能扭曲辩护观点的原意。真理向前迈过一步就成了谬误。因而，辩护律师在表达辩护观点时一定要注意用词表达的准确严谨，尽量不要说错话，不要说过头话。有时可能就是因为这些说过了头的话、说错了的话，而使正确的辩护意见被忽略或者被认为是错误的。

（六）情感表达，理性适度

公诉人发表公诉意见需要充分揭示犯罪行为对社会造成危害的严重性，需要充分挖掘犯罪的原因，需要充分阐述案件对社会的警示作用，为了增强对这些问题的表达力度，公诉人经常会采用具有情感色彩的话语和方式进行表达。

很多辩护律师在发表辩护意见时常常大段地进行情感表达，情感表达确实可以使辩护更富有感染力，可以给辩护增色，但是情感表达不能泛滥，不能用情感辩护取代事实辩护、法律辩护。情感表达要适度要理性，也就是说，要在紧紧围绕事实、证据、法律进行分析论证的同时，辅之以适度的情感表达，画龙点睛，使它们成为一个和谐的整体，否则就会恰得其反。如何把握情感表达的火候和尺度，对辩护律师来说也确实是一种考验。

第29讲

如何提升辩护词的可接纳度：策略与实践思考

◇ 蔡 华[*]

辩护词的撰写技能，历来是法律实务界讨论的热点，都说辩护是一种说服的艺术。众多律师通过自媒体分享了各自的策略与方法，见解深刻，颇具启发性。

然而，辩护词的写作绝非是可以简单套用固定模板的技艺。每个案件的事实基础、证据链条、辩护策略、当事人的诉求乃至辩护人自身的风格都千差万别。即使是同一案件的不同辩护人，因职责分工与论证侧重点的差异，其辩护词的架构也必然迥异。诚如田文昌先生所言："辩护词不会有一个统一的模式和标准。"因此，试图提供或接受一种"放之四海而皆准"的辩护词写作范式，既缺乏现实基础，也难有实际效用。

辩护词作为辩护律师（本文特指律师辩护人）独有的专业意见表达载体，其相应的格式和内容辩护人都了然于胸，其核心要素——论点鲜明、重点突出、论据翔实、逻辑严谨——早已是行业共识。然而，将这些共识应用于具体个案、具体当事人时，辩护人仍须结合自身对案件的理解深度、行文风格乃至诉讼策略进行个性化构建。尤为关键的是，辩护词的核心受众是案件的办案机关和办案人员，其本质是在刑事诉讼各阶段向办案机关系统阐述辩护观点。因此，辩护人在挥洒个人风格与策略的同时，必须深刻洞察并尊重阅读者（尤其是法官）的思维习惯与接受心理，提升辩护词的可接纳度。

---

[*] 蔡华，广东啸风律师事务所创始人、主任，中华全国律师协会刑事专业委员会委员，西北政法大学刑事辩护高级研究院副院长。

本文无意于教授"如何撰写辩护词",而是聚焦于探讨在刑事辩护实务中,如何提升辩护词被办案机关采纳的可能性,分享一些实践中的感悟与思考。

一、辩护词的时空维度:贯穿刑事诉讼全过程

一种普遍却片面的观点认为,辩护词仅指庭审中发表的最终辩护意见。此观点虽非全错,却有失偏颇。

我国刑事诉讼程序通常划分为侦查、审查起诉和审判三个阶段。依据《刑事诉讼法》第34条的规定,犯罪嫌疑人自被侦查机关第一次讯问或采取强制措施之日起即有权委托辩护人(侦查阶段仅限律师);被告人则有权随时委托辩护人。这意味着,律师可能参与刑事案件的某一个阶段,也有可能是参与完整的诉讼阶段。律师自接受委托之时起,其法律身份即确定为辩护人,其在各诉讼阶段依法提交的、旨在维护当事人合法权益的书面意见(特定程序性文书除外),其本质均属辩护意见。也就是说,律师作为刑事案件犯罪嫌疑人或者被告人的辩护人,在案件任何一个阶段都可以依法提交辩护意见。

因此,辩护词的撰写与提交并非审判阶段的专属行为,而是贯穿刑事诉讼始终的动态过程。

在侦查阶段,可就案件是否成立、嫌疑人行为是否构成犯罪、侦查活动是否合法等问题提出初步辩护意见。

在审查起诉阶段,可在阅卷的基础上,针对起诉意见书的意见进行深入分析与辩驳。

在审判阶段,则须在全面把握案情与证据后,针对起诉意见书进行系统性、综合性的辩护论证。

这里需要分辨清楚的是辩护意见与法律意见书这一对概念。笔者注意到,实务中有律师在案件的侦查阶段和审查起诉阶段乃至审判阶段将自己对案件的看法和意见,以所谓的"法律意见书"的形式进行提交,甚至部分司法解释也将辩护律师在各阶段提交的意见称为"法律意见书"。对此提法,笔者持不同见解。

侦查机关在刑事案件侦查终结后，形成的文书叫"侦查终结报告"，移送审查起诉时向人民检察院提交的文书叫"起诉意见书"。人民检察院对案件进行审查时所形成的法律文书称为"案件审查报告"，向人民法院起诉时，形成的法律文书称为"起诉书"。人民法院在审结案件后形成"刑事裁定书"或"刑事判决书"。请注意，没有哪一个部门将自己所形成的对案件的相关意见称为"法律意见书"。执法机关、司法机关尚不把自己的意见上升为法律意见，他们都有专门的称谓和规范，那么，辩护人对案件发表的看法，为当事人作出的辩护意见，又如何能称为"法律意见书"呢？

人民检察院在办理案件过程当中，根据不同的情况和需求，有可能需要出具相关的建议，他们称为"检察建议"，人民法院在办理案件过程中，向相关部门出具的可能也只是"司法建议书"等，但都没有将这种文书称为"法律意见书"。可见，执法机关、司法机关自身严格区分文书性质，谨慎使用"法律意见书"的称谓，其出具的文件多为基于职权作出的"报告"、"意见"或"建议"，明确其非"法律"本身。

因此，笔者认为，律师作为辩护人在办理刑事案件的过程中，核心职责是提出"辩护意见"，旨在说服而非立法。对案件的辩护观点不能称为"法律意见"，更不能以"法律意见书"的形式提交。将辩护意见拔高为"法律意见书"，既名不副实（因其非立法或司法解释），也可能模糊了辩护工作的本质——基于事实、证据与法律进行论证说服。

笔者主张，辩护律师提交的文书应明确称为"关于某某案的辩护意见"或"关于某某不应某某的辩护意见"等，直指辩护核心，避免不必要的概念混淆。

二、分阶段提升接纳度的写作策略

笔者认为，辩护律师在办理刑事案件辩护的过程中，无论是在侦查阶段、审查起诉阶段还是审判阶段，只要是带有辩护性质的文书，均应称为"辩护意见"或者"辩护词"。在案件不同阶段辩护词的撰写，应根据不同阶段的特点和需求进行动态的调整。

在案件的侦查阶段，辩护意见应当将策略性表达与客观陈述结合。在此阶段，由于辩护律师没有法律意义上的侦查权，案件信息主要源于嫌疑人的陈述及有限的调查，对全案事实、证据掌控度较低，因此，辩护意见的写作核心是客观呈现已知事实，清晰描述现已了解的案件情况。围绕案件的真实性、成立的可能性、嫌疑人行为的关联性等问题，审慎提出合理的质疑。力求做到进退有度，论证留有余地，避免绝对化结论。既要指出侦查行为的瑕疵或侵权以维护当事人权益，又须避免无意中为侦查提供"补证指引"。

因此，在这个阶段向侦查机关提交"关于某某某的法律意见"，显然是错误的。事实上，这个阶段作为辩护人提交的对案件的看法和意见也应当是辩护人的辩护意见，也只能是"辩护意见"，而不是"法律意见"。

例如，可以是"关于对某某某不应侦查立案的辩护意见""关于对某某某不应提请逮捕的辩护意见""关于对某某某不应移送起诉的辩护意见"等，直截了当地提出辩护观点，不赞同把自己的观点上升为"法律意见"。

在案件的审查起诉阶段，辩护意见的撰写和提交应当精准靶向，把控时机。在此阶段，辩护人已阅知了侦查机关或调查机关的起诉意见书，通读了案件的证据材料，对案件的事实以及对案件证据的感知和公诉人处于同一个层面（检察机关提前介入的案件除外），经过会见当事人和核实相关的证据材料，对案件的认知达到了新的高度。因此，辩护意见的写作核心是明确靶向，直接针对起诉意见。经过对起诉意见的分析论证，找到"案眼"（案件核心争议点）和"辩点"（有利突破口），尽可能地着力"破"解起诉意见的立论基础，在可能的情况下，根据自己所掌握的相关证据进行"立"，尝试构建有利于当事人的"新事实"框架。这个时候撰写辩护意见不但要对起诉意见进行反驳，还要构建异于起诉意见书的案件事实，如此才能起到辩护的作用和功能。

在审查起诉阶段，什么时候最合适撰写和提交辩护意见也是值得研究和思考的。对于案件事实清楚、证据确实、充分，只能从罪轻角度和量刑情节提出辩护观点的案件，可以比较早地撰写和提交辩护意见，以利于和公诉人进行书面交流，让公诉人尽早地知道辩护人的辩护观点和思路，为当事人争取利益最大化。对于案件事实复杂、证据不够充分的案件，尽可能地等到案件第二次退回补充侦查，重新移送到人民检察院以后才着手撰写和提交辩护意见。此举旨在避免辩护观点成为公诉机关引导补充侦查的方向，同时，第二次退回补充侦查重报以后，案件的材料会更加完备充分，更有利于我们精准地分析案件，从而提出更扎实的辩护意见。

在案件的审判阶段，应系统整合证据材料，严谨呈现辩护意见。此阶段辩护律师提出的辩护意见是建立在全案事实、证据已充分展示的基础上，针对起诉书的指控内容全面展开。既可以是针对程序提出辩护意见，也可以是针对实体提出辩护意见，更多的是对全案综合性地提出辩护意见。这个时候，整篇辩护意见的论点明确、重点突出、论据充分、逻辑分明就显得尤为重要。

在案件审判阶段，不同的辩护人撰写辩护词都有不同的方式、方法。有的辩护人喜欢在案件开庭审理之后再撰写辩护词，有的辩护人喜欢在案件开庭审理之前就撰写好辩护词。

笔者习惯于案件开庭审理之前就撰写辩护词，这是基于对案件的整体把控程度，明确知晓案件在庭审过程中不太可能有新的情况和新的事实发生，此正所谓万变不离其宗。笔者习惯将一份辩护意见准备两个版本，其一为书面版本，其二为口语表达版本。

书面版本侧重于立论的明确性、内容的全面性、法理的精准性、逻辑的严谨性。口语表达版本是书面版本简略化、口语化的产物，更注重语言精炼、通俗易懂。在庭审结束以后，如果庭审没有发生新的事实、新的情况，在没有必要修改、更新书面版本的情况下，庭审结束笔者即提交辩护意见。如果在庭审中有新的意见和新的观点产生，笔者则会修改书面版本的意见再行提交或另行提交补充辩护意见。口语表达版本是在发表辩护意见时使用的，更类似于一种语言交流，讲究直接、直率，不绕弯子，不像文字表达那样死板。

三、提升可接纳度的具体写作技巧

（一）标题：观点先行的"门面"

摒弃平淡，力求通过主副标题清晰传达核心辩护观点与诉求。标题是阅读者（法官）的第一印象，应一目了然。好的标题能瞬间抓住注意力，并精准传达辩护主旨，显著提升文书被重视和接纳的可能性。

以下是笔者撰写辩护意见的标题示例：

析事实核证据依程序　理应数罪并罚严惩处

循天理讲国法观人情　更符认罪认罚宽量刑

——吕某某犯故意杀人罪、抢劫罪、盗窃罪一案辩护意见

客观行为帮助犯罪酿大错　毋庸置辩

主观心态蒙受欺骗急刹车　罪疑从轻

——请求对李某某依法作出酌定不起诉决定的辩护意见

风能进雨能进　国王不能进

诉能解讼能解　警察不能解

——建议对陈某某、何某某、王某某涉嫌诈骗、非法吸收公众存款高利转贷依法作出不起诉决定的辩护意见

有律师和学者认为，辩护词是法律文书，应当遵守严格的格式。笔者认为，辩护词是辩护人作为个体向案件承办机关或案件承办人阐述的思想，所以在遵循基本格式的前提条件下，可以有自己独特的风格。

比如，笔者在承办的陈某某、何某某、王某某涉嫌诈骗、非法吸收公众存款、高利转贷一案，在向人民检察院提出的辩护意见时，直接用"风能进雨能进，国王不能进；诉能解讼能解，警察不能解"为辩护意见的题目，用副标题表达辩护的诉求，取得了三人三罪均不起诉的效果。

再如，在承办一个发生在27年前的故意杀人、抢劫、盗窃案中，笔者使用的标题是"析事实核证据依程序，理应数罪并罚严惩处；循天理讲国法观人情，更符认罪认罚宽量刑"，用副标题表明是吕某某案的辩护意见，标题让阅读者一目了然。

（二）开篇：直击要害，纲举目张

在简述辩护人身份后，宜尽快（如在正文第三段左右）清晰列明核心辩护观点（如"本辩护人认为：1……；2……；3……"）。这有助于阅读者迅速把握辩护思路，在后续汇报或撰写文书时能有效理解和运用辩护观点。

（三）结构：层次清晰，段落精当

笔者反对僵化格式，倡导清晰逻辑。辩护词是思想的阐述，非刻板公文。在保证基本要素（案号、当事人、案由、辩护观点、论证、结论）齐全的前

提下，鼓励体现个性。

辩护词应当注重段落编排，每个段落集中阐述一个核心意思，避免大段堆砌文字，通过合理分段使论证层次分明，阅读顺畅。字词句组成段，有序段落构成章，此乃文章之本。

（四）语言：精准简洁，力戒浮华

辩护词应当斟字酌句，反复修改打磨，去除冗余词汇、不当标点，力求表达精准、无歧义。

辩护词的核心是运用法律分析案件的事实和证据，是服务于当事人利益。撰写辩护意见不是炫耀高深的学问，应聚焦于案件的法律适用，避免脱离案情、过度援引域外法理或进行冗长的纯理论探讨，此易招致阅读者反感。

辩护词应详略得当，篇幅的长短完全取决于辩护人对案件事实和证据的分析论证，取决于案件复杂程度和论证需要。核心原则是"当繁则繁，当简则简"，以充分说理、论证透彻为准则。

（五）情理交融：把握分寸，不可或缺

辩护词需不需要情感的宣泄，应根据不同的案件进行取舍。刑事司法追求天理、国法、人情的统一。辩护词中，在恪守法律论证的基础上，恰当融入对天理（普遍正义观）、人情（具体情境、人性考量）的阐述是必要且有力的。关键在于"度"的把握，情感渲染应为法律论证服务，避免情绪宣泄，保持专业理性的基调。

结语

提升辩护词的可接纳度，是一项融合专业功底、诉讼策略、表达艺术与同理心的综合能力。要求辩护律师不仅深谙法律、精研证据，更须洞悉不同诉讼阶段的特点与办案人员的思维模式，并据此灵活调整表达策略与文书形式。从明确反对"法律意见书"的称谓以正本清源，到在侦查、审查起诉、审判三阶段采取差异化的写作策略，再到对标题设计、结构安排、语言锤炼、情理融合等细节的孜孜以求，其核心目标始终如一：让辩护意见更具说服力，更有效地被倾听、被理解、被接纳。

辩护词的写作，永无"最好"，唯有追求"更好"。这需要持续的知识积累、深厚的经验沉淀、敏锐的洞察力以及勇于为当事人利益据理力争的职业担当。在法律职业共同体的建设中，不断提升辩护词的专业化水平与沟通效能，对于实现有效辩护、维护司法公正具有深远意义。愿与同人共勉，切磋琢磨，精益求精。

第 30 讲

如何拓展"辩点"有效提升辩护意见的"杀伤力"

◇ 吕良彪[*]

导语：辩护词的核心在于辩点的"杀伤力"

近二十年来，笔者处理的刑事案件均为国企高管或民营企业家涉嫌经济类犯罪案件，基本属于通过诉讼仲裁、投资并购等多元方式解决投资争端这一主业的延伸服务，大多也都有效"消化"在法庭审理之前。所以在笔者看来，"辩护词"绝非仅限于在法庭上发表并经事后整理的书面文件，而是每一次与公安、检察院、法院等办案机关交流的程序性、实体性法律意见的阶段性综合阐述，是律师整体办案思路的集中展现，广义的辩护词显然理当包括与侦查（调查）机关、公诉机关和审判机关就撤销案件、不起诉或从轻、减轻乃至免除刑事处罚或根本不构成犯罪的系统表达。有效的辩护，不应该是律师一个人在战斗，专家、媒体的意见都可能构成辩护词的重要组成部分。对于辩护律师而言，仅精通刑事法律是远远不够的。

与办案机关法律文书相比，辩护词可以更具律师个人风格，书面表达能力需要随律师长年积累而不断提升，没有捷径可走。而辩护词这种文体，除了表达的艺术，更重要的是辩护意见本身的"杀伤力"，尤其需要创造性地找到有力辩点。

接下来，笔者将结合具体办案实务，来谈谈在辩护词中如何拓展有效辩点。

---

[*] 吕良彪，北京大成律师事务所高级合伙人，中国政法大学商学院客座教授。

一、解决问题的全新思路与解决方案，是辩护意见的重要组成部分

曾经，笔者的客户牛某某被公安机关以涉嫌虚假注册罪和抽逃出资罪抓捕。经了解，客户系当地唯一上市公司的实际控制人，因上市公司连续两年亏损面临被摘牌退市的风险或将影响当地官员政绩乃至地方稳定发生矛盾。该公司原系国企，改制后引进笔者的客户为战略投资人，后迅速成功上市。但其后数年，企业经营出现困难，笔者的客户因种种原因导致出现刑事风险。

针对这一情况，我们在征得客户同意之后，建议地方政府对该上市公司启动司法破产程序，在依法宣告企业破产的同时对企业进行了有效保护，而且通过对债权债务及人员的处理，成功实现了上市公司的"净壳"与各方利益的平衡。在此过程中，我们协调了监管机关，联系了合适的新战略投资人，最终成功实现了企业的破产重整与借壳上市，也消除了客户的刑事风险。

而在处理江南某国有控股上市公司原董事长鲍某某受贿案中，辩护律师通过促成国内某著名企业集团收购该上市公司控股权，通过重组使该困境中的上市公司重获生机，股价迅速有了明显提升，也在相当程度上缓解了当事人的刑事责任，最终当事人因公司财务问题的缓解获得轻判。

行胜于言：创造性的解决方案，显然是有效辩护的重要组成部分。

二、对证据的解读和观点的提出能够影响到合议庭、公诉人

例如，我们在为中部某省属重点国有企业原总裁受贿、国有公司人员失职被骗一案辩护的时候，发现不仅行贿人、受贿人对于近 20 年前行贿、受贿的细节描绘惊人一致，而且受贿人的驾驶员对近 20 年前平凡日子里随领导出行时帮领导搬取行李的细节都记得清清楚楚且与前二人描述完全一致。据此，笔者提出反腐败斗争既要依法，也要符合常理。同时，提交证人对此问题的说明，要求允许证人出庭作证。一审认定笔者的客户构成所谓失职的重要理由与逻辑起点，便是当事人违反"三重一大"事项的规定，未经党政联席会议研究通过，即对投资人作出利润承诺，由此导致后续 1 亿元借款无法收回。我们对所谓利润承诺函本身进行认真研究，发现该承诺函只是一个原则性声明，既未承诺具体利润指标，更没有对未达到承诺事项需要承担何种法律责

任进行约定。对照国务院及省级政府要求,参照《公司法》等相应规定,并不属于需要提交党政联席会议事先研究决定的事项。辩护词旨在严谨立论说服法庭,同时需要将公诉意见、一审判决的错误之处指出。

在为东南某省属重点国有外贸企业领导涉嫌受贿、挪用公款、滥用职权案二审辩护过程中,我们先从法理上论证所谓挪用是无法成立的。当事人的行为更似强令下属公司与其指定的企业进行合作或许涉嫌滥用职权,而我们对20笔所谓挪用款项进行审计整理后发现不仅没有造成损失反倒略有盈余,因而也不符合滥用职权罪的构成要件。那种无视当事人行为可能造成的损害,单单论证被告人不构成检察机关所指控的犯罪常常是不够的,完全有必要同时说明不构成法院可能考虑的其他罪名。简单以所谓"辩护人不能充当第二公诉人"的口号式理由拒绝进行更深入的阐述,恐怕未必妥当。

三、专家权威意见成为辩护意见的重要组成部分,有效助攻辩护

曾经,我们在江南某地承办了李某某非法倒卖国有土地案。李某某系江南某地产公司持股15%的股东,根据当时形势向当地民企老总项某某借款1亿余元收购公司其他股东的股份。事后提前并连本带息归还了项某某的借款,后随着房地产市场的回暖和自己开发的困难,将公司股权加价转让给当地有实力的企业家。项某某以诈骗、合同诈骗向当地公安机关报案未果,遂以侵占为由向法院提起自诉(其基本逻辑在于委托李某某收购股权,但李某某未按约定将股权交由项某某处置而是私自高价转让获利)并被立案。后笔者向上级法院指出此案法院刑事立案的荒谬和不良后果,当地基层法院于是撤案。但随后,检察机关又以"名为股权转让、实为倒卖土地"为由提起公诉。针对此种现象,《法制日报》邀请法理学、刑法学、刑事诉讼法学、民事诉讼法学、土地法学、房地产行业协会人士、央企总法律顾问等专家就国企以股权转让方式退出地产项目、地产公司股权转让的合法性、刑事措施的谦抑性等问题以本案及其他典型案件为例进行专题研究,相关意见占据了《法制日报》大半个版面。这些意见经律师引用,构成辩护意见的重要组成部分。此后,该案以检察机关撤回起诉结案。

此外,在广东陈某某涉黑案中,著名刑法学专家的意见不仅给了我们极

大的启发，也给了法官极大的触动。善用专家学者作为辩护律师的"外脑"开阔视野，作为辩护律师的"外嘴"以提升表达的影响力，也是有效提升辩护词表达分量的重要思路。

四、辩护意见要善于运用民商法及其他专业知识

2021年年底，我们承办的广东某企业家虚假诉讼案被检察机关依法决定不起诉。该案的背景是两位亲戚之间因股权争议十几年来打了十几场官司，从基层法院一直打到最高人民法院。2021年，一方当事人突然以对方证据系伪造为由向公安机关报案，公安机关居然立案并经检察机关批准决定逮捕笔者的客户。该案检察机关最终决定不起诉固然有着诸多原因，如相关当事人民事争议真实存在而非杜撰，如上级检察机关高度关注，但相当重要的一点，便是辩护人与专业鉴定机构合作，指出现有技术根本不足以得出本案中鉴定机构对关键证据作出的鉴定结论，使案件的关键证据无法成立。我们在江西的一起扫黑除恶案件中，虽然同样运用民商法专业知识使二审法院取消了虚假诉讼这一罪名的认定。

我们也曾承办了江南某市"最规范的国企改制案"所引发的刑事犯罪。当事人原系当地副处级官员，在国企改制过程中通过MBO方式成为当地一家商业贸易公司的股东，而该商贸公司拥有某家上市公司近3%的股份。当时确定的国企改制基准日为2004年12月31日，2005年5月上市公司决定分红，480万元红利于次月付至改制后的商贸公司账上。后来，地方政府指出该笔款项系2004年分红款理应属于国有，一审认定当事人构成贪污并判处有期徒刑11年。一审辩护人的思路是该笔款项当事人已经向上级领导报告，同时上市公司分红款是不可能被隐瞒的公共信息，但相关领导矢口否认被告人曾经向其报告。我们在二审中，提出该笔款项虽然名为所谓2004年年度分红款，但相关权责却是发生在2005年5月，理当计入2005年收入由改制后的公司合法拥有，所以不应当构成贪污。为了说明这一点，我们聘请了专业的会计师事务所出具专业意见，申请专家证人出庭作证。同时，我们提出了通俗的比喻：即使当事人在2005年5月公司决定分红的前一天收购上市公司股票，也有权取得相应的分红款而无须在意2004年何人持有该部分股票。最

终，该案经最高人民法院指定省高级人民法院再审，认定当事人不构成贪污。所以，辩护律师仅精通刑事法律是远远不够的！

五、善于援引类似案件权威判决与上级法院尤其是最高人民法院法官处理意见

往往，最能打动法官的是类似案件中上级法院尤其是最高人民法院的指导案例和裁判逻辑。例如，《刑法修正案（九）》出台不久，我们为某央企原负责人提供辩护。当事人受贿超过300万元，但有自首和退赃情节。那么，能不能减轻处罚？我们在辩护意见中专门提供了多份涉案金额类似、有坦白或自首情节的案件，这些案件都减轻处罚在10年以下有期徒刑量刑。最终，当事人被判处有期徒刑6年。在当时，这样的量刑是非常不容易的，虽然此类案件的量刑有着"全国一盘棋"式的综合考量，但合议庭与审判法院的意见依然是基础性的。

六、程序性辩护意见格外重要，尤其需要勇气与智慧

笔者的委托人杨某某因涉嫌串通投标案被河北警方从深圳抓捕归案。但笔者询问执行抓捕的公安机关，却被告知根本没有这起案件。后笔者得知当事人系某市人大代表，遂前往该市人大常委会了解情况。经过交涉，确定当事人确由前述公安机关执行抓捕配合监察委员会办案后再次前往公安机关交涉，终于得知当事人被监视居住在监察委员会的办案点配合调查。我们与监察委员会联系，被告知监察委员会办理的案件律师无权介入。我们当即提出，对当事人采取强制措施的案由是串通投标而非重大贪腐，依法应当允许会见。经过不断交涉，当事人在被关押54天后终于重获自由。

结语：撰写辩护词需要把握好五个"度"

最高人民法院胡云腾大法官曾经提出裁判文书要做到"五理"（事理、法理、学理、情理、文理）通透，有理有据，令人信服，其实这也是对辩护词的理想要求。笔者以为，好的辩护词要符合法律文书行文要求，结合案件事实，同时具备律师个人风格，把握好精度（准确直击案件核心）、广度

（拓展视野与分析、解决问题的视角）、深度（剖析案件深入、到位）、适度与温度。以上其实讲的是如何从找到辩点强化辩护词的精度、广度与深度。具体表达的适度与温度，几点具体体会供大家参考。

一是尽可能给辩护词加上个千锤百炼、一针见血的标题，或是努力总结提炼出金句。典型者如斯伟江律师那一句"正义虽然不在当下，但，我们等得到"让那篇原本平淡的辩护词变得光芒万丈。当然，此类"妙手偶得"式的事情要顺势而为，"为赋新词强说愁"反倒东施效颦了。

二是开门见山、突出重点，尤其那些"穿衣戴帽"式的格式套话没有必要过于冗长地复述。核心问题尽可能放在前面重点论述，把理说透。尽可能不要遗漏辩点，但不宜本着"油多不坏菜"的原则面面俱到，要平均分配论述内容。

三是言简意赅，表达适度。律师绝非讲得越多越好，辩护意见也并非越长越好。笔者往往整理出数万字的辩护内容，最终归纳出 5000 字以内的文字。其他内容确有必要，可以质证意见、专家意见、情况说明之类附属文件的形式予以补充。表达适度，还要注意"分寸"把握的问题，需要给彼此的交流和案件的妥善处理留下甚至创造必要空间，有些中国式的"可意会难以言传"，也是辩护律师"世事洞明、人情练达"的智慧担当。

四是分工负责，相互配合。不同辩护人之间的分工合作，相当重要。律师应相互辉映而非彼此拆台，刑事辩护尤其如此。

五是理性平实，平静从容。辩护词撰写当清思路、循章法、去掉修饰词；围绕证据，论证严谨，表达清晰，有几分证据讲几分话；慎言，有据，有度；不强辩，不狡辩，不诡辩；庄重，平静，尊严。

六是把握好辩护的温度。这不仅体现在法庭上对被害人及其家属应有的安抚，对当事人从言语、眼神、肢体语言等方面应有的支持，更体现为辩护词不是单纯驳斥更不是意气之争。笔者习惯于在辩护词中尤其是结尾处通过坦诚、入情入理的语言文字与法官、检察官形成某种共鸣，唤醒办案人员内心人性的善良与法治的坚守。律师的面子归根结底是相互尊重，让大家都觉得曾经共同出席庭审是件值得记忆乃至夸耀的事情。毕竟，取得好的辩护效果，尤其是避免冤案发生，需要凝聚体制内外各种善意形成合力。

第 31 讲

"信息增益"视角下的辩护词写作

◇ 刘立杰[*]

辩护词写作是一个老生常谈却又常谈常新的话题,这主要有以下两个方面的原因:一方面,是因为辩护词在一定程度上可以体现一名刑辩律师的业务能力和水平,是评判辩护质量的重要指标;另一方面,是由于辩护词因案而异、因人而异,并不存在放之四海而皆准的范本或模板,如何写好一篇辩护词,是见仁见智的问题,这也是辩护词的魅力所在。

然而,好的辩护词总是相似的,不好的辩护词却各有各的不足。从辩护词的基本特点出发,尝试寻找辩护词写作的一些规律,在此基础上,结合律师个人的办案风格和案件特点,不断加以精进完善,对于提升辩护词乃至刑事辩护的质量,仍然具有现实意义。

笔者在法院工作期间,曾参与刑事裁判文书说理课题的研究,[①] 并应国家法官学院邀请进行相关授课,转型为律师后又有幸跟随京都律师事务所和其他律师事务所的多位律师前辈参与了一些疑难复杂案件的庭审辩护,可以从审判和辩护双重角度感受辩护词的独特魅力,获益匪浅。不久前,"财新网"刊载了田文昌老师撰写的《辩护词的基本要素》一文,高屋建瓴,深入浅出,令人茅塞顿开,堪称研究辩护词写作的"天花板"。本文即是笔者结合自己 15 年的刑事办案经历,学习田文昌老师上述文章的一篇心得体会。

---

[*] 刘立杰,北京市京都律师事务所刑事二部主管合伙人,中国政法大学刑法学博士,中国政法大学刑事司法学院实践导师。

[①] 参见北京市第二中级人民法院课题组:《刑事判决说理实务问题探讨——以裁判文书制作规范化为视角》,载最高人民法院刑事审判第一、二、三、四、五庭主办:《刑事审判参考》(总第 99 集),法律出版社 2015 年版。

一、辩护词的概念

辩护词没有法定概念，在最广义上包括被告人及其辩护人在侦查、审查起诉和审判三个刑事诉讼阶段提出的所有有利于（无罪、轻罪、从轻或减轻等，下同）犯罪嫌疑人、被告人的辩解或辩护意见。广义上的辩护词，通常是指被告人及其辩护人在审判阶段向审判案件的合议庭提出的有利于被告人的辩解或辩护意见；狭义上的辩护词，仅是指辩护律师在法庭辩论过程提出的有利于被告人的辩护意见。本文所指的辩护词主要是指狭义的辩护词，个别情况下为了更好地说清楚问题，也指代辩护律师向司法机关提交的书面辩护意见。

二、辩护词的目的

医学上有句话：不能只盯着病，还要看到病后面的人。辩护词的写作也是如此，不能只盯着辩护词本身，更要关注辩护词背后的"人"。辩护词既不像文学作品，需要讨读者喜欢，也不像命题作文，需要迎合考官打分。辩护词最主要的目的是说服合议庭采纳律师的辩护意见，作出有利于被告人的裁判。因此，辩护词的核心目的是说服，说服的对象是审判案件的合议庭。

当然，从律师更好地提供法律服务的角度看，在上述主要目的之外，辩护词还有一些附随的目的，如让被告人及其家属满意，向旁听人员展示律师的能力和水平等，但这些目的是次要的、附随的，不能脱离核心目的去刻意追求，否则就容易喧宾夺主，甚至被认为是哗众取宠。

三、辩护词的结构

虽然辩护词的结构无一定之规，但辩护词的目的直接影响辩护词的基本结构。辩护词的目的是说服合议庭，而合议庭的意见以法官为主导，故辩护词的结构如果符合法官的思维方式或思维模型，会更有利于实现辩护目的。法官的思维方式是什么样的呢？法官思维方式最集中的体现就是裁判文书，故裁判文书的说理结构似可成为辩护词结构的重要参考。比如，在主文中，先谈重罪再谈轻罪，先说事实再说证据，先提定罪再提量刑，先阐述法理再阐述情理，先分析法定情节再分析酌定情节，先讨论主刑再讨论附加刑及涉案物品的处置等。

当然，上述结构并不是僵化的，无论是裁判文书还是辩护词，都可以根据案件具体情况作出相应的调整，以实现自身的目的。例如，在涉黑案件中，很多裁判文书都会先阐述、论证黑社会性质组织的四个特征，再阐述具体犯罪行为，在具体犯罪事实的排列顺序上，往往是根据时间顺序或者四个特征的顺序，而非按照罪行轻重排序，与之相对应，律师的辩护词也可以按照上述结构进行阐述，以达到针锋相对、事半功倍的辩护效果。

四、辩护词的内容

辩护词的内容也应当服务于辩护词的目的，即说服合议庭作出有利于被告人的裁判。因此，辩护词内容的核心是为法官作出有利于被告人的裁判提供最大"信息增益"。"信息增益"（Information Gain，IG）是信息论里的一个概念，可以通俗地理解为：在一个条件下，信息不确定性减少的程度。任何一个刑事案件，在法官作出裁判之前，最终结果都存在一定的不确定性。而最终的裁判结果，主要取决于控辩双方哪一方提供的信息更能增强法官对被告人有罪无罪、罪重罪轻的内心确信，而这些影响法官内心确信和最终裁判结果的信息，从信息论的角度就可以称之为"信息增益"。也就是说，对法官已经掌握的案件信息，或者对法官作出判决没有任何积极影响的信息，就不是辩护视角下的"信息增益"，没有提供"信息增益"的辩护，就很难说是有效的辩护。所以，辩护词的内容要充分体现这一点，努力为合议庭作出有利于被告人的裁判提供"信息增益"。实践中，我们看到个别法官在庭审中打断辩护律师的发言，有法官自身的原因，但有时也与律师的辩护词没有提供"信息增益"，被法官认为"耽误了庭审时间"有关。

从完善辩护词内容的角度出发，笔者认为可以从以下三方面着手，使辩护词的内容更好地为法官提供"信息增益"。

（一）发掘控方准备不充分的事实

通过发掘这些事实提供"信息增益"，促使法官作出有利于被告人的裁判。例如，在一起受贿案件中，检察机关指控被告人受贿十几次总计金额300余万元，主要证据是行贿人的口供、现金取款记录和受贿人在大致同一时间段的现金存款记录。其中,争议最大的一部分是受贿人的现金存款记录中有一笔在存款时间和存款金额上,与行贿人的供述以及行贿人取现的时间与金额存在差异:行贿人供述的取现和行贿时间是"北京'7·21'大雨那一天",即2012年7月21日,金额是25万元,而受贿人实际存款的时间是一周之后,存款的金额是20余万元。被告人辩解其并未收受该笔贿赂款,20余万元的存款是其自有资金,并称7月21日其并不在北京市。为了证实被告人的辩解,辩护人当庭提供了被告人2012年7月21日在外省市的银行卡刷卡记录等证据,但公诉人提出行贿人的记忆有误,并在第二次开庭时补充提交了行贿人关于行贿时间可能存在记忆偏差的口供。对此,辩护人针锋相对地提出:第一,公诉机关指控的行贿数额与被告人的存款数额、时间并不一致,不能排除被告人存款来自自有资金的可能性;第二,公诉机关指控被告人其他十余笔受贿行为的时间所依据的都是行贿人的供述和银行取款记录,即行贿人取款当天即是行贿时间,而指控本起受贿的时间却是例外(取款一周之后),存在不合理性;第三,2012年7月21日,北京市发生了"7·21"特大暴雨,记忆特征明显,且行贿人之前的口供中曾明确提到行贿时间为"北京'7·21'大雨那一天",改变后的口供与之前的供述存在明显的矛盾,且不合常理;第四,上述例外和矛盾情节,行贿人在之前供述的事实、证据中从未提及,其前后矛盾的供述有随辩护人提供的有利于被告人的书证(被告人7月21日外地刷卡记录)变化而同向改变的情况,符合虚假口供的主要特征。故无论是从上述证据本身真实性的角度,还是从存疑有利于被告人的角度,都不应当认定该起指控。合议庭最终采纳了上述辩护意见,对该笔指控未予认定。

(二)拓宽法官作出裁判的思路

实践中,当法官对某类案件涉及的法律规定或相关批复、内部文件、司法判例等考虑不周全时,辩护律师应及时向法官提供相关材料和法律意见,拓宽法官的裁判思路,争取有利于被告人的裁判结果。例如,在一起共同受贿案件中,行贿人为了将不符合代销条件的理财产品在某银行网点进行销售,分别向该银行主管行长和主管销售的经理等人行贿共计300余万元,其行贿款全部转账至主管销售的经理的银行卡,然后该主管经理再按照和行贿人的事先约定将行贿款分给主管行长100余万元，分给40余名销售经理共计100余万元，其本人留下100余万元。公诉机关指控主管行长受贿金额为100余万元（主管行长供述自己不知道行贿人行贿的总金额，在案仅那位主管销售的经理一人供述主管行长知道行贿总金额），量刑建议为有期徒刑3年；公诉机关指控那位主管销售的经理对全部300余万元的受贿金额承担责任，量刑建议为有期徒刑10年以上。在辩护人庭前与法官沟通过程中，法官表示该案两位主犯确实量刑建议差距较大，但因认定那位主管销售的经理受贿300余万元证据充分，故采纳公诉机关量刑建议的可能性较大，建议被告人认罪认罚。在无法认定从犯，且没有自首、立功等法定减轻情节的情况下，为了争取被告人的刑期低于十年，辩护词只能重点围绕公诉机关、法院当时均认为没有争议的犯罪数额来展开：一是引用2012年最高人民法院研究室《关于共同受贿案件中受贿数额认定问题的研究意见》，即"在难以区分主从犯的共同受贿案中，行贿人的贿赂款分别或者明确送给多人，且按照各被告人实际所得数额处罚更能实现罪刑相适应的，依法按照被告人实际所得数额，并考虑共同受贿犯罪情况予以处罚"，并建议法院参照该研究意见对那位主管销售的经理进行处罚。二是援引"中国裁判文书网"适用该研究意见的相关判例，向合议庭说明此类案件并非个案，该研究意见具有适用空间。三是从法理和情理等多个角度论证那位主管销售的经理在共同犯罪中的地位作用较主管行长更小，适用该研究意见更能体现罪责刑相适应的刑罚原则，避免量刑明显失衡。最终，合议庭采纳了律师的上述辩护意见，按照实际受贿数额进行认定，判处那位主管销售的经理有期徒刑三年。

（三）强化卷宗反映不明显的细节

通过抓住关键证据的关键细节，运用多种手段，强化细节所反映的影响定罪量刑的信息，最终达到有效辩护的目的。例如，在一起组织、领导传销活动案中，公诉机关指控被告人（女，持美国绿卡）是该传销组织的组织者和领导者之一，理由是该传销组织的会员登记和记账系统均由该被告人控制，依据是该被告人的手机号和上述会员及记账系统的管理员是绑定的，且被告人的手机中收到过上述系统升级缴费、更改密码等通知。被告人则辩解其是全职太太，丈夫目前还在美国洛杉矶，其丈夫经常使用她的手机注册和登录一些系统，她只知道丈夫的公司售卖保健品，但并不了解具体运营模式，更没有参与起诉书指控的传销犯罪活动。该案如果单纯从排除合理怀疑的角度发表辩护意见，虽然也有一定效果，但说服力度明显不够，为了找到印证和强化被告人辩解的证据，辩护律师反复查阅案卷材料，在公诉机关提供的证据中，找到了被告人的手机账号多次登录传销系统服务器的后台日志。经仔细比对，发现被告人在看守所被羁押以后，上述账号仍然有多次登录记录，经律师查询 IP 地址，发现登录地点在被告人丈夫居住地美国洛杉矶。据此，辩护人在辩护词中结合被告人的辩解，反复强调上述细节，建议合议庭按照存疑有利于被告人的原则作出认定，防止出现冤假错案。最终，合议庭部分采纳了辩护人的意见，对被告人判处了缓刑（公诉机关初始量刑建议为有期徒刑五年以上）。

综上，笔者认为，辩护词的内容应始终围绕着目的展开，辩护词的内容在本质上与文采、修辞、体例等文字内容的关联关系并不密切，但与案件事实、证据和法律适用等息息相关，故从该意义上讲，与其说辩护词是一种"文字表达"，倒不如说辩护词是一种"逻辑推理"。辩护词写作的基础，是扎实的法律基本功和细致的阅卷工作，脱离了法律逻辑和案件证据谈辩护词写作，只怕是缘木求鱼、纸上谈兵。

五、辩护词的形式

辩护词以内容为王，但形式同样重要。因为辩护词呈现的方式方法，会直接影响辩护观点的表达与传播，从而强化或者削弱其说服功能。具体而言，可以从以下三方面关注辩护词的形式。

（一）书面与口头表达并重

为了充分准备，所有的辩护词都应当在开庭前写好全字稿，完全指望临场发挥显然是不现实也是不负责任的。但是，写好全字稿并不意味着在法庭辩论中要全文通读，当庭宣读的辩护词在内容上一定要有所取舍和概括，取舍的标准和概括的程度，要根据法庭审理的时间节奏、辩护人发表意见的顺序、合议庭的整体工作状态等因素综合把握。比如，对于多被告的案件，如果开庭时间已经到了深夜，并且律师发表辩护意见的顺序比较靠后，当庭发表的辩护词就应当大幅删减，甚至完全抛弃原来的全字稿，重点围绕合议庭归纳的争议焦点发表辩护意见，同时说明具体辩护意见以提交的书面意见为准。再如，公诉人针对辩护人的辩护意见提出的第二轮公诉意见，就需要辩护人临场发挥，重点发表口头意见，在庭审结束后再补充到书面辩护意见当中。

（二）要善于提炼"刷墙式"标语

笔者依稀记得"刷墙式"标语的提法，是时任最高人民法院审判委员会专职委员的胡云腾法官在一次内部培训会上提出的形象比喻，大意是在起草相关文件过程中，关键的章节、段落的第一句话，要尽量概括得像以前农村墙头上刷的宣传口号一样凝练和醒目（"要想富，多修路""生男生女都一样，不然儿子没对象"等），争取做到让读者只看标语就理解甚至记住该章节、段落的主旨大意。笔者认为，在辩护词写作中，除了避免过于诙谐以外，在形式上完全可以借鉴上述表达技巧。例如，在一起强迫交易案中，针对公诉机关指控的犯罪事实，辩护人分别从四个方面提出辩护意见，认为指控并不成立，其辩护词每一段的第一句话分别为：（1）在犯罪时间上，现有证据与公诉机关的指控相矛盾。（2）在犯罪地点上，公诉机关的指控前后不一，自相矛盾。（3）在涉案人员范围上，目前的证据并不能证明被告人参与了作案。（4）在犯罪金额的认定上，现有证据可以证明公诉机关根据言词证据确认的金额与实际价格不符。这样的表达方式，会更有利于合议庭理解并采纳律师的辩护意见。

（三）恰当运用可视化图表和附件

"可视化"是近年来比较流行的一种辅助辩护工具/方式，主要是指运用一系列图示技术把本来不可见的思考方法、路径、内容等呈现出来，使其便于理解和记忆。例如，高速公路上的指示标识，大多以图标的形式展示，而非以纯文字表示，背后的科学依据就是大脑对图片的反应和理解时间要数倍于对文字的反应和理解时间，特别是对于复杂的文字逻辑关系，一张清晰的图表可以使大脑瞬间明白它的含义。所以，才有一图胜千言的说法。因此，在辩护词中恰当加入可视化图表，可以把复杂的事实、证据和法律关系更清晰地表达出来，从而有助于办案人员理解律师的辩护观点，达到最优的说服效果。

说服：辩护词写作实务

例如，在一起帮助信息网络犯罪活动案中，涉案游戏公司主要通过授权他人对某款游戏衍生品进行开发、运营、广告推广等赚取利润。为方便客户进行查找和浏览，涉案游戏公司在其官网上发布了多家游戏发布站的网址链接（友情链接）。后因为被授权的部分游戏开发者在相关游戏衍生品中私自添加了赌博方面的内容，并在涉案游戏公司官网推荐的一家游戏发布站进行了发布（无证据证明涉案游戏公司知道或者参与了被授权的游戏开发者实施上述行为），导致涉案游戏公司主要工作人员全部因涉嫌帮助信息网络犯罪活动罪被羁押。为了说明游戏发布站和涉案游戏公司之间没有犯罪关联关系，游戏发布站发布的涉赌游戏衍生品和涉案公司授权开发的衍生品游戏并不能界定为同一款游戏，涉案公司的行为并不构成犯罪，辩护人制作了下列图表，实现了非常好的辩护效果，最终该案 7 名嫌疑人均未被起诉（见图 5-1）。

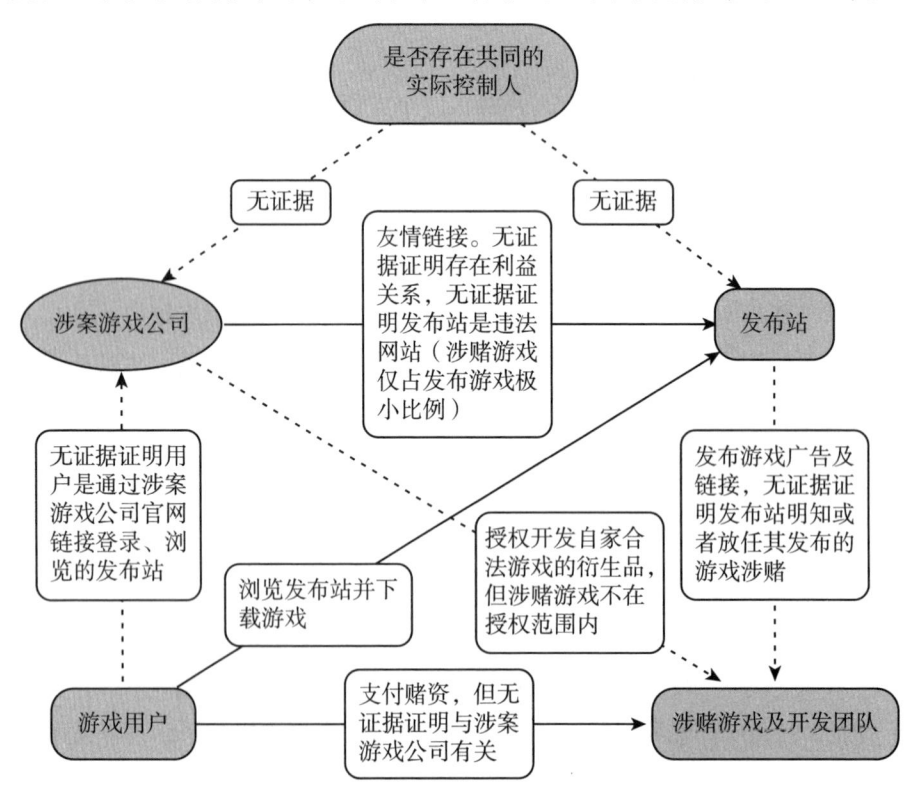

图 5-1　某帮助信息网络犯罪活动案可视化图表

注：虚线部分表示证据不足或没有相应证据证明。

此外，为了更好地说明某一辩护观点，在辩护词中有时还会引用司法判例或学术观点，但笔者不建议对上述内容全文或者大篇幅引用，辩护词中仅引用判例的裁判要旨和学术文章的核心观点即可，至于案例和学术文章的全文，可以作为辩护词的附件一并提交给合议庭参考。如此，既能保证辩护效果，又不至于辩护词篇幅过于冗长冲淡其他重要的辩点。

六、辩护词的结尾

辩护词在某种意义上是一种实战性非常强的"文体"，其内容和形式均应服从于辩护的目的，故辩护词的结尾可复杂，亦可简单，如果已经通过主文把问题说清楚了，甚至可以不需要特别的结尾。但是，对于一些重大、疑难、复杂的争议性案件，特别是作为法庭辩论的结束语，辩护词结尾不但要有，而且要进行升华。也就是说，辩护词的结尾不能仅简单概括主文的内容，还要在法理、事理、情理甚至更高的高度上阐述辩护意见的合法性、合理性和正当性，不但要为合议庭作出有利于被告人的裁判营造"势"场，还要提前为公诉机关的意见不被法院采纳找"台阶"和"出路"，尽量避免公诉机关抗诉，为锁定"终局"铺平道路。

结语

诚如田文昌老师所言：辩护词没有最好只有更好，是摆在辩护律师面前的一个学无止境的永久课题。在刑辩律师的执业生涯中，辩护词写作没有任何捷径，需要我们脚踏实地，一本一本案卷阅，一个一个案件啃，一字一句认真写。只有这样才能不断超越自我，不负重托。

第32讲

辩护词写作心得

◇ 刘占柱[*]

导语

认真反复拜读田文昌老师的《辩护词的基本要素》一文，深受启发。辩护词作为辩护人在刑事诉讼活动中最核心的文书，是整个刑事辩护活动的最终总结，据此，最高人民法院《关于适用〈中华人民共和国刑事诉讼法〉的解释》规定，要求辩护人需要提交书面的辩护词，以此作为辩护人最终的辩护陈词。笔者在从事刑事审判的时候，由于办案的原因，接触过大量的辩护词，在从事刑事辩护执业过程中也检索过大量的辩护词。辩护词形式各有不同，内容各有特色，如人常说世上找不到完全相同的两片树叶。每个辩护人的辩护策略不同，自然辩护词的写法就不同。在这里，笔者仅就撰写辩护词的几点心得与大家进行交流分享，不足之处望指正。

一、行文得体，结构清晰

一篇辩护词交到法官手上，先抛开内容不说，从行文和结构上如果能让法官阅读起来感觉行文得体，结构清晰，一定会法官感觉辩护人是一个认真、负责、严谨的人。行文得体、结构清晰的辩护词，往往代入感也会很强，也能引起法官认真阅读的兴趣。由于律师行业的特殊性，不同于体制内的法官、检察官有严格的行文规定，常常会看到我们律师的辩护词行文五花八门，字号有大有小，有的字体采用宋体，有的采用隶书，大多没有统一的文字字

---

[*] 刘占柱，吉林吉大律师事务所合伙人、刑事辩护研究中心主任，吉林省律师协会刑民交叉专业委员会副主任。

体和字号,让法官看起来或多或少有些繁乱。最高人民法院关于法律文书写作都有规范的格式,我们在书写的辩护词时最好做到与法官平时的行文方式一致。法院的法律文书标题大多位置居中,字体往往采用黑体,字号大多是二号字,正文采用仿宋字体,字号大多采用三号字,页面间距大多采用固定值三十磅。建议我们在书写辩护词时也采用法院文书标准,这样法官看起来和自己平时制作的法律文书行为一致,比较容易接受。

我们承办的案件有繁有简,辩护词也会因为案件的繁简程度不同篇幅或多或少,篇幅较少的辩护词还好,法官大概浏览可能较为方便,但篇幅较多的辩护词尽管浏览标题也需要时间,翻阅起来不是很直观。为了能让法官一眼就能快速地了解整个辩护词的全部内容,我们可以在辩护词的第一页做辩护概要,将辩护词的纲要提炼出来并标注好页码,类似于目录的形式,这样法官大概浏览之后,如果想重点看辩护人观点的话就可以根据页码很快找到该部分内容,使整个辩护词内容全面,结构清晰。

二、重实体也要重程序,两者并重

(一)程序公正方能保证实体公正

在司法实践中,受传统重实体轻程序观念的影响,仍有部分司法人员及辩护人只注重实体问题,而轻视了程序问题。2010年6月,最高人民法院、最高人民检察院、公安部、国家安全部、司法部印发了《关于办理刑事案件排除非法证据若干问题的规定》《关于办理死刑案件审查判断证据若干问题的规定》,对非法证据排除及死刑案件证据审查做了规定。2012年3月14日,第十一届全国人民代表大会第五次会议《关于修改〈中华人民共和国刑事诉讼法〉的决定》将非法证据排除规则写入《刑事诉讼法》。2016年10月,为贯彻落实中共中央《关于全面推进依法治国若干重大问题的决定》的有关要求,最高人民法院、最高人民检察院、公安部、国家安全部、司法部发布《关于推进以审判为中心的刑事诉讼制度改革的意见》。这一系列的改革和司法解释的出台都要求司法机关要重视程序公正,严格按照程序办理案件。只有程序公正才能保证实体公正,只有程序合法,取得的证据才具有合法性,认定的事实才能更加趋于真实。所以,我们在辩护过程中应注重程序辩护。

（二）在实体问题和程序问题并存的情况下，应优先提出程序问题辩护

程序公正是案件事实真实、实体公正的前提。在辩护词的结构上，笔者建议在实体问题和程序问题并存的情况下，应优先论述程序问题。在顺序上一般按照诉讼程序递进顺序逐一论证各个环节的合法性问题。对于侦查、调查程序，我们应多关注侦查、调查机关在案件初查、立案、取证、强制措施的适用等程序中是否存在违法。例如笔者曾辩护的一起被告人邵某涉嫌贩卖毒品案件，该案件存在大量的非法取证问题，辩护人在阅卷过程中发现程序卷宗未附搜查证，本以为是侦查机关装卷时遗漏了搜查证，经与被告人核实发现，侦查机关在进行搜查时并未向被告人出示搜查证。在确定侦查机关在搜查过程中存在重大程序违法的情况下，笔者向法院提出非法证据排除，要求排除非法搜查、扣押的涉案毒品。最终，本案部分犯罪事实未予认定，大大降低了被告人的刑罚。对于审查批捕、审查起诉程序，我们应多关注在审查批捕、审查起诉阶段是否提审犯罪嫌疑人，是否充分听取辩护人意见，充分保障犯罪嫌疑人和辩护人的诉讼权利，是否存在不应批捕的情况。目前检察机关采取捕诉合一的模式，如果犯罪嫌疑人确实存在不应批捕的情形，我们应尽最大努力申请变更犯罪嫌疑人被羁押的强制措施。在目前认罪认罚从宽制度普遍适用的情况下，我们应对认罪认罚从宽制度的适用程序是否真实自愿进行关注。由于适用认罪认罚从宽制度，公诉机关将对被告人出具量刑建议，法院在审理案件时经审查认定认罪认罚系被告人真实意愿后，大多会采纳公诉人提出的量刑建议。这就导致辩护工作前移，以往更多需要讲给法官的问题，现在需要讲给公诉人，在这个阶段我们更需要注重程序辩护，发现侦查、调查机关的程序违法问题，这些程序违法问题可以作为与公诉人就被告人定罪量刑协商的筹码。对于审判程序，我们应多关注是否违反公开审判的规定，是否违反回避制度，是否剥夺或者限制了当事人的法定诉讼权利，审判组织的组成是否合法，是否有其他违反法律规定的诉讼程序，可能影响公正审判的问题。在对程序问题进行辩护时要对某处程序违法行为的法律后果进行明确阐述，防止出现论证了很多程序性问题，称侦查、调查机关、司法机关存在诸多违法程序问题，但没有说明程序违法的法律后果的情况出现。

这就会导致辩护词毫无说服力，也无法将程序违法导致实体不真实的逻辑给裁判者讲清楚。

三、加强实体问题辩护，准确地找出概括事实问题与法律适用问题的争议焦点

（一）准确提炼争议焦点问题

好的辩护词需要针对公诉机关的起诉进行有效的抗辩，这就需要我们细致研判控方指控犯罪的逻辑，看控方是如何构建犯罪事实以及该事实适用法律是否得当。切记不要对起诉书指控所有的观点进行全盘否定，要学会在控方指控逻辑的框架内准确提炼争议焦点，围绕焦点问题与控方展开辩论。我们在提炼争议焦点时，为了使辩护结构合理、层次分明，还需要就争议焦点区分事实问题和法律适用问题。往往有些时候还存在表面看控辩双方争议的是法律适用问题，但深入思考之后，会发现之所以发生法律适用争议是因为控方指控的事实与辩方认可的案件事实存在出入的情况，这归根结底还是事实问题。当我们就事实问题和法律适用问题确定后，自然就可以有针对性地将案件的争议焦点很好地概括给法官，使庭审辩护更有针对性，往往也更能解决问题。一篇辩护词如果没有根据控方指控逻辑总结争议焦点，不能围绕争议焦点进行有效的论证，也常会使法官在阅读辩护词时无法找到辩护重点，最终无法达到辩护目的。事实问题我们自然在撰写辩护词时需要围绕证据问题进行论证，法律适用问题我们撰写辩护词时就需要围绕犯罪构成及刑法理论进行论证。

（二）对事实问题进行辩护

1. 对事实问题进行辩护要紧扣犯罪构成要件

对事实问题，我们要紧紧围绕犯罪构成要件进行辩护。依客体、客观方面、主体、主观方面的先后顺序进行辩护，优先对客观方面进行判断，再就主观方面进行判断。在犯罪客体中我们从犯罪侵犯客体——刑法保护的法益是否被实质侵害的角度进行辩护。往往分析犯罪侵犯客体方便的辩护还能很好地解决此罪与彼罪、一罪还是数罪的界限问题。在客观方面我们应多从是否存在危害行为、是否造成危害结果，以及危害行为与危害结果之间是否存

在刑法上的因果关系。笔者曾辩护一起滥用职权案件，滥用职权犯罪属于结果犯，必须要求行为人的危害行为造成实害性损失。经笔者多次庭前与承办法官进行沟通，当庭将该案是否有实害性损失作为事实争议焦点，控辩双方在庭审中展开了激烈的辩论，最终法院依据该案未造成实害性经济损失作出对被告人有利的判罚。主体方面我们要多关注一些法定犯中对特殊主体的要求，如国家工作人员的含义，以及以国家工作人员论的情形。在《刑法修正案（十一）》规定，已满十二周岁不满十四周岁的人，犯故意杀人、故意伤害罪，致人死亡或者以特别残忍手段致人重伤造成严重残疾，情节恶劣，经最高人民检察院核准追诉的，应当负刑事责任。还有已满七十五周岁的人故意犯罪，可以从轻或者减轻处罚。在犯罪构成的主观方面我们要多关注故意犯罪、过失犯罪以及无过错事件的不同。以客观行为对主观明知的推定问题，对控方所依据的客观行为能否当然地推定行为人主观以及行为人是否有合理解释等问题进行关注。另外，正当防卫、紧急避险的问题也值得关注。

2. 按照犯罪构成要件对案件事实进行拆分的方法，概括提炼事实争议问题，依据证据认证规则检验控方指控事实

控辩双方围绕犯罪事实产生的争议，多分为控方指控的事实不清，证据不足，或者是事实认定错误，还或者是部分事实认定错误，部分事实不清，证据不足。在撰写辩护词的时候，我们可以按照犯罪构成要件对案件事实进行拆分，在每一个犯罪构成要件项下再进行构成要件要素的事实拆分，然后将控方指控犯罪不清的事实或认定错误的事实直接概括提炼出来，作为事实部分争议焦点向法官释明。实践中，之所以出现控辩双方对指控事实争议较大的情况主要是因为控辩双方对证据标准把握不一致。如此我们就需要依据《刑事诉讼法》第55条第2款的规定，来看控方指控事实是否都有证据予以证明，证据是否充分，是否达到了相互印证的证明程度；认定该事实的证据是否经查证属实，是否具有证据资格，证据的来源是否合法，与该事实是否具有关联性，是否具有证明力，最终该证据能否作为本案的定案依据；综合全案证据，是否已经排除了合理怀疑。这里所说的合理怀疑一定是符合一般人认知的合理怀疑，如故意杀人案件中，在案发现场提取到了除被害人和被告人之外的第三人的鞋印，在现有认定被告人行凶证据不充分的情况下，未

查证现场提取第三人脚印是何人何时所留的情况下，就无法排除第三人作案的可能性。

（三）对法律适用问题进行辩护

1. 加强对罪名罪状的理解

在辩护中应加强对罪名罪状的理解，才能准确把握对罪名的法律适用问题。由于我国是成文法国家，刑法中罪名的罪状分为叙明罪状、简单罪状、引证罪状和空白罪状。其中，简单罪状由于表述简单抽象，空白罪状没有具体说明某一犯罪的构成特征，必须参照其他法律、法令。鉴于以上原因，在司法实践中有部分罪名在法律适用过程中出现争议后，最高司法机关大多是通过司法解释、规范性文件等就具体行为如何适用法律进行具体的规定。这就会导致我们在司法实践中控、辩、审三方对法律适用产生分歧。常用的罪名可能大家对法律适用争议不大，但近年高发的新类型犯罪，可能就争议问题未及时出台司法解释、规范性文件时，往往在法律适用上就会发生较大的争议。这就需要我们深耕刑法知识，加强对罪名罪状的理解，在辩护前对涉及罪名作深入研究，检索所有关于该罪名的法律规定、司法解释和相关规范性文件，从不同的角度加强对罪名罪状的理解和认定。

2. 运用刑法理论进行辩护

实践中，我们常常遇到发生法律适用争议问题较为复杂的情况，或是是否构成犯罪的犯罪构成要件问题，或是犯罪既未遂的犯罪形态问题，或是被告人是否构成共同犯罪时如何承担法律责任问题，或是一罪数罪的罪数问题。这就需要我们系统熟练地掌握犯罪构成要件、犯罪形态、共同犯罪、罪数等刑法理论，并运用到刑事辩护中。犯罪构成要件问题上文已述，此处不再赘述。关于犯罪形态问题，我们要对犯罪既遂、犯罪未遂、犯罪中止和犯罪预备等犯罪形态充分掌握。共同犯罪理论在我们办案过程中是经常用到的，对是否形成共同犯罪和如何适用刑罚往往还需要结合犯罪阶层论进行综合论证。例如，一位十三周岁的男孩甲与二十周岁的成年人乙共同违背妇女意愿采用暴力手段先后对妇女进行性侵的案件。该案件对乙的行为如何处罚？根据刑法共同犯罪理论，共同犯罪是指2人以上共同故意犯罪。显然该案中二人共同故意的对被害人事实性侵行为，二人的行为构成共同犯罪，在责任阻却事由中，由于甲未达到强奸罪的刑事责任年龄，所以对甲不予刑事处罚，对乙就应该适用《刑法》第 236 条第 3 款第 4 项 "二人以上轮奸的" 法律规定，判处十年以上有期徒刑。实践中往往罪数问题在法律适用时也会出现很多分歧，这就要求我们在罪数中要正确区分单纯的一罪、实质一罪和处断的一罪。我们常说刑法理论的造诣深浅能够决定你在刑事辩护的道路上走多远，解决法律适用问题就要对犯罪构成、犯罪形态、共同犯罪、罪数等刑法基本理论进行深耕，没有很扎实的刑法理论功底就很难解决法律适用问题。

3. 使用类案检索方法，加强对指导、公报案例的引用

为了统一法律适用问题，最高人民法院先后出台过多个规范性文件，包括 2020 年 9 月 14 日公布的法发〔2020〕35 号最高人民法院《关于完善统一法律适用标准工作机制的意见》及 2021 年 12 月 1 日起实施的法〔2021〕289 号《最高人民法院统一法律适用工作实施办法》，以上规范性文件规定了法官应进行案例检索的九种情形。我们可以分析其中一种情形"审理过程中公诉机关、当事人及其辩护人、诉讼代理人提交指导性案例或者最高人民法院生效类案裁判支持其主张的"。司法实践中，最高人民法院发布的指导性案例和公报案例的效力等同于最高人民法院发布的司法解释。我们在检索到案例与我们辩护的案件是类案的情况下，应结合承办的案件在书写辩护词时将指导案例、公报案例的论证分析部分进行融合，援引到我们的辩护词中，在出处上标记该法律观点援引的指导性案例、公报案例的案号，并将该案例附于辩护词之后，这样就可以很好地解决我们法律适用问题观点不被采纳的问题。如笔者承办的一起诈骗案件，在审查起诉阶段与控方就立案前已经归还的金额是否应从犯罪数额中扣除的问题发生了分歧。检察机关认为立案前归还的数额应视为犯罪数额予以指控，该归还行为只能作为一种从轻处罚的情节。因为诈骗数额是六万余元，根据有关规定，出具的量刑建议是有期徒刑三年，同意适用缓刑。笔者的观点是在刑事立案前已经归还的三万余元应从犯罪数额中扣除，结合本案的犯罪数额，根据量刑规范化应在有期徒刑三年以下量刑。最终公诉机关并未采纳辩护人的观点，认为立案前返回的金额不应从犯罪金额中扣除，量刑建议还是有期徒刑三年，同意适用缓刑。我们来

看以下具体司法解释的规定。1996年12月16日公布实施的最高人民法院《关于审理诈骗案件具体应用法律的若干问题的解释》[①] 第9条规定："对于多次进行诈骗，并以后次诈骗财物归还前次诈骗财物，在计算诈骗数额时，应当将案发前已经归还的数额扣除，按实际未归还的数额认定，量刑时可将多次行骗的数额作为从重情节予以考虑。"该司法解释在办案时尚未失效。根据该解释的规定，在多次诈骗中用后次诈骗的财物归还前次诈骗的，在计算诈骗数额时，应对将案发前已经归还的数额扣除。公诉人就以本案无法确定案发前归还的财物是否属于用后来诈骗的财物归还的为由，认为不应将立案前归还的数额扣除。后来为了说服公诉人，辩护人进行了类案检索，检索到《刑事审判参考》第124集第1373号指导案例，裁判要旨为：诈骗数额认定应当考虑被害人实际财产损失。该案例的指导观点为："在司法实践中，为了诈骗行为的顺利实施，行为人需要一定的投入。如该种投入是以被害人之外的第三方为支付对象，因对被害人损失没有任何弥补，故不应从犯罪金额中扣除；如该种投入直接以被害人为支付对象，考虑到其对受损的法律关系有所弥补，在特定情形下从犯罪金额中扣除。具体而言，即：对于案发前行为人向被害人归还的财物，以及在诈骗过程中行为人向被害人交付或者支付的有利用可能性的财物，可以从犯罪数额中予以核减。"在庭审中，辩护人将该指导案例的裁判观点融合到辩护词中，并将该指导案例交给合议庭。经过与法官与公诉人的进一步沟通，公诉人当庭变更量刑建议，将量刑建议由有期徒刑三年，适用缓刑，变更为有期徒刑一年半，建议适用缓刑。最终，法院也采纳了辩护人的这一观点，判处被告人有期徒刑一年六个月，并适用缓刑。所以说，我们在辩护过程中使用类案检索方法，加强对指导性案例、公报案例的引用，解决法律适用问题是十分有效的。

四、在书写辩护词中注意审视法官的裁判方法

刑事辩护对抗的是公诉机关对被告人的指控，说服的是裁判者，最终是由法官进行裁判，所以我们在撰写辩护词的时候需要审视法官的裁判方法。

---

① 该司法解释现已废止。

笔者认为应当从以下几方面着手：其一，运作证据规则，严把证据关。在当下法官办案终身责任制的司法环境中，法官最不希望看到自己裁判的案件成为错案，一个案件如在证据裁判方面出现问题，就极可能导致认定案件事实错误，进而必定对导致适用法律错误。我们应该站在法官证据裁判的视角上，对在案证据进行全面系统的审查，通过证据辩护促进司法公正，促进司法真实，维护当事人的合法诉讼权利。其二，重视社会效果与法律效果相结合。根据《律师法》及相关规范性文件的规定，辩护人的责任是根据事实和法律，提出犯罪嫌疑人、被告人无罪、罪轻或者减轻、免除其刑事责任的材料和意见，维护犯罪嫌疑人、被告人的诉讼权利和其他合法权益。根据上述规定，辩护人只需要维护自己当事人的合法权益，是单方私权利的代表。我国的刑事诉讼属于职权主义诉讼，法官是控辩双方之外的第三方裁判者，同时担负着打击犯罪的责任，因法律具有指引和评价的作用，这就要求法官作出的裁判既要打击犯罪保障人权，体现法律效果，还要考虑案件裁判结果所发挥的法律指引作用和评价作用所影响的社会效果。笔者曾辩护的一个二审案件，一审被告人是一个农村合作社的负责人，因在购买农机设备申请补贴过程中有部分虚假材料，被一审法院以诈骗罪判处有期徒刑十二年，罚金人民币一百万元。被告人在看守所期间，合作社的机器设备闲置，合作社工人下岗，无法开展农业作业业务，给当地的农业生产带来很大的影响。二审诉讼过程中，辩护人既从被告人的行为是否构成犯罪的角度进行了深入的论证，也从在刑事诉讼中如何对中小企业予以保护的角度进行辩护。二审法院也考虑到本案如果对上诉人判处较重的刑罚，将导致合作社停业，大量工人下岗，影响当地农业生产，最终二审法院采纳了辩护人的意见，对上诉人定罪但免除处罚。上诉人走出看守所后，积极组织合作社工人复工复产，使闲置的农业机械设备发挥作用，大大促进了当地的农业机械化进程，取得了良好的社会效果。其三，要学会以疑罪辩护争取量刑减让。侦查机关和调查机关通过收集证据来证明案件事实，检察机关运作证据指控案件事实，人民法院通过证据裁判案件事实。刑事案件裁判以证据为基础，但当整个证据体系既有有罪证据，也有非法、瑕疵证据，能否说有非法证据、瑕疵证据，证明有罪标准偏低，案件存疑就一定能宣告无罪，实则不然，在职权主义的刑事审判中显然这是不现实的，我们要站在法官的视角上来衡量法官通过证据是否对案件事实达到了内心确信，如果法官认为通过现有证据可以完全达到内心确信，那么在这种情况下多半还是要定罪的，但我们并不能因此放弃对证据是否确实、充分进行辩护。我们恰恰要在证据辩护部分做足文章，这类案件即便法官定罪，考虑到证据的问题，往往会重罪轻刑，判处死刑的案件可能会因为证据问题对被告人不适用死刑立即执行，这也就发挥了我们刑事辩护律师的作用，争取到了司法公正，维护了当事人的合法权益。

五、财产刑辩护不能缺席

以往我们在刑事辩护过程中往往仅重视被告人定罪量刑的辩护。近年来，司法机关对涉案财产的定性及处理越来越重视。特别是2021年3月1日实施的最高人民法院《关于适用〈中华人民共和国刑事诉讼法〉的解释》，进一步强调对涉案财物的庭前审查、当庭调查、处理执行，规定在法庭审理过程中，应当对查封、扣押、冻结财物及其孳息的权属、来源等情况，是否属于违法所得或者依法应当追缴的其他涉案财物进行调查，由公诉人说明情况、出示证据、提出处理建议，并听取被告人、辩护人等诉讼参与人的意见；案外人对涉案财物提出权属异议的，人民法院应当听取案外人的意见，必要时，可以通知案外人出庭；在法庭辩论时，要就涉案财物处理的相关问题进行辩论。这就要求我们在辩护过程中既要重视定罪量刑的辩护，还要关注对涉案财产的辩护。刑罚长短对被告人的自由尤为重要，财产刑关乎被告人及其家庭、涉案案外人的合法财产是否被侵害。我们在撰写辩护词时一定要充分分析查封扣押的涉案财物是否为违法所得、是否为违法所得所购买、是否为犯罪工具，还是财产所有人的合法财产不应予以查封扣押。对公诉机关提出的涉案财产定性及提出的处理意见，应当给予积极的回应，维护当事人及案外人的合法财产权益。

六、让辩护词不遗漏所有辩护工作

我们在从事刑事辩护过程中，经常会提出各种申请，如申请证人出庭、申请鉴定人出庭、申请分案审理的同案被告人到庭接受对质等，如果法院同意了我们的申请，对我们对有争议的证据进行质证将会起到至关重要的作用，甚至会改变案件的定罪量刑。但司法实践中这类申请一般很少被同意，笔者近几年的执业过程中，仅有几个案件的承办法官同意证人、鉴定人出庭，其中一个盗窃案件鉴定人到庭接受质询，辩护人通过发问鉴定过程，法官发现鉴定人没有正确运用价格认证方法作出价格认证，排除了该份价格认证，最终该罪名被成功打掉。大部分的辩护人就不会那么幸运，我们提交的上述申请往往合议庭会口头驳回，很少有给书面的驳回通知书。更有甚者如果案件上诉，卷宗里竟找不到曾经交过的申请，这样就很难证明辩护人在一审程序中申请过证人、鉴定人出庭。为防止上述事情的发生，我们在撰写辩护词时一定在程序辩护部分，将申请的理由、何时提交的申请、合议庭如何答复予以说明，并提出合议庭不同意申请的理由为什么不能成立。无论我们在诉讼阶段提交的申请是否被入卷，我们的辩护词是一定会入卷的。如果案件走到二审程序，辩护词中记载的这部分内容就可以用来进行程序辩护。如果经论证在一审时候申请的证人出庭属于《刑事诉讼法》第192条第1款"公诉人、当事人或者辩护人、诉讼代理人对证人证言有异议，且该证人证言对案件定罪量刑有重大影响，人民法院认为证人有必要出庭作证的，证人应当出庭作证"的规定是应当出庭而一审法院未同意出庭，导致一审审理查明的事实不清、证据不足的，就说明一审法院没有保障好当事人的质证权，我们可以援引《刑事诉讼法》第238条第3项"第二审人民法院发现第一审人民法院的审理有下列违反法律规定的诉讼程序的情形之一的，应当裁定撤销原判，发回原审人民法院重新审判：……（三）剥夺或者限制了当事人的法定诉讼权利，可能影响公正审判的……"要求二审法院撤销原判，发回重审。这样一来案件如发回到原审法院，原审法院必定会同意申请该证人出庭，如证人出庭对查清案件事实一定会起到积极的作用。诸如类似的问题，我们都应在辩护词中详细说明，通过辩护词保证所有诉讼活动过程中有利于案件审理的问题不被遗漏。

后 记

辩护词是说服法官的论文

1998年春天,我在京郊昌平中国政法大学校园门口的蓝梦书店购买到一本书——《中国名律师辩护词代理词精选——田文昌专辑》。这本书,应该是我们这一代律师学习撰写辩护词的启蒙教材。

2004年,我加盟京都所跟随田文昌老师办理刑事案件,和田老师一次又一次出庭辩护,田文昌老师在法庭上分析案件娓娓道来,抽丝剥茧有理有据。庭审后,田老师又帮我修改辩护词,字、词、句、段乃至每一个标点符号,他都要用红色油笔勾勾画画,推敲修改,精益求精。然后我们再将修改后的辩护词打印出来提交法庭。田老师一丝不苟精益求精的敬业精神和执业态度,深深地影响着每一位京都律师。

每一次出庭,我都特别注意倾听田文昌老师在法庭上的辩护发言;每一次庭审后,我都特别注意研究田文昌老师修改后的辩护词。我发现田文昌老师撰写的辩护词和庭上的辩护发言有所不同,我又总是试图找到这两者之间的不同之处到底在哪里。

27年的律师执业,让我深深地感悟到,刑事辩护是一项需要不断学习实践的真功夫;辩护词写作,更是需要不断思考实践的真学问。

2022年,我在编辑《田文昌谈刑辩》一书时,再一次关注到辩护词写作问题。对于律师来说,辩护词写作好像是一个司空见惯的简单问题,但是实际上,这个问题并不简单。或者说这是一个看似简单的问题,但其实真的不好回答。于是我把这道"简单"的题,交给田老师来解答。希望田文昌老师把他四十多年有关辩护词的写作经验总结出来。于是,就有了本书收录的《辩护词的基本要素》一文,洋洋洒洒一万多字。田老师从十个方面,把辩护词问题彻底解构，深刻全面毫无保留，句句都是干货。全文首发在《京都律师》2022 年第 1 期（总第 139 期）。

田文昌老师说："辩护词的学问高深莫测，是摆在辩护律师面前的一个学无止境的永久课题。没有人可以单独做好这个题目，只有经过律师群体的共同努力，不断探索，才能把这个题目越做越好。"

从 2022 年开始，我和陈枝辉律师一边撰写《辩护词写作：十条文字与表达经验》一文，一边邀请国内一线刑辩律师分别从不同的角度，总结各自的辩护经验，来探讨和探索辩护词问题。于是就有了这本书——《说服：辩护词写作实务》。

一道看似简单的题，却有了如此丰富的答案。

英国作家莎士比亚说，"一千个读者眼里就会有一千个哈姆雷特"，对于辩护词问题，一千个律师也会有一千种理解和一千种答案。

但是，所有的理解和答案都应该只有一个目的，那就是"说服"。

首先，要说服自己，然后才能说服别人；如果连自己都说服不了，又如何去说服别人。其次，要说服法官，只有说服了法官，才能实现辩护的目的和意义。最后，如何才能说服法官，这真是一道复杂的题目，辩护是说服法官的艺术。

诚如田文昌老师所言："辩护词的生命力在于它的说服力。辩护词的说服力，源自理由的充分而不是语态的强势，平和理性的表达方式更容易使人接受，而措辞严厉的强势表达却不是最佳方式。诗歌的魅力在于意境，散文的魅力在于辞藻，小说的魅力在于情节，音乐的魅力在于旋律，而辩护词的魅力在于逻辑，逻辑是辩护词的灵魂，没有逻辑，辩护词就没有生命力，更不可能有说服力。"

辩护词就是说服法官的论文，这篇论文如何写？怎么写？我想，《说服：辩护词写作实务》这本书，就是在探讨这个问题。

写到这里，让我想起一件与辩护词有关的往事。

2022 年 11 月 10 日下午，我和马煊宇律师、温艳秋律师正在田文昌老师办公室汇报工作。这时田老师的助理王思宇律师拿着一摞稿子走进来，请田老师再看一下某某案的辩护词。田老师问助理："这是改的第几稿？"王思宇律师回答："这已经是第八稿了。"田老师说："你再改一稿然后拿给我看，要推敲每一个字，每一句话，不能有废话，但观点要表达出来，观点要准确，理由要充分。"一篇辩护词要修改九次？我和马煊宇律师面面相觑，瞠目结舌。由此可见，一篇有说服力的优秀辩护词不仅是写出来的，也是一遍又一遍修改出来的。

本书特别致敬和怀念伟大的张思之大律师，思之先生生前十分重视辩护词的写作，视之为"律师的看家本领"和留给历史的文本。

我们将思之先生漫谈辩护词一文《行云流水，朴实无华》编排在本书第一篇，表达晚辈深深的敬意；思之先生的文章、智慧、勇气、风范和精神永远是我们律师的楷模和旗帜。

感谢38位中国一线刑辩大律师的智慧与文章，让辩护词问题有了更具体更丰富的答案。

感谢田文昌老师、门金玲老师和刘仁琦老师慷慨赐序，共同关注辩护词问题。

感谢《律师文摘》主编孙国栋老师和中国政法大学屈新老师给予我们的指导与帮助。

感谢著名书法家庞中华老师题写书名，庞中华老师经常和我说律师的书法和签名才有法律效力，实际上是在鼓励我们要为当事人的权益而努力。撰写出优秀的辩护词，签上我们的名字，就是刑辩律师的荣光。

感谢最高人民法院刑事审判第五庭原庭长高贵君老师和最高人民检察院刑事执行检察厅原厅长袁其国老师的慷慨推荐。

感谢王思宇律师、段泽宇律师、关却卓玛律师在本书编写过程中给予的帮助和支持。

感谢法律出版社司法实务分社孙慧社长和责编余群化先生的慧眼识珠和付出，让本书在京都律师事务所建所30周年之际面世。

本书也是我们献给京都律师事务所30岁生日的贺礼。

杨大民　陈枝辉
2025年4月21日于北京